此著作为教育部2012年度人文社会科学规划基金一般项目（12YJA760074）研究成果

向彬等◎著

中国中小学书法教育研究

中国社会科学出版社

图书在版编目(CIP)数据

中国中小学书法教育研究/向彬等著.—北京：中国社会科学出版社，2017.5（2023.8重印）

ISBN 978-7-5203-0842-7

Ⅰ.①中⋯ Ⅱ.①向⋯ Ⅲ.①书法课-教学研究-中小学 Ⅳ.①G633.955.2

中国版本图书馆 CIP 数据核字(2017)第 200508 号

出 版 人	赵剑英
责任编辑	任　明
特约编辑	乔继堂
责任校对	周　昊
责任印制	李寡寡
出　　版	中国社会科学出版社
社　　址	北京鼓楼西大街甲 158 号
邮　　编	100720
网　　址	http://www.csspw.cn
发 行 部	010-84083685
门 市 部	010-84029450
经　　销	新华书店及其他书店
印刷装订	北京君升印刷有限公司
版　　次	2017 年 5 月第 1 版
印　　次	2023 年 8 月第 2 次印刷
开　　本	710×1000　1/16
印　　张	22
插　　页	2
字　　数	367 千字
定　　价	98.00 元

凡购买中国社会科学出版社图书，如有质量问题请与本社营销中心联系调换
电话：010-84083683
版权所有　侵权必究

目　录

绪论 ……………………………………………………………（1）

第一章　我国中小学书法教育的现状 …………………………（7）
第一节　课程开设情况 ………………………………………（7）
第二节　教材使用情况 ………………………………………（12）
第三节　教师配备情况 ………………………………………（15）
　一　做好书法教师的培训和培养工作 ……………………（17）
　二　做好书法教育教学研究工作 …………………………（20）
　三　最大范围地聘请书法教师 ……………………………（21）
第四节　教学设施与投入情况 ………………………………（22）
第五节　教学效果评价 ………………………………………（26）

第二章　我国中小学书法教育的目标要求 ……………………（29）
第一节　如何理解我国中小学书法教育的基本理念 ………（29）
　一　中小学书法教育基本理念的定位 ……………………（29）
　二　中小学书法教育的基本理念之一：面向全体 ………（32）
　三　中小学书法教育的基本理念之二：硬笔与毛笔兼修 ……（32）
　四　中小学书法教育的基本理念之三：遵循规范而关注
　　　个性 ……………………………………………………（33）
　五　中小学书法教育的基本理念之四：提高书写技能与
　　　文化素养 ………………………………………………（34）
第二节　如何理解中小学书法教育的总体目标 ……………（35）
　一　中小学书法教育目标中的书写层次 …………………（36）
　二　中小学书法教育目标中的审美层次 …………………（40）

三　中小学书法教育目标中的品格层次 …………………………（43）
　第三节　硬笔学习的目标与内容 ………………………………………（48）
　　　一　硬笔学习的目标 ………………………………………………（48）
　　　二　硬笔学习的内容 ………………………………………………（50）
　第四节　毛笔学习的目标与内容 ………………………………………（53）
　　　一　小学3—4年级阶段毛笔书法的学习内容与要求……………（53）
　　　二　小学5—6年级阶段毛笔书法的学习内容与要求……………（56）
　　　三　初中阶段毛笔书法的学习内容与要求 ………………………（59）
　　　四　高中阶段毛笔书法的学习内容与要求 ………………………（61）
　小结 ………………………………………………………………………（63）

第三章　古代蒙学书法教育对当代小学书法教育的启示 ……………（64）
　第一节　我国古代蒙学书法教育状况 …………………………………（64）
　　　一　古代蒙学书法教育的发展简况 ………………………………（64）
　　　二　古代蒙学书法教育的特点 ……………………………………（67）
　第二节　古代蒙学书法教育对当代小学书法教育的启示 ……………（69）
　　　一　教学方法的启示 ………………………………………………（69）
　　　二　学书次第的启示 ………………………………………………（73）
　　　三　评价机制的启示 ………………………………………………（75）
　第三节　受古代蒙学书法教育的启示，当代小学书法教育的
　　　　　发展设想 ………………………………………………………（76）
　　　一　教学内容的设想 ………………………………………………（76）
　　　二　教学方法的设想 ………………………………………………（79）
　　　三　课程设置的设想 ………………………………………………（81）
　　　四　评价机制的设想 ………………………………………………（83）

第四章　小学生书法学习心理 ……………………………………………（84）
　第一节　书法学习与小学生心理发展的关系 …………………………（85）
　　　一　书法学习与小学生心理发展关系概述 ………………………（85）
　　　二　小学生书法学习与学业成绩、问题行为的调查分析 ………（90）
　第二节　小学生书法学习的信息加工过程 ……………………………（93）
　　　一　小学生感知、记忆发展特点与书法学习特点的契合 ………（93）

二　小学生思维发展特点与书法学习特点的契合 …………… (97)
　第三节　小学生书法学习的行为调节过程 …………………… (105)
　　一　小学生书法学习的需要与动机分析 ………………… (106)
　　二　小学生书法学习兴趣分析 …………………………… (109)
　　三　小学生书法学习中的情绪情感分析 ………………… (110)
　第四节　基于小学生书法学习心理的教学启示 ……………… (114)
　　一　信息加工视野中的书法教学启示 …………………… (115)
　　二　行为调节视野中的书法教学启示 …………………… (118)
　　三　镜像神经元视野中的书法教学启示 ………………… (121)
　小结 …………………………………………………………… (124)

第五章　小学书法教育中的书写技能教学及教学设计 ……… (126)
　第一节　小学"描红"阶段书法教学内容 …………………… (126)
　　一　"描红"在小学生书法学习中的目的以及小学生学习
　　　　心理特点对"描红"的适应要求 …………………… (126)
　　二　"描红"阶段书法教学内容中例字的选择探析 …… (128)
　　三　"描红"阶段书法教学内容中书法文化知识的选择
　　　　探析 …………………………………………………… (130)
　第二节　小学书法教育中的经典楷书范本分析 ……………… (131)
　　一　对小学书法教育中技法内容研究的紧迫性 ………… (131)
　　二　欧体成为小学书法教育中技法教学内容的可行性分析 …… (132)
　　三　"欧、颜、柳、赵"四家楷书的主要风格特征 …… (135)
　　四　小学生思维发展规律与书法教育内容接受水平探讨 …… (137)
　　五　小学书法教材具体内容安排的探索 ………………… (138)
　第三节　小学低年级书法课堂教学设计及教学案例 ………… (141)
　　一　教学设计的相关概念 ………………………………… (141)
　　二　低年级的书法课堂教学内容安排 …………………… (142)
　　三　低年级的书法课堂教学目标设计 …………………… (145)
　　四　低年级的教学评价设计 ……………………………… (149)
　　五　课堂教学策略设计 …………………………………… (149)
　第四节　小学中年级书法课堂教学设计及教学案例 ………… (151)
　　一　小学中年级的书法课堂教学内容安排 ……………… (151)

二　小学中年级书法课堂教学方法安排 …………………（154）
　　三　小学中年级的书法教学目标 …………………………（154）
　第五节　小学高年级书法课堂教学设计及教学案例 …………（155）
　　一　小学高年级教学内容的安排 …………………………（155）
　　二　小学高年级教学方法设计依据 ………………………（158）
　　三　小学高年级阶段的书法教学评价 ……………………（159）

第六章　小学书法审美教育内容分析 ………………………（161）
　第一节　审美在小学书法教学内容中的必要性 ………………（163）
　　一　书法审美促进小学生心理过程的发展 ………………（164）
　　二　书法审美是开展美育的重要途径 ……………………（168）
　　三　书法审美是辅翼德育的主要形式 ……………………（171）
　第二节　小学书法审美内容分析 ………………………………（172）
　　一　小学书法审美内容设置原则 …………………………（174）
　　二　小学书法教学中审美的主要内容 ……………………（177）
　　三　小学书法审美内容呈现方式 …………………………（187）
　第三节　书法审美内容在小学各年级的梯度安排 ……………（189）
　　一　三年级书法审美内容安排分析 ………………………（190）
　　二　四年级书法审美内容安排分析 ………………………（193）
　　三　五年级书法审美内容安排分析 ………………………（194）
　　四　六年级书法审美内容安排分析 ………………………（196）
　小结 ……………………………………………………………（198）

第七章　初中书法教育中的书法技能内容 …………………（200）
　第一节　初中书法教育概述 ……………………………………（200）
　　一　初中阶段书法教育的现状——以山东省为例 ………（200）
　　二　《中小学书法教育指导纲要》对初中书法教育的
　　　　目标解析 ………………………………………………（203）
　第二节　初中阶段书法技能教学内容的进度安排 ……………（206）
　　一　小学与初中教学内容的衔接 …………………………（206）
　　二　初中阶段书法技能的教学内容安排 …………………（209）
　　三　初中阶段书法技能教学内容的进度安排 ……………（213）

第三节　初中阶段书法技能教学内容安排的理论依据 …………… (217)
　　一　学书次第的依据 ……………………………………………… (217)
　　二　三个字帖的主要风格特征 …………………………………… (221)
　　三　初中阶段学生的思维分析 …………………………………… (226)
第四节　技能教学过程中的建议 ………………………………………… (227)
　　一　初中阶段书法专业术语的合理应用 ………………………… (227)
　　二　对书法教学的其他建议 ……………………………………… (229)
小结 …………………………………………………………………………… (231)

第八章　初中书法技能之外的教学内容 ………………………………… (232)
第一节　初中书法技能之外的教学内容及必要性 ……………………… (233)
　　一　初中书法技能之外的教学内容 ……………………………… (233)
　　二　初中书法教育开设技能之外教学内容的必要性 …………… (234)
第二节　初中书法教学内容应遵循的原则 ……………………………… (238)
　　一　古代与现代书法教育内容简单比较 ………………………… (238)
　　二　初中书法教学内容应遵循的原则 …………………………… (238)
第三节　初中书法技能之外的教学内容——书法文化 ………………… (241)
　　一　书法文化中的汉字演变 ……………………………………… (241)
　　二　书法文化中的书法形制 ……………………………………… (244)
　　三　书法文化中的书法家 ………………………………………… (247)
第四节　初中书法技能之外的教学内容——书法审美 ………………… (249)
　　一　名帖赏析中的书法审美教育 ………………………………… (249)
　　二　实践活动中的书法审美教育 ………………………………… (256)
小结 …………………………………………………………………………… (261)

第九章　生本教育理念下的初中书法教学方法探究 …………………… (262)
第一节　生本教育理念与初中书法教育的契合 ………………………… (262)
　　一　生本教育的基本理念与初中书法教学的要求 ……………… (263)
　　二　生本教学的基本观点与初中书法教学的特点 ……………… (265)
第二节　影响初中书法教学方法的主要因素 …………………………… (268)
　　一　《指导纲要》中提出的书法教育的目标与内容 …………… (269)
　　二　初中学生的心理特点 ………………………………………… (272)

第三节 生本教育理念与初中书法教学方法 …………………… (274)
　一 常见的初中书法教学方法 ……………………………… (274)
　二 基于生本教育理念的初中书法教学方法 ……………… (275)
第四节 在生本教育理念下进行初中书法教学方法探索的
　　　　意义 ………………………………………………………… (287)
　一 弘扬民族精神，传承传统文化 ………………………… (287)
　二 提高学生书写水平，培养学生审美能力 ……………… (288)
　三 更新教师教育理念，促进教师专业成长 ……………… (289)

第十章 中小学书法教师的素质 …………………………… (291)
第一节 现职中小学书法教师现状 …………………………… (291)
　一 我国中小学书法教育的发展形势 ……………………… (291)
　二 我国中小学书法教师发展的现状以及对中小学书法
　　　教师的要求 ………………………………………………… (292)
第二节 中小学书法教师的基本素质 ………………………… (293)
　一 中小学书法教师的先决条件 …………………………… (295)
　二 中小学书法教师应具备相对专业的书法技能 ………… (299)
　三 中小学书法教师应掌握设置书法课程的能力 ………… (302)
　四 中小学书法教师应掌握独特书法教学方法 …………… (304)
　五 中小学书法教师应有较全面综合修养 ………………… (307)
第三节 中小学书法教师如何实现其任职条件 ……………… (308)
　一 官方教育机构对中小学书法教师培训 ………………… (308)
　二 专业的书法机构对中小学书法教师技能培训 ………… (309)
　三 中小学书法教师参与教学科研研究 …………………… (310)
　四 中小学书法教师应不断提升自我修养与专业技能 …… (310)
小结 ………………………………………………………………… (311)

第十一章 中小学书法教育评价的原则和方式 …………… (312)
第一节 中小学书法教育评价的原则 ………………………… (312)
　一 科学性与方向性原则 …………………………………… (312)
　二 客观性与激励性原则 …………………………………… (313)
　三 可行性与实效性原则 …………………………………… (314)

四　评价与指导相结合原则…………………………………（315）
　　五　自评和他评相结合原则…………………………………（315）
第二节　中小学书法教育评价的方式……………………………（316）
　　一　中小学学生学习书法的定性与定量评价………………（316）
　　二　中小学学生学习书法的多主体评价……………………（316）
　　三　中小学书法教育的形成性、综合性与总结性评价………（317）
第三节　中小学书法教育评价的内容……………………………（320）
　　一　对中小学书法教材的评价………………………………（320）
　　二　对中小学学生学习书法的评价…………………………（323）
　　三　对中小学书法教师的评价………………………………（326）
　　四　对营造中小学书法学习环境的评价……………………（328）
第四节　中小学书法教育评价机制研究的价值…………………（329）
　　一　诊断中小学书法教育实施………………………………（329）
　　二　区分优良和分等鉴定功能及激励学生…………………（330）

主要参考文献 ……………………………………………………（332）

后记 ………………………………………………………………（339）

绪 论

一 课题研究的理论和应用价值

本课题将汉字书写教育、书法艺术审美教育、认知心理学及课程与教学论相结合，从书法教育中书写教学规律及书法人才培养的特征出发，基于学生的认知发展规律和特点，重点研究中小学书法教育的教学内容、教学方法、课程设计、教材选编、教学目标、教学评价等方面的内容。

理论价值方面，本课题将进一步填补国内关于中小学书法教育课程教学论研究的不足，提升书法艺术教育专业化发展的理论水平。为贯彻《国家中长期教育改革和发展规划纲要》精神，丰富新时期素质教育的内涵，具体落实教育部教基二（2011）4号文《教育部关于中小学开展书法教育的意见》，推动书法教育的开展，传承书法艺术、开发学生智力、陶冶审美情操、培养学生良好性格、促进学生身心发展提供理论支持和实践指导。

应用方面，当前推进中小学书法教育亟待解决的现实问题主要包括：中小学书法教育该如何定位？选编中小学书法教材的内容和依据是什么？中小学书法教学课程如何设置、如何评价？不同年龄阶段开展书法教育的教法差异是什么？笔者认为，解决这些问题，是保证高质量推行书法教育的核心问题。本研究试图通过严谨理性的治学态度，遵循中小学生文化艺术的认知能力和接受心理，结合书法教学的难易程度和教学梯度，从学术层面对这些问题加以思考和研究，在形成研究理论的同时，期望对大力推进中小学生书法教育提供启示和借鉴参考作用。

笔者曾针对书法教育做过专题研究，不仅写出了20余万字的博士学位论文《我国古代学校书法教育研究》，而且所撰写的专著《中国古代书法教育研究》《当代书法人才类型与教育——中国古代书法教育的启示》

也相继由中国社会科学出版社出版发行，在这些专著中，笔者曾详细探讨了我国古代小学中的书法教育。在我国古代书法教育中，广泛进行书法教育的是小学阶段，而且书写技能教育的基本内容在小学阶段就已经完成，这就提示我们书法教育在小学阶段的重要性。另外，近几年有学者对"书法教育与儿童心理发展的关系"做过一系列研究，论述了书法练习促进儿童形成良好的心理品质方面的积极作用，这也提示我们，书法教育本身既是素质教育的内容，同时又能够促进儿童身心全面发展。因此，本课题置身于中小学阶段的书法教育研究，重点研究中小学书法教育课程与教学规律，这既是对当前书法艺术教育的理论探索，又具有一定的实践应用价值。

二 目前国内外相关研究现状和趋势

我国自古至今有着悠久的书法教育传统，当代人对书法教育的研究也颇有成就，如潘善助先生撰写的《关于当代书法教育的考察》一文，邱振中先生撰写的《关于书法教育中的几个重要问题》，丛文俊先生撰写的《论书法研究与学科建设》，以及韩盼山先生的著作《书法艺术教育》等研究，均从不同角度、不同层面对当代书法教育做了一定探讨，为书法教育的开展提供了丰富的理论参考成果。关于书法教育的理论研究虽成果丰硕，却很难找到致力于解决当前普及书法教育现实问题的专题研究，虽然我国的书法教育已经形成了从小学到博士乃至博士后的教育体系，但是在书法的奠基教育（小学、中学）阶段，仍然缺乏有一定学术价值的研究成果，尤其是能够以理论和规律支持系统建设中小学书法教育课程的研究。

随着科技的发展，信息技术的应用和交流手段的简化，直接削弱了中小学生的汉字书写能力。近几年，中小学书法教育问题广受社会各界关注，国内学术界的研究主要集中在这样几个方面：中小学书法教育与传统文化；当前中小学书法教育现状分析或调查；书法教育与艺术审美；书法训练与儿童智力、人格、情绪的关系；书法教育在残疾（智障等）儿童治疗方面的应用；普及书法教育的重要性等。如杨宝泉先生撰写的《中小学书法教育的现状及思考》，张永峰先生撰写的《中小学书法教育应注意的几个问题》，胡泊先生撰写的《以汉字为中心的书法文化与国民文化素养》，杨忠先生撰写的《书法教育与人格培养》，周斌先生撰写的《书法练习对儿童个性发展的影响》等研究，都体现了我国当前对中小学书法教育研究侧重于现状研究和推广书法教育的价值研究。而且笔者整理大量当前研究材料发现，当前对我国中小学书法教育加以关注并作出讨论研究的，多数为中小学教育工作者，他们在教学过程中不断发现问题，引起学术界的思索，但是，他们在理论研究的高度和条件方面存在诸多不足，这也是中小学一线教育工作者深感遗憾的地方。

国外关于我国当前中小学书法教育的研究甚少，个别研究把书法教育作为促进心理健康的方式进行了操作性的研究，归入了艺术心理或者艺术治疗领域。

就国内研究趋势而言，大力推广中小学书法教育已是贯彻《国家中长期教育改革和发展规划纲要》精神、全面实施素质教育的重要内容，如何在原有的中小学书法教育现状研究与价值研究的基础上，探索出符合中小学书法教育规律的教育理论，形成适合中小学学习的书法教学课程，是今后中小学书法教育研究的实践价值所在。因此，针对中小学书法教育的研究趋势主要体现在如下三个方面：第一，从教学实施者与接收者两方面特点出发，结合书法教育的专业性与教育学、心理学普遍性的学科作交叉研究，尤其从中小学认知心理和教育规律出发研究书法教育更具有研究的实用意义。第二，从书法人才的培养模式和成才规律出发研究中小学书法教育，明确中小学阶段书法教育的目标和任务，并兼有普及书法教育和培养书法艺术人才两种模式同步研究的趋势。第三，将中小学书法教育放在一个如何承接传统文化和审美教育相结合的背景下研究，这也是我国所有艺术教育研究的整体趋势所在。

三　本课题主要研究内容

通过系统研究我国古代书法教育规律、当代书法教育价值以及当前中小学书法教育特点和问题，形成完整的中小学书法教育理论，为解决当前中小学书法教育面临的内容选择、教材、教法、评价等实际问题提供理论依据和技术参考，为推进书法教育、传承书法艺术、弘扬民族文化、全面实施素质教育做出应有贡献。主要研究内容包括如下几个方面。

1. 当前中小学生书法教育的现状分析

小学书法教育，是书法教育的启蒙阶段，也是书法教育的基础阶段。能否将书法艺术传承并发展下去，虽然取决于整个书法教育体系的完善与不断发展，但是，基础阶段的书法教育能否采用科学而行之有效的方法，真正打下坚实的基础，却是传承书法艺术的关键所在。现有的调查研究表明，当前中小学生群体从开始学习的时候就进入了一个少纸的时代，他们受社会大环境影响，追求电子产品带来的快捷效果，逐渐习惯用键盘代替手笔书写，尤其不善用毛笔书写。近年来，教育部门和社会各界已认识到中小学生存在的书写质量下降、文化信仰缺乏的问题，不断呼吁加强中小学的书法教育，有学者曾指出："现在的学生缺的是文化而不是知识。"也有大量的学者从不同角度对中小学生的书法教育现状进行了探索，综合分析主要呈现这样几个方面的内容：对书法教育目的、性质认识模糊不清；书法教育观念落后；书法教育教材、教法不正规；书法教育师资匮乏或不专业。虽然在中小学推进书法教育已经引起教育界的足够重视，但是，尚缺乏解决现实问题的途径。

2. 中小学书法教育的宏观与微观价值研究

在中小学开展书法教育的价值主要表现在这样几个方面：

（1）提高书写技能，传承书法艺术与民族文化。

（2）书法教育既是素质教育的重要内容，能促进中小学生积极心理品质形成与发展。

（3）书法教育对中小学生"德、智、体、美"的教育具有促进作用。

其中，本课题重点围绕书法教育与民族文化展开理论研究，围绕书法教育与中小学生积极心理品质的关系展开理论结合实践的探索。

3. 中小学书法教学内容研究

经研究现有的书法教材发现，原有书法教育课程多定位在写字课或语文课的附属课，教学目的以学写工整字为主，重点是突出了书法教育对书写的直接、显性作用。本研究试图围绕书法文化精神，将该教育课定位于文化教育目的，即在教授书写技能的同时，突出书写内容传达民族文化的作用和书写过程培养审美情趣与心理素质的作用，不仅将汉字的文字学内容纳入研究范围，还试图把书法艺术审美和书法知识拓展纳入书法教育内容进行研究，并以此作为依据，再加上中小学生教育与心理发展规律依据，突破传统教材选择写字临摹帖为教材的方式，对教材内容和课程设置进行新的探索。

4. 中小学书法教学方法与课程设置研究

中国古代的书法艺术，是把书法作为人格精神的外化，而并非仅仅是文字载体的写字形式，它造就了中国文人的基本生命形态，同样也是造就中国传统文化的技术手段。中国古代书法艺术取得的辉煌成就足以督促我们借鉴古代的书法教育方法，笔者认为，在中小学书法教育教法中，有必要学习古代的教法精华，引入中国传统的书法历史、文人精神、品性修养等内容与教学规律。当然，也应当考察如何将古代书法教育规律结合当前不同年龄儿童的接受水平，进行不同年龄阶段的书法教法研究。例如不同年龄阶段课程设置的差异与教学法的差异，不同接受水平的课堂教学与书法兴趣的培养，都是本课题研究的主要内容。

5. 中小学书法教育培养模式与评价层次研究

中小学书法教育分为书法普及与书法艺术人才培养两个层次，二者之间的培养模式应该有所区别，这种差异从教育内容、教法、难度以及教育结果评价等方面均要有所体现。就广大中小学生而言，根据现有的分班分级情况，教育模式多采用班级授课，教学内容适合于集中讲授书写技能和书法艺术的审美教育，这也是书法的普及教育。但是，就书法人才的培养而言，应根据不同学生的接受心理和性格特征，为不同年龄层次、不同艺术感知特征的学生提供书法艺术的专业化教育，培养具有发展潜力的书法人才。对中小学书法教育中普及与专业这两个层次的评价也是有一定区分的，尤其是对书法人才的潜力培养，需要根据书法艺术的自身规律，对这些受教育的学生给予合理的激励机制，充分调动他们的艺术感知能力和艺术创造能力。

四 本课题研究的重点、难点及创新之处

重点与难点：

本课题将从我国古代书法教育中借鉴对儿童书法教育的有效经验和理论，并结合当前我国儿童的教育和心理发展规律，在系统研究中小学书法教育的基础上，探索出相对科学的行之有效的中小学书法教育理论和教材、教法体系，以解决当前大力推进书法教育与中小学书法教育不规范之间的矛盾，这是本研究的重点和难点所在。

创新之处：

以往学者多局限于零散地研究中小学书法教育现状。本课题将整合书法教育、教育学、心理学等多学科力量，试图从中小学的接受心理和受教育的规律出发，根据书法艺术入门、提高、发展、创新等难易程度和逐步

进展的自身规律，对不同年龄层次、不同性格特征、不同审美感受的中小学生提出较为科学而行之有效的教学方法和教学手段，为全面推广和普及中小学书法教育提供教学参考和学术指导，这将是本课题的创新所在。

五　研究思路和研究方法

本研究首先把握我国古代书法教育的一般规律，分析当代中国书法教育的得与失，探索未来一段时间内中国书法教育的规律及教育管理机制。从科学心理学取向的教学论出发，深入探讨书法教育对推进学生认知智力、情绪智力与意志品质发展之间的关系，结合现代教育测量与评价手段对书法教育授课教师的资格认证及评价机制进行实证研究。在综合学生认知发展规律和书法教育规律基础上，重点从教育内容、课程设计、教学研究方法、教学目标与评价进行系统研究。

首先，在原有对中小学书法教育研究文献综合考察的基础上，分类研究已有的书法教育现状和书法教育价值，整理出我国当前开展中小学书法教育所面临的主要问题，并实施调查验证，进一步确定目前中小学书法教育的理论问题和实践问题，并选择重点纳入本课题研究范围。其次，重点探索我国古代书法教育规律，尤其是适用于中小学教育的教法规律，并加以借鉴。再次，为保证课题研究的科学性和研究成果的时效性，本课题组结合教育学、心理学的研究角度，以期形成完整的中小学书法教育理论，为解决当前中小学书法教育面临的教材、教法、评价等实际问题提供理论依据和技术参考，这是本课题研究的思路。

在研究方法上，本课题将采用历史文献法、调查法、实验法等多种研究方法相结合的办法，对当前中小学书法教育的现状与意义、教材选择与课程设置依据、教法与评价等内容做出学术性的探讨。

第一章 我国中小学书法教育的现状

为贯彻《国家中长期教育改革和发展规划纲要（2010—2020年）》精神，全面实施素质教育，继承与弘扬中华民族优秀文化，教育部于2011年8月2日专门下发了《关于中小学开展书法教育的意见》。根据教育部《意见》的相关规定，大致在2012年1月至2013年4月期间，全国100余家出版社组织书法教育专家编写适用于小学书法教育的《书法练习指导》，作为将来小学书法教育的学生用书，与此同时，教育部组织专家研究制定了《中小学书法教育指导纲要》，并于2013年1月18日印发给各省、自治区、直辖市教育厅（教委）、新疆生产建设兵团教育局等部门单位。2013年4月19日，教育部基础教育二司发布《关于中小学书法教材有关送审事项的公告》，从11月4日开始受理小学3—6年级《书法练习指导》。经过多轮程序审查，共有11套《小学书法练习指导》通过审核进入《2015年义务教育书法教学用书目录》，教育部办公厅于2014年12月18日发布《关于2015年义务教育书法教学用书有关事项的通知》，要求各省、自治区、直辖市教育厅（教委）、新疆生产建设兵团教育局在选用小学书法教学用书时，只能从通过教育部审核的11套《小学书法练习指导》选用，其他没有通过审核的书法教学用书应逐步退出使用。

至此，我国的中小学书法教育正式拉开帷幕。从2015年秋季开始，我国小学书法教育从三年级开始全面铺开，逐年向高年级推进。因此，我国中小学书法教育的现状也以此为基础来展开分析。

第一节 课程开设情况

根据教育部下发的《义务教育课程设置实验方案》（教基［2001］28

号）规定："课程设置应体现义务教育的基本性质，遵循学生身心发展规律，适应社会进步、经济发展和科学技术发展的要求，为学生的持续、全面发展奠定基础。"同时规定，义务教育的课程设置应秉着"均衡设置课程、加强课程的综合性、加强课程的选择性"这三个原则来确定。

在 2015 年秋季以前，全国已经有为数不多的小学根据学校实际情况开展书法教育，但课程开设都安排在地方与学校课程这个板块中。而从 2015 年秋季开始，小学三年级的书法课程正式进入《义务教育课程设置表》，而且书法课程并不是安排在原有的艺术（或选择音乐、美术）课程板块，而是根据教育部的规定，安排在语文课程中。为具体明白义务教育阶段课程设置情况，我们引用教育部《义务教育课程设置实验方案》统一规定的课程表如下。

表 1-1　　　　　　　　义务教育课程设置

课程门类	年级								
	一	二	三	四	五	六	七	八	九
	品德与生活		品德与社会				思想品德	思想品德	思想品德
							历史与社会（或选用历史、地理）		
			科学				科学（或选用生物、物理、化学）		
	语文	语文	语文	语文	语文	语文	语文	语文	语文
	数学	数学	数学	数学	数学	数学	数学	数学	数学
			外语	外语	外语	外语	外语	外语	外语
	体育	体育	体育	体育	体育	体育	体育与健康	体育与健康	体育与健康
	艺术（或选择音乐、美术）								
	综 合 实 践 活 动								
	地方与学校课程								

从这个课表可以看出，义务教育的课程设置中，均有艺术课程，而艺术课程中可以选择音乐或美术课程分别开设。在 2015 年秋季以前，教育部所规定的《义务教育课程设置表》中没有专门的书法课程，但是，《教育部关于中小学开展书法教育的意见》（教基二〔2011〕4 号）中对开设书法课有明确的规定："中小学校主要通过有关课程及活动开展书法教育。在义务教育阶段语文课程中，要按照课程标准要求开展书法教育，其

中三至六年级的语文课程中,每周安排一课时的书法课。在义务教育阶段美术、艺术等课程中,要结合学科特点开展形式多样的书法教育。普通高中在语文等相应课程中设置与书法有关的选修课程。中小学校还可在综合实践活动、地方课程、校本课程中开展书法教育。"

为进一步说明义务教育阶段各课程的设置比重,我们引用教育部所制课程比例分配表如下。

表 1-2　　　　　　　　义务教育阶段课程比例分配

课程门类	年级 一	二	三	四	五	六	七	八	九	九年课时总计(比例)
	品德与生活	品德与生活	品德与社会	品德与社会	品德与社会	品德与社会	思想品德	思想品德	思想品德	7%—9%
							历史与社会(或选择历史、地理)			3%—4%
			科学	科学	科学	科学	科学(或选择生物、物理、化学)			7%—9%
	语文	语文	语文	语文	语文	语文	语文	语文	语文	20%—22%
	数学	数学	数学	数学	数学	数学	数学	数学	数学	13%—15%
			外语	外语	外语	外语	外语	外语	外语	6%—8%
	体育	体育	体育	体育	体育	体育	体育与健康	体育与健康	体育与健康	10%—11%
	艺术(或选择音乐、美术)									9%—11%
	综合实践活动									16%—20%
	地方与学校课程									
周总课时数(节)	26	26	30	30	30	30	34	34	34	274
学年总课时(节)	910	910	1050	1050	1050	1050	1190	1190	1122	9522

说明:表格内为各门课的周课时数,九年总课时按每学年35周上课时间计算。

教育部对我国中小学书法课程设置的规定非常明确,包括了五个方面:

1. 中小学校主要通过有关课程及活动开展书法教育。

这说明,中小学书法教育既有统一的课程设置,又有相关的书法活动。课程设置有利于全国统一安排，不容许各地学校随意删减书法课程，有利于书法教育普及开展；而书法活动又在一定程度上补充了书法课程设置的不足，有利于对书法有着兴趣爱好的学生进一步得到学习和提高。

2. 在义务教育阶段语文课程中，要按照课程标准要求开展书法教育，其中三至六年级的语文课程中，每周安排一课时的书法课。

从这项规定可以看出，在义务教育阶段，书法教育安排在语文课程中，但是只有小学三至六年级有明确的规定，要求每周安排一课时，而初中阶段的义务教育三年，书法教育虽然也要求安排在语文课程中，但没有明确规定具体课时如何安排。

3. 在义务教育阶段美术、艺术等课程中，要结合学科特点开展形式多样的书法教育。

从上面的《义务教育课程设置表》中可以明显看出，九年义务制教育阶段，都有艺术课程。而教育部要求在这些艺术课程中，也要结合学科特点开展形式多样的书法教育。这是因为无论是美术课程还是艺术课程，在以往的教学用书中，都有一定的篇幅是介绍和学习书法相关内容的。而且从学科分类来看，大学的本科专业中，就有专门的书法学（050425S），属于艺术门类中特设专业。而研究生的学位授予专业中，书法专业隶属于美术学一级学科。其实，书法具有其独特的艺术形式和特征，开展书法教育的方式也应根据书法自身特征来具体实施，所以教育部特别强调了美术、艺术等课程中的书法教育不容忽视。但是，这里有一个疑问，在美术和艺术等课程中所开展的书法教育与语文课程中的书法教育会不会出现教学内容相重合的问题？在三至六年级的语文课程中已经开设了书法教育，那美术、艺术等课程中的书法教育是否还要开设？而在小学一、二年级以及初中三个年级的义务教育阶段，其书法课程又应该怎样具体开设？这些问题都有待解答。

4. 普通高中在语文等相应课程中设置与书法有关的选修课程。

这是专门针对高中如何设置书法课程所做的规定。从课程归属来看，也是属于语文课程，但并不只局限于语文课程，而是"语文等相应课程"。这种说法有点含糊，不知道哪些课程属于语文之外的"相应课程"。从课程性质来看，属于选修课程，既然是选修课程，并不会要求所有高中学生都修书法课程，而应该是那些对书法有极强的兴趣爱好或者将来想在大学攻读书法专业的高中生，那书法课程应该是他们至关重要的选修课了。至于这种选修课程的时间安排，就要根据学校的实际情况来实施了。

  5. 中小学校还可在综合实践活动、地方课程、校本课程中开展书法教育。

  对于这一条的内容，我们认为这既可以是书法活动，也可以是书法课程。如果在综合实践活动中开展书法教育，这属于书法活动。主要是要学生参与一些书法相关的校内外活动，诸如书法应用、书法比赛、书法故事会、书法资源考察等都可以在这样的活动中进行。但如果在地方课程和校本课程中开展书法教育，就属于课程范畴了。对于地方课程和校本课程，这是每个学校根据自身资源优势和传统所开设的一些特色课程，也是特色教育中最具亮点的地方。

  在2015年秋季以前，全国已经有不少"汉字书写教育示范化特色学校"，既有省级的，也有国家级的，这项工作是国家语言文字委员会和各省语委办一起评比的，这是与现今书法教育最接近的工作，之所以称为"汉字书写教育"而不是明确命名为"书法教育"，是因为当时教育部没有明确义务阶段要在语文课程中开设书法教育，也没有专门下文督促书法教育的具体实施。但是，汉字书法教育是国家语委要督促的一项工作之一。在没有教育部明确规定开设书法教育课程的情况下，国家语委只能从汉字书写的规范性教育着手来督促和评比，评选出汉字书写教育最具特色的学校，并将这些特色逐步推广，让更多的学校效仿实施，真正达到汉字书写的规范化教学，体现"认认真真写字，堂堂正正做人"的教学目的，并且在"学经典、用规范"的汉字书写教育体系下，逐步将一般的汉字书写教育提高到了与书法艺术教育接轨的层面。在那些国家级"汉字书写教育示范化特色学校"中，既有专职的书法专业教师，还有用于学习毛笔字的专用教室，有的学校还专门设置了书法展览室，甚至在学校走廊、过道的墙面上制作了书法文化墙，将历代书法名家名作的图片和简要文字资料固定在墙面上，有些墙面还专门用于展示学生的书法作品，使整个学校具有浓浓的书法学习氛围。而开展汉字书写教育的课程，当时就只能在地方课程和校本课程中实施。

  整体而言，2015年秋季以前的义务制课程设置表中，没有专门的书法课程，而从2015年秋季开始，在小学三年级的课表中，在语文课程中，每周安排一课时的书法课程，以后逐年级推进，经过四年的时间，将来的小学三至六年级课表中，每周都会有一课时的语文课是书法课程，并且会明确标出。但是，小学一、二年级的书法课程如何具体安排？初中的书法课程又如何安排？教育部对此没有明确的规定。这主要是书法教育的毛笔字学习阶段是从小学三年级开始的，而一、二年级只是学习书写硬笔字。硬笔字的学习与平时的汉字书写教育没有根本性的区别，所以就没有专门规定每周从语文课程中安排一课时来学习了。尽管2015年秋季之前的义务教育课程设置表中没有明确的书法课程，但是，有不少学校已经在地方课程或者校本课程中开设汉字书写课程，这种课程的开设成为该学校有别于其他学校的亮点，并且很好地提高了该校学生的整体书写水平，为即将普及开展的书法教育打下了很好的基础。

此外，因为初中也是义务教育阶段，按规定也得开设书法课程，但教育部没有明确规定初中的书法课程究竟如何开设。对于这个问题，我们会在后面安排专门章节进行探析，以便为教育部门提供较为合理的课程设置建议。

第二节　教材使用情况

从教育部于2011年8月2日下发《关于中小学开展书法教育提出意见》，正式启动中小学书法教育工作，到教育部办公厅2014年12月18日发布《关于2015年义务教育书法教学用书有关事项的通知》，历时三年多的小学书法教学用书的编写工作告一段落，经过专家评审，共有11套《小学书法练习指导》通过审核，进入《2015年义务教育书法教学用书目录》。这11套教学用书的名称统一称为《义务教育三至六年级·书法练习指导（实验）》，每套包括从三年级上册至六年级下册共八册，使用的年级从小学三年级到六年级，而且每套教学用书均配有教师用书，为书法教师在具体教学过程中提供参考。

为具体说明2015年义务教育书法教学用书的情况，我们特列表如下。

表1-3　　　　　　　　2015年义务教育书法教学用书信息

书名	编写、出版单位	主编	主编简介
义务教育三至六年级·书法练习指导（实验）	北京师范大学中国书法研究中心 北京师范大学出版社	秦永龙	生于1943年6月，广西荔浦人。曾任北京师范大学艺术与传媒学院书法系主任、教授、博士生导师，中国书法家协会教育委员会委员，长期从事古代汉语、汉语文字学和中国书法学的教学与研究。

续表

书名	编写、出版单位	主编	主编简介
义务教育三至六年级·书法练习指导（实验）	广东教育出版社课程资源研发中心 广东教育出版社	曹宝麟	生于1946年5月，上海嘉定人。当代著名书法家、书法理论家、学者，中国书法家协会学术委员、沧浪书社社员。任暨南大学艺术学院教授、博士生导师，书法研究所所长。
义务教育三至六年级·书法练习指导（实验）	河北美术出版社	于茂阳	生于1955年，山东省东阿县人。山东工艺美术学院党委书记、教授、硕士研究生导师，中国书法家协会教育委员会委员，山东省书法家协会副主席，山东教育书法家协会主席。
义务教育三至六年级·书法练习指导（实验）	湖南美术出版社现代美术教育研究所 湖南美术出版社	沃兴华 贾铎	沃兴华，1955年5月出生，复旦大学文博系教授、博士生导师。曾任中国书法家协会理事、上海市书法家协会副主席。贾铎，1957年生于长沙，湖南商务职业技术学院教授，湖南省书法家协会教育委员会主任，中国书法家协会会员。
义务教育三至六年级·书法练习指导（实验）	中国出版集团教材中心 华文出版社	欧阳中石	1928年生，山东省泰安肥城人。全国政协委员，中央文史馆研究馆馆员，首都师范大学教授、博士生导师，曾获首届书法兰亭奖教育奖、第二届中国书法兰亭奖终身成就奖。
义务教育三至六年级·书法练习指导（实验）	南京凤凰母语教育科学研究所 江苏少年儿童出版社	尉天池	生于1936年4月，安徽省砀山县人。曾任中国书法家协会副主席、顾问，江苏省书法家协会主席，南京师范大学教授、博士生导师，曾获第四届中国书法兰亭奖终身成就奖。
义务教育三至六年级·书法练习指导（实验）	青岛出版社	刘绍刚	1958年8月生于济南，回族。现任中国文化遗产研究院研究员，古文献研究室主任，兼任山东大学历史文化学院兼职教授、博士生导师，中国艺术研究院·中国篆刻艺术院研究员。
义务教育三至六年级·书法练习指导（实验）	北京教育科学研究院 人民美术出版社	沈鹏	1931年出生，江苏省江阴市人，全国政协委员，曾任第四届中国书法家协会主席。曾任人民美术出版社编辑室副主任、总编室主任、副总编辑并兼任编审委员会常务副主任，享受国务院政府特殊津贴。
义务教育三至六年级·书法练习指导（实验）	山西人民出版社	赵长青	生于1953年7月，黑龙江省巴彦县人，全国政协委员、中国书法家协会副主席、中国文艺志愿者协会副主席。曾任中国书法家协会党组书记、秘书长。

续表

书名	编写、出版单位	主编	主编简介
义务教育三至六年级·书法练习指导（实验）	上海科技教育出版社	张 信	1958年生于上海，任上海师范大学美术学院中国书画教研室主任、教授、硕士生导师，中国书法家协会会员，上海市书法家协会主席团委员，中国教育学会书法教育专业委员会理事。
义务教育三至六年级·书法练习指导（实验）	西泠印社出版社	刘 江	生于1926年7月，四川万县人。曾任中国书协创作评审委员，浙江书协副主席，现为中国美术学院教授、西泠印社执行社长、中国书法家协会理事。

从上面表格中关于教育部通过审核的11套小学书法教学用书的主编简介可以看出，这11套教材的主编在书法方面都有一定的成就，尤其是欧阳中石、沈鹏、尉天池、刘江等诸位先生，为当代书法界极具影响力的人物，他们为当代书法教育事业所做出的贡献影响深远。而且每一套书法教学用书的编写都有一个编写小组，参加编写的人员都是从事大学或者中小学书法教学的一线教师和研究人员，在书法教学方面具有非常丰富的经验。需要说明的是，这11套《书法练习指导》是从全国107套参评教学用书中评选出来的，在一定程度上体现了当代书法教育工作者对小学书法教学的体验。

按照教育部相关文件的规定，目前全国的九年义务制教育阶段，只有小学三年级的学生正在使用教育部通过审核的《义务教育三至六年级·书法练习指导（实验）》，而其他年级在教材使用方面就相对比较多样化。这是因为全国已经有不少学校利用地方和校本课程很早就开设了汉字书写教学，而绝大多数学校开设这课程时都采用自己学校编写的教材，这些教材具有以下几个方面的特征和不足：

其一，编写者一般都是本校从事汉字书写教学的老师，他们在教学一线具有较为丰富的教学经验，但对中小学书法教育的目标和教学内容定位得不甚准确。

其二，很多校本书法教材体系不完备，从低年级往高年级过渡的梯度体现得不明显。

其三，一些校本书法教材既有硬笔字教学内容，又有毛笔字教学内容，在具体教学过程中，很难根据课时情况安排具体教学内容，容易导致教材如同虚设，与具体教学不相匹配。

其四，有些校本教材在毛笔字教学内容的安排上不甚合理，小学阶段从三年到六年级，不同年级安排了欧体、颜体、柳体和赵体等不同楷书，学生在学习过程中缺乏对某一楷书的持续学习，很难真正学到古代经典楷书的书写特征。

其五，很多校本教材只重视汉字书写技能，而忽视了书法文化和书法艺术审美教学的内容，将汉字书写教育仅仅定位在书写技能教育层面，与教育部对书法教育的要求有一定的差异。

其六，绝大多数校本书法教材印刷质量不好，教材编写缺乏较好的美感，很多图片模糊不清，一些书写例字也不甚规范，容易让学生产生抵触学习书法心理，不利于书法教育的开展。

当然，更多学校在校本课程中开设书法教育时，没有固定的教材，教学内容都是由任课教师自己来定，在整个教学过程中，各年级的教学梯度很难体现，各学期的教学内容也没有统一规定，这样很难在中小学阶段普及书法教学，也很难较好地给中小学书法教育做好目标定位。

此外，就目前而言，全国绝大多数中小学没有专职的书法教师，目前担任书法教学的教师一般由美术老师或者语文老师兼任，有的甚至是由学校领导认为能写毛笔字或者硬笔字较好的老师兼任，这样的书法师资队伍，加上教材的缺乏，绝大多数中小学书法教育没法真正实施。目前正在普及开展书法教育的小学三年级，尽管在使用教育部通过审核的书法教材，但由于书法教师力量单薄，缺乏应有的书法专业技能和业务素养，对如何使用国标教材没有很好地领会，尤其是很难给学生做出相关准确的临帖示范，所以，即便教材能够在义务教育阶段逐步推进，但由于书法教师的缺乏，书法教学很难达到预期效果。

第三节　教师配备情况

就目前的书法教育而言，教师配备是最为棘手的问题，也是目前中小学书法教育中最为严重的问题！由于我国很长时间没有在义务教育阶段开展书法教育，我国绝大多数中小学都没有配备专职书法教师，目前正在开展的小学三年级书法教育，其书法教师一般也由学校对书法感兴趣的老师兼任，这些教师远远达不到书法教学的专业要求，因此，我国中小学书法教师的配备亟待解决！其实，对于中小学书法教师的配备，《教育部关于中小学开展书法教育的意见》在第三条"为落实书法教育提供条件保障"中提出了如下明确的要求：

1. 省级教育行政部门要结合本地区中小学校书法教育的实际情况，对书法教育的课程安排、教学管理、教师任职条件及资源配置等进行规划，稳妥推进书法教育。

2. 地方各级教育行政部门应有计划、有步骤地安排书法教师的培养和培训，逐步提高教师书法教育教学的能力和水平。

3. 各级教研部门要把书法教育纳入教学研究工作的范围，研究中小学书法教育的教学规律和评价方法，安排教研人员指导学校和教师开展书法教学工作。

4. 学校可根据需要，聘请当地青少年校外活动中心、少年宫、文化艺术团体的书法专业人员根据中小学书法教学要求指导学生学习书法。鼓励社会各界及个人为学校开展书法教育活动提供支持。学校全体教师应努力提高自己的书写技能和书法欣赏水平。

从这四项关于书法教育保障的要求，我们可以看出，教育部对各省级教育行政部门是有明确指示的，要求他们对包括书法教师任职条件在内的诸多问题进行合理规划，稳妥地推进书法教育。关于书法教师的任职条件，我们会在后面的章节中专门论述。教育部之所以要求各省级教育行政部门对书法教育的诸多问题进行规划，就是不希望中小学的书法教育停留在纸面上和表面形式上，而是要真正将中小学书法教育开展起来，让全国的中小学得到正规的书法教育，提高书法技能，提升书法文化和审美能力。

教育部印发的《中小学书法教育指导纲要》（教基二〔2013〕1号）又明确提出"加强书法教师队伍建设"。"要逐步形成以语文老师为主体、专兼职相结合的书法教师队伍。要加强书法教师的培训，组织教师研学《指导纲要》，把握其基本要求，提高教师的书法教育教学专业能力。中小学语文教师应逐步达到能兼教书法。师范学校要重视师范生的书法教育能力。"

对于中小学书法教师的解决办法，教育在《意见》中也有了明确的指示。主要包括三个方面。

一　做好书法教师的培训和培养工作

对中小学书法教师进行培训，是提高书法教师业务水平和能力最为直接的方法之一。培训内容应该包括如下几个方面：

1. 书法技能培训

书法技能是书法教师最为基础的能力，也是书法教师最为重要的条件。但是，书法技能培训是最难开展的工作。主要原因是书法技能的提高需要一个漫长的过程，不是那些没有书法基础或者只有一点书法基础的非书法专业教师参加几次培训就可以在短时间内得以完成的。对于书法技能培训，要有一个相对持续的培训计划，而且参加培训的教师也要相对稳定，让他们能够持续参加书法技能培训，真正提升他们的书写水平。要做的这一点，各省市应该将书法教师的技能培训分散在各地市，充分利用各地市的书法人才资源，聘请专业人才为这些教师进行书写技能培训，并且要分期培训，逐步提高参加培训的教师书写水平。根据目前小学书法教育的具体情况，以提高书法教师的楷书书写水平为主，尤其是楷书的临摹能力。

2. 书法文化培训

书法文化是中小学书法教育中不可缺少的内容，传承和弘扬我国传统文化，是我国目前之所以在中小学开展书法教育的重要原因。为了更好地在中小学书法教学中提升学生的传统文化，就必须在教学中对书法相关的文化进行讲授。例如，我国书法史上的主要书法家情况，历代书法名作的基本情况，不同书体的形状特征和演变情况，书写工具的选择和保养，书法作品的主要形制等，都需要在书法教学过程中让学生有所掌握。这就必须首先对书法教师进行培训，让教师们掌握一定的书法文化知识，以便更好、更有效地开展书法教育教学工作。

3. 书法审美培训

书法审美是书法教师必备的条件，正确的书法审美能力不仅是书法教师对学生书法作业能否做出合理评价的准则，也是书法教师给学生讲授古代经典书法作品艺术美感必不可少的条件。在中小学书法教育中，让学生更好地认识和理解我国书法史上的经典作品，懂得欣赏其艺术美感是非常重要的，因此，塑造正确的书法审美观念是书法教育中至关重要的内容。尤其是中小学阶段，要让学生充分认识到我国书法史上经典作品的艺术美感，形成正确的书法审美能力，懂得端庄、大气、严谨、清秀、文雅、协调、平正等基本的书法审美词语的意义。这就必须对书法教师进行审美能力培训，让书法教师首先形成正确的书法审美观念，充分认识到经典书法作品的美感所在。

4. 教材使用方法培训

自从 2015 年下学期在小学三年级全国范围开展书法教育以来，如何使用各地采用的书法教学用书，是各学校书法教师务必学习的内容，也是书法教师培训的重要内容之一。对于书法教材使用的培训，我们认为应该从两个大的方面入手：其一是理解教材编写者的意图，其二是全面掌握教材的编写内容。

就目前通过教育部审核通过的 11 套《义务教育三至六年级·书法练习指导（实验）》而言，每一套教材的编写者在编写体例、课时安排、编写内容、技法分析、文化介绍、书法活动等方面都是精心考虑的，他们编写教材是一方面严格遵守教育部下发的《关于中小学开展书法教育提出意见》和《中小学书法教育指导纲要》的相关规定与要求，另一方面遵循书法教育自身的规律，既要充分考虑义务教育阶段不同年级学生对书法教学的接受能力，又要深入理解不同风格楷书书写的难易程度以及楷书风格与学生性格之间的关系，让学生更好地找到书法启蒙学习的最佳临写范本，有利于学生达到最佳的书法学习效果。

就教材的编写内容而言，从小学三年级到六年级，每个年级所学习的书法内容是不同的，而且是递进式的。每一课时安排的学习内容也是经过反复教学实践的，在每一堂书法课中，既要有充足的时间让学生动手书写，在课堂上解决书法技能的学习内容，又要留出一定的时间让教师讲解分析例字的书写方法并当场示范，还要有时间讲授本课相关的书法文化或其他内容，最后还要留时间对学生书写的作业及时点评和反馈，对学生课堂学习效果做出合理的评价。因此，参加培训的教师，务必对书法教材的编写内容有全面的了解，这样才能在书法教学时合理地安排教学进度，合理分配好每一堂课的时间，使教师的讲解示范和学生的课堂练习在时间上能够得到合理分配。

5. 书法教学方法培训

书法教学既有与教授其他学科一样的方法，也有自身较为独特的教学方法。关于书法教学法的具体内容，我们将在后面的章节中具体探析。但就开展书法教师培训而言，书法教学方法的培训是必不可少的。在书法教学方法培训方面，我们认为有两个方面需要认真考虑：其一，认真考虑给书法教师授课的专家务必是书法教育的专家；其二，认真考虑中小学书法教育中所运用的教学方面。

在全国所有的教师培训中，授课专家是非常重要的，他们能够在有限的时间之内给参加培训的学员传授大量的信息和经验，使参加培训的学员耳目一新，受益匪浅。但对于书法教育而言，这几乎是一个新事物。虽然大学的书法专业教育已经开展了很多年，也有不少大学将中小学书法教师的培养作为其设置书法专业的主要培养目标，但很多大学的书法专业课程中，书法教学法是一门非常薄弱的课程，甚至不少大学的书法专业课程设置中没有这门课程。于是，从这些大学毕业的书法专业生很难在短时间之内胜任中小学的书法教学。他们在授课过程中，不能很好地采用有效的教学方法，导致书法教育达不到应有的效果。而且由于中小学书法教育刚刚开始普及，中小学书法教师中能够很好地掌握适合于书法教学的方法者也甚寥寥，这样就造成了书法教学方法培训是一件较难的工作。这需要各地组织书法教师培训的单位认真实施，使这项培训内容达到应有的效果。

整体而言，在书法教师培训方面，我国很多省市已经开始展开，但很多培训没有一个长远计划，在培训内容和参加培训的学员方面缺乏全方位的考虑和安排，导致参加培训的学员没有达到预期的效果。在书法教师的人才培养方面，还有一项非常有意义的事情就是大学书法专业的招生和人才培养。目前，我国已经有200余所大学招收书法专业的本科生或者专科生，数十所大学正式开设了书法学专业。从这些大学毕业的书法专业生，他们不仅有相对专业的书法技能，还掌握了一定的书法文化，更重要的是，他们养成了一个良好的书法审美观，对书法作品的优劣有了很好的判断，对于如何学习书法也有了正确的方法。这些书法专业生原本应该是我国中小学书法教师的主要力量，但是由于很多省市及各地级市没有给中小学设置书法教师编制，使原本能够胜任书法教学的大学毕业生不能去担任中小学的书法教学工作，而目前在担任中小学书法教学的教师绝大多数没法胜任这项特殊的工作，造成了书法教师专业人才的培养存在供需矛盾，这需要各级教育行政部门高度重视并妥善解决，才能从根本上培养出专业的书法教师队伍，以满足当前书法教育的需要。

二　做好书法教育教学研究工作

书法教育教学研究不仅是我国中小学书法教育能够健康开展的重要保障条件之一，也是中小学书法教师提高教学效果的重要方法和途径。中小学书法教师只有在教学的同时，不断探索适合于中小学书法教育的独特教学方法，才能根据不同年级学生对书法的接受能力采用不同的教学方法，最大限度地提高学生的书写水平，拓展学生的书法文化。对于怎样开展中小学书法教育教学研究，我们认为应该从以下四个方面着手。

1. 专题性研究中小学书法教学内容

教学内容是中小学书法教育最为核心的部分，虽然目前已有 11 套《义务教育三至六年级·书法练习指导（实验）》通过教育部审核，进入《2015 年义务教育书法教学用书目录》，但这 11 套《书法练习指导》的教学内容不尽相同，其中所安排的教学进度和课时内容是否符合小学书法教学的实际情况？还要补充和完善哪些内容更能很好地体现不同年级不同书法基础学生的需要？具体教学过程中哪些内容可以作为学生课外的学习内容？哪些内容必须要求学生在规定的课时内完成？当地书法资源如何更好地进入书法教学内容？等等问题，都需要做专题性研究，以便作为教材使用的《书法练习指导》在将来修订时能够得到更好的学术参考，也有利于更为科学灵活地选择教学内容，真正提高小学书法教学的效果，达到应有的教学目的。

2. 专题性研究中小学书法教学方法

中小学书法教学是一个全新的课题，究竟采用什么样的教学方法更为有效，值得专门研究。书法教学包含了艺术审美、书写技能和文化传承等多方面的内容，而课程又安排在语文课内，这说明书法教学既有不同于以往的美术或者艺术课程，也不同于一般的语文课程。教授书写技能应该采用什么样的教学方法？而教授艺术审美和书法文化又应该采用什么样的教学更为合适？教与学应如何结合，才能更好地体现书法教学的特性？哪些方法是中小学书法教学特有的教学方法？等等问题，都需要我们认真去研究。只有恰当应用了有效的教学方法，才能使书法教学在中小学真正得到落实，也才能真正意义上调动学生的学习兴趣和能动性，既能使书法教育得到广泛实施，还能为将来书法专业教育打下较好的基础。

3. 专题性研究中小学生学习书法的接受能力和接受心理

中小学生在不同阶段的接受能力和接受心理存在很大大差异，作为书法教学而言，因为书法教育内容的特定性，既有汉字的结构字形学习，又有书写动作的模仿训练，还有书法艺术审美层面的认知和感悟，更有书法文化的接受和理解。这些内容究竟适合于哪些阶段的学生？或者说，不同年龄阶段的学生在不同年级开设的书法教学内容中，其接受能力和接受心理究竟如何？需要我们专门去研究，确保我们的书法教学进度与学生的接受能力与接受心理相匹配，不至于让学生对书法教学产生抵触心理，也不能在低年级学生中安排他们暂时难以接受的书法教学内容。

4. 专题性研究中小学书法教师的任职条件

中小学书法教师究竟应该具备什么样的任职条件？这是一个非常重要的课题，需要我们认真去研究。一般人认为，就中小学书法教育而言，只要能写好毛笔字的人都可以担任具体的教学，这是一种非常狭隘的认识。目前我国一般意义上的中小学教师资格任职的考核，也往往侧重于普通意义上的教育学、教师法、心理学等课程的考核，往往忽略了专业能力的考核。再者，书法教育是一件新生事，绝大多数中小学以前没有专职的书法教师，什么样的教师才能担任书法教学就更值得学校、教育行政部门和教育教学研究者认真思考。我们认为，对于中小学书法教学而言，专职的书法教师既要具备广泛意义上的教育学和心理学知识，具备作为一般教师所具有的师范素质，同时还要具有非常专业的书法水平。中小学书法教师不一定是书法家，但要求他们具备非常扎实的书法基础，尤其是小学的书法教师，因为小学阶段主要是学习楷书，而且一般以唐楷作为学习范本，这就要去小学阶段的书法教师务必具有非常专业的唐楷临摹能力，以便在具体的书法教学过程中能够很好地给学生示范，让学生对如何学习唐楷得到很好的指导。

三　最大范围地聘请书法教师

书法教师短缺是目前中小学书法教育最为棘手的问题。目前，虽然我国已有二百余所大学招收书法专业的本科生或研究生，每年有数千名书法专业的学生毕业，但出于种种原因，这些书法专业毕业的本科生或者研究生没能走上中小学书法教育的教师岗位，而正在实施的小学书法教育，又普遍缺乏专业的书法教师。这种问题的出现原因是多方面的，如教师编制问题，书法教师的岗位设置问题，学校对于书法教育的重视问题，这些问题主要是教育部门和用人单位体现出来的。当然也有书法专业毕业生自身的问题，很多学校毕业的书法专业生，在大学期间不是作为书法教育专业人才来培养，因此，教育学、心理学、书法教学法等师范素质类课程没有安排在大学专业的教学方案中，于是，很多书法专业毕业的学生一时难以胜任书法教学岗位。

为了尽快解决目前中小学书法教育的师资问题，教育部在《意见》中提出："学校可根据需要，聘请当地青少年校外活动中心、少年宫、文化艺术团体的书法专业人员根据中小学书法教学要求指导学生学习书法。"这种聘请书法师资的途径只是权宜之计，而要从根本上解决书法师资不足，教育主管部门就要根据目前中小学书法教育的要求合理设置书法教师编制数量，逐年增加中小学的书法专职教师，形成一支书法技能较高且示范素质较好的专业师资队伍。

第四节　教学设施与投入情况

教育部印发的《中小学书法教育指导纲要》（教基二［2013］1号）明确规定学校应提供必需的保障，《纲要》提出："学校图书馆要为书法教育置备相应的碑帖、挂图、书籍、电子出版物等必需资料。有条件的学校可设置专用书法教室。"就目前刚刚起步的小学书法教育而言，尽管书法教育已经全面普及推行了将近一年，但每个学校对于书法教学投入的不尽相同，差异非常大。具有良好传统的书法教育特色学校，不仅能很好地在从小学三年级开始在学校将书法教育普及开展，而且还设置了专门的书法教室以及整套有力开展书法教学的现代设备。书法专用教室与普通的课堂教室不同，主要体现在以下几个方面。

1. 书法课桌要远远大于普通教室的课桌

书法教育主要是开展毛笔书法教学，要求学生在课堂上要学会使用毛笔来书写和临习我国古代经典碑帖的范字，这样决定了课桌上要摆设毛笔、砚台、书写纸、字帖以及毛毡、笔洗等书写用具，而普通课堂的课桌因为尺寸太小，远远达不到用来学习毛笔字的要求，这样，配置专用的书法课桌就必不可少了。

2. 配置多媒体教学仪器

因为书法教学主要采用班级授课制，在40分钟或者45分钟的一堂课之内要达到一定的教学效果，教师很难一对一地给每个学生进行近距离书法教学指教，而主要采用课堂集中讲授和演示的方法教学。这样，书法教师在分析经典碑帖中的笔法、结构、章法等具体教学内容时，就需要有投影仪将这些教学内容展示出来，以便学生非常直观地观察字形特征。此外，教师在书写示范时，需要演示仪将书写过程展现出来，让学生能非常直观地看过书写过程，在教学的讲解下观察和体会笔法、书写速度、笔锋变化等动作过程。

3. 书法专用教室内应有学生书法作业展示空间

在书法专业教室内设置学生作业展示空间很有必要，一方面有利于教师点评学生的书法作业；另一方面有利于集中展示学生的优秀作业，让学生相互参观学习，取长补短。这种展示空间一般是充分利用书法教室的墙面，可以随时展示和更换学生书法作业，满足书法教学需求。

就目前正在实施的小学书法教育而言，绝大多数还没有配套的书法专用教室，因此书法教学只能在普通的课堂内进行，这样的场地空间，很难达到真正意义上的书法教学效果。因此，就教育主管部门和学校而言，要真正推动书法教育，在教学设施方面要加大投入，主要在以下方面要尽快加强建设：

1. 根据学校的学生人数合理设置专用的书法教室

书法专用教室的基本情况，上面已经作了简要描述。但一所小学或者中学究竟要设置几个专用教室才能满足教学要求，这需要我们认真考虑。教育部颁布的《意见》中明确要求小学3—6年级每周在语文课程中安排1节书法课，根据这个具体的课时要求，结合小学不同年级工作日内每天开设的课时总数以及每个年级的班级数量，从小学三年级至六年级，全校的班级总数与每周的书法课总数，就大致可以计算出学校要设置几个专用书法教室才能满足教学之用。例如：如果小学三年级至六年级，周一至周五都是8节课，而每个年级都是4个班，那么这个学校每周要开16节书法课，这样规模的小学，如果只有一个专职书法教师，学校所有书法课程都是由这位书法教师担任，那么从理论上说，一个书法专用教室就可以满足基本的书法教学。但是，如果这所学校的书法教师不是由专职教师担任，而是由语文或者美术教师担任，在课程安排方面就有可能发生时间冲突，在同一时间，有不同的书法教室给不同年级或不同班级的学生上书法课，这样一个专用教室就很难错开使用，这样就要根据学校的具体情况适当增设书法专用教室。

2. 书法教学资料和仪器的配备

在中小学要真正开展书法教育，使书法教育达到应有的效果，中小学对书法教学资料和教学仪器设备的添置是不可缺少的。教育部颁发的《意见》中虽然没有明确规定学校在这方面应该达到什么样的规模数量，但每个学校要根据书法教育的实际情况酌情购置。

书法教学资料主要包括纸质资料和电子音像资料。纸质资料主要是历代书法名家的名作和历代名碑字帖，条件好的学校还可以购置一些仿真的书法名作印刷品，这些纸质资料用来开拓学生的眼界，让他们初步了解我国古代书法家的主要作品和主要碑刻。电子音像资料主要是书写视频，这对于书法教学而言非常重要，特别是与中小学书法教材同步发行的例字书写视频，是书法课堂教学中最为重要的资料。目前我国中小学书法教师的素质参差不齐，尤其是临摹古代经典碑帖的水平存在很大的局限性，他们在教学过程中分析完例字的点画结构后，学生最希望能直观地看到临摹例字的书写过程，这样就必须有配套的视频影像资料，让学生能非常直观地看到书写过程。

3. 书法作业展示空间建设

书法教育的效果如何？学校的师生在书法教育中取得了怎样的成绩？最好的办法就是在学校建立书法作品的展示空间，选择较为优秀的学生习作展示出来，既可以激发学生学习书法的兴趣，又可以营造学校的书法学习氛围。展示空间可以分为两种类型，一种是固定的展览室或者专门的书画展厅，这样的场地可以不定期展览优秀的书法美术作品。另一种是充分利用教学楼走廊过道的墙面，将这些墙面布置成书画作品的展示空间，主要用来展示学校师生的书画作品，这些作品既可以永久性展示，也可以随时更换新的作业。此外，还可以利用学校的宣传栏作一些专题性书法展，诸如校园师生书法比赛的优秀作品，可以集中在学校显眼的宣传栏内进行展示。

这些书法作业展示空间的建设其实也是校园文化建设不可缺少的组成部分，学校应该将它纳入校园环境文化建设的整体规划之中，并根据学生书法教学的情况进行建设，使学校既有固定的室内展示厅，又有

"书法走廊"之类的展示空间,让书法文化成为校园文化建设中极为重要的亮点。

当然,就目前的中小学而言,绝大多数学校还没有这方面的建设,一方面是因为书法教学刚刚起步,书法教学的成绩还没有在学校的教学中凸显出来;另一方面,很多学校领导和教师没有意识到书法作业展示空间建设的重要性,更不清楚环境育人在书法教学中所起的作用。

4. 书法教学环境的营造

环境育人是书法教育中不可忽视的环节。目前我国中小学的校园建设中,书法艺术与书法文化的环境营造方面是远远不够的,很多学校几乎看不到校园环境中的书法元素。

校园环境中的书法元素包括哪些呢?首先是学校的校名,其次是学校的宣传窗、教室和教学楼走廊过道墙面的书法作品和相关资料展示情况,再次是学校的书画展示室和活动室的书法氛围营造与作品展示。很多中小学的校名没有任何的书法艺术性,往往采用电脑字库中的字体制作成校牌,虽然符合了规范性,但缺少了书法的艺术性,如果是书法家题写的校名,其艺术价值就大大提升了。学校的宣传栏其实也是最能体现书法元素的,但是现在很多学校的宣传栏都不采用手写而是电脑喷绘的,虽然很整洁大方,但毕竟缺少了书法的元素,也很难体现学校书法教学的内容。教学的教室和走廊过道,如果在适当的空间悬挂学校师生的书法作品,尤其还能悬挂一些我国历代书法家的图像文字介绍资料和历代书法名作的图片文字,这样营造出来的文化氛围就大不相同,书法元素在这些最为常见的空间场地得到展示,无形中也促进了书法教育。此外,如果每个教学楼的名称、班级编号、教室内的宣传栏和板报、学校的书画展厅等场地,都充分考虑到书法元素的应用,整个校园就能体现出浓浓的书法文化艺术氛围,这对于书法教育而言,无疑是非常有利的。

因此,随着我国对中小学书法教育的日益重视,针对目前我国绝大多数中小学校园环境文化建设与书法文化建设严重脱节的情况,希望中小学的管理者充分考虑到书法教学环境的整体的营造,让环境育人在书法教育中得到应有的体现。

第五节　教学效果评价

教育部在颁布的《意见》第三款中专门提出："各级教研部门要把书法教育纳入教学研究工作的范围，研究中小学书法教育的教学规律和评价方法，安排教研人员指导学校和教师开展书法教学工作。"同时有提出，"各地教育行政部门要加强对书法教育工作的指导和管理，教育督导部门要把书法课开设情况纳入教育督导的专项内容"。

从这些内容可知，如何评价书法教育的教学效果？需要我们认真研究，各地中小学书法教育的落实情况如何？他们的教学效果怎样？需要我们的教育行政部门经常督导和检查。如何评价书法教学效果，我们不妨从以下五个方面去考虑。

1. 书法教师的教学方法和教学手段是否得当

恰当应用良好的教学方法和有效的教学手段是书法教学效果最为根本的保障。书法教学有其自身的规律和特有的方法，只有掌握了科学的教学方法，才能使书法教学的效果得到提升，最终实现书法教育教学的目的。

2. 教学内容的进度安排是否合理

虽然教育部已经审核通过了11套《小学书法练习指导》，以此作为小学书法教育的教科书，而且初中书法教育的教学指导用书也在编写之中。一般而言中小学书法教师按照这些练习指导用书的内容安排开展书法教学，不会存在很大的问题，但是，这些书法练习指导用书的质量良莠不齐，其教学内容的先后顺序安排也不尽符合中小学书法教育的规律，这需要我们的任课教师根据教学中的实际情况作适当调整，更为科学合理地安排教学内容的进度，以便更为有效地开展书法教育，切实提高书法教育的教学效果。

3. 学生的书写水平是否得到真正提高

书写水平是中小学书法教育中最为重要的内容。笔者认为书写水平主要包括学生的临摹能力和独立书写能力。教育部颁发的《意见》对中小学书法教育的教学内容有明确规定，小学阶段就是通过临摹来学习经典楷书，提高小学生的楷书书写水平，并且对3—6年级不同年级学生学习的内容和要求都有明确规定，这些内容中既有经典楷书作品的碑帖要求，也有书写笔顺等基本内容的要求。楷书的临摹范本包括欧阳询的《化度寺碑》《九成宫醴泉铭》，褚遂良的《雁塔圣教序》《大字阴符经》（传），颜真卿的《多宝塔》《颜勤礼碑》，柳公权的《玄秘塔碑》《神策军碑》，赵孟頫的《三门记》和《妙严寺记》等碑帖。

对于学生的书写水平，我们要根据学校所选《书法练习指导》的版本，根据书法教学内容的安排，重点评价学生对经典碑帖的临摹水平，这包括学生读帖、执笔、用笔、点画书写、结构安排、字形把握、章法处理等方面水平。此外，还要评价学生独立书写的水平，主要是评价学生是否能学以致用，评价学生能否将通过临摹古代经典碑帖学到的笔法、字形结构和章法应用到独立书写中去，书写出具有所学碑帖风格的作品，这就是我们通常所说的书法创作。但是，我们评价中小学的书法创作，完全是评价他们独立书写的作品中是否体现了所临摹碑帖的风格，他们书写的点画、字形和章法处理越接近所临摹碑帖范本的特征，说明他们的书写水平越好，越能体现书法教学效果的质量良好。

4. 学生的书法文化是否得到拓展

根据教育部颁发的《意见》要求，承接我国传统文化和了解书法相关的文化是中小学书法教育不可缺少的教学内容，也是评价中小学书法教学效果的重要指标。中小学书法教育中的相关书法文化主要是指最为基本的书法史，如主要书法家的基本情况，历代经典书法作品的基本情况，最为简略的文字学知识，身边的书法资源，书法作品的形制与应用等，这些书法文化是中小学书法教育中要求了解掌握的，也是书法技能教育地有力补充，有了书法文化的支撑，书法教育就不会仅仅停留在书法技能教育的单一层面，更能让学生在书法学习过程中得到文化的熏陶，逐步拓展他们的文化视野，为将来在书法方面的进一步发展初步打下基础。

5. 学生的书法审美能力是否得到正确引导和提升

培养学生的正确的书法审美能力是书法教育中及其重要的内容之一。如何引导学生认识我国经典碑帖的书法艺术美感，让他们逐步形成健康的书法艺术审美观是中小学书法教育教学的重要内容，也是我国素质教育的重要内容。我国历史上产生了中国经典书法作品，这些作品的审美风格也各具特色，如何认识、欣赏和理解这些作品的美感，需要我们在书法教育中逐步引导，使学生对篆、隶、楷、行、草等不同书体的作品审美有最基本的理解，能够区分开不同书体的审美标准，能够区分不同风格作品的审美异同。

　　对于教学评价而言，学生形成相对正确的书法审美观和提升他们的书写技能同等重要，书写技能是一个需要逐步提高的漫长学习过程，书法审美能力也是一个逐步提高的学习过程，而且只有对书法的审美能力提高了，才能真正理解书法的艺术魅力所在，也才能更好地提高书法的技法水平，为将来创作出真正的书法作品奠定基础。

第二章　我国中小学书法教育的目标要求

教育部在2013年1月18日颁布了《中小学书法教育指导纲要》（简称《纲要》），《纲要》中明确了中小学书法教育的基本理念、目标与任务、实施建议与要求等方面的内容。中小学书法教育的目标要求必须紧密结合教育部颁布的《纲要》内容，这样才能更好地给我国当代中小学书法教育目标定位。

第一节　如何理解我国中小学书法教育的基本理念

《纲要》对我国中小学书法教育的基本理念这样定位："中小学书法教育以语文课程中识字和写字教学为基本内容，以提高汉字书写能力为基本目标，以书写实践为基本途径，适度融入书法审美和书法文化教育。"

一　中小学书法教育基本理念的定位

从基本理念所提出的三个"基本"可知，中小学书法教育的"基本内容"是语文课程中的识字与写字教学；"基本目标"是提高汉字书写能力；"基本途径"是书写实践。

就基本内容来看，中小学的书法教育是将识字与写字教育紧密结合的，而且紧紧依附于语文课程。自古以来，我国的书法教育就一直坚持识字与写字教育紧密结合，换句话说，我国古代的写字教育与识字教育是同时开展的。无论是蒙学中的写字教育还是成人的书法教育，都非常强调识其字和写好字。对于所学习的生字，既要能识认，更要能写好。如果识字属于语文教育，那么写字就可以称为书法教育。《纲要》提出"基本内容"是语文课程中的识字与写字教学，这样，中小学书法教育学习的范字就要紧密结合语文课程的识字范围，尽量是学生在语文课程中学习过的生字，也就是我们通常所说的语文教科书中的生字表。

从基本目标来看，提高汉字书写能力是最为基本的目标。汉字书写能力包括几个方面：

1. 对经典碑帖的临摹能力

我国书法教学主要是从临摹经典碑帖开始逐步入门的。书法史上的经典碑帖无论是点画、结构还是章法，都可成为我们学习的内容，而学习这些经典碑帖最为直接和最为有效的途径就是临摹。因此，临摹能力既是书法教学中最为重要的学习内容，也是提高书写水平最为重要的条件。随着临摹能力的提高，学生就能学到古代经典碑帖的笔法和结构特征，还能学到作品的章法处理和风格特征，更重要的是，学生真正掌握了临摹古代经典的方法，就可以自行拓宽书法学习的碑帖范围，为将来成为书法专业人才奠定基础。检验临摹能力是否得到提高，最直接的办法就是将学生临摹的作业与原帖进行比照，学生临摹的作业与原帖字形和风格最为接近，说明临摹的能力越高；反之，说明临摹的能力越低。尤其对于初学书法者而言，临摹的作业与原帖越像越好。只有临像了，才能说明学生观察原帖范字的特征更为仔细，也说明书写时用笔更为准确，字形把握更为逼真，这样的临摹学习，才是书法学习最为重要的，是书法教育最为基本的内容。

2. 独立书写水平

独立书写水平是指学生通过临摹学习经典碑帖后的日常书写水平，这既包括我们通常所讲的"书法创作"，也包括平时的日常书写，甚至还包括硬笔书写水平。我们知道，临摹虽然是学习书法最主要的途径，但临摹水平并不能代表日常的书写水平，而日常书写水平才是最终反映学生实际书写能力的标尺。就中小学书法教育而言，并不是将书法教育定位在培养专业书法家的教育，而是书写能力的普及教育。如果书写水平普遍提高了，中小学书法教育的目的也就达到了。但书写非常优秀的学生可以在此基础上继续学习书法，通过高考进入大学专业学习，逐步走向书法专业之路。需要说明的是，由于目前的日常书写主要是硬笔为主，而通过临摹古代经典碑帖学习书法的途径主要是学习毛笔书法，以此逐渐提高学生的书写水平。但毛笔字和硬笔字在书写方面还是存在较大的差异，仅仅提高了学生的临摹水平，而他们的独立书写水平没有得到提高，说明书法教育的目的还没有真正实现。

3. 书写准确性与速度

对于广大学生而言，日常的书写甚至比单纯的毛笔书写更为重要。而日常书写以硬笔为主，所以通过硬笔书写汉字，能否将汉字写对，能否在书写速度方面达到一定要求以满足日常的书写需要，也是书法教育的目标之一。当前社会的发展，文字交流的方式很多，而真正靠书写来交流的机会越来越少，所以对学生而言，提笔忘字的现象非常普遍。因此，书写正确的汉字也相应成为书法教育的基本要求，而且还要提高学生的书写速度，使他们在学习期间和走向社会之后，都能正确书写汉字，而且能写出又快又好的汉字，以满足他们的书写应用要求。至于毛笔书法的教育，正确书写汉字也是最为基本的要求，但对于书写速度的要求就不同于硬笔书写了。

从《纲要》提出的基本理念来看，中小学书法教育的基本途径是书写实践。由此可见，中小学书法教育主要靠书写实践来提高学生的书写水平。根据这个基本理念，中小学书法教育的课程安排和具体教学内容就要突出书写实践，当然，书写实践包括了经典碑帖的临摹书写，也包括了学生临摹之外的独立书写。书写实践的教育对中小学书法教师的书写水平有很高的要求，特别是小学阶段的书法教育，实践内容主要是经典楷书作品临摹，就要求小学的书法教师在经典楷书临摹的书写实践方面有较高的水平，并且还要能相对准确地教授学生如何临摹经典楷书作品。这需要教师能够清楚地讲述经典楷书临摹的用笔、结构等方面的知识要领，更要能给学生以相对准确的临摹示范，对于学生临摹的作业，要能指出不足之处，为学生如何改进和提高提出合理的建议。因此，书写实践是中小学教育的基本途径，而要有效地提高学生的书写实践，书法教师的作用尤其重要，教师的书写实践水平在教学中将起到至关重要的作用。

《纲要》中所提出的基本理念中认为，中小学书法教育要"适度融入书法审美和书法文化教育"。

对于中小学书法教育阶段而言，"书法审美"主要是指书法艺术欣赏。我国的书法存在篆、隶、楷、行、草等各种书体，每种书体的审美标准不尽相同，都有各具特色的审美要求。而且在我国古代书法史上，出现了风格多样的众多书法家和书法作品，风格不同，审美趋向自然不同，对于不同风格的书法作品如何欣赏其美感，也是中小学书法教育中需要适当考虑的。因此，适度融入书法审美教育是中小学书法教育的基本理念。

中国书法本身就是一种特有的民族文化，无论是书写器具、书写内容还是作品样式，都具有浓郁的民族文化特征。中小学书法教育除突出书写实践教育外，适度融入书法文化教育是非常必要的，让学生在提高书写实践的同时，逐步了解相关的书法文化，对我国文字的演变、书写器具的要求、书法家的简介、书法名作的基本情况、书法形制的基本特征，书写内容和书体特征等相关知识有所了解，让学生明白书法教育不是简单的书写技能教育，这对于民族文化的传承也是非常必要的。

二 中小学书法教育的基本理念之一：面向全体

《纲要》明确指出，我国中小学书法教育要"面向全体，让每一个学生写好汉字"。同时指出："识字写字，是学生系统接受文化教育的开端，是终身学习的基础。中小学书法教育要让每一个学生达到规范书写汉字的基本要求。"

从《纲要》中所提出中小学书法教育要"面向全体"就可看出，中小学开展书法教育的基本理念是让所有中小学学生接受识字写字教育，而且是要全体学生通过书法教育后达到规范书写汉字最为基本的要求。要实现《纲要》中所提出的中小学书法教育基本理念，就必须在全国的中小学有序开展书法普及教育。要做到这一点，首先要求全国各省市的每所小学从三年级开始开设书法课程，根据教育部《意见》和《纲要》规定，在小学的语文课程中，每周安排一节书法课。从2015年9月开始，全国的小学已经从三年级开始逐步开设了书法课程，这为书法教育"面向全体"提供了重要保障。

当然，由于各种原因，尽管教育部和各省教育主管部门都一再要求从2015年9月开始，每所小学从三年级开始都要在每周的语文课程中开设一节书法课，但真正执行起来，很难达到预期的效果，有些学校的书法教育也仅仅停留在课表层面，课堂教学没有真正落实，这对实现教育部《纲要》中提出书法教育"面向全体"的理念存在一定差距。

三 中小学书法教育的基本理念之二：硬笔与毛笔兼修

《纲要》明确指出，我国中小学书法教育要做到"硬笔与毛笔兼修，实用与审美相辅"。并进一步指出："中小学书法教育包括硬笔书写和毛笔书写教学。书法教育既要重视培养学生汉字书写的实用能力，还要渗透美感教育，发展学生的审美能力。"

从《纲要》中提出"硬笔与毛笔兼修"这个书法教育理念可知，当前正在开设的中小学书法教育不只是毛笔书法教育，也包括了硬笔书法教育。从《纲要》和《意见》的相关规定来看，教育部只硬性规定了小学3—6年级的语文课程中开设一节书法课，而且这节书法课是用于开展毛笔书法教学，而书法教育的基本理念又提出硬笔与毛笔兼修，表面上似乎硬笔和毛笔书法在教学的课程设置中存在矛盾，但实际上，对于硬笔书法教学，学校多年前就已经在执行《写字》教学，而这《写字》其实就是硬笔书法教学，主要是用硬笔书写语文课中的生字表，同时，也有很多关于中小学硬笔书写教育的配套练习教学用书，很多学校在执行硬笔书法教学时，全校统一时间集中练习硬笔字，并做相关的辅导和检查，让硬笔字教学成为一种固定的常态。

《纲要》中所提出"书法教育既要重视培养学生汉字书写的实用能力，还要渗透美感教育，发展学生的审美能力"这一理念其实是"硬笔与毛笔兼修"的进一步解释。我们认为，培养学生汉字书写的实用能力主要是硬笔书法教学，当然，硬笔书法中也可以渗透美感教育。但是要真正体现书法的美感教育而提升学生的审美能力，毛笔书法比硬笔书法更具美感，因为我国古代经典碑帖风格多样，作品中所呈现出来的美感是硬笔书法没有达到的，这也就是为什么中小学书法教育提倡"硬笔与毛笔兼修"这一书法教育理念的原因，是希望书法教育能够在书写实用和艺术审美两个方面都能达到应有的效果。

四　中小学书法教育的基本理念之三：遵循规范而关注个性

《纲要》明确指出，我国中小学书法教育要"遵循书写规范，关注个性体验"。对于这点，《纲要》中有具体要求，认为"中小学书法教育要让学生掌握汉字书写的基本规范和基本要求，还要关注学生在书法练习和书法欣赏中的体验、感悟和个性化表现"。

从《纲要》所提出的这个中小学书法教育理念可知，掌握汉字书写的基本规范和基本要求是书法教育最起码的要求，也是书法教育最具实际意义的体现。由于当前电脑、手机等电子工具的普遍实用，其中很多文字和语言使用不规范，导致学生在书写交流和学习过程中也存在书写不规范的现象，甚至还出现提笔忘字、常写错字的情况，是汉字书写达不到最基本的规范要求,而书法教育首先要解决这个基本要求,才能在此基础上关注学生的书法审美教育。

因此,教育部《纲要》提出中小学书法教育在学生掌握汉字书写基本规范和基本要求的同时,还要关注学生在书法练习和欣赏中的体验、感悟和个性化表现。把汉字写正确写规范是书法教育最为基本的要求,但书法教育不能仅仅停留在书写教学这个层面,还要提升到书法的审美教育,这就要求书法教学过程中关注学生的审美感受,让学生对不同风格的书法艺术作品有个人的喜好和认知,也要容许学生在具体的书法教学中选择个人喜爱的经典碑帖作为临习范本,以便学生在学习如何规范书写的同时感受到书法艺术的魅力所在,初步形成书法审美趋向,为将来从事书法艺术初步奠定基础。

五 中小学书法教育的基本理念之四:提高书写技能与文化素养

教育部《纲要》明确指出,我国中小学书法教育要"加强技能训练,提高文化素养"。在技能和文化素养方面,《纲要》提出了具体意见,认为"中小学书法教育要注重基本书写技能的培养,不断提高书写水平。同时在教学活动中适当进行书法文化教育,使学生对汉字和书法的丰富内涵及文化价值有所了解,提高自身的文化素养"。

中国书法是书写汉字的艺术,汉字具有音、形、义三个方面的要素,而书法主要关注的是汉字的字形,但如果书法只关心汉字的点画形质、结构空间等形态特征,其实是很片面的。无论是古代还是当代,即便是将来,只要书法以书写汉字这一条基本原则不变化,那么汉字的"义"甚至"音"都会成为书法艺术不容忽视的因素。汉字的"义",最核心的使命是记录和传承文化。自古以来,书法作品的书写内容非常注重其文化含义,无论是书写他人的诗文歌赋,还是书写自己的诗文,无论是一纸便条还是一篇巨制宏文,所书写的内容都是文化的具体记录,至于用什么书体和什么风格的书法艺术特征去创作,都只是文化的表现形式而已。选取什么样的书写内容来创作书法作品其实是对书法家的一种文化考量,创作出什么层次和什么风格的书法艺术作品更是对书法家审美境界的综合测评,而创作过程中所运用的笔法、结构空间、节奏快慢、虚实对比、墨色变化等多方面的技能,都是体现书法文化和书法审美的表现"工具"。

从这个层面来看书法教育,就不难理解书法教育为什么包含了书写技法、书法文化和书法审美等多方面的内容。很多人简单地认为，学习书法就是学习书写技能，通过学习来提高书写水平，最终写出具有美感的书法作品，因此，这个层面所理解的书法教育，其核心似乎是书写技能教育，其实不然！书法教育的核心其实是文化传承！即便是书法的初级教育，也不会是简单的书法技能教育，更何况书法技能教育中也包含着深刻文化含义与哲学思想。从书写工具的选择与保养到写字执笔的姿势，从笔法要领的把握到字形结构和章法安排，看似都是书写技法教育，而敬惜字纸和仰慕先贤的心态，取法经典和认识经典的眼界，行笔速度的快慢和力度的大小，点画字形的姿态与空间构筑，乃至通篇的章法安排与气韵流通等诸多方面，其实都包含着我国传统审美的哲学思想，这些寓含在书写技法中的文化看似虚无，其实如影随形。至于不同历史时期书家群体的出现、书风流派的形成乃至经典名作的产生都与当时的政治、经济、文化和审美取向等方面有着千丝万缕的关联，甚至可以认为，不同时代的书法就是那个时代的文化产物。

由此可见，书法教育不仅要全面提高受教育者的书写技能，更要将我国优秀的传统文化和高雅的书法审美寓含其中，让书法教育成为传承文脉的重要方式，使书法教育者和学习者明白书法最根本的支撑力是自身的审美境界和文化素养。

从教育部《纲要》的理念可知，中小学书法教育是书写技能教育与文化素养教育同时展开的，基本书写技能的培养是基础，通过教学不断提高学生的书写水平是书法教育最重要的内容，但书写技能教育不是书法教育的全面，所以《纲要》中提出要"在教学活动中适当进行书法文化教育，使学生对汉字和书法的丰富内涵及文化价值有所了解，提高自身的文化素养"。由此可知，中小学书法教育中所提倡的书法文化教育主要是对汉字和书法的内容及文化价值有所了解，以便学生在提高书写技能的同时，提高自身的文化素养，这同时也说明书法不仅仅一种技能，更是一种文化，这样使学生对书法有了相对准确的定位，对他们将来如何学习书法或者从事书法专业的发展极为有利。

第二节　如何理解中小学书法教育的总体目标

根据教育的《纲要》要求，中小学书法教育的总体目标大致分为三个方面：

1. 学习和掌握硬笔、毛笔书写汉字的基本技法，提高书写能力，养成良好的书写习惯。

2. 感受汉字和书法的魅力，陶冶性情，提高审美能力和文化品位。

3. 激发热爱汉字、学习书法的热情，珍视中华优秀传统文化，增强文化自信与爱国情感。

这个总体目标其实包括了中小学书法教育的三个层次，即书写层次、审美层次和品格层次。

一　中小学书法教育目标中的书写层次

书写层次是中小学书法教育最为基本的目标。这个目标包括了三个方面：第一个方面是学习和掌握硬笔、毛笔书写汉字的基本技法，第二个方面是提高书写能力，第三个方面是养成良好的书写习惯，这三个方面的目标是逐渐递进的。

1. 学习和掌握硬笔、毛笔书写汉字的基本技法

无论是硬笔还是毛笔，用于书写汉字时有许多的用笔技法，这些技法的掌握和提高必须通过教育和学习才能真正实现。这些基本技法主要包括以下三个方面：

其一，书写姿势

毛笔书法的书写姿势分为坐式和站式，正确的书写姿势不但能使学生写出漂亮的字形，更有利于身心健康。

书写较小的字时，一般采用坐式的书写姿势；而站式的书写姿势一般用于书写大字。对于书写姿势的基本要求，我们可以概括为"头正身正两肩平，胳膊舒展双脚稳"。

硬笔书写都是采用坐式。

其二，执笔方法

硬笔的执笔方法采用三指执笔法。即采用大拇指、食指和中指来执笔，无名指和小拇指紧紧贴近中指，书写时硬笔与纸面大致保持60度的倾斜角（见图2-1）。

而采用毛笔写字时，一般采用五指执笔法，五个手指各有各的作用，即传统的说法为"擫、押、钩、格、抵"（见图2-2），要做到指实掌虚。

如果是站式书写毛笔字，一般采用抓笔的执笔姿势，与五指执笔法不

图 2-1 硬笔执笔方法

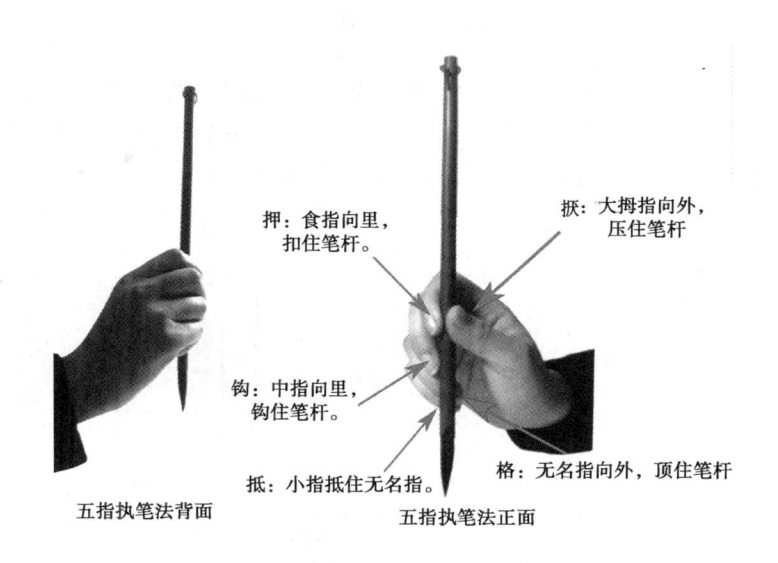

图 2-2 毛笔执笔方法

同,有利于五指发力,将力量送至毛笔的笔锋。

其三,运笔方法

硬笔书写的运笔主要是运笔速度和笔画力度的控制,力求做到书写时起收、转折略有速度变化,书写自然。

而毛笔书写的运笔主要包括笔锋的调转、笔力的运用和运笔速度的变化等方面的技法。

运笔主要包括中锋运笔和侧锋运笔。中锋运笔是指书写时笔锋在笔画的中间运行，侧锋运笔是指书写时笔锋在笔画的一侧运行（见图2-3）。

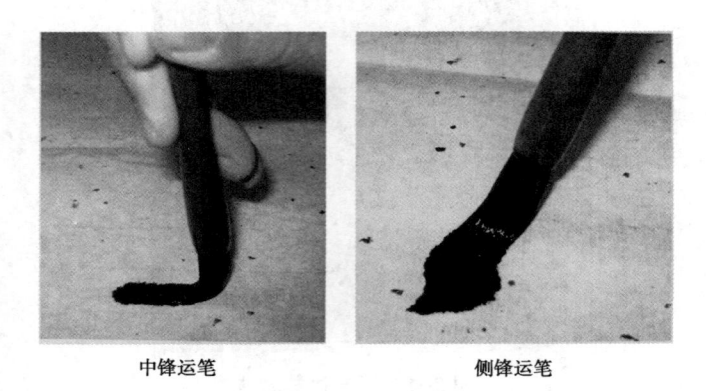

中锋运笔　　　　　侧锋运笔

图 2-3　中锋与侧锋运笔

除中锋、侧锋等运笔方式外，提、按、转、折、提、顿、挫等运笔动作也是毛笔书写时非常注重的技法，尤其是书写楷书时，会经常这些运笔动作，以便书写出形质很好的点画字形（见图2-4）。

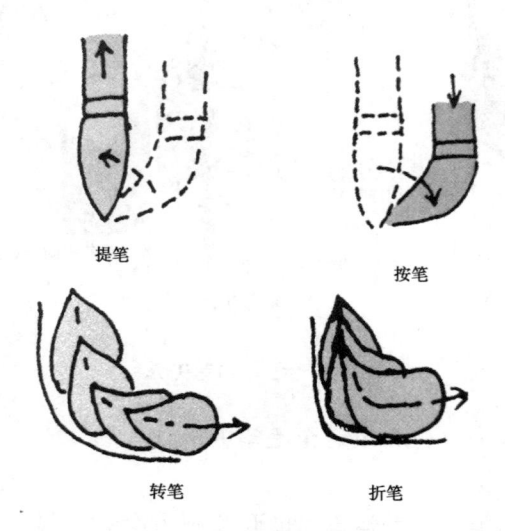

提笔　　　　　按笔

转笔　　　　　折笔

图 2-4　运笔中的提按转行

当然，到了中学阶段的书法教育，如果开设了行书学习内容，运笔的技法更为丰富，笔锋转换以及运笔的速度、力度等方面也就相应有了更高的要求，丰富的技法才能写出较好的行书作品。

可见，就不同年级不同阶段的学生而言，对书法教学中的书写技能要求也是不断提高的，其目的是更好地提高书写能力。

2. 提高书写能力

掌握执笔、运笔等基本书写技能的目的是提高书写能力，那中小学书法教育的书写能力究竟包括哪些方面呢？

整体而言，书写能力指学生的硬笔和毛笔两个方面的书写能力。硬笔书写能力包括写好字形和书写速度两个方面。小学阶段的硬笔，一般以楷书为主，要求学生写出相对端正的硬笔楷书，六年级的小学生可以适当考虑写写行楷硬笔字，以便满足作业和日常书写的需要。进入初中开始，学生应主要学习硬笔行楷的写法，高中阶段的学生，主要书写硬笔行书。学习行楷或者行书硬笔主要是提高书写速度。可见，对于硬笔书写能力而言，字形美观和书写速度是最主要的书写能力。

对于毛笔书法教育而言，书写能力主要包括对经典作品的临摹能力和书法创作能力。虽然学习硬笔书法也需要通过临摹学习才能真正提高，但毛笔书法对临摹能力的要求更为严格。根据教育部《纲要》的要求，小学阶段和中学阶段学习毛笔书法的内容是不同的，小学阶段学习经典楷书碑帖，而初中阶段可以学习隶书和行书经典作品。

从目前通过教育部审核的11套小学《书法练习指导》来看，小学阶段学习的都是经典楷书碑帖，主要包括欧阳询的《九成宫醴泉铭》，颜真卿的《多宝塔》和《颜勤礼碑》，柳公权的《玄秘塔碑》，赵孟頫的《妙严寺记》等楷书作品。这些楷书作品风格存在较大的差异，临摹时的技法也有一定的区别。不同学校采用《书法练习指导》的版本不同，所学习楷书也会存在差异，但是，最终都是为了提高学生的临摹能力。进入初中，如果增加了隶书和行书的书法教学内容，临摹的能力就进一步提高了。

临摹经典楷书作品或者临摹隶书和行书的经典作品，最终的目的是提高自身的书写水平。通过小学到中学的不断递进学习，学生对楷书、隶书和行书等经典作品的临摹有了较好的把握，其书写能力自然就会提升。对于中小学的书法教育目标而言，学生能够应用所学习书法范本的笔画、字形等风格特征，独立书写出与字帖范本风格接近的作品，就说明其毛笔书法的书写能力达到了书法教育的目标要求。

但是，就中小学阶段的书法教育而言，尤其是小学阶段，养成良好的书写习惯更为重要。

3. 养成良好的书写习惯

养成良好的书写习惯不仅是一件终身受益的事情，更是调养心性的极好方式。

就硬笔书写而言，良好的书写习惯主要包括保持正确的书写姿势，书写的纸张摆放端正，执笔的方法要正确，书写的速度要适当，所写的字形要美观大方。无论是作业还是平时的偶然书写记事，都有很好的书写态度，这些书写习惯将受益终身。

而对于毛笔书写习惯而言，除了硬笔书写习惯中所包括的书写姿势、执笔方法、纸张摆放和书写心态外，还要根据不同书体的书写速度要求调整书写快慢的习惯，以便达到最佳的书写效果。更为重要的是，毛笔书法书写时讲究静气凝神和心平气和，还要有敬惜纸笔的恭敬态度，所以，学习毛笔书法，养成良好的书写习惯，对于调养心性具有很好的效果，有益于身心健康。

二 中小学书法教育目标中的审美层次

审美层次是中小学书法教育必不可少的目标，审美层次的目标其实包括四个方面的内容：其一，感受汉字和书法的艺术魅力；其二，陶冶自己的性情；其三，提高自身的审美能力；其四，提高自身的文化品位。

1. 感受汉字和书法的艺术魅力

汉字本身的点画、结构具有一定的魅力，尤其是以汉字为书写对象的书法艺术，更是魅力无穷。这些艺术魅力既有点画线条、字形结构、章法布局等形质层面的，也有书写作品时所表现出来的速度快慢、力度大小、墨色干湿等节奏变化，还有书法作品中所流露出来的气韵、气势、情感、气质、神采等精神层面的艺术魅力。

对于中小学书法教育而言，最主要的是学会感受书法中最为直观的形质层面的艺术魅力，对于篆、隶、楷、行、草等不同书体的书法作品，小学生主要学会感受楷书的点画形质和字形结构之美，使他们对楷书字形的好坏形成初步的判断标准；而中学生要对篆书、隶书甚至行书或者草书所具有的艺术魅力有最为基本的感受，对这些书体作品中的点画线条和字形结构有初步的好坏判断能力，使学生对这些书法作品中的形态之美得到真切的内心感受。至于气韵、情感、气质等高层次的艺术魅力，不必要求中小学生能够理解。

2. 陶冶自己的性情

性情是指人的性格和情感，人的性情受社会环境和文化影响而具有变化性。通过书法教育，学生在感受经典书法作品艺术魅力的同时，其性情也会相应受到陶冶。就书法教育而言，陶冶学生性情的方式主要是两个方面，即感受经典书法作品时美感陶冶和学习经典书法作品的亲身体验。

我国经典书法作品所流露出来的美感多种多样，或雄强大气、或静穆严谨、或端庄典雅、或清秀文雅，细细欣赏我国历代经典书法作品时，这些美感很容易触动学生的内心，进而陶冶其性情。而通过临摹学习古代经典书法作品，笔锋的调转、速度和力度的控制、点画特征的写法、字形结构的处理等方面，都能对学生的性情起到很好的调整作用。例如，书写一个点画，非常讲究起笔、行笔和收笔的运笔动作，书写的速度和力度要恰到好处，运笔时的提、按、顿、挫、转、折等不同运笔要领都要在不同的点画中体现得准确到位。这样的书写训练，自然能增强学生领会如何认真做事、如何静心养气、如何处理轻重快慢节奏、如何把握笔锋的细微调整，时间长了，学生的性情也会随着书法学习而得到陶冶，甚至还可以养成认真严谨的做事态度，形成温文尔雅的性格品质。

3. 提高自身的审美能力

人的审美能力是有差异的，即便是对书法艺术的审美，其中的很多美感不是所有人都能体会的，而书法教育中一项重要的目标就是要提升学生对书法审美的认识和理解能力，进而提升其整个人生美学的品位。

我国古代所流传下来的书法作品，其美感有高低雅俗之分，如何区分这些书法作品的艺术美感，需要欣赏者有高水准的审美能力，同时也需要在审美者心中形成相对正确的审美标准。例如，对于书法作品点画线质所体现的美感，欣赏者要能区分线条中的笔力大、小、藏、露等不同线质美感。相传为晋代卫夫人所写的《笔阵图》中提出"笔力"是决定点画线质好坏的重要因素，认为"善笔力者多骨，不善笔力者多肉；多骨微肉者谓之筋书，多肉微骨者谓之墨猪；多力丰筋者圣，无力无筋者病"。李世民在《论书》中也提出："今吾临古人之书，殊不学其形势，惟在求其骨力，而形势自生耳。"可见，笔力的大小有无是判断点画线质优劣的重要标准。但笔力不是书写时的简单蛮力，也不是一味露骨的外力，而是隐含在点画线条之中的内在力，表达这种力量不仅要"尽一身之力而送之"，更要善于把握运笔时笔力的藏露关系与大小变化，笔力的"度"把握得恰到好处，才可以达到王僧虔所言"骨丰肉润，入妙通灵"的线质审美标准。对于书法中力度美感的理解，需要学生有很高的审美能力才能真正领悟。

由此可见，通过书法教育而提高学生的审美能力是非常重要的，否则，面对我国历代经典书法作品，他们没法感受其艺术魅力，即便是自己书写的书法作品，也不能对作品的优劣有一个很好的判断，对下一步如何改进更是无所适从。

4. 提高自身的文化品位

文化品位是人生美学的最高层次。书法艺术的美感格调有雅俗之别，文化品位也是高低之分。高品位的文化追求不仅是一个人自身追求的终极目标，也是人类社会文化发展的共同追求。文化与文化之间的最大差异不是存在形式和民族差异，而是品位高低。因此，一切与高品位有关的所谓绅士风度、儒雅君子、处事大度、言行得体、举止端庄等，都是人类文化所共同追求的，这些高品位的文化与书法教育是很有关联的。

在中国书法史上，历来有"人品高于书品"的观点。书法史上有不少书法水平很高的人，就是因为其人品不佳，而其书也被后人所废以致少有流传。有资料记载，北宋的蔡京，本能因为书法水平列入"宋四家"行列，而因他为人甚奸，所以他的书法地位被蔡襄所取代。南宋的秦桧，据说书法水平也不低，但他的书法不为后人所传，就与他卖国求荣、陷害忠良有关。古代人能书的人很多，但书法作品能真正流传下来的，大多是一些为人忠贤的人。明代书法家文徵明在《题欧公二小帖后》引用欧阳修的话说："古之人皆能书，惟其人之贤者传，使颜公书不佳，见之者必宝也。"这观点文徵明在《跋苏文忠公乞居常州奏状》中又重复提出。由此可见，文徵明很赞同欧阳修的这个观点，认为颜真卿是一个忠贞老臣，人品贯乎日月。像这样的人，即使他的书法不佳，他的书法作品也会因为他的人品而被后人视为瑰宝。并认为苏轼的《乞居常州奏状》"仅二百六十余字，而传之数百年，不与纸墨俱泯"，也与苏轼的人品有关。所以文徵明题跋苏轼的书法作品时，经常称苏轼为"苏文忠公"，这也不难看出他对苏轼人品的重视。

类似"以人品而论书品"的例子，在我国古代还有很多。其实，人品与书品是有一定关联的。例如唐代书法家颜真卿，他是一位忠贞不贰且能力挽狂澜的忠臣，他的性格刚正不阿，所以书法作品中流露出雄强大气的正大气象，学习这样的楷书，自然心中会养成刚正之气。再如苏轼，他是一位饱读诗书的儒雅学士，他的书法作品极具书卷气，格调高雅，超凡脱俗。至于唐代书法家欧阳询的楷书，点画法度完备，字形结构于平正中寓含险峻；柳公权的楷书，笔力劲挺，点画法度追求极致，字形结构非常严谨，这样的书法作品，自然没有恶俗之气，只有端庄严谨的正气，学习这样的书法作品，自身的文化品位也就相应得到提升，为人处世的行为准则也会受到这些书家风范的影响。

三 中小学书法教育目标中的品格层次

品格层次是中小学书法教育的最高目标，这个目标是希望学生在接受书法教育后，能够激发热爱汉字、学习书法的热情，珍视中华优秀传统文化，增强文化自信与爱国情感。对于书法教育的这个目标，我们应从以下四个方面来理解。

1. 通过书法学习而激发热爱汉字、学习书法的热情

汉字是全世界最最古老而没有中断的文字，成熟的汉字一般从殷商时期的甲骨文算起，发展至今历时三千多年。汉字具有音、形、义三个方面的元素，尤其是汉字的字形具有独特的艺术魅力，书写汉字的书法也因为形态所具有的独特美感以及书家书写过程中所流露出来的情感与精神，形成了世界上独一无二的艺术。

如何学习书写规范的汉字，如何写出具有美感的书法作品，是书法教育最为基本的目标，而在书法教育中进一步激发学生对汉字的热爱之情，尤其是将学生被动接受书法教育而转换为主动学习书法的热情，更是从学生内心和品格本质上起到了实现了书法教育的作用。这种作用一旦在学生内心形成，学习书法的热情就会自觉推动学生持续不断地学习书法，并有可能将书法学习当作毕生的爱好或者事业。

2. 通过书法学习而珍惜中华优秀传统文化

书法是我国的"国粹"之一。书法不仅仅是一门书写汉字的艺术，而且是我国优秀传统文化的重要表征。学习书法时，取法的范本是经典书法作品，其书写的内容要么是精美诗文，要么是碑文史料，要么是书札手册，传递出诸多传统文化内容；使用的工具是笔墨纸砚，古时称之为"文

房四宝"，这些工具的制作和使用都非常讲究，笔墨精良是历代书家书写作品时的不二选择；即便我们今天创作书法作品时，书写的内容都是一些传递正能量的文学作品，或经典语录，或精美诗词，或励志名言；至于如何才能写出一件具有美感的书法作品，更是我国传统美学和书法品评在当代艺术审美中的具体体现与书写实践；而一件精美书法作品通过装裱展示或者悬挂在适当的空间场所，就会营造出独特的文化艺术氛围。所以，我国的山水名胜、亭台楼阁都离不开书法，一处刻石，一块牌匾，一副楹联，一帧条幅，一通手札，都集中体现了我国传统文化，通过书法教育，学生就能深切感受到我国传统文化博大精深，更能真切地体会到书法艺术无处不在。

走出国门，能向世界展示最能体现我国传统文化的艺术形式，书法首当其冲。其主要原因是因为书法书写的是汉字，而汉字是我国传统文化的记载符号。至于书写书法使用的书写工具和装裱形式等外在条件，也能体现我国独特的文化及审美特征。

书法是体现我国传统文化最为典型的艺术形式。主要体现在以下三个方面：

其一，书写工具制作精良，历史悠久。

与书法相关的工具很多，除了必要的笔、墨、纸、砚外，还需要有镇纸、笔架或笔筒、笔洗、印章等其他工具。这些工具的制作除了实用外，本身也富有审美价值和文化价值。例如毛笔，根据笔毛的软硬程度可以分为紫毫、狼毫、羊毫、兔毫、鸡毫等不同种类，制作毛笔时，不同毛物如何单独使用或者兼用，就能制作出不同软硬性能的毛笔，而不同软硬的毛笔就能写出不同风格的书法作品。再如书写的纸张有很多种类，而产自我国泾县的宣纸，不仅历史悠久，更是制作工艺考究。制作宣纸的材料和工艺水平将直接决定书法水平的好坏以及书法作品保存时间的长短。这些书写工具制作和使用时所体现出来的文化，不仅流传悠久，更是独具魅力。

其二，书写内容非常考究，因人、因时、因地而取舍不同。

就书法作品而言，书写的文字内容非常重要，也最能体现我国传统文化。不说我国历史上流传下来的书法经典作品，其书写内容包含了诸多文化信息。即便是我们今天书写书法作品，也要根据书法作品的用途精心选择书写内容，而内容的选择最能体现我国传统文化与书法的关系。

例如，同样是书写对联这样的书法作品，如果是用于悬挂，就要充分考虑悬挂之人、所挂何处以及为何而挂等多种文化信息。因此，我国就出现了婚联、寿联、春联、挽联以及书房联、楹联等多种对联形式，而这些对联的文字内容存在很大的差异，这就要求书写者充分掌握对联的不同用途和文字内容，才能创作出恰当的对联书法作品。

再如，同样是书写一件条幅书法作品，这作品究竟是为何人而写，也是非常讲究的，否则书写出来的作品，其文字内容与作品的使用者身份不符，难以达到应有的效果。

即便书法家只是为了举办书法展览而创作作品，不用考虑作品将来的使用情况，书写内容同样很重要。书写内容如果是书法家的自作诗文，则体现了书法家的才华；如果书法家书写的是我国经典诗文，则体现了书法家的读书阅读量，也能体现书法家的文化素养。但如果书法家抄写他人诗文时，写错诗文的内容或者记错诗文的作者与年代，就说明书法家对我国传统文化的掌握存在很大的缺陷。至于书写碑文、题写匾额或者书写题跋与信札，其中的书写格式和书写内容也是我国传统文化的重要体现，一旦书写者没有很好地掌握这些文化，就很难写出精彩的书法作品。

其三，书写风格最能体现我国传统的审美思想。

从书法的艺术性而言，艺术风格才是书法的生命力，而书法风格的审美最能体现我国传统的美学思想。所以书法作品中所体现出来的字形大小、运笔快慢、字形敧正、墨色干湿、章法疏密等形质层面的美感以及气韵、气息、气势、气质等精神层面的美感都离不开我国传统美学的中"中和""典雅""古拙""静穆""清秀""端庄""大气""雄强"等范畴。而"中和"之美是书法艺术最为核心的美学思想。所以，"无垂不缩、无往不收"，"违而不犯、和而不同"，"带燥方润、将浓遂枯"等体现中和美学思想的书法用语在我国古代的书法技能与评价中经常应用。

这些体现书法审美的术语不仅仅是对书法美感的描述和评价，更是体现我国传统文化的做人之道和传世思想。中国传统文化中的哲学思想能很好地隐含在书法艺术中，在不同风格的书法作品中体现出来，彰显无穷的艺术魅力。可见，学习书法，不仅让我们从内心珍惜我国的传统文化，更能加强我们的文化自信力。

3. 通过书法学习增强文化自信力

书法是世界上独一无二的汉字书写艺术，也是最能体现我国传统文化的"国粹"之一。中华文化博大精深,是世界上历史悠久且一直没有断代的文化,是东方文化体系的核心文化,这种文化对于人类自身和人类社会的发展产生了巨大的影响。

书法这门最具民族文化特色的艺术,无论是书写工具、书写方法还是评价标准,都蕴含着深深的民族文化烙印。我们在从事中小学书法教育教学时,除了传授书写技法外,书法文化是必不可少的教学内容,也只有将书法教育上升到文化传承这个层面,才能最终使书法教育和书法艺术的发展走向良性发展。

从书法教育这个视角来看,文化自信力主要体现在以下四个方面:

其一,只有书写汉字,才能形成真正意义上的书法。

汉字是世界上历史悠久的文字之一,尤其是单个汉字形体的稳定性,为书法艺术的形成和发展提供了必要条件。汉字的书写和铸刻所留下的字迹,其形体就具有一定的美感,可以说,书法的产生是与汉字的形成同步发展的。也只有汉字,才有可能形成书法艺术,而其他文字,由于其形体的不稳定性,书写时虽然有笔迹,很难形成书法艺术。

其二,毛笔和宣纸等书写工具体现了特有的民族文化。

中国是世界上最早制作毛笔的国家,也是世界上最早的造纸国家,毛笔、宣纸等特有的书法工具富含特定的民族文化,也集中体现了中国人民的智慧。早在东汉时期的蔡邕在《九势》中有言:"势来不可止,势去不可遏,惟笔软则奇怪生焉。"[1] 用毛笔书写汉字时,对于不同点画则采用不同的笔法,不同笔法产生不同形质的点画线质,加上干湿浓淡等墨色的变化,于是,书法的艺术魅力在毛笔这种特殊的书写工具下彰显出来。看似柔软的毛笔却能表现出刚劲、坚实、浑厚、雄强的力度,能写出千奇百怪的字形,这种书写工具的制作和使用充分体现出我国传统文化中以柔胜刚的哲学思想。

其三,书法艺术最能体现我国传统文化。

东汉蔡邕在《九势》中言:"夫书肇于自然,自然既立,阴阳生焉;阴阳既生,形势出矣。"[2] 汉字的产生就是劳动实践中参照人类自身及自然万物而逐渐形成的,书写汉字的书法更是肇始于自然。书法的色彩极其

---

[1] 蔡邕:《九势》,载《历代书法论文选》,上海书画出版社1979年版,第6页。

[2] 同上。

单一，简化到只有黑白两种颜色，即黑色的字形墨色和白色的宣纸，书法形态也简化到只有线条构成的字形。这种简化的黑白色彩构成与我国传统"一阴一阳谓之道"的哲学思想极其吻合，而由极简色彩和线条产生出来的千奇百怪的书法形态与无穷意蕴，则与"道生一，一生二，二生三，三生万物"的哲学思想紧密相连。至于书法审美中所倡导的"同自然之妙有""天人合一""和而不同""不激不励而风规自远"等评价标准，正是我国传统文化的核心命题。

其四，中华文化是世界上最为优秀的文化代表。

中华文化博大精深，"以人为本""以和为贵"是中华文化最为核心的命题，这种文化思想最能体现集体智慧和社会力量，也最能对各种思想观念兼容并收，形成强大的合力，推动整个社会的发展。就书法的学习而言，无论是书写技能还是书法审美，都体现出博大精深的人文思想，通过书法教育，让人们在提高书写技能的同时，提升人文素养和精神品格，从内心增加民族文化的自信力。

4. 通过书法学习而增强爱国情感

书法是我国特色的民族文化艺术，虽然日本和韩国也用毛笔书写他们自己的文字，形成他们特有的"书法"，但这种书法都是学习中国书法之后的"异化"，而书法的根源都在中国，至于日本、韩国以及东南亚很多国家书写汉字的书法，更是中国书法对外辐射的影响所致。从这个层面来看，我们以拥有中国书法而自豪。

中国书法不是仅仅保存在绢纸上而在博物馆、美术馆等地进行展示的艺术，而是渗透到人们日常生活甚至几乎所有山川大地的文化艺术。节日家门口的对联、大厦商铺的牌匾、园林的楹联题字、景区的石刻摩崖与碑林、宫殿庙宇的匾额楹联、商品包装的书迹……只要是中国人生活、工作的地方，几乎都能见到书法艺术。尤其是在国外，只要看到中国书法的痕迹，就有一种莫名强大的亲切感和归宿感，止不住的爱国热情油然而生。

如果参加我国古代经典书法作品的展览，或者站在书刻久远的碑刻摩崖之前，或者观看各种主题书法展，就会发自内心地感慨，中国书法太有魅力了，这种文化艺术太震撼人心了，此时的爱国情怀，就会被中国书法彻底激发。

第三节 硬笔学习的目标与内容

教育部颁布的《意见》明确规定，中小学的书法教育是与硬笔书写同步开展的，而且对硬笔学习的目标与内容都作了明确要求。

一 硬笔学习的目标

教育部《意见》对中小学硬笔学习的目标有如下要求：

1. 掌握执笔要领，书写姿势正确，不急不躁，专心致志

正确的执笔是提高书写技能最为基本的前提和保证。对于硬笔书写而言，一般采用三指执笔法，硬笔的角度，三个手指与硬笔的接触关系都要相对准确，这样书写硬笔时，才能既省力，又利于书写流畅，还能真正提高书写水平。

在保证执笔正确的情况下，要养成良好的书写姿势。硬笔书写的姿势都是坐式，主要从头部、颈部、肩部、背部、腰部、臀部以及手、脚等各个身体部位调整姿势。正确的书写姿势，不仅有利于提高书写水平，更有益于身心健康。

在书写时，心态上要做到"不急不躁"，并要专心致志。无论是专门练习硬笔字，还是平时的硬笔书写，都要在心态上保持平静，不能因写不好字而灰心或者急躁，更不能在学习硬笔书法时敷衍了事，要集中精力，提高学习效率，真真切切地提高自己的硬笔书写水平。

2. 学习正确的运笔方法，逐步体会起笔、行笔、收笔的运笔感觉，逐步感受硬笔书写中的力度、速度变化，逐步体会铅笔、钢笔书写的特点

在掌握执笔和书写姿势要领的同时，调整好自己的书写心态，这是学习硬笔书法的前提。有了这个前提后，就要认真学习硬笔书法的书写要领，也就是通常所说的运笔方法。硬笔的书写同样有一个相对完整的运笔过程，这个过程包括了起笔、行笔和收笔三个基本动作，这三个运笔动作是一个连贯而不可分割或间断的过程，只有认真体会这三个运笔动作，才能写出具有美感的硬笔点画和线条。

无论用硬笔书写楷书、隶书还是书写行书等其他字体，起笔、行笔和

收笔的运笔过程中都有运笔速度的变化，笔尖接触纸面的力度也在不同的运笔动作中有轻重变化，尽管这些力度的轻重和运笔的速度变化不如毛笔书写的动作幅度大，但用硬笔书写时，这些变化不能缺少，否则所写书的字迹点画线条单一，不具备审美价值，没有运笔力度和速度变化的硬笔书写，没法从根本上提高书写水平。

对于中小学硬笔书写而言，小学一年级和二年级多采用铅笔书写，三年级以后，可以采用钢笔书写。而对于硬笔书法的教育而言，中小学生都不宜采用签字笔或者中性笔书写，因此，硬笔书写时要充分掌握铅笔和钢笔的性能。

根据铅笔的软硬性能，铅笔可以分为 H 型和 B 型两大类型。H 型是硬型铅笔，可分为 1H、2H、3H……7H 等不同类型，数字排序越大，硬度越大；B 型是软型铅笔，也可以分为 1B、2B、3B……7B 等不同型号，数字排序越大，硬度越小。而根据小学生书写的执笔姿势和书写力度，适合采用中性铅笔，即 HB 型的铅笔，这样的铅笔软硬适当，有利于书写汉字，写书笔迹颜色适中的笔迹。

钢笔的笔尖具有一定的弹性，有利于书写出略具粗细变化的点画线条，也有利于在书写时找到力度和速度的节奏变化，而中性笔和签字笔的笔尖没有弹性变化，很难写出具有粗细变化的点画线条，因此，硬笔书法的学习，最重要的是要掌握钢笔的性能，在书写过程中恰当运用力度和速度的节奏变化，写出具有变化和美感的硬笔字。

3. 养成"提笔就是练字时"的习惯

硬笔书写水平是一个逐步提高的过程，更是一个日积月累的过程。很多学生在练习硬笔字时写的像模像样，而一旦在平时的作业或者日常书写时，就忘了硬笔书写的正确姿势，没有意识到日常书写比正式练字的时间要多得多，对书写水平的提高要产生更大的影响，所以，不少学生没有养成日常书写的良好习惯，更没有形成提笔写字就是练字的意识，导致硬笔书写水平的提高进展很慢，没有达到预期的效果。要想从根本上提高硬笔书写的水平，应从以下三个方面注意：

其一，养成提笔写字就是练字的书写习惯。

这个习惯是真正决定书写水平提高的良好习惯，也是学生提高硬笔书写最为有效的途径。

其二，当平时书写的字迹与认真练习的字有好坏差异时，要客观对待。

一般而言，认真练习的硬笔字比平时日常书写的硬笔字要好很多，这是正常现象。主要原因是平常书写时往往精力不集中，注意力主要放在书写的内容上而不是放在如何写好字迹上，但如果时间和精力容许，尽量在日常书写时注意字迹的好坏，而不能将书写内容写完就算完成任务，要在书写内容的同时提高硬笔字的书写水平。

其三，坚持就能写好。

硬笔书写的提高不是三两天就能实现的，需要一个不断提高的过程。无论开始练习时的字迹写得如何，只要认识到提高书写水平是自己必须实现的目标，就要按照老师所指导的正确方法，一点一点提高，长久地坚持下去，这样就能真正提高硬笔书写水平。

4. 懂得爱惜文具

古人云："工欲善其事，必先利其器。"良好的书写工具是提高书写技能的基本保证，特别是当学生拥有一支性能好的钢笔，就要懂得如何爱惜，避免不必要的损坏而影响书写水平和书写心情。

除了爱惜钢笔外，所有的文具都要懂得爱惜，这是一个读书人最为基本的素养，也是体现学生良好素质和学习习惯的方式之一。

二 硬笔学习的内容

对于硬笔学习的内容，教育部颁布的《意见》和《指导纲要》都有明确规定，具体来说，主要包括以下五个方面。

1. 小学低年级学习用铅笔写正楷字，掌握汉字的基本笔画、常用的偏旁部首和基本的笔顺规则；会借助习字格把握字的笔画和间架结构，书写力求规范、端正、整洁，初步感受汉字的形体美。

教育部的规定可以看出，小学一年级、二年级的学生在学习硬笔书法以及用硬笔书写作业时，都要求用铅笔书写，而是主要是学习书写正楷字。而对于正楷字的书写，也提出了具体要求，主要体现在三个方面：

其一，对笔画、笔顺的要求。

对于笔画和笔顺，小学1—2年级主要是学会其基本规则。教育部颁布的《纲要》后面，有一个专门的附录，其中就有对汉字基本笔画的称呼和形状展示，也有对汉字书写笔顺的规定，这是书写汉字最为基本的要求。明确了汉字的基本笔画，就能清楚地理解每个汉字的笔画组成；明确了汉字的书写顺序，就能正确地按照笔画顺序书写，以便更好地安排间架结构。

其二，对偏旁部首的要求。

对于汉字的合体字而言，是由不同的偏旁部首组合而成的，而每一个偏旁部首都有相应的名称和笔画组成，书写汉字时，要清晰掌握每一个合体字的偏旁部首的点画组成和点画形状特征，也要明确指导每一个偏旁部首的书写笔顺，这对于小学低年级学生而言至关重要，这些偏旁部首的笔画组成和位置安排将直接影响整个汉字的间架结构。

其三，对字形间架结构的要求。

间架结构是汉字的整体形状，对于小学1—2年级的学生而言，可以借助习字格慢慢理解每一个字的点画和偏旁部首所占的位置，以便对汉字的结构有一个完整的认识，在认识和理解汉字结构的基础上，用铅笔写出规范而相对端正、整洁的正楷字。

小学1—2年级的学生，刚刚学习用铅笔书写正楷字，对于汉字的笔画、偏旁部首还是整个字的形态认识，都有一个慢慢理解的过程，而习字格中有辅助线，有利于学生在习字格中找到汉字相应的点画位置，也有利于相对合理地安排整个字的间架结构。因此，这个阶段的硬笔教学，要充分利用习字格的特征，带领学生如何认识正楷字在习字格中的位置特征，再通过正确的笔顺书写，写出达到这个阶段要求的铅笔字。

2. 小学中年级开始学习使用钢笔，能用钢笔熟练地书写正楷字，做到平正、匀称，力求美观，逐步提高书写速度。

小学中年级是指小学3—4年的学生，这个阶段的小学生要开始学习使用钢笔来书写硬笔字。对于小学中年级的学生而言，还是书写正楷字，但要比小学低年级学生书写得更为熟练，更重要的还要达到三个方面的要求：

其一，点画偏旁要匀称，字形结构要平正。

对于正楷字而言，每一点画所占的位置以及点画与点画之间的距离是有相对要求的，无论是点画还是偏旁，所占位置恰当，点画的间距就相对匀称，在这个基础上就能写出相对平正的字形。

其二，字形要美观。

字形的美观虽然没有一个严格意义上的规定，但对于小学中年级的学生而言，在正楷字方面的美观也是有标准的。笔画大小匀称、字形平正都是美观的具体要求，也是正楷字美感的具体表现。

其三，书写速度要逐步提高。

从小学三年级开始，学生的作业也逐渐增多，这对于学生的书写速度而言，更要逐渐提高，以满足书写量的要求。逐步提高书写速度是根据每一个学生的实际情况而言的，不能简单地量化，更不能为了书写速度而忽略字形的平正美观，更不能要求小学中年级的学生学习行书，也就是我们通常所说的连笔字，这不利于小学硬笔字的学习。

3. 小学高年级，运用横线格进行成篇书写练习时，力求行款整齐、美观，有一定速度；有兴趣的学生可以尝试用硬笔学写规范、通行的行楷字。

小学高年级是指小学的5—6年级，这个阶段的学生，对于硬笔的控制能力和硬笔字的书写有了较好的把握，可以逐渐脱离习字格的约束，采用有横线格的纸张书写，以便能写出相对平整的成篇的硬笔字。对于这个阶段的学生，硬笔字的具体要求体现在三个方面：

其一，书写的硬笔字篇幅要整齐、美观。

对于小学高年级的学生而言，硬笔书法的要求相应有所提高，不仅要求单个字形写得端正美观，还要在全篇的整体效果上有所要求。这就需要学生在练习硬笔字时要注意通篇字形的协调性，字形大小的变化不要过大，以免影响整体的协调。而要使通篇整齐、美观，首先要保证每个字都写好，同时还要注意字距和行距的间距恰当。

其二，具有一定的书写速度。

小学高年级的学生，对书写速度的要求比中年级更高。练习硬笔字的主要目的是学以致用，要能将平时练习硬笔字的书写习惯融入作业书写和日常记录中去，这样对书写的速度是有一定要求的，如果速度够慢，很难在保证书写整体美观的同时完成一定量的作业书写，也不利于日常的抄写记录。

其三，对于基础较好的学生，可以开始写规范、通行的行楷字。

虽然都是高年级的小学生，但是每个学生对于硬笔书法学习的进步速度是不同的，进步快的学生，完全可以根据自己的实际情况，开始书写规范、通行的行楷字。规范是指行楷字中的连笔或简笔要规范，要符合行书的规律，不能随意连笔或简笔；而通行是指学生所写的行楷字要是大家公认且经常通行使用的，不是个人任意杜撰的行楷字。学习规范、通行的行楷字，要以公开出版且比较权威的硬笔书法家作品为学习范本，不要自己任意连笔书写。

4. 初中阶段，学写规范、通行的行楷字。

初中阶段的学生，经过小学阶段相对科学的硬笔字学习后，有了较为扎实的正楷基础，学习内容主要为规范、通行的行楷字。行楷字的书写速度要比正楷字快，学习时要注意书写速度的节奏变化，同时也要注意字形的大小变化，不要将通篇的字形写得没有任何大小变化，也不能将字形的大小变化过于夸大，要注意通篇的整体美感。

更重要的是，要将所学习的行楷字运用到平时的作业书写和日常抄写记录中，这种学以致用的方法是真正提高硬笔行楷字的窍门，也是检验自己是否掌握了行楷字写法的主要方式。

5. 高中阶段，可以学习用硬笔书写行书，力求美观。

高中阶段的作业很大，有了初中较为扎实的行楷字基础，完全可以用硬笔书写行书。这个阶段的行书更要注意连笔的规范与便捷，更要注意单个字形和通篇作业的美观。

高中阶段的硬笔字所写行书，要充分融入平时作业中，字形大小变化以及字与字的连贯组合要富有一定的节奏美感，力求平时的作业书写流畅而通篇协调，达到美观整洁的整体效果。

第四节　毛笔学习的目标与内容

毛笔书法的学习是中小学书法教育的核心内容，根据教育的《意见》和《指导纲要》要求，从小学三年级开始一直到高中，都有毛笔书法的教学要求。但不同年级的学生对于毛笔书法的学习内容是不同的，而且这些内容是逐渐递进的，年级越高，对毛笔书法掌握的内容和书写能力的要求也越高。为了更好地说明中小学毛笔书法的教学内容和目标要求，我们大致按年级分为四个阶段展开论述。

一　小学3—4年级阶段毛笔书法的学习内容与要求

小学3—4年级是毛笔书法教学的初级启蒙阶段，在这个阶段，毛笔书法教育主要完成以下三个方面的教学内容。

1. 掌握毛笔的执笔要领和正确的书写姿势，了解笔、墨、纸、砚等常用书写用具的常识，学会正确使用与护理。注意保持书写环境的整洁。

毛笔的执笔方法和书写姿势都非常重要，毛笔的执笔方法一般采用五指执笔法，学生书写时也大多采用坐姿，这些具体要求在前文已经有所论及，此处不再赘言。对于三年级刚接触毛笔书法的学生而言，执笔方法和书写姿势是首先要学习的内容，也是将来写好毛笔字最为基本的前提。

毛笔书法的书写工具相对比较多，了解这些用具的功用和性能也是毛笔书法教学不可缺少的内容。尤其是对于刚刚开始学写毛笔字的三年级学生，更要对不同毛笔、墨汁、书写纸以及砚台等书写用具的性能有了解，掌握这些用具的正确使用和护理方法，爱惜毛笔书法的书写用具，养成良好的书写习惯。这不仅能够延长书写用具的使用时间，更能充分体现书写用具的良好性能，为写出一手好的毛笔字做好基础。

对于刚开始学写毛笔字的三年级学生，用毛笔蘸墨汁写字，无论是写字的过程中，还是在写完字后清洗笔砚时，都很容易使墨汁泼洒出来，影响书写环境。所以，一开始学写毛笔字，就要养成讲卫生的习惯，避免墨汁泼洒，更不能用毛笔任意涂抹。

2. 学习用毛笔临摹楷书字帖，掌握临摹的基本方法。学会楷书基本笔画的写法，初步掌握起笔、行笔、收笔的基本方法。注意利用习字格把握字的笔画和间架结构。

毛笔字的教学都是从临摹开始的，而且一般都从临摹楷书入手。但最初学习毛笔字，究竟以谁的字例为范本临摹学习更有利启蒙是一个值得认真研究的问题。对于启蒙阶段临摹楷书的基本要求，其实包括了三个方面的内容：

其一，学会临摹楷书的基本方法。

楷书是字形端正且点画书写法度相对完备的书体，这种书体与我们日常所见的印刷字体最为接近。从楷书入手学习毛笔字，不仅有利于提高学生对汉字字形的认识，更有利于学以致用。最为成熟的楷书是唐代的楷书作品，以欧阳询、褚遂良、颜真卿以及柳公权等书法家书写的楷书作品最具代表性，这些书法家的楷书作品虽然风格各异，但其中的运笔方法和结字规律都可成为后世临摹学习的范本。但对于刚接触毛笔字的小学三年级学生而言，他们控制毛笔的能力很差，也不可能一开始就能临摹出具有一定特征的唐代经典楷书风格，所以，这个阶段的临摹范本虽然是楷书，但未必一定用唐代楷书大家的作品作为范字。

临摹其实包括了摹写与临写两个过程。一般而言，摹写是用相对透明的纸张覆盖在例字上面进行学习；而临习是将例字放置在左边或者前方，看着例字的形状进行学习。无论是摹写还是临写，都有一定的方法，这些方法是决定能否将例字临摹到位的关键所在。

对于刚开始学毛笔字的小学三年级学生而言，在通过临摹学习楷书之前，可以经过一个描红的学习阶段。描红是指用毛笔直接对书写纸上红色的字例上进行书写，书写时尽量使每一个笔画正好将红色部分覆盖而不超出红色笔画界限。而对于描红的例字，我们认为可以采用唐代经典楷书的例字，也可以采用电脑字库的楷体字。电脑字库中的楷体字虽然没有唐代楷书的风格特征，没有严格意义上的书法艺术特色，也不能称为书法作品，但是，这些字例的点画和结构已经具备楷书的特征，用来作为描红的字例也不会存在很大的负面影响。

但如果将电脑字库中的楷书字体作为描红的字例，要注意两个方面的事项：一是要适当将楷体字的笔画作适当修改，使楷书的特征更加完备；二是要将描红的字例放大到8—10厘米大小，真正有利于学生描红之用。描红的主要作用是提高学生对楷书字体点画和字形结构的认识和运笔能力，为将来学习我国书法史上的经典楷书打下基础。

其二，通过临摹掌握楷书的基本笔画和运笔方法。

楷书的基本笔画是最全面的，包括了横、竖、撇、捺、点、折、提、钩等多种笔画，每个笔画的书写，都有一定的运笔方法，而这些运笔方法主要包括起笔、行笔和收笔等步骤中的笔锋调转、笔力大小和运笔速度等书写技能。

就起笔而言，一般包括逆锋起笔和露锋起笔，究竟采用什么样的起笔方法，这要根据具体的笔画形状来定，也要考虑同一笔画在同一个字的变化。例如，书写"三"字，虽然都是横画，但三横是有变化的，上面两横为短横，最后一横为长横，而短横既可以用露锋起笔书写，也可以用逆锋起笔书写，这就要根据具体情形来定。

而行笔是运笔过程中最为重要的部分。就正楷而言，行笔过程以中锋为主，从起笔动作转入行笔过程就要将笔锋调整为中锋，中锋用笔写出来的点画线条具有力度和厚度，更能体现书法线质的内涵。除中锋用笔外，行笔过程中的运笔速度也是至关重要的笔法要领所在。在不同的点画中，行笔的速度快慢是略有区别的，例如撇、捺笔画，比较而言，写撇时行笔速度略快，而写捺时行笔速度稍慢。而且在同一个笔画中，行笔也有速度快慢变化，这些都有根据具体情况灵活变化。

对于正楷字而言，收笔动作也必不可少。收笔是指在笔画结束时用提起笔尖收笔，将笔锋隐藏在笔画之中，因此也称为回锋收笔，但不是所有的点画都有收笔动作。一般而言，收笔动作在横、点、垂露竖和反捺等点画中运用较多，而其他笔画中很少有收笔动作。

其三，学会利用习字格把握楷书的笔画位置和字形间架结构。

对于初学毛笔字的小学三年级学生，书写纸张上最好印有习字格。习字格一般包括田字格、米字格、回字格、九宫格等多种类型，以米字格最为常见。通过习字格中的辅助线条，就可以判断一个正楷字中笔画、偏旁和整个字形在习字格中所占的位置，学生也可以观察在习字格中例字的笔画位置和字形间架，参照相应的笔画位置和结构安排，在带有同样习字格中的书写张上写出相对端正的楷书。此外，通过比较观察自己所写字在习字格中的位置与例字在习字格中的位置，就能比较清楚地认识到自己所写的字哪些地方不足，以便进一步改进。

3. 开始接触楷书经典碑帖，获得初步的感性认识。尝试集字练习。

如果在描红学习阶段采用的例字是出自字库中的楷体字，那在描红的同时，要逐渐将字库中的楷体字与经典碑帖中楷体字作比较，以便学生对经典楷书的字形特征有所了解。尤其到了四年级阶段，完全可以直接选取某种经典楷书作为临摹的例字，但临摹的例字要根据学习的难易程度作相应的顺序安排，也要结合小学语文课中生字表，所选的例字不要超过相应年级语文生字表范围。如果所选取的例字为繁体字，一定要在字例旁边注明相应的简体字，以便学生识辨。

小学 3—4 年级的毛笔字学习，虽然开始接触经典楷书碑帖，但所学习的例字不宜过多，每个课时安排的学习内容要恰到好处，有利于学生充分掌握书写要领，并初步将所学习的例字做一些集字练习，达到边学边用的效果。

二　小学 5—6 年级阶段毛笔书法的学习内容与要求

小学 5—6 年级是毛笔书法教学最为关键的阶段，这个阶段的学生对毛笔书法的基本用笔方法有了一定的了解，控制毛笔的能力也有了相应提高，于是，他们对毛笔书法的学习内容和要求也有了相应的调整，根据教育部《纲要》的具体要求，可以分为以下四个方面。

1. 继续用毛笔写楷书。比较熟练地掌握毛笔运笔方法，能体会提按、力度、节奏等变化。借助习字格，较好地把握笔画之间、部件之间的位置关系，逐步做到笔画规范，结构匀称，端正美观。保持正确的书写姿势和良好的书写习惯。

小学阶段的毛笔字学习，就是学习楷书的写法。如果 3—4 年级已经接触经典楷书碑帖的学习，5—6 年就要继续学习经典碑帖，甚至还可以继续 3—4 年级已经接触的同一经典楷书，但学习的内容和难度要所有增加，对楷书临摹能力的提高也要有相应的要求。这些要求具体体现在以下三个方面：

其一，较为熟练地掌握运笔方法。

前文对运笔方法已经有所论述，主要指起笔、行笔和收笔等运笔过程中的笔锋与速度变化等技法，5—6 年级的学生对于这些书写技法要掌握得比较熟练，要能相对准确地在不同笔画书写时恰当运用运笔技巧，使运笔时的提按、转折、速度和力度等技巧都能运用得比较熟练。

其二，书写出笔画规范而结构匀称的楷书。

熟练掌握各种运笔技巧是为了写出好的字形。5—6 年级的学生，依然可以借助书写纸上的习字格，较好地理解和处理好每个字的笔画、偏旁在习字格中位置，书写出运笔到位、笔画规范而字形结构匀称美观的楷书，达到了这个目标，小学阶段的毛笔字教学就实现了最基本的目标。

其三，保持正确的书写习惯。

保持正确的书写姿势和良好的书写习惯是书法学习过程中要长期坚持的，小学 5—6 年级的学生还要像刚开始学习毛笔字一样，认真对待自己的执笔和书写姿势，在写字过程中和写字作业完成后的书写用具保养方面，都要一如既往地养成良好的习惯。

2. 尝试临摹楷书经典碑帖，体会其书写特点，逐步提高临摹能力。在临摹或其他书写活动中，养成先动脑再动手的习惯。

要真正提高对经典楷书的临摹能力，就要善于观察经典楷书字例的笔画和字形特征。小学 5—6 年级的学生，对于经典碑帖的临摹，要逐步开始有自己的分析和理解能力，学会思考如何运笔、如何观察例字、如何鉴别自己所临写的字与例字之间的差距，从认识层面和动手层面提高，这样的学习过程，才能有效地提高毛笔字的书写水平。

3. 学习欣赏书法作品。了解条幅、斗方、楹联等常见的书法作品幅式。留意书法在社会生活中的应用。通过欣赏经典碑帖，初识篆、隶、草、楷、行五种字体，了解字体的大致演变过程，初步感受不同字体的美。

对于小学 5—6 年级的学生而言，除了书写技能的提高，还要在书法欣赏和书法文化等方面有相应的教学要求，这些要求具体体现在以下四个方面：

其一，感受不同字体的美感。

在我国书法史上，随着文字的演变，最终形成了篆、隶、草、楷、行等五种字体，这些字体都有各自的形态和笔画特征，不同字体的审美也有各自的标准。因此，小学 5—6 年的学生要开始了解不同字体最为基本的欣赏要点，对不同字体的经典书法作品有初步的审美感受。

其二，了解书法史上经典碑帖作品。

我国书法史上留下了很多经典碑帖作品，这些作品代表了不同时期、不同书家的书法风格特征。小学 5—6 年级的学生要对我国最为主要的经典碑帖作品有所了解，知道这些作品的书写年代和主要风格，对于我国书法史上最具代表性的书法家，对他们的主要作品也有所了解。

其三，了解书法作品的不同幅式特征。

书法作品的存在样式多种多样，于是就形成了不同的作品幅式，这些幅式主要包括中堂、对联、条幅、斗方、扇面、条屏、手卷、长卷等式样。这些不同幅式的作品，对书写纸张的尺幅要求不同，在应用方面也有所不同。小学 5—6 年级要了解不同幅式作品的形式特征，对将来自己书写作品时究竟采用什么幅式先有感性认识。

其四，留心身边的书法艺术。

我国的书法应用非常普遍，无论是风景园林还是街道商铺，无论是报纸杂志还是产品包装，都有书法艺术作品被应用。学习书法，就要善于留心自己身边的这些书法作品，从中领会艺术之美。

4. 有初步的书法应用意识，喜欢在学习和生活中运用自己的书写技能。

学习书法最终的目的是应用，因此，从小学 5—6 年级的学生开始，就要养成书法的应用意识。比如我们过年过节、家人生日或者其他喜宴等，都需要书写对联或者书写"福""寿"等作品庆贺，学生在掌握了这些作品的书写方式之后，就可以尝试自己写些这方面题材的书法作品，将自己所学的书法展示一下。

此外，班级或者学校也可以组织一些主体性书法比赛或者展览活动，将学生所书写的优秀作业在教室、走廊过道的墙面或者专门的展区进行展览，一方面可以营造浓厚的书香环境，另一方面也是对学生学习书法的鼓励。这些在学习和生活中的书法运用活动还有很多，学校或者书法教师要善于组织这方面的活动，最大限度地提高学生学习书法的兴趣，增强他们对书法的应用意识。

三 初中阶段毛笔书法的学习内容与要求

初中阶段也是毛笔书法教育的关键阶段，这个阶段的学生对毛笔书法的理解能力和动手能力远远超过小学生，因此，对初中生学习毛笔书法的内容和要求也要有相应的提高。根据教育部《纲要》的要求，初中阶段的毛笔书法学习主要包括三个方面。

1. 继续用毛笔临摹楷书经典碑帖，力求准确。有兴趣的学生可以尝试学习隶书、行书等其他字体，了解篆刻常识。

这是对初中生学习毛笔书法技法内容的要求，实际上，这些技法内容包括楷书、隶书和行书等内容。就楷书而言，初中一年级继续学习是很有必要的。小学阶段虽然相对系统地学过了楷书的写法，但我国经典楷书作品很多，风格也各不相同，因此，初中一年级学生应该在小学生楷书的基础上继续学习经典楷书，但学习的碑帖可以不同于小学阶段的学习内容。例如，如果小学阶段主要学习了颜真卿的楷书，那么初中一年级学生可以尝试学习欧阳询、柳公权、褚遂良或者赵孟頫等古代书家的楷书，让学生掌握不同风格楷书的写法，从中找到最适合于自己性格特征的楷书，以便将来进一步深入学习。当然，如果小学阶段学习的是颜真卿早期书写的《多宝塔碑》，初中阶段也可以继续学习颜真卿晚年的《颜勤礼碑》，这种专于一家的学习也是可取的。具体楷书的学习内容，可以根据学生的接受能力和任课教师的选择来定，也可以按照《书法练习指导》的教学内容来具体安排。

对于初中生而言，在学习了楷书的基础上，初二学生可以学习隶书的写法。但我国经典隶书作品很多，初学者应当选择字迹清晰、隶法完备的汉代碑刻作品入手，例如《曹全碑》《乙瑛碑》《礼器碑》《史晨碑》等汉代碑刻作品，都适合于用作初学隶书者的学习范本。当然，从楷书过渡到隶书学习，运笔技巧、字形把握和风格理解都需要一个转换和调整过程，这需要任课教师分析楷书和隶书的运笔区别，有利于学生真正掌握的笔法，达到应有的学习目标。

对于初中三年级的学生而言，可以适当学习行书的写法。适合于行书入门的经典作品也有很多，比较而言，以唐代冯承素临摹的《兰亭序》作为行书的启蒙范本最为合适，当然，从《集字圣教序》或者宋代一些书法家的行书作品入门也是可以的。之所以推荐选择《兰亭序》作为行书的入门范本，最根本的原因就是这件作品为唐模本墨迹本，用笔的笔画相对清楚，且行书的写法非常规范，更重要的是，这件作品中每一个字无论是笔画偏旁的书写，还是字形结构的安排，甚至是通篇章法的处理，都是最为经典的行书代表之作。通过学习《兰亭序》，可以学过很多行书的运笔技法和字形结构安排，也能真正体会到行书的章法。

当然，对于初中毛笔书法技法内容的安排，可以在初一、初二两个年级继续学习经典楷书。而初三用一个学期学习隶书，另一个学期学习行书。具体学习内容，每个学校也可以遵循《书法练习指导》的内容安排。

2. 了解一些最具代表性的书家和作品。学习从笔画、结构、章法以及内涵等方面欣赏书法作品，初步感受书法之美，尝试与他人交流欣赏的心得体会。

教育部《纲要》中所提出这一条要求主要包括了初中生对书法史基本内容的初步了解和对书法欣赏的具体要求。我国书法史的发展包括了文字演变史和书法风格衍变史两大部分，而不同历史时期，都留下了经典书法作品。对于初中生而言，就有必要对我国书法上最具代表性的书法作品有所了解，对这些作品的书写作者、字体选择、书写背景、主要风格特征等方面所有了解。同时，对于我国书法史上最具代表性的书法家要有所了解，知道这些书法家所处的历史时代，他们的主要代表作品，他们在书法史的主要贡献和影响。当然，对于这部分的极少数内容，小学高年级的学生也已经有了初步涉及，初中的学习内容要与小学有所区别，掌握的难度也要相应有所提升。

初中生对于书法作品的欣赏，就要有相对明确的要求。欣赏一件书法作品，一般从运笔方法、字形结构、章法处理、气韵内涵等方面进行赏析。对初中生而言，就要逐渐从这几个方面领略书法艺术之美，对不同字体、不同风格的经典作品有审美层面的认识，这样有利于开阔眼界，为将来进一步学习书法树立相对正确的书法审美观念。当然，对于如何学习书法欣赏这方面的内容，任课教师可以采取多种形式，让学生将自己所能欣赏到的书法艺术美感相互交流，以便相互提高书法审美能力，也有利于形成相对正确的书法审美意识。

3. 愿意在班级、学校、社区活动及家庭生活中积极运用自己的书写技能。

对初中学生而言，书写技能已经有了很大提高，他们就应该通过多种活动方式展示他们的书写技能。这些活动可以在学校或者班级中开展，也可以走出校园，走进社区，甚至可以将家庭生活与书法艺术联系起来，做一些有利于展示学生书法学习成果的活动。这本身也是书法教育不可缺少的环节，是培养学生书法应用意识的主要途径。

四　高中阶段毛笔书法的学习内容与要求

相对小学和初中而言，高中阶段的文化课程任务繁重很多，书法教育的情况也与小学和初中有所不同。这个阶段的书法教育其实可以分为两种类型：一种类型是专业化的书法教育；另一种类型是书法的普及教育。

专业化的书法教育其实是指对高中阶段准备参加书法专业高考的学生所实施的教育。目前全国已有200多所大学招收书法专业的本科生，有近100所大学招收书法专业的硕士生，有二十多所大学招收书法研究方向的博士生，也有几所大学设有书法方向的博士后流动站。目前全国每年有数千名高中生参加大学或者各省组织的书法专业技能考试，考试通过后以相对较低的高考文化分进入大学学习书法专业，为将来成为书法专业型人才提供可能。如何对有志参加书法专业高考的高中生进行书法技能和相关课程的教育，这是高中书法专业化教育要认真研究的问题。

但是，教育部颁布的《纲要》中所实施的高中书法教育对象，不是针对那些有志参加书法专业高考的学生而实施的，而是指高中阶段的书法普及教育。高中阶段的书法普及教育主要包括以下三个方面的要求。

1. 巩固提高义务教育阶段书法学习成果，继续用毛笔临摹经典碑帖。

中国书法的发展也是在不断学习前人的基础上逐步发展的，从书法学习这个层面而言，临摹古人经典作品是书法学习的不二法门，也是取得书法进步的有效途径。随着书法学习时间的积累，对书法艺术的理解越发深厚，自然对古人作品中的艺术内涵就有了更加深入的理解，因此不同阶段的临摹都能得到不同的收获。古代经典书法作品在笔法、结构和章法等诸多方面留下了非常多的范式，不同风格的作品都需要通过临摹学习才能真正汲取其中的精华。因此，对于高中学生而言，虽然经历小学和初中相对系统的毛笔书法临摹练习，但是，高中阶段对于毛笔书法的学习，还是继续临摹我国古代的经典碑帖。即便是高中毕业了，或者以后真的成为了书法专业的大学生，学习书法的有效途径还是继续临摹古人的经典碑帖，逐渐形成自己的个人风格特征。

2. 结合语文、历史、美术、艺术等相关学科的学习，认识中国书法的丰富内涵和文化价值，提升文化修养。

除了书写技能外，高中阶段的书法学习，要逐步加强书法文化的学习，初步了解书法与文学、历史、美术以及其他艺术之间的关系，对我国书法艺术的文化内容与特有的审美思想有初步认识。清代刘熙载在《艺概·书概》中说："书者，如也。如其学，如其才，如其志，总之曰：如其人而已。"可见，一个真正的书法家，其作品中所流露出来的这个书法家的才学、志向、审美情趣与精神品格。作为高中生，要学会慢慢领略书法艺术中的这些文化内容，并提升自己的文化修养，为将来成为高素质的书法艺术人才打下基础。

3. 可以通过书法选修课深入学习，发展特长；可尝试书法作品的创作。

高中阶段，每个学校可以根据各自教学的实际情况，开设书法选修课。针对有书法专业特长的高中生，可以进一步提高他们的学习兴趣，指导他们深入学习书法技能，并力求让他们对篆、隶、楷、行等多种字体进行相对专业的学习。临摹的目的是创作，因此，对高中生而言，在他们大量临摹古代经典碑帖的基础上，要教育他们如何将所临摹学习得到的书写技能转变为创作，尝试应用所学的书法风格独立创作书法作品，达到学以致用的目的。同时，通过创作也能发现自己临摹学习中存在的不足，以便自己进一步改进，争取新的进步。

小　　结

　　教育部所颁布的《纲要》对我国中小学书法教育的总体目标和具体要求都有非常明确的规定，本章针对《纲要》的具体要求，对中小学书法教育应该实现的目标作了认真论述，使我们在具体执行教育部《纲要》时有相对明确的理解，也为我们在具体教学中如何落实这些目标要求提供学术性指导。而在中小学书法教育环节中，究竟应该如何具体实施才能更加有效地实现教育目标，我们会在后面的章节中逐一论述。

第三章　古代蒙学书法教育对当代小学书法教育的启示

中国古代"蒙学"的形成是一个漫长的过程。正是在这样一个漫长的过程中,"蒙学"逐渐发展、成熟。无论是在教育方式、教学模式还是在教学方法、教材上,对我们今天蒙学仍有一定的借鉴意义。古代的蒙学书法教育具有教育目标实用性、启蒙教材规范性、评价杠杆强制性等鲜明的特征。如今能否将书法艺术传承并发展下去,虽然取决于整个书法教育体系的完善与不断发展,但书法教育的基础是真正奠定教育系统的基础阶段,是对书法艺术的批判和继承,因此我国古代的蒙学书法教育为今天的小学书法教育提供了一个很好的借鉴。

第一节　我国古代蒙学书法教育状况

一　古代蒙学书法教育的发展简况

古代蒙学教材体系自周代开始至清代完全形成,历经两千年,形成了成熟完备的体系。辩证地分析古代蒙学教材体系,批判地继承其丰富性与针对性相统一、时代性和多样性等特点,发展多种教材编写模式,积极开发校本教材与选修教材,能够增强小学语文教材体系的科学性与合理性。

蒙学中"蒙"有幼稚、蒙昧之意。启迪童稚、消除蒙昧称为启蒙。中国古代小学儿童教育的学校是"蒙学",大致相当于今天的小学。中国古代"蒙学"的形成是一个漫长的过程。正是在这样一个漫长的过程中,"蒙学"逐渐成熟并且发展。无论是在教学模式、教育方式还是在教材、教学方法上,对于今天的小学书法教育仍有一定的借鉴意义。书写则是古代儿童接触较为初级的,以认字和写字作为主要方面的教育。书写是蒙学的基础,同时也是蒙学的一个重要部分。《辞海》对蒙学的解释是"中国封建时代对儿童进行启蒙教育的学校中,教育内容主要是识字、写字和封建道德教育,教材一般为《蒙求》《千字文》《三字经》《百家姓》《四书》等,且没有固定的年限。采取个别教学,与注重背诵和练习"。目前关于"蒙学"的定义有广义和狭义两种:广义蒙学泛指我国古代的启蒙教育,包括教材、教学方法、教育体制等内容;狭义蒙学则专指蒙学文献。从远古至民国,五千年的蒙学教育连续不断,人们编写了很多适用于教学的蒙学教材,如《百家姓》《三字经》《千字文》等,教材蕴含着浓厚的儒家经典思想,对于幼童的人文启蒙教育也是非常有益的。

1. 隋及以前蒙学书法教育简况

中国古代的书法教育起源甚早,至少从商朝开始,书法就是教育内容中一个重要的环节。西周时期的"六艺",即"礼,乐,射,御,书,数"。其中的"书"即认字和写字。至秦代统一六国文字,小篆颁行天下,从上至下,各级行政部门皆以李斯的小篆为法则,官方培养刀笔吏。"汉兴,萧何草《律》曰:太史试学童,能讽书九千字以上,乃得为吏。又以六体试之,课最者以为尚书御史、史书令史。吏民上书或不正,辄举劾。"[①] 可见秦汉时期对识字教学的重视已达到法律的高度。官员书写不合法度,是要受到严厉处罚的。西汉的高等学府——太学,虽只授经学,但书法教育也开始受到重视。至东汉因经学教育需要,蔡邕受命手书《熹平石经》镌石立于太学,它大力提高了书法在整个文化知识范围内的地位,并对以后书学的兴起作了很好的奠基作用。东汉灵帝时,创鸿都门学,更从艺术的角度提高了书法在教育中的地位。至魏正始年间,为继承汉之传统,以古文、篆、隶三种书体刻石经立于太学,史称"三体石经"。此时,正书(楷书)、行书、草书地位蒸蒸日上,太学"设书博士,置弟子教习,以钟、胡为法"。两晋时期,草、楷、行诸体日渐发展、成熟与普及。至东晋,出现"二王",当时佛教盛行大量抄写佛经的现实需要更是促进了书法人才和书法教育的大规模发展。延至隋代,书法教育正式成为官方高等教育的内容。当时"国子监设书算学,各置博士二人,助

---

① 马端临:《文献通考》卷三五《选举八》,浙江古籍出版社1988年版,第329页。

教二人，招收学生四十人"①。

这一时期的古代蒙学教材尚未形成完整的体系，以识字为主，兼顾一些知识和思想教育。《史籀篇》是史册记载的最早蒙学课本，主要以识字为目的。《汉书·艺文志》载："《史籀篇》者，周时史官教学童书也。"汉代和魏晋南北朝时期也编写了很多蒙学课本，完整保存到现在的只有《急就篇》和《三字经》。《急就篇》把当时的常用字，按姓氏、衣着、农艺、饮食、人事等分类，编纂成三言、四言、七言韵语，既便于记诵又实用。

2. 唐至宋代的蒙学书法教育简况

隋唐五代时期，古代蒙学教材种类大体齐备，体系基本形成。这一时期，蒙学教材主要有两大类：第一类是延续前代的经典蒙学教材，主要是识字教材，如《急就篇》《千字文》等。第二类是隋唐人新编的蒙学教材，又可大致分为五种：一是名言谚句集，抄集一些名言谚句，向学童进行识字教育和思想教育，如《太公家教》《新集严父教》《新集文词九经抄》等。二是将典故编成韵语，蒙童除识字外，还能获得历史故事知识，如《兔园册》《蒙求》等。也有教师临时选用当代流传的诗篇，如白居易、杜牧的诗在当时就经常作为蒙童学习的范本，《旧唐书·杨绾传》中载杨绾在给唐肃宗的奏疏中说："幼能就学，皆诵当代之诗。"还有"童子解吟长恨曲，胡儿能歌《琵琶篇》"的说法，能够充分说明白居易的诗歌在学童中的影响。另外还有工具书，主要是供查阅的字书和常识问答，如《杂抄》等，除了识字外，能够获得各种知识。最后是专门习字教材，由于传统的识字教材中有些字比较难，不适合学童书写。于是在这一时期出现了专门教习写字的书法教材，选取一些简单的字，编成语句，专门进行汉字书写和书法教育，如"王子去求仙，丹成上九天。山中方七日，世上几千年"。如此两类教材，种类大体齐全，直到清末蒙学教材基本不出此范围。

3. 元至明清时代蒙学书法教育简况

这一时期蒙学教材繁荣，可以说是古代蒙学教材的成熟期和集大成时期。除传统的蒙学教材之外，出现了很多专业教材。除课本外，还有课外读物和辅助教材，蒙学教材体系到这时已经完全形成。此时诸如医学、艺术、建筑、地理等几乎各个门类的知识，都有为蒙学教育而编写的教材。除了综合性识

---

① 魏征、令狐德棻：《隋书》卷二八，中华书局1973年版，第777页。

字教材外，课外读物、专门教材以及辅助教材互相补充，由此形成完备体系。此时，综合性识字教材《三字经》仍然流行，专门性教材的发展涉及范围广泛。古代蒙学教材发展到清朝，形成了完备而成熟的体系。

二 古代蒙学书法教育的特点

古代蒙学书法教育覆盖面很广，包括与文字教育相关的各个方面，是综合性的教育。当代书法教育是现代学术意义概念，通常是在一定的理论的指导下完成的。即使是在义务教育的幼儿园阶段，书法启蒙教育的发展也应有一个科学的教学方法和成体系的专业教材，也要有专业的教师，以实现教育的专业化，这是古代蒙学教育所远远具备不了的。

在传统官学中，没有基础教育"蒙学"这一级。古代的基础教育，即"小学"阶段被称为"蒙养"教育，一般指七八岁至十五六岁的儿童教育阶段。至唐宋时蒙学教育才逐步推行到一般家庭中，但官办教育能力有限。除宫廷教育外，官方仍无能力包括初级的蒙学教育，这种初级教育是民间自发承办的。汉代称书馆，唐代称村校，宋代称家塾、冬学、村学等，元代称社学，明代称义学、社学、家塾等，清代称私塾、教馆、义塾、义学等。这其中有宗族主办的，也有私立的，亦有官办与公助结合的。在中国教育史上，基础性质的蒙学一般不为史书记载，我国古代语文教学研究专家张志公先生曾说："探索蒙学的发展情况，有一定的困难，主要是可用的文献材料不多。……而前人提供的资料和研究成果如此之少……"①

1. 教育目标的实用性

汉字在实用性上的首次飞跃发展以汉隶的出现为标志，由先秦以及秦代的篆书发展而来。汉字在实用性上的再次飞跃发展是以行草书的出现为标志的，它是建立在魏楷、汉简基础之上，代表人物就是"二王"。汉字实用性的第三次飞跃发展是以唐代颜体、欧体、柳体等诸楷书出现为标志，它是由魏碑、汉隶发展而来。由此，唐楷书法在汉字的实用性上已达巅峰，基本完成了书体的演变。

汉字实用性用笔本身肩负着传播文化知识的历史使命，它的艺术性不能与无约束的草书和现代书法相提并论。如果"传统书法"能够进入艺术宫殿，那么人们曾怀疑"书法"是否属于艺术的问题也就不足为奇了。

---

① 张志公：《传统语文教育初探》，江苏教育出版社 1962 年版，第 90—91 页。

中国书法经历了三个划时代的变化，这是书法实用价值发展的必然结果，汉字从此结束了实用性字体变革的过程。古代书法的实用性更为突出，其实古代书法具有强烈的工具性，而不是书法艺术教育。在印刷术不发达的古代，大量的工作是由写手做的，所以他们有着强劲的需求。结合科举考试，考生的书写水平决定其科场命运。由于写手和科举的要求，书法的实用价值不可估量。为了适应科举考试的需要，写字课程作为书法的基本技能，不可避免地在蒙学教育中占有十分重要的地位。

2. 启蒙教材的规范性

古代蒙学教材虽然有很多流传千百年的经典之作，但是每一个朝代都有本时期新编的教材进入教材体系中。对于传统的经典蒙学教材，历代也都有所增删修订，所以古代蒙学教材虽然以经典教材为主体，但并不是一成不变的，是具有时代特色的。所以说古代蒙学教材历经千年的发展，形成了丰富的内容和完备的体系。

首先，古代的蒙学教材具有丰富性与针对性相统一的特点。以单本教材来说，古代蒙学教材往往内涵丰富，如"三、百、千"等识字教材，在识字的同时又有道德教化、知识传递等功能。以教材系统举例来说：蒙学教材体系内涉及阅读、写作、识字等多方面内容。古代教材的丰富不是繁杂无章的，它同时又是有针对性的，教材体系内每本教材都承担着特定的主要功能。《千字文》等一系列识字教材其主要功能是识字，思想的教育是潜移默化中进行的，是附带的。《文场秀句》等诗词吟诵的蒙学教材，主要目的就是诗歌的写作，其他知识与思想方面的目的是在学习过程中自然达到的。在古代蒙学教材的体系中，不同类型的蒙学教材不仅内涵丰富，而且达到的主要目的也是不同的。有不同侧重点与针对性的教材相互配合使用，达到对学生的全面培养。

其次，古代蒙学教材体系内容非常丰富。古代不实行分科教学，人才的培养全部依靠私塾的教育。古代蒙学教材除识字外，同时涉及历史、思想、诗歌、知识、书法等多方面内容，并且天文、地理等几乎各个门类的知识都有相关的蒙学教材，这是由古代的教育体制决定的。今天我们的语文教材要借鉴古代蒙学教材体系的经验，就应该辩证地分析古代蒙学教材体系。古代的课程和教材是合一的，课程就代表教材，上课就是教教材，蒙学教材实现的是语文教育的功能。

古代蒙学教材除了内容丰富外，它也呈现出多样性。这是由于教材的丰富内容、知识面广，从而允许不同的排编形式。教学中具有多种不同的组合形式，比如蒙学教材按形式来分可以分为诗歌类、韵对类、故事类和图画类。在教授儿童的过程中往往是几种不同类型的教材配合起来使用，如教授儿童识字的教材就是《百家姓》《千字文》《三字经》三种教材同时使用。如此搭配有助于提高儿童的学习兴趣，也符合他们的学习心理。

3. 评价杠杆的强制性

我国古代蒙学教育的主要目的是进行基础文化知识的培育和道德行为的培养，通过背书、识字、写字的方式来实现。这一阶段是培养写字能力的根本阶段，其中习字是识字的重要手段。我国古代蒙学教育中的写字训练，它在课程的设置中具有十分重要的地位，儿童的写字水平是他学业成绩是否优秀的重要风向标之一。习字水平在我国古代是读书人能否走上官场的重要考核标准之一，另外考试制度和选官政策从很大程度上是书法教育的方向，直接影响着书法教育的发展。古代书法教育主要是读书人所接受的教育，对读书人来说，"学而优则仕"是他们主要努力的方向。我国古代的科举考试、官吏考核与选拔以及文人自身素质的提高，甚至书手等文秘岗位都对书法有千丝万缕的联系，这些方面无疑都是古代书法教育的主要动因。在我国古代很长一段时期内，书法水平的高低是官吏考核和选拔的必备条件之一，因此有很多文人官员善于书法得到政府的格外器重。此外，明代的科举考试对于书法水平有着明确的要求，且清代状元大多出自科举考试中的书法佼佼者，这就导致了当时学校中的书法教育也以如何通过科举考试而走入仕途为目的。最后，我国古代的文人往往以练习书法作为提高个人素质及陶冶情操的重要方式，更有甚者将其作为追求人生意义的一种重要途径。

第二节　古代蒙学书法教育对当代小学书法教育的启示

一　教学方法的启示

1. 由临摹经典法帖入手

"法帖教育"作为我国古代的书法教育，一直依附着文字教育而行，识读与书写并举。比较而言，前期自周秦至隋唐一脉相承，书法以文字之学为基础,与书体演变和古今书体并行密切相关;后期自东汉至清代,书法以名家楷模为主,系翰墨之道深入人心所致。

西汉末,"遵赡于文辞,善于书法,写给人家的尺牍,人家都收藏起来以为荣幸",① 这是民间收藏名家书法的最早记载。刘穆善隶书,当时人都将其字作为范式,并效仿取法。东汉末蔡邕博学多艺,名重于世,书法篆隶皆工,蔡邕手书的石碑——《熹平石经》立于太学门外。"于是后儒晚学,咸取正焉。及碑始立,其观视及摹写者,车乘日千余辆,真塞街陌",这是我国古代由政府统一颁发的第一部书法范本,它提高了书法在整个文化领域中的地位,并对后世书学的确立起了铺垫作用。东汉赵壹于《非草书》中也描绘了灵帝时期社会上学名家草书的情况:"龀齿以上,苟任涉学,皆废《仓颉》《史籀》,竞以杜(操)、崔(瑗)为楷。"由此不难想象这些"名家法帖"对蒙学习字教育的影响。

至魏晋南北朝时期,书体已由隶完全演变为楷体,世人多取法王羲之、钟繇楷法,蒙学习字教育也逐渐转入习楷字。据说魏钟繇、王羲之曾书《千字文》流行于当世,至梁朝,周兴嗣集拓王羲之书而成《千字文》,这是比较确切的说法。王羲之第七代孙、陈梁朝时期的智永禅师所书楷体《千字文》,其墨本则至今还保存完好。在唐楷书高峰时期,楷书名家因书法教育的需要大都曾书写过《千字文》作为蒙学教育的基本教材,从而流行于世。如初唐欧阳询所书《千字文》拓本就影响深远,这从明代大书法家董其昌在欧阳询书《千字文》碑刻题跋可见一斑:"书家以分行布白谓之九宫。元人作书经云:《黄庭》有六分九宫,《曹娥》有四分九宫。""今观信本《千文》,真有完字具于胸中,若构凉云台,一一皆衡剂而成者,米南宫评其真书到内史,信矣。此本传为信本真迹,勒其全文,欲学书者,先定间架,然后纵横跌宕,惟变所适也。②"

自唐始,蒙学书法教育皆从唐楷入手。唐代大书家所书字书如《千字文》,以及名家的名碑名帖,如欧阳询《九成宫碑》、颜真卿《颜勤礼碑》等则成了历代蒙学书法教育相与并行的两种教材。论其影响力及功效,则名碑名帖为甚。也有巧合,"字书"就是"法帖",欧阳询所书《千字文》便是如此。

---

① 华人德:《中国书法史·两汉卷》,江苏教育出版社 2002 年版,第 180 页。
② 董其昌:《画禅室随笔·跋率更千文》,载《中国书画全书》第三册,上海书画出版社 1993 年版,第 1011 页。

2. 识写一体

我国古代识字教学是蒙学教育的开始，也是语文教学的一个重点。识字教学方法包括带读识字、拆字识字、析义识字等，往往是在不同的方法在实践中综合运用。这些方法都注意汉字的特点，一步一步通过分析字形的意义尽量帮助学生阅读，注意运用儿童的心理特点，强调在识字教学中记忆的作用。不只是单纯的识字教学，努力把一个个单字编成有意义的韵语，尽可能将更多的知识和道德教育内容掺杂其中，使之成为"文"与"义"的结合。在认字的同时结合写字的训练，明白文字其中的含义，古时的这些方法都是现代我们非常值得借鉴的。此外，"字书"是一个非常重要的概念，"字书"兼有识字与练习书写。"字书"教育可以追溯到先秦时期："宣王中兴，励精图治，作《史籀篇》以规范划一天下文字，为其努力之一。"[①]《史籀篇》采用成熟的大篆作字书15篇，用为启发蒙童的识字课本，文字教育和书写训练开始具有真正的规范含义。秦习小篆，汉习隶书，魏晋钟繇、王羲之最终变隶为楷，唐崇"楷法遒美"，促成了唐代楷书高峰的形成。蒙学教材，亦即字书，其书法也以楷书为则。

我国古时将汉字的学习称为"识字"，此种认识恰到好处，因为任何一个汉字我们都要掌握它的"音""形"和"义"。初次学习者首先要记住的是汉字的"音"和"形"，然后在熟练掌握二者的条件下再学习文字的"义"。但是我国古时人们往往把学习的主要方面放在"音"和"形"上，通过不断的朗读甚至背诵来加强对汉字的理解；同时他们通过浩如烟海的书法写字训练，使"形"牢记于胸。但是对于"义"他们却不作为重点，只是略懂其义。识字教学的教材主要有《三字经》《百家姓》《千字文》等，合称"三、百、千"。"三、百、千"形式上的共同特点就是押韵，三字一句或四字一段，隔句押韵，中间换韵，使人读起来顿觉朗朗上口，简单明了。其中《千字文》作为我国古代蒙学教育的书写范本，文章中千字不重，章法优美，更是不断有书法大家以此为范本，书写此名篇，虽不同，但各有千秋。很显然这与它身兼识字与习字双重功能是分不开的。

但应该指出的是，古代蒙童教师在识写教育中在处理识字、写字、使用、讲读之间的关系时，以识为主，以使蒙童识字为目的，而对于文字的

---

① 丛文俊：《中国书法史 先秦·秦代卷》，江苏教育出版社2002年版，第321页。

意义及用法却不怎么去关注，从而使蒙童不知其意，更不知其用法，这对于儿童智力的发展是不利的。

3. 复式教学：有利于学生跨越式学习互补，提升自学能力

复式教学是一门教育科学，也是一门教育艺术，是指在同一教室内编排两个或两个以上年级，由一位教师在同一课时内完成与单式班同样多的教学任务，达到同样的教学目标。我国的科举制度第一位的是选拔政府人才，然后才是培养不同层次的教育人才。我国在明清时期，小学也称为"私塾"，完全是"私立"，它以机动灵活的教育方式办学。古代教育没有明确的年级划分，不求进度统一。古时教学是因材施教，根据每个学生的特点复式教学，对每个学生都很负责，从而不局限于年级的升留。古时学生无教科书，因所学已了然于胸，运用之时信手拈来，朗朗上口，主要归功于复式教学的教学方法。

书法复式教学法潜在优势有以下几个特点：

首先，书法复式教学非常有利于学生跨越式学习互补。由于学生来自于不同年级，他们的年龄跨度大，群体之间存在较大的差异，这种差异则非常有利于他们相互之间的学习互补。一方面，低年级学生能够从高年级学生身上学到许多好的写字行为习惯及写字的方法，以养成良好学习习惯，提高书写能力。另一方面，高年级的学生，同时也能够从低年级的学生身上感受态度认真的影响，克服自己骄傲的情绪，达到学习互相促进的效果。

其次，书法复式教学有利于因材施教。因为每个年级的学生人数不太多少，每个年级形成一个小组，便于教师掌握学生情况，了解学生需求，进行个别辅导，实施因材施教。

再次，书法复式教学有利于教师掌握小学阶段写字教材内容，把握好各个年级的层次标准和要求。因为在同时教给学生硬笔字和毛笔字的学习内容，有利于教师系统地进行教学，也可以把握好要求的阶段性。

最后，书法复式教学可以培养学生的书法技能，增强自我学习的能力。书法复式教学中，通过学生自学，培养学生的自学能力。书法学习，五分之一靠老师，五分之四靠自我。这样学生在长期的自学实践训练中，逐步提高了自学能力。

古代蒙学书法教育中的复式教学法的尝试与探索，既实现知识与技能的渗透和整合，又极大地提高了写字教学效率，大力激发了学生学习书法的浓厚兴趣，也充分提高了学生学习书法的热情，因此对于当今书法教育的启示性是很大的。

二　学书次第的启示

所谓学书次第，就是学习书法的先后顺序。关于学书次第，在明代人丰坊所著《童学书程》中有较为详细的论述。《童学书程》开篇第一篇是《论用笔》，此篇虽只有短短60字，但将用笔之法表述得至为精当："学书者必先审于执笔。双钩悬腕，让左侧右，虚掌实指，意前笔后，此口诀也。用笔必以正锋为主，又不必太拘。隐锋以藏气脉，露锋以耀精神，乃千古之秘旨。"这里着重论述了写字怎样执笔和用笔的问题。接着，第二篇便是《论次第》，并绘出《学书次第之图》（见图3-1），可见学书次第问题之重要。

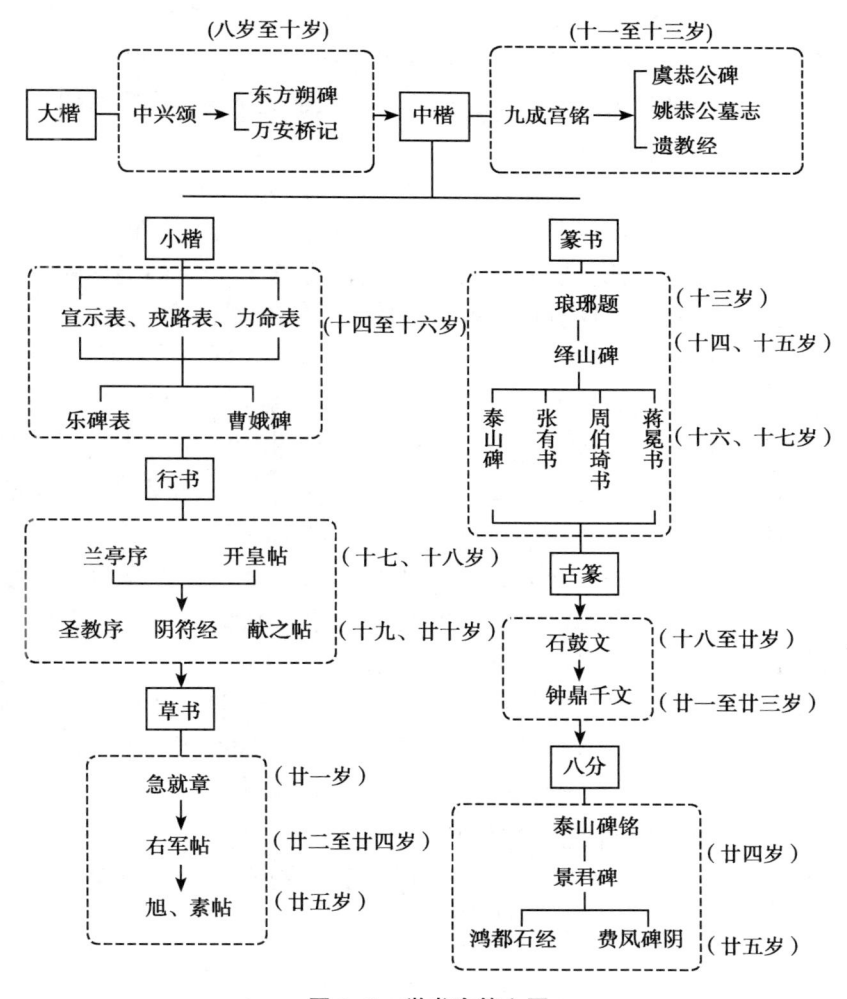

图 3-1　学书次第之图

学书次第图虽然说的是儿童学书的过程，但对所有人都是适用的。从上边这张图中可以看出，一个人从8岁开始学书，到25岁学成，约用17年的时间，这17年间，把所有的书体次第学了一遍。并说"此图所限年数，止为中人设耳。若天资高者，十年之功可了众体"。

中国的书法碑帖成千上万，如按书体分，有楷书、行书、草书、篆书、隶书等，这些碑帖中有大字也有小字（大楷小楷）。初学书法的人常常面临这样的困惑：这么多书体，先从哪里入手？是先学楷书还是先学行书、草书？在楷书、行草书中，又有字的大小之分，是先从大字入手，还是先从小字入手？这都是很具体、很实际的问题。根据古人的经验，学楷书要"先大后小"，即先从大字练起，先练大楷，之后中楷，最后小楷（这与学行草书要"先小后大"的方法正好相反）。为什么学楷书必须先大后小？因为先写把大字写好了，就容易把握字的结构，为日后题写榜书匾额打下坚实的功力基础。

1. 楷书是书法的基础

虽然草书并不是从楷书演变而来的，但自从东晋之后，楷书与草书却有着越来越密切的关系，发展的巅峰是在唐朝，唐代帝王的提倡和科举考试的要求，楷书成为书法教育的根本和基础，而不经意间草书往往以此为基础来展开，由此书法教育中学书法先学楷书的固定模式形成。"学书之序，必先楷法，楷法必先大字。自八岁入小学便学大字，以颜为法。十余岁乃习中楷，以欧为法。中楷即熟，然后敛为小楷，以钟王为法。楷书既成，乃纵为行书。行书既成，乃纵为草书。学草书者，先习章草，知偏旁来历，然后变化为草圣。凡行书必先小而后大，欲其专法二王，不可遽放也。学篆者亦必由楷书，正锋既熟，则易为力。学八分者先学篆，篆既熟，方学八分，乃有古意。"[①] 据上所述，学书必从楷书练起，之后行草篆隶，因为楷书如立，行草如走，不立焉能走？现在有的人主张写字不从楷书练起，直接写行草，误人不浅。对初学者来说，楷书的学习既能够学习笔法结构，又能够陶冶性情，因此褚遂良的《雁塔圣教序》和智永的《真书千字文》两个经典名帖无疑是较为理想的典范。

2. 写字训练的原则是先慢后快，先大后小

丰坊在《童学书程》中专门提出楷书要"先大后小"的观点，他认

---

① 丰坊：《童学书程》，载《明清书法论文选》，上海书店出版社1994年版，第98页。

为:"所以先楷者,欲其定用笔之法;所以先大者,欲其足于气而不局促。"① 书法练习作为一项基础训练,我国古代蒙学书法教育在经过长期的摸索与实践,慢慢形成了一套相对稳定的教程和行之有效的训练方法、原则和步骤。写字训练一般的步骤和方法:首先扶手润字,然后描红,最后是临帖,这其中最为关键的是扶手润字。如此这些经验与汉字的结构与特点互相结合,是非常值得注重的。

3. 由易至难

正确地选择合适的字帖,是学好书法的前提。但是,我国书法艺术丰富多彩,就书而言,大致有楷、行、草、隶、篆;就书派而言,最有名的是颜、柳、欧、赵,还有后世不少名家的变异和创造。我们究竟应该从何入手呢?在选帖问题上,应该遵循"由简入繁,循序渐进"的原则,一般是从楷书入手,因为楷书的特点是方正端庄、笔画结构清晰、基本保留了文字的符号性,而且不乏娟雅秀丽,最重要的是易于学生掌握。楷书之后,也不妨练一练隶书,因为隶书就文字而言也比较好辨识,燕头蚕尾、厚重大气,容易增加学生写字的分量感,弥补楷书容易轻薄、表面的缺点,从简入手、由易入难是书法学习的门径。

三 评价机制的启示

两汉时期的蒙学教育多在宫廷或是贵族家庭中进行,到了唐宋时期才逐渐扩展到一般平民家庭。但官办学校的教育能力是有限的,除了宫廷贵族教育外,官方亦无法建立一个初级的蒙学教育体系。如果西周汉代的蒙学书法教育是超越制度化的有意识的、自觉的行为,那么自隋唐时期建立的科举制度,却是使书法教育形成了一个完整的制度体系。我们从"籀书""史书""章程书""台阁体""馆阁体"此等书体、字体的发展步骤上可以看出历朝历代统治阶级对于书法教育的强力干预。这其中科举制度的确立,它对蒙学书法教育的强制干预,于不经意间在某种程度上有力地促进了考生写字能力的提高,并且培养了大批的书法写作人才。

我国古代对书法教育的制度化的需求和结果对当今不同级别的书法教育有着一定的启示作用,对于当前书法启蒙教育的学前教育阶段,仍然适用。我们只有加大对书法教育的重视,并且加强教育行政指令的干预,书

---

① 丰坊:《童学书程》,见《明清书法论文选》,上海书店出版社1994年版,第104页。

法教育才能在教育、启智和创新中得到跨越式的发展，如此对文化和教育政策的干预将会从根本上远超过其他因素对于书法教育的影响。

第三节　受古代蒙学书法教育的启示，当代小学书法教育的发展设想

一　教学内容的设想

1. 以楷书的学习作为重点和基础

追溯历史，楷书经历了汉代的酝酿，魏晋时代的创新，到唐代进入辉煌灿烂的时期，一提到楷书人们自然会想到唐代的欧阳询、褚遂良、柳公权、颜真卿等大书法家。在楷书成熟的魏晋时期，楷书被称为"正书"或"真书"，规定了点、横、撇、捺、折等，作为示范，后人以此为楷则，由此楷书在距唐五百年前就已完备。唐人尚法度，把正书技法发挥得丰富多彩，淋漓尽致。清代碑学兴起，凡学楷书者，莫不宗法唐楷，直至现在。

楷书如何学？最重要的是要掌握以下三点：第一是楷书学习的入门规范即范本的选择：唐楷应当作为首选的标准。就初学者而言，样本越规范越好，它可以为我们提供严格的技术标准，以促进我们拿捏到位。就范本而言，它越规范越容易掌握，规矩和学习内容是成正比的，规矩越多，需要掌握的内容越多，并且学习得越多，个人转化为自我知识的越多。第二是楷书学习中精与泛的转换：上述基础掌握圆满以后，然后就能将此进行拓展，追古思今，包罗万象，从师出独门改为师从众门，由学习一个朝代转向学习多个朝代，亦即从学习技能阶段改为理性的思考阶段。第三是学习楷书的根本目标：学习楷书的根本目的应该是学会或理解静态空间的构建和准确的控笔能力。楷书是静态的，学习开始时应该以技能的掌握为主，基本学习阶段以后，应当考虑楷书的空间构建问题，风格问题是艺术最重要的问题。我们可以在学习古人传统的基础上进行创新。相对于草书的静态节奏，就楷书而言，线条的粗细等，是楷书控笔的关键。

2. 注重经典法帖的临摹

帖，大家一般常称为"法帖"，它是专供学习、欣赏书法用的。我们

在临帖之前，阅读法帖的方法和阅读的认真程度是至关重要的。有些人认为临帖主要是专注于写作，而临写之前必须阅读法帖的重要过程，往往被人们忽略了。他们往往习惯于拿起法帖就进行临摹，这其实是一个错误的习惯。对于初学者来说，从开始接触书法的那一刻开始，他可能首先面对的是范本的选择。在中国历史上数不胜数的经典法帖面前，如果你没有一个正确的指导思想，初学者往往会变化无常，浅尝辄止，最后是一事无成，浪费了太多的时间。所以选择经典字帖是学习书法的第一步。选择字帖时应该遵守以下原则：

第一，个性化原则：法帖的选择是侧重于个体未来的审美取向和个人风格以及个性的建立的，所以一定要分析自己的个人条件，尤其是审美兴趣、笔性和心理等，扬长避短，不要截长补短。所以在学习中，特别是在关键的学习阶段，范本的选择是必要的。

第二，经典性原则：取法决定眼光，眼光决定品位风格，品位来自经典的风格，书法艺术的经典研究是学习的关键。与其他视觉空间艺术不同，书法艺术有其相对封闭和独立的开发体系和评价标准，整个系统就像一棵树，如果我们直接需要一些怪异的所谓的古典风格，就好比在树的枝干上吸收营养物质，它的发展空间是十分狭小的。如果我们直接学习一些糟糕的所谓的现代书法大师，或者直接放弃传统和古典，弄所谓的创新，这样的学习就相当于在树旁边的杂草荆棘中吸收营养，这是完全脱离了主系统，坠入迷途。

对于初学者来说，一部大家经典名帖，不可能是一看就懂，一临就好，反复地理解、模仿，重复数次是十分必要的。清代书家包世臣在《艺舟双楫》中对临摹经典名帖前应如何观察提出很好的建议，认为只有先仔细观察古人笔法的精微之处，才有可能写出古人作品的形态和神采。他在文中提出："然拟进一分，则察亦进一分，先能察而后能拟，拟既精而察益精，终身由之，殆未有止境矣。"[①] 在做一件事之前，明白事情的原因，理解越彻底，做事就会越容易，所以俗话说"万事理在先"。沈鹏先生说"字外无法，法在字中"，法帖如老师，但这个老师是不会说话的，这需要你去主动请教，此即为"读帖"，读一些，做一些，循序渐进，不断去读，不断去做，这样慢慢去做，结果会达到事半功倍的功效。唐代书家孙

---

① 包世臣：《艺舟双楫》，载《历代书法论文选》，上海书画出版社1979年版，第670页。

过庭在《书谱》中所讲："心昏拟效之方，手迷挥运之理，求其妍妙，不亦谬哉！"①临帖前必须读好法帖，读帖要认真去读，容不得半点马虎，否则会觉得毫无意义，甚至感觉读帖是多余的。那如何去读帖呢？阅读法帖时必须针对法帖的每一行，每一字，每一点，每一画，一定要仔细阅读，注意细微动作中的任何一个，不会轻易放手，怎么写，怎么换锋行笔，如何顺势连接，何处改提，何处锋侧等，把静的字迹动起来，像过电影一般，让它在你的头脑中动起来。读帖是在通篇字迹中，深刻领悟作品的意境，进而深入探索作者的内心活动。正如知音中的钟子期和俞伯牙那样，没有深厚的文化修养是很难做到"巍巍乎志在高山"的，更何如"荡荡乎意在流水"了。对于初学者来说，重点是读帖的第一步即书法的形质。至于第二步，即书法的性格，可以以后慢慢了解。

3. 培养良好的道德行为

如今在世界范围内，历史最悠久、使用最广泛的文字就是汉字了，以其为载体的书法教育，可以引导学生初步了解悠久的汉字历史和璀璨的文化价值，可以激发学生的民族自豪感和爱国热情。书法艺术是中国人深感自豪的艺术，它历史悠久、内涵丰富，有着复杂的表现手法和形式，它受到世界上很多国家和民族的热爱和追求。书法可以陶冶情操，形成良好的思想品德。一幅书法作品受到人们的喜爱，这其中作者的品格是十分重要的原因之一。古人云："书如其人"，"骨硬"是王羲之的特点，而"忠义光明"是颜真卿的特点，"心正则笔正"则是柳公权的性格了。另外，书法艺术可以逐渐培养人们健康的心理素质。现代研究证明，良好的心理素质是决定一个人成功的重要因素之一。

（1）书法可以在训练过程中培养学生高度认真负责的精神。曾经有一位心理学家说：调整学生的心理素质和规范他的行为有两种好的方法，一个是练习平衡木，第二个是练习书法。这两种运动都可以使学生进入一个相对静态的心理状态。经常进入到静止状态，性格可能会改变。练习书法，必须全身心地去投入，这种状态称为静止状态。无论这种状态能坚持多久，只要坚持下去，就可以养成一丝不苟、循规蹈矩、严谨认真的良好习惯。

（2）书法艺术是一项高雅的艺术，它正是通过黑白线条的运动和空间产生无限的变化，清晰地表达出书者丰富的情感，愉悦的心情，流动的

---

① 孙过庭：《书谱》，载《历代书法论文选》，上海书画出版社1979年版，第125页。

冥想，沉重的情态等。它充分地展示了书者勇敢的精神、不屈的愤怒、痛苦悲伤的呻吟、情感和思想缠绵悱恻等。它更能表达书者宽广的胸怀和远大的襟抱，显示出生命的活力，无限的遐想。不同的风格，例如篆书的古朴简单和高雅厚重，隶书的雄浑大气和遒劲有力，楷书的美丽严谨，行书的娟秀活泼，草书的飘逸奔放，都能够传递给人们不同的情感信息。学生和欣赏者在他们欣赏学习的同时，他们会与书法艺术产生一种精神上的交流，情感共鸣，精神升华，感情得到愉悦，情操得以陶冶，心灵得以培养。

（3）书法训练可以培养学生良好的心理素质和坚毅的性格。实践证明，学习书法切不可急功近利，那样只会令人欲速而不达，它只能通过平心静气、姿势端正、孜孜不倦、持之以恒地去练习。正是在一点一捺的汉字练习中，学生获得了坚韧与耐心，养成了不怕困难、锲而不舍、高度集中的良好品性。

二 教学方法的设想

1. 结合识字写字一体化而进行

就相似之处来说，古代和现代的书法教育都有识和写的基本教学任务，高度重视"文字"的传统教学应该得到继承。教学中可以适当增强通用汉字、汉字字体、构字方法等教学的内容。就教学方法而言，要充分借鉴中华文化3000年间一直延续的教学方法。学习方法要重视临摹的运用，更要突出"摹"的作用，可以明显提高临摹的准确性。

中国古代蒙学书法教育和当代小学书法教育有明显的差异，古代蒙学书法教育着重的是儿童成年后的科举考试和官员的选拔，而现代中小学的书法教育其主要目的是加强素质教育，继承和发扬中华传统的优秀文化。这些差别一方面需要适当地凸显出书法的艺术价值，另一方面并不意味着可以放弃书法的实用性。中国书法的艺术和实用是不可分割的两个方面，它也是坚持推动中国书法不断发展的内在动机之一。

中国古代蒙学书法教育具有以下特点：第一，蒙学教育以儒家经典教育为主，书法是补充；第二，写字和认字是蒙学书法教育的基本内容，这其中也隐含着语言学的隐性需求，因此使用的教材大多具有字书二者兼顾的性质，如《百家姓》《千字文》等；第三，蒙学书法教育的主要目的是满足官僚机构的文书书写，具有显著的实用性和功利色彩；第四，蒙学书法教育除带有实用性之外，始终坚持追求美。自汉代魏晋以来，书法大师层出不穷，蒙学书法教育也更加注重艺术性。

2. 根据个人具体情况实施不同的教育方式

中国古代没有正规的师范教育体系，但文化教育却是走在世界的前沿，成为世界著名的文明古国之一，并且在几个古代文明国家里，中国在世界上是唯一一个保存古代文明的国家。首先，中国的蒙学教育在其中发挥了巨大的作用。"教不严，师之惰"，因为只有一个严格的老师，才能教出出色的学生。其次，我国古代蒙学教育中没有年级的概念，根据他们的程度，因材施教，并不刻意去追求进度。一些学生有很强的学习能力，在规定时间内能完成规定课程，那么他就可以进入新内容的学习，但是学习不好的学生将继续背诵旧的，直到他能背诵得十分熟练为止。相关资料显示，《三字经》《百家姓》《千字文》等经典儒家蒙学教材，基本上是半年读一本书，也就是说，一年半的时间来读三本书。相比今天的学生，他们的学业负担是很轻的。古代学生都没有配备教科书，因为他们都是熟背于心，胸有成竹，到用时便可出口成章。

中华人民共和国成立后，国家在中小学教育方面先后投入了大量的人力、财力以及物质资源，各类学校按照政府的规划在各地遍地开花，为孩子提供了理想的教育场所。此外，各级师范学校培训了大量的毕业生，确保教师力量的需要。显然在这方面，古代的蒙学教育是无法与其相比的。再者是教育的模式，一个现代的小学班级一般都要有四五十人，一个老师面对如此多学生，使学生完全学会理解，真的是很不容易，如果有一些不负责任的老师，教育的效果肯定是要大打折扣了。此外，每学期都要有许多新的教材，这些教材必须要在这学期完全掌握。现在，考核一所中学的教育质量是好还是坏，是由考入上一级学校学生的人数所决定的，因此我们需要回顾过去，从古代蒙学教育中汲取优秀经验，丰富今天的中小学教育。

3. 改变不良习惯，提高学习效率

这是一个书法教育本质的问题。儿童书法教育应该基于什么？如果基于实践，教孩子把字写得完美一些，所以还不如直接进行硬笔书法更有效，因为今天的毛笔书法的应用范围太有限了。如果基于培养书法家，孩子书法教育的范围将会更窄，因为并不是很多人都想要做书法家的，社会也不需要太多的书法家。为什么还要大力发展孩子的书法教育呢？最充分的理由是书法教育是适合我国儿童审美教育的重要方式之一。由于我国书法艺术不论站在历史角度上，还是从美学上来讲，或是其他因素，儿童书法教育基于的审美教育，不仅是必要的也是可行的。既然我们是基于审美教育来开展儿童书法教育，教育内容的重点应该是素质教育，而不是技能培训，这里所谓的素质教育，主要是指对书法艺术的美感和对书法艺术创作的热情。书法教育应该从大局出发，培养学生对书法艺术的认识，参与到最后的是表现，不仅仅是注意精确到一点一画，反而忽视了学生主体对审美的理解。尽管我们知道，不是每个人都能成为书法家的，但至少我们应该使学生得到书法美的熏陶，学会认识书法的美，知道书法艺术与简单的写字是不能相提并论的，书法教学的主要内容应该包括更多的手段，而不能仅仅是简单的写字。

由此延展出来的儿童书法教育中的教学原则应该是：以游戏为主，教学为辅，让孩子们感受到书法学习的快乐并且享受它；首先是让孩子学会欣赏书法艺术之美，但并不急于写好字；其次以自主发挥为主，辅以口传手授，让孩子们充满信心，不能束缚他们而是去引导他们。

三 课程设置的设想

从古代官学高等教育中的课程设置来看，"书学"地位是比较高的，西晋至北宋期间都断断续续设置有"书学"。然而在古代蒙学中，或许并没有"课程设置"这样清晰的概念。以今天的眼光来看，中国古代知识结构以文科为主，科技知识所占比例甚微。先秦至清，学校的教育内容大部分为经、诗、书等，"论人才能，先文而后墨"。再者，我国古代蒙学书法教育主要是进行基本文化知识的教育和道德行为的初步培养，以认字、书写、背诵为主。在这个阶段中，写字是认字的有效手段，是书写能力培养的基础训练阶段，所以我们可以相信古代蒙学书写练习在课程的设置中有着非常重要的地位。为了满足科举考试的需要，为了适应科举的需要，启蒙教育中，作为书法基本功之一的习字课程占有十分重要的位置。

用民间世俗的眼光来看，蒙童的书写水平是其学业的重要标志之一。书法好，人们常常称其学业也好。蒙学期间没有扎实的书写基本功，蒙童的学业是没有多大前途的，因此，古代蒙学书法教育对于当今小学书法教育中课程设置方面有着重要作用：

1. 学科化是当前中小学书法教育的必然方向

书法作为一个独立的学科，它的雏形有着悠久的历史，早在西周时代，学校所教授的内容中就有专门的书法教育，"六艺"中就包括书法的内容；汉代建立"书馆"；唐代国子监有"六学"，书学包括在内。"六艺"在西周强调个人美德以及其他综合素质，这源于古代社会分工的不够细化，学科化过程还不是很清晰，所以要我们去慢慢体会。

但是随着当代文化科技的发展，教育的内涵和外延不断扩大，这已经不是"六艺""六学"所能涵盖的了。书法在作为其他学科的工具的同时，还保留了书法教育的德育功能，有了更大的艺术价值取向。关于启蒙书法教育，不仅需要掌握书法的基本技能，也应该从文化和艺术两个方面进行培养，补充书法历史、书法理论、古代文化、传统知识和相关内容。所以说作为一门学科，书法启蒙教育独立于其他的学科，是大有作为的。

2. 早期化是目前小学书法教育的时代要求

举例子来说，在我国秦汉时期一些四五岁的儿童就开始学习阅读、写作，到六七岁时，他们已经可以基本完成字书了。北齐颜之推在《颜氏家训·勉学篇》中就以自身的经历强调了书法教育早期化的重要性："人生小幼，精神专利，长成以后，思虑散逸，固须早教，勿失机也。"清代蒙学书法教育家唐彪在经历了几十年的蒙学教育教学实践后，形成了一套有效的教学实践思想和方法，其中一个重要思想就是尽可能早地施教于孩子，并且认为三至八岁的孩子在入小学前就可以通过认字关。

与古代相比，当代学前教育已经有了幼儿园一类的教育机构，蒙学书法教育已经有了一个完整的物质平台和雄厚的师资力量。我们有理由相信，如果条件允许，当前的儿童书法教育可以提前到学前教育阶段。

3. 艺术化是当前小学书法教育的主要目标

识字和写字有着亲密的互补关系，写字对于识字有着极大的促进作用。因此，古代蒙学书法教育有着极强的实用功能。但是"书法课"不同于"写作课"，写字只要求写字要规范，容易识别，但是书法则包含艺术、文化、审美、艺术的内容，所以说艺术形象和文化精神是书法追求的状态。

随着印刷技术的普及和无纸化办公，书法的实用性正在被大幅地削弱，它的艺用性逐渐凸显出来。当前书法启蒙教育仍然存在很强的实践取向，书法本身具有的丰富内涵和功能不能得以发挥，失去了书法教育的发展需要。书法教育在传统的教育体系中占据着重要的地位，其功能除了实用性，还承担了文化延续和审美功能。因此，艺术性是当前书法启蒙教育的主要目标。

四　评价机制的设想

随着教育部《中小学书法指导纲要》的颁布实施，书法课堂教学任重道远，在实际书法教学评价中应重过程性指导，抓细抓实教学的流程，有效提高教学的效果。在实际书法课堂教学中，可巧用评价机制激发学生学习的兴趣，提升学生艺术能力及人文素养。具体操作如下：

1. 评价要基于对学生行为的纠偏。应该面向全体学生，当面评价出书法练习中出现的问题，笔画是不是正确、字体是不是端正、大小是不是适中、结构是不是均匀、页面是不是美观等。探究这些问题产生的根源，如何来矫正这些问题，从而进一步使学生明白如何去应对如此问题，进一步促进他们知识的积累与提高。

2. 创新意识的培养是评价的重点。小学书法教育的目标是真正让学生学到自己应该掌握的东西，这体现在大力地开发学生的想象力和创造力，着重培养学生的创造性和实用性。

3. 评价要着眼于学生导练。评价落实在学习方式上，如出现执笔姿势、书写姿势、临帖方法上的误区等问题。作为书法教师，不可忽视这些小节，应该从小处着眼，认真地对待学生书写过程中的每一个细节，同时予以指出纠正。

4. 评价要注重提升学生的审美意识。书法教育是美育的组成部分，书法教育通过对书法作品的书写、欣赏、创作等教学活动，使学生接受审美的熏陶，激发其情感，培养高尚的人格和审美情操。通过对介于抽象美与具象美之间的造型美书法艺术的线条之美、墨色之美、气韵之美、意境之美的欣赏式评价，发展学生的审美能力。

5. 评价要实现对教学行为的巩固。通过课堂学习，学生能够懂得对与错，并且及时巩固，再通过练习如何纠正或纠正的能力，老师再布置一定数量的作业，让学生自己测试评估，以实现知识的巩固和自身的提高。

书法教师在书法课堂教学中恰当选择评价机制策略，最终起到反馈、矫正、鼓励和引导的作用。不断提高书法课堂导入教学效果，努力提升学生的审美能力和艺术素养，发扬光大中华民族传统文化。

第四章　小学生书法学习心理

　　小学书法教育的顺利实施需要教育主体小学生的积极参与，书法教学效果甚至书法教材编写、师资培养、课程设置、教法选择等都应以小学生的书法学习心理为依据。本部分内容以小学生为研究对象，以探讨小学生书法学习心理为总的研究方向，从书法学习与心理的关系入手，重点分析了信息加工过程和行为调节过程中的几种主要影响心理因素在书法学习中的表现，并进一步提出了若干教学指导建议。

　　首先，理论研究发现，书法学习与小学生心理发展的交互作用已得到学界共识；结合传统文化和学生身心发展规律开展书法教育是当前小学书法教育的重点。本研究通过实践调查，证明了小学生书法学习与其学业成绩、问题行为之间呈正相关的关系，即在小学阶段，书法学得越好，其学业成绩越好、问题行为越少。该结论既验证了书法学习对小学生心理发展的促进作用，也为开展小学书法教育提供了实践支持。

　　其次，在书法学习心理的信息加工过程中，小学生的视觉感受性分化和空间知觉能力发展为书法学习提供了基本的学习条件；意义记忆逐渐占主导地位的特点为小学生深入地理解学习书写技法和风格特点提供了基本的能力基础；具体形象思维向抽象逻辑思维的过渡推进了小学生对书法基本形态、书写技能和书法审美概括性认识；镜像神经元的内模仿和感性思维解释了小学生书法学习的无意识自动加工过程。

　　再次，在小学生书法学习的行为调节过程中，小学生书法学习行为的产生、维持和调节主要依赖于非智力因素的作用，学习需要是书法学习行为产生的原动力；"字写好，写好字，写字好，好写字"是书法学习动机和兴趣培养的基本过程；情绪的强度，性质及由此产生的理智感通过影响学生的认知活动进而影响学习的过程和效果。

　　最后，基于以上分析，针对意识加工过程，本研究提出了在教学过程中要遵循的四条规律：（1）动静结合，全方位引导感知与记忆加工；（2）依据儿童思维发展特点分层次教授学习任务；（3）依据年龄层次逐步培养书法学习兴趣；（4）针对不同学习阶段，实现学习动机的多角度培养。针对无意识学习过程，本研究依据内模仿、感性思维特点提出了书法学习和书法美育的隐性方式和途径。

第一节　书法学习与小学生心理发展的关系

一　书法学习与小学生心理发展关系概述

小学教育阶段对应儿童学龄初期，这一时期是儿童心理发展的重大转折期，主要表现在：首先，进入学校的小学生开始从事正规的有系统的学习活动，而且学习活动逐渐成为其主导活动；其次，小学生逐渐掌握书面语言和向抽象逻辑思维过渡。在学校的教育条件下，小学生的学习活动和其心理总是相互促进、交互发展。小学生心理的发展给学习活动提供了可能性，小学生的学习活动又反过来促进了其心理的发展。

（一）身心全面发展是小学生书法学习的基础

小学阶段，儿童的身心发展整体呈现出平稳状态，虽有身体快速增长现象，但是尚未出现较大的心理波动期，该阶段身心全面发展是小学生从事书法学习活动的前提和基础。

书法学习是兼有陈述性知识和程序性知识学习特点的综合学习科目，一方面，学习者需要理解和掌握基本书法常识和各种笔法特点，另一方面，还需要学习者大量的亲笔练习、模仿才能学会书写技能，因此，对小学生而言，学习书法须具备将陈述性知识和程序性知识结合学习的能力。儿童 6 岁入学时，脑重约 1200 克，此时左右大脑两半球的一切通路几乎都已形成；小学高年级时儿童脑重已基本接近成人，同时神经细胞体积增大，细胞分化基本完成，许多新的神经通路出现，此时儿童大脑额叶生长迅速，其运动的正确性、协调性得到发展，大脑的抑制能力和分析综合能力加强；言语的进一步发展，第二信号系统活动日益发展，儿童形成更多的抽象的、概括性的联系，这也加强了儿童各种心理过程的有意性和行为的自觉性。所有这些，为儿童学习书法知识和精细的书写动作提供了生理前提。

随着大脑机能系统的进一步完善，儿童的有意注意逐步发展，到小学中高年级以后，儿童有意注意逐渐占主导地位（如沈德立等研究证明，小学五年级儿童有意注意已占主导地位[①]）。而且在小学阶段，儿童注意的各种特性：注意的集中性、稳定性、广度、分配以及注意转移都得到不断的发展，这些注意特性水平的提高，直接有助于儿童进一步的观察、记忆、思维等认知活动的开展。而小学生的记忆此时也表现出了更高一层的发展，其有意识记逐渐占主导地位，意义识记逐步发展，在形象记忆的基础上抽象记忆迅速发展，同时，小学生还开始主动使用记忆策略，记忆能力的提高是小学阶段系统学习各学科知识的前提。思维方面，小学生经历着思维发展的质变过程，10岁左右，是形象思维向抽象思维过渡的转折期，事实上，小学生的形象思维与抽象思维同时起作用的表现非常明显，二者都是其学习潜力和创造力的基础。就书法学习而言，对笔墨的感知是第一环节，在集中注意观察的基础上，既学习书面知识，又领悟用笔的特点，这不仅需要注意品质和记忆能力的参与，还要靠个人的形象思维和抽象思维的结合运用，而小学生此时的思维特点正是同时具有形象性和抽象性，这就为书法的接受与学习提供了关键的智力支持，不仅有助于小学生学会各种基本的书法常识、书写特点，还可以使小学生理解抽象的书法风格特征，从书法中领略审美的奥妙。

（二）书法学习有助于小学生身心发展的理论与实证研究述评

1. 理论基础

书法学习包含四个角度：知识、技能、审美、个性，即在理解知识的基础上掌握书写技能，在大量书写练习的基础上进一步领悟审美，在技能与知识不断积累、审美能力逐步提高的过程中，逐渐养成良好的个性。书法学习活动从多个方面有利于小学生的身心发展。

书法学习是通过"心、手、笔"的配合反应实现的，作书习字时须用全身力量，要聚精会神，眼、手、脑协调配合，心手双畅才可以挥洒自如。首先，指、腕、肘需根据字形的大小、字体的区别、风格的变化而调整动作，同时全身各个部位都必须自然而有效地配合，这样才能笔畅神融、随心所欲。康有为在《广艺舟双楫》中说："通身之力，奔赴腕指

[①] 参见刘梅《儿童发展心理学》，清华大学出版社2010年版，第234页。

间，笔力自然沉劲，若饥鹰侧攫之势，于是随意临古碑，皆有气力。"① 可见，在书写书法之时，书写者全身都参与活动，呼吸有深度且节奏感更强，虽动静结合却心律缓慢，内脏得到自然的调节。书写过程寓动于静，静中求动，动静结合，对于消除疲劳，保养身体，调剂心理，起到良好作用。

郭沫若先生在20世纪60年代即有十分精辟的论述："培养中小学生写好字，不一定人人都成为书法家。总要把字写得合乎规格，比较端正、干净、容易认。这样养成习惯有好处，能够使人细心，容易集中意志，善于体贴人。草草了事，粗枝大叶，独行专断，是容易误事的。练习写字可以免除这些毛病。（1962年9月《人民教育》）"② 其中的"使人心细""集中意志"即是表明书法学习可以帮助小学生集中注意力，凝神善思，锻炼意志。

书法艺术之于小学生，还有较强的美育功能。在书法学习过程中，从点画的基本训练到结体章法的布局，从碑帖的临摹到个人书写特点的形成，一方面是动手操作的能力训练，另一方面，还是历史文化的认知与是思想情感生成的过程，这与青少年身心动作技能发展、知识积累、个性形成的过程呈接近态势。正如唐代张怀瓘对书法功能的评价："文章之为用，必假乎书，书之为征，斯合乎道，故能发挥文者，莫近乎书……及夫身处一方，含情万里，标拔志气，黼藻情灵，披封睹迹，欣如会面，又可乐也"③ 其中的"含情万里，信拔志气，黼藻情灵"即是指"激发志气，陶冶心灵"的美育功能。

随着当代心理科学的发展，对书法学习的研究在部分心理学家的带领下进入了科学研究的领域，并逐步取得了明显的成绩，形成了书法学习与心理健康的关系理论。依据香港大学高尚仁先生的研究，书法书写过程能导致书写者处于特殊的生理环境下，能使人处于放松、超静的状态。这种状态有利于小学生的情绪调节、认知活动顺利进行以及躯体健康；同时，书写过程中，大脑的意识状态提高，大脑的活动效率明显增强，特别是出现了右脑的高兴奋激活现象，这些效应具体表现在小学生的日常认知任务

---

① 康有为：《广艺舟双楫》，载《历代书法论文选》，上海书画出版社1979年版，第838页。

② 郭沫若：《关于中小学生写好字的题词》，载《人民教育》1962年9月。

③ 张怀瓘：《书断序》，载《历代书法论文选》上海书画出版社1979年版，第154页。

上，即知觉能力、空间关系、异同判断、抽象推理等方面，即书法对小学生的视知觉反应能力有增强作用，对其整体认知能力有促进功能。①

2. 现有实证研究成果述评

关于书法与心理关系的各种实证研究国内目前的研究成果主要涉及多个研究群体，概括起来主要有四方面：其一，心理学领域将书法作为影响心理健康的方式，通过以健康成人为被试群体进行实证研究，结论方向为书法书写过程如何影响、影响哪些心理、效果如何，例如，书法学习对大学生健康人格塑造的作用研究，书法练习对军校生的情绪调节研究，书法爱好对个体健康及生存质量的影响研究，毛笔书写对老年人认知加工能力的影响。其二，心理治疗工作者将书法训练作为治疗或辅助手段以特殊成人群体为研究对象进行的实证研究，意在探索书法对各种心理问题的积极影响作用，例如，书法训练对广泛性焦虑症患者疗效的影响，书法治疗对抑郁症的作用，书法治疗慢性精神分裂症。其三，针对特殊儿童群体进行的书法与心理的实证研究，例如，书法行为干预对智残儿童注意力的康复作用，书法心理治疗对震后儿童创伤应激反应的心理干预研究，书法练习对轻度智障儿童行为干预的分析，书法对多动儿童问题行为及自我概念的矫正。其四，对健康儿童群体进行实验干预或调查研究，旨在寻找书法学习与儿童心理发展的关系，例如，书法练习对儿童个性发展的影响，书法练习对儿童情绪智力发展的影响，书法练习与儿童心理健康的关系研究。

目前多数实证结果均证明，无论对哪一个群体进行研究，书法练习对心理健康方面的促进作用是明显的。上述四个研究方向包含群体和研究角度较广，只有后两个以儿童为主要研究对象，因此本书重点评述对儿童群体进行的研究现状。

对特殊儿童群体进行的书法与心理的实证研究选择的研究对象主要是非正常群体儿童，无论是智残、智障、多动症、还是震后儿童等，代表的是小群体儿童，因此，虽然研究结果表明书法训练在矫正儿童心理问题、促进儿童心理健康中作用显著，但是，由于研究对象范围的特殊与局限，研究结论是否可以在正常儿童群体中推广有待考察，而且，"治疗"与"教育"是两个不同的目标，前者是纠正性的，后者是发展性的，书法学习与正常儿童心理发展的关系是未来书法教育应该关心的问题。

---

① 高尚仁：《书法心理治疗》，香港大学出版社2000年版，第9—10页。

目前书法练习与正常儿童心理发展的实证研究成果多来自教育工作者，例如周斌、刘俊升、李荆广等学者，研究结果以上海市哲学社会科学规划课题"书法练习对少年儿童积极心理品质的影响研究"① 为主，此外，在香港大学高尚仁先生的专著《书法心理治疗》中也涉及书法训练对正常儿童活动量的影响研究。周斌、刘俊升、桑标（2005）以小学三年级学生为被试对书法练习与儿童个性关系进行的研究显示，书法训练对儿童的某些个性特质产生影响，与未接受书法训练的学生相比较，受过两年书法训练的小学三年级学生性情相对温和，顺从，自我控制力强，思维更开阔，情绪更稳定。周斌、刘俊升、周颖（2007）以小学三年级学生为被试进行的实证研究，结论显示，实验组（接受两年书法训练的小学生）焦虑水平和神经过敏性水平均显著低于控制组（未接受书法训练的小学生），即在实验中接受了两年书法训练的学生能够较少地体验到焦虑这一感受，心态相对平和，即说明了书法训练对儿童心理健康有一定的促进作用。周斌、刘俊升、桑标（2009）对小学四年级学生进行的两年追踪研究考察了书法练习对儿童情绪智力的影响，结果表明，书法练习对儿童了解情绪、管理情绪、识别他人情绪三方面有积极促进作用。

上述研究从实践的角度验证了书法练习对小学生心理发展的积极促进作用，其定量研究结果来自比较科学的心理学研究方法，相对于单纯的经验之谈更加具有说服力，而且，从心理健康、个性、情绪方面多个角度证明了书法对儿童心理发展的积极作用，这对推广书法教育有较好的支持。但是，由于上述多个研究所选的被试均较少，且每个研究只选择一所小学一个年级，这样研究结论的推广性就有待商榷。而且，有研究也指出，当前的研究多采用定量研究方法，相对缺乏定性研究，例如儿童对书写的自我描述，儿童的感受、书写动机、评价，教师的评价，师生的互动等。书法训练不等同于书法教育，前者注重认知与动作，而书法教育不只教授书法知识与技能，还有书法社会文化的学习和书法审美情趣的培养，因此只对儿童进行书法练习的定量研究不足以支撑全面的书法教育与儿童心理发展的相互作用研究。

总之，无论是古今理论基础还是当前的实证研究，关于书法学习对小

---

① 周斌、刘俊升、桑标：《书法练习与儿童心理健康的关系研究》，《中国健康心理学杂志》2007年第15卷。

学生心理发展的积极促进作用是毋庸置疑的，只是研究的方式、群体、角度、精细程度还有待于教育工作者进一步发展，在跨书法学与心理学两个领域的研究中，书法教育工作者或许可以突破以纯心理学研究方法研究书法的范式，将目标定位在书法教育的推广、小学生对书法的接受与学习心理过程等更接近于教育的方向，这样，更有利于小学书法教学实践与书法教育普及。

小学生的身心健康发展尤其是小学中期学生的身心发展水平为书法学习提供了生理基础与智力支持，大量实践也证明，学习书法有利于小学生的心理健康、情绪稳定、积极情感培养、良好性格塑造，这均是开展小学书法教育的有力支撑。

二 小学生书法学习与学业成绩、问题行为的调查分析

（一）问题提出与研究过程

1. 问题提出

2013年1月，教育部颁发《中小学书法教育指导纲要》，详细规定了中小学书法教育的理念、目标、内容以及具体实施要求，并提出各中小学自2013年春季开始实行。自此，小学书法教育进入全面推广阶段。为配合小学书法教育的具体实施，丰富小学书法教育的价值研究，进一步验证书法教育对小学生心理发展的积极作用，笔者采用教育与心理学研究方法，选择当前广泛出现并受到教育者和家长高度重视的"问题行为""学业成绩"作为主要相关研究因素，考察其与书法学习的相互关系。

问题行为，通常指影响学生身心健康，给学校、家庭带来麻烦的行为。小学生问题行为是指小学生违反实际年龄该掌握的社会行为规范，不能良好地适应社会生活，给他人和自身造成若干不良影响，但尚未构成犯罪的行为。卢家楣将问题行为分为三种类型：（1）过失行为，主要表现为无理取闹、恶作剧、骂人、打架、损坏他人财物或不遵守集体规则等；（2）不道德行为，主要表现为偷东西、撒谎、侮辱同学、挑衅斗殴等；（3）自我消极行为，主要表现为逃学、厌学、出走、不与人交往、吸烟、酗酒、自暴自弃等。[①] 近几年，由于小学生生理成熟提前，社会文化环境多元而复杂，以及学习压力与家庭压力等原因，小学生尤其是中高年级小

---

① 赵丽霞：《小学生问题行为及其矫正》，《现代中小学教育》2003年第2期。

学生出现情绪波动明显，问题行为增多现象值得关注；从世界范围来看，问题行为不断积累最终出现质变而引发青少年犯罪的现象，已经引起国际教育界的高度重视。

虽然导致问题行为的客观原因有很多，但是，小学生自我控制水平低下是问题行为出现的一个重要的内在原因，而且，问题行为与小学生的学习适应、学习效果、学习成绩具有明显的正相关，问题行为多的学生，其学习效果不好。[①] 因此在教育工作中可以通过教育活动提高小学生的自我控制能力以减少问题行为的出现。

书法心理学研究表明，书法练习通过知觉、注意、思维等认知活动的积极参与可以达到调节紧张情绪、增强自我控制力的效果，长期的书法练习在提高儿童的注意力水平和自我控制力方面有良好的效果，因而对缓解儿童问题行为有积极的促进作用。

因此，基于以上现有研究理论，本研究将目前小学阶段广为关注的问题行为和学业成绩作为考察因素，以实践研究进一步验证书法学习与小学生的问题行为和学业成绩之间的关系。

依据前人的研究结论，本研究假设：小学生书法学习水平与学业成绩、问题行为之间存在相关，书法水平高的学生其学业成绩好，问题行为少，书法学习能够促进小学生的学业发展并减少其问题行为。

2. 研究过程

首先，选择山东省某两所有书法教育特色的小学，以该学校三至六年级的小学生为研究对象，采用问卷法和访谈法，对研究对象进行调查。

其次，使用的调查小学生问题行为的问卷为 conners 儿童行为问卷中文修订版（教师作答问卷）（问卷见附录），国内一系列研究表明，该问卷具有较高的信效度和文化适应性。对小学生的书法学习水平的考察主要采用自编的书法综合学习评价问卷（教师作答）和教师评价学生书法作品两种形式，其中教师评价学生书法作品时，由所在学校统一收取学生的书法作品，并由多位书法教师共同制定评价标准，逐一给学生评分；小学生的学业成绩由所在学校提供，包括语文、数学、英语、科学等所有开设科目。

再次，共收回有效问卷 conners 儿童行为问卷 190 份，以及与其相对

---

① 徐速：《小学生问题行为及相关因素研究》，《健康心理学杂志》2000 年第 8 期。

应的学业成绩、有教师评价的书法作品成绩、书法综合学习评价问卷。

最后,将所有原始数据采用SPSS问卷统计与分析方法进行分析,得出研究结论。

(二)研究结论与讨论

1. 研究结论

综合本研究所得到的数据结果可知,本研究的研究假设大部分已得到证实,但进一步的原因分析需要多角度深入讨论。具体结果见表4-1。

表4-1　小学生问题行为、学业成绩与书法成绩的积差相关关系

	问题行为总分	学业成绩	书法成绩
问题行为总分	1	-0.325**	-0.465**
学业成绩	—	1	0.310**
书法成绩	—	—	1

说明:样本数=190,** 代表 $p<0.01$。

根据张厚粲、徐建平所著《现代心理与教育统计学》,当样本数量超过100时,积差相关的相关系数高于0.254或低于-0.254,说明两列变量存在显著正相关或显著负相关,做出如上判断的正确概率达到99%(1-p)[①]。因此,依据表中显示,书法成绩与问题行为之间呈显著的负相关,即书法成绩越高,问题行为越少,书法成绩与学业成绩呈显著正相关,即书法成绩越高,学业成绩越高,这与本研究的假设是相符的。

2. 讨论

本研究的结论从实践角度验证了小学生书法学习与学业成绩、问题行为之间的关系,也直接给小学书法教育的价值和推广提供了有力的支撑。当然,小学生问题行为的减少和学业成绩的提高有多种影响因素,例如小学生本身的心理成熟和自制力的提高等。本研究在此侧重于从数据上证明书法学习与二者的关系,以及书法学习对提高学业成绩、减少问题行为有积极影响,其他影响因素不在数据分析研究之列,只能结合对师生的访谈做出一定的推论。

就对所调查的师生访谈结果来看,由于所调查的学校属于书法教育开

---

① 张厚粲、徐建平:《现代心理与教育统计学》,北京师范大学出版社2004年版,第470页。

展比较成熟的小学，其书法教育不仅包括基本书法技能的教学，还有书法知识的传授以及以书法文化为突出特色的校园文化的熏陶，据受调查师生反映，这些综合的书法教育形式对学生的良好品德培养以及文化学习氛围有积极的促进作用，进而有助于减少学生的问题行为。同时，对学校附近的居民、商店主的访谈结果显示，该学校的学生整体问题行为比其他一般学校要少，学生综合素质较好。

总之，书法学习能够缓和小学生的问题行为，促进小学生的心理健康是经过古今诸多理论和实践证明了的结论；书法学习与小学生心理发展之间的相辅相成的关系是推动书法教育大力开展的重要前提。

第二节 小学生书法学习的信息加工过程

根据认知心理学的观点，人类的学习即是对知识的信息加工过程，简单地说就是人脑对知识的接收、整合、存储、提取、加工和改造的过程，这一过程首先开始于人的感知觉，进而还包括记忆、想象、思维等更复杂的环节和过程。研究小学生书法学习心理首先应搞清楚小学生的感知、记忆、思维发展特点与书法学习的关系，即小学生书法学习这一活动的信息加工过程。

一 小学生感知、记忆发展特点与书法学习特点的契合

（一）小学生感知觉的发展特征与书法学习

感知包括感觉和知觉，感觉是人脑对直接作用于感觉器官的客观事物的个别属性的反映，知觉是人脑对作用于感觉器官的客观事物整体的反映，而且是对事物多种属性和各部分之间相互关系的综合反映，感觉和知觉在发生时往往同时进行，感知觉是人类认识活动的开端，是一切心理活动的基础。影响小学生书法学习的感知觉主要有视觉、空间知觉、时间知觉和运动知觉。

许多研究表明[1]：小学儿童的视觉感受性随年龄的增长而不断发展；7—15岁儿童的差别感受性增长要比绝对感受性的增长速度高很多倍，视

---

[1] 朱智贤：《儿童心理学》，人民教育出版社2003年版，第326页。

觉方面尤其显著；而且小学儿童的视力调节能力也在不断发展，特别是10岁儿童，这种能力的发展更快。小学儿童的这些视觉发展特点为书法学习提供了最基本的学习条件：首先，视觉感受性尤其是差别感受性的发展，使小学生能够区分基本的墨色浓淡，形成基本的墨色变化感知；其次，视觉感受性与视力调节能力的发展也便于小学生发现线条的粗细、曲直、力度，以及光润滞涩等基本特点。

空间知觉是对事物空间关系的知觉，包括大小知觉、形状知觉、方位知觉等。达到入学年龄的儿童其空间知觉一般已有很好的发展，例如儿童对于空间面积大小的判断能力方面，小学低年级儿童处于直觉判断和推理判断相交叉的过渡阶段，中高年级儿童多数已能运用一般的推理判断来比较空间和面积的大小；在形状知觉方面，初入小学的儿童对几何形状的判断经常和具体事物的形状相联系，但随着小学教学的实施，小学生会逐步掌握关于形状的一般概念而不再依靠具体事物的形象辨认形状，即对空间关系的认识发生了从直观水平向抽象概念水平过渡的过程。[1] 小学生空间知觉的这些发展特点，有助于在接触书法形象时形成对字体结构的空间感知以及对笔画形状、章法布局等空间知识的基本认识。

时间知觉是对客观事物连续性和顺序性的知觉，包括对时间的分辨、预测，以及持续时间的估计。小学儿童对持续时间估计的准确率随年龄增长而增加，对时距的估计水平接近成人，但是长时距的估计准确性和稳定性不及成人。

运动知觉是人们对物体运动特性的感知，小学生手的运动知觉的发展在学习方面具有重大意义。小学生手的动作的灵活性和精确性日益增加，但是由于其骨骼和肌肉的发展远没有成熟，因此，持久的细微肌肉的动作感知和水平要低于成人。

书法学习中对时空的感知主要通过时间知觉、空间知觉、运动知觉三者的结合体现在书写节奏感上，书法线条在构成过程中笔的运动特征——松紧、轻重、快慢，就是线条节奏的具体内容，而正是有了对时间连续性的把握才有了书写的快慢之分，有了对细微动作运动的感知才有了行笔的松紧与轻重。但是，由于小学生的时间知觉、空间知觉和运动知觉并没有达到成年人的成熟水平，尤其是手部骨骼和肌肉力量的控制能力与成人相

---

[1] 朱智贤：《儿童心理学》，人民教育出版社2003年版，第336页。

距甚远，因此，小学生在学习书法过程中，虽已能够感知并初步把握书写的节奏感，但是对行笔的轻重缓急并不能够把握得十分精确，而且也不适合长时间的书写，即在书法教育过程中，不能对小学生尤其是小学低年级学生的书写技能要求太高，同时还要注意从开始就应培养小学生的基本的书写动作和正确的书写姿势，随着小学生时空知觉与运动知觉的发展，到小学中高年级逐步提高书写的要求。

（二）小学生的记忆特征与书法学习

记忆是人脑对过去经验中发生过的事物的反映，是曾经感知过和经历过的事物在大脑留下的痕迹，是一个识记、再认和再现的心理过程。按照记忆是否有目的可分为有意记忆和无意记忆；按照记忆是否有理解性可分为意义记忆和机械记忆；按照记忆的持久性可分为瞬时记忆、短时记忆和长时记忆。

所谓有意记忆是指有预定的目的和任务有意识地进行的记忆，并且记忆的过程需要付出一定的意志努力；无意记忆则是没有预定的目的和任务，在不知不觉中进行的记忆，更无须付出意志的努力。从学前儿童的无意记忆占主导地位发展到小学生的有意记忆占主导地位，是小学生记忆发展的第一个主要特点。

小学生的有意记忆随着年龄的增长不断发展。由于在小学教学过程中，小学生的学习目的逐渐明确、学习兴趣不断培养、学习动机得到激发，有意记忆的主导地位越来越明显，一般情况下，这个主导地位的显著表现是从三年级开始的，即从三年级开始，小学生有意识地主动完成学习任务，开始使自己的记忆服从于学习任务，并不断提高记忆的质量，针对同样的学习任务，小学生有意记忆的效果好于无意记忆的效果。

就小学生学习书法而言，如果三年级开始系统的毛笔书法知识的学习，小学生是可以主动完成记忆书法基本的笔法与结构特点等基础知识的。对纯书法技能的学习可以直接以学习任务的形式让小学生有意地记忆各种点画特点、用笔规律以及结构布局等知识。当然，小学生的有意记忆快速发展的同时也不可否定无意记忆在教学中的作用。小学书法教学的内容中除了书法技能的学习还有书法文化方面的传承，虽然教育部《中小学书法教育指导纲要》对小学生书法教育结果的评价只做出了书写技能和书写习惯方面的要求，但是，在小学书法教育阶段的总体目标中，《纲要》也明确提出了感受汉字的魅力、陶冶性情、提高文化品位等目标，这些目标的实现过程没法用学习任务来考核和评价，因此，在教学中，这些文化方面的知识不作为具体学习任务，不需要有意记忆，但是，学生可以在教材中以无意记忆的形式学习汉字知识、书法故事、名家名作等内容，这部分内容虽然没有具体的识记的目的，也不需要艰苦的意志努力，但是如果趣味性和知识普及性较强的话，小学生完全可以"无意"当中领略书法文化的魅力，进而不知不觉提高文化品位。因此，在书法教学中，教师应当善于运用小学生有意记忆和无意记忆的发展特点，有侧重点地分配书法教学的内容。

机械记忆是指对记忆的对象并不理解，或无法理解的记忆；意义记忆则是根据对材料的理解，结合自己的知识经验而进行的记忆，也叫理解记忆。从学前儿童的机械记忆占主导地位发展到小学生的意义记忆占主导地位，是小学生的另一个记忆发展特点。

由于理解事物的意义与抽象逻辑思维的理解能力关系密切，因此，小学生意义记忆占主导地位的明确转化的年龄与小学生理解能力发展的年龄（具体形象思维向抽象逻辑思维过渡的年龄，详细内容见本章第二节）是相符的，即在10岁左右（小学三、四年级）。小学低年级的学生知识经验比较贫乏，对学习材料不易理解，也不善于对学习材料进行逻辑思维加工，因此他们运用机械记忆的方法比较多。但是随着年级的升高，知识经验的丰富和思维的日益发展，小学生在学习过程中逐步学会根据不同学习材料的性质来选择记忆的方式，即不但掌握了理解记忆的方法，也会根据需要进行机械记忆。

在小学生的书法学习中，有些书法基础知识例如笔画的名称、基本运笔方向和技巧等有需要机械记忆的内容，但是，要真正学会书写技能的融会贯通和举一反三，单靠机械地记忆教师所传授的基本笔法和技巧等是远远不够的，还必须真正理解和领悟书写过程中的各种运笔的特点，只有理解着记忆，才能够在学会一个字的书写方法的基础上举一反三，将理解记忆的书写技巧应用到其他字的书写上，实现书写技能的学习迁移过程；也只有理解了某种字体的书写风格，才能够在学习过程中将字的形神结合，真正写出有精神风貌的书法作品。小学高年级的意义记忆占主导地位的特点为小学生深入地理解学习书写技法和风格特点提供了基本的能力基础。

小学生的第三个突出的记忆特点是随着年龄的增长主动使用记忆策略提高记忆效果的能力逐渐增长，尤其是10岁以上的儿童基本能够自发地运用一定的记忆策略来帮助记忆。① 在书法学习中，小学生对书法知识和经验的占有程度直接影响其记忆策略的使用水平，一般情况下，书法知识和经验越丰富的儿童，越容易将各种书写技巧、笔画特点等分类组织并理解记忆。

二 小学生思维发展特点与书法学习特点的契合

思维发展水平的三个阶段是直觉行动思维、具体形象思维和抽象逻辑思维，小学生的思维呈现出形象思维和抽象思维共存的整体特点，其中小学低年级（一、二年级）学生仍以形象思维占主导地位，抽象思维在学前晚期已有萌芽，在小学低年级仍持续发展，这阶段两种思维方式虽都发挥作用，但仍以形象思维为主。小学中年级（三、四年级）尤其是10—11岁，是小学生由形象思维向抽象思维过渡的时期，从这一时期开始，小学生的抽象思维所占的地位越来越突出，但是直到小学高年级（五、六年级），抽象思维的作用才能够明显地体现出来。另外，抽象思维的发展只能说明小学生思维水平的高一阶段的发展，不代表着抽象思维会取代形象思维的作用，实际上，在小学中年级思维的过渡阶段，小学生还是习惯于用已经成熟的形象思维去思考，到小学高年级，形象思维还是会发挥作用，只是伴随着抽象思维越来越突出，学生开始进一步理解那些抽象的概念、推理等内容。

（一）小学生的思维特点与书法基本形态

形象思维的发展在小学三四年级已经达到了前所未有的水平，此时儿童在感知的基础上对事物形象的分析与综合能力有了很大的进步，已经初步理解事物形象各部分之间的关系。在书法学习过程中，小学生要理解书法形态的形成过程就必须理解运笔特点和间架结构，在小学中年级初学书法的这一阶段，智力正常的学生是可以依靠其对教师运笔动作的感知，理解起笔、收笔、提笔、顿笔、转笔等基本技巧的，并且还可以实现学生对这些具体动作形象的模仿。另外，由于单个的毛笔字内部点画之间的联结、搭配和组合比较直观，甚至实画和虚白的布置也可以在教师引导下发现其规律，因此，小学生对间架结构的理解与学习相对于抽象的书法风格来说是比较容易的，这也是为什么小学书法教育目标中强调学生通过临摹

---

① 王耘、叶忠根、林崇德：《小学生心理学》，浙江教育出版社1993年版，第212页。

经典碑帖实现书法基础知识、基本技能学习的原因，在小学阶段的书法教育中不侧重书法理论与书法创作也是因为学生的思维水平更依赖于形象，学习方式更擅长模仿，对抽象理论和书法抽象美的理解水平比较低，进而难以实现书法的创作型学习。

（二）小学生思维特点与书法技能习得

美国著名学习与教育心理学家加涅的学习理论将学习结果分为言语信息、智慧技能、认知策略、动作技能和态度。书法技能学习主要包括动作技能的学习和智慧技能的学习两部分，动作技能是指通过练习获得的、按一定规则协调自身肌肉运动的能力；智慧技能主要指运用概念和规则完成学习任务的能力。[1]

心理学家费茨和波斯纳将动作技能学习过程分为三个阶段[2]，第一阶段为认知阶段，在书法技能学习中表现为学习初期，学生通过教师的言语讲解和动作示范试图理解书写任务，同时做出初步的尝试，把书写的各个分动作组成整体，并试图发现笔画的构成和书写要领。在这一阶段，小学生的注意范围比较狭窄，肌肉容易紧张，动作往往忙乱而不协调，不能觉察自己动作的全部情况，也难以发现自己书写的缺点和错误，对单个的笔画特点比较在意，书写时频繁停顿，甚至有转折的完整笔画（例如横折钩）也会分几步停笔再继而书写完成，一个字中的笔画之间的过渡非常明显，或者可以看出笔画机械堆砌的效果。结合小学三、四年级初学毛笔书法时的学生练习作品来看，此阶段学生的书写大多受到之前铅笔字书写特点的影响，基本无法区分铅笔字与毛笔字的根本书写要领。第二阶段为联系形成阶段，在这一阶段，小学生初步掌握了一系列的书写局部动作，并将动作联系起来，此时，在书写动作转换的时候还会出现短暂的停顿，但是动作之间的交替更加协调，学生书写时肌肉运动感觉的控制作用逐渐增强，书写时的紧张程度有所减轻，多余的干扰动作趋于消失。从书写结果来看，在这一阶段小学生的书写过程进一步流畅，笔画之间的转换相对于前一阶段更加自然，基本能够有意识地完成多个笔画的整体协同动作。第三阶段为自动化阶段，此时学生可以将一长串的书写动作联合成有机的整体，即能够顺利地将不同笔画组合书写成字，各个书写动作相互协调仿佛

---

[1] 参见皮连生《学与教的心理学》，华东师范大学出版社2009年版，第79—81页。

[2] 同上书，第120—121页。

自动流出，笔画之间的停顿、多余的动作和紧张状态几乎消失，一个接一个动作的完成几乎不需要有意识地控制，已经基本记住书写要领。要达到第三阶段的书写状态，需要接受教师的正确指导并进行大量的书写练习。

　　动作技能本身是一种习得的能力，就书法技能习得而言，在教师的引导下，大多数三四年级的学生通过练习可以实现书写动作技能学习的三个过程，但是，由于书法的书写技巧有高低之分，在表面的笔画和结构之外，真正决定书写水平的不是简单的肌肉动作操纵下的运动技能，而是深藏于"运动"背后的对书写技巧的领悟和对精神风貌的把握。传统书学中讲究形神兼顾，会运笔执行书写动作只是模仿字的形与廓，而想真正达到字形的逼真和意蕴的相似必须理解和掌握字的书写规则以及某家字体内含的风格特征，即实现形神兼备的理解性学习，要达到这一目标，单靠动作技能的学习是不够的，还必须依靠智慧技能，并实现动作技能与智慧技能的相互促进作用。

　　与书法学习相关的智慧技能主要包括辨别学习、概念学习和规则的推理与应用。如果单纯的动作技能学习主要依赖小学生的直觉行动思维和具体形象思维的话，那么智慧技能则更加依靠小学生逐渐发展的抽象逻辑思维。根据儿童心理学的相关研究[1]，在小学低年级，儿童的抽象逻辑思维水平不高，对概念的掌握特点主要表现为从直观特征到具体形象特征的把握，几乎不能够理解或概括出概念的本质特征，因此，此时的学生还不能够独自对学习内容进行正确的归类、比较、系统化、抽象概括，更不善于对学习中的规则进行推理与应用；小学中、高年级，随着具体形象思维向抽象逻辑思维的过渡，小学生运用抽象思维的自觉性越来越明显，他们开始接近理解概念的本质或者能够对概念做出具体的解释，在此基础上，通过有效的教育教学，小学生能够逐步掌握对学习内容的辨别、归类、抽象概括以及规则的演绎推理和应用。因此，就书法学习的智慧技能而言，小学低年级学生受思维水平的限制，难以理解书法学习中的概念本质，不能把握书写技巧、规则和书法风格等智慧性内容，也就无法实现书法学习中的智慧技能与动作技能的相互促进学习过程。从现实教学效果来看，小学低年级学生学习毛笔书法时多数不能够运用书写规则举一反三，且多停留在简单的笔画和形状的模仿阶段。到小学中、高年级，书法教师可以通过

---

[1] 朱智贤：《儿童心理学》，人民教育出版社2003年版，第421—440页。

概念举例、比较特征等方式，帮助学生理解笔画的书写要领、运笔规则、审美角度等内容，在掌握了相关概念与规则的基础上，学生会逐渐自行辨别不同字形和不同风格字体中笔画的差异，并逐渐掌握和运用书写规则，实现举一反三，甚至初步理解和模仿书法的内在风格，即实现了书法智慧技能学习对运动技能学习的积极影响。由此可见，小学中年级开始学习毛笔书法主要是由其思维发展水平决定的，而且，中年级侧重基本笔画和结构的掌握，高年级加入不同风格字体的认识和比较，在大量的书写练习的基础上，高年级学生基本能够理解教师的指点，其运动技能和智慧技能相互促进，即把掌握的相关概念、技巧、规则等用在书写动作水平的提高上，也可以在书写水平提高的同时进一步总结规律，形成抽象的认识和自己的书写风格。

（三）小学生的思维特点与书法审美

书法审美即是对书法作品艺术价值的欣赏，书法艺术的审美范畴主要有形质范畴、势力范畴、气韵范畴和意境范畴。[1]

书法的形质构成主要依赖毛笔、纸、墨的配合，并且以汉字为书写内容，其要素主要包括：笔画的长短、粗细、方圆、曲直等变化形态；字形结构的大小、疏密、高低、向背、离合等结构形式；墨迹的浓淡、润湿、虚实、疾徐、肥瘦等墨色状态。以上各方面的形质生成是有技巧可循的，而且这些技巧来自无数古今书法家的经验总结，看书写者的功力和书法作品的优劣，首先即从这些技巧的掌握程度入手。

传统的书法艺术十分重视笔势和笔力的有无，并常常把它们当作书法审美的重要标准，即书法审美的"势力范畴"，这里的"势"和"力"即是指的笔势和笔力。笔势是指写字时毛笔的走向、点画、结构、章法等形质组合表现出来的动态形势，笔势能够决定书写的作品是否气韵生动、是否能够表达出深刻的思想情绪内涵；笔力则是线条的力度美，是书写过程中力量感的体现。笔势和笔力都是在书写运动中产生的，有力无势为蛮力，有势无力是虚势，笔势与笔力需要内外相辅，其中笔势更是基础和书法审美的关键。古人经常用"识势""得势"等词语来褒扬优秀的书法家和书法艺术作品，还把"取势"作为书法的重要的基本功之一，如运笔中的"中锋以运笔，侧锋以取势""无往不回，无垂不缩""竖画横下，

---

[1] 庄义友、熊贤汉：《汉字与书法艺术》，暨南大学出版社2004年版，第80—82页。

横画竖下""欲下先上，欲右先左"等内容，结体中的"顾盼照应""险中求稳""如杨柳迎风""似项羽扛鼎"等规则，都是讲的笔势的运用、布置和表现。正是因为不同的书法家对笔势运用的千变万化，才形成了古今书法风格的千姿百态。

气韵和意境都是把书法当作有生命物质的体现，在书法中，高雅的气韵是书法家气质、学识、修养、品格、和精神面貌的综合表现，也是书法家内心思想感情的自然流露。意境则是书法家通过总揽万物、积竹于胸，将其感悟之意境化作书法艺术形象，书法艺术的意境虽与书法家精湛的形质技巧相关，但更是书法作品中笔势和笔力、气韵的融合，这是书法艺术的崇高境界。

以上几种审美范畴涵盖的内容从具体到抽象，从外在表现到内在精神，其难度和层次都是从低到高的，对小学生而言，由于思维方式的发展先后顺序和思维水平的限制，必然在书法审美能力的培养过程中体现出若干阶段性特点。

首先，书法的形质美是从白纸黑字上直接看得见的美，是诸多审美范畴中的初级阶段，在小学三四年级，学生开始学习书法以后，经过不断的书写练习与体悟，对书法的线条、点画、结构、墨色等有了较全面的认识，再加上教师对形质审美方面各种规则的讲解，此时学生基本可以初步判断书法作品形质方面的优劣。当然，由于此时学生的思维方式正处在具体形象思维向抽象逻辑思维过渡的阶段，学生个体之间的差异以及教学差异都影响其思维过渡的快慢与程度，因此，学生对书法作品形质特点的理解也有很大的差异，一般来说，抽象思维水平越高，学生的概括与比较能力越强，其对书法形质技巧的理解和应用越好，进而形质审美方面的水平越高。

书法审美的势力范畴、气韵范畴和意境范畴是在可看到的形质之外的领域内，需要结合书写经验用心感悟的抽象之美，这三种美学范畴无论是用语言描述，还是在作品中加以介绍和比较，其用语多为形容词或比喻、拟人化，要想理解这三种范畴的抽象中带有形象的美感，小学生首先需要掌握描述这些美感的词语的含义。例如"险中求稳""似项羽扛鼎"之类的描述，前者，学生需要了解"险""稳"的意思和形态，后者，则需要认识"项羽"这一历史人物的特征以及相关典故，然后在教师的指点下，学生才能够在书法作品中寻找"险中求稳""似项羽扛鼎"的美学特征和效果。从这一学习过程来看，学生首先用到思维发展中的概念掌握，即对用以描述审美特征的词语的含义有所掌握，并对书法史或中国古代史中的相关人物、典故有所了解，其次，将所掌握的概念特征在教师的引导下与书法作品中的特点对号入座，形成某种审美特点的初步认识，再次，运用思维发展中的演绎推理，将已经掌握的某审美特征正确应用到更多的对应的书法作品中，即演绎推理的从一般到特殊的过程。

根据心理学家林崇德等人的研究[①]，随着年级的增高和小学生的抽象思维水平的提高，小学生对概念的理解和掌握越来越准确；小学生的推理范围不断加大，推理的合理性、逻辑性、自觉性不断加强，其归纳推理和演绎推理的数量自四年级开始明显增多，但是基本正确的归纳推理从五年级才开始发展，基本正确的演绎推理在四年级开始发展，到五年级则明显发展，即小学生的演绎推理发展水平一般好于归纳推理的发展。这一思维发展特点可以解释如下书法学习规律：三年级以上的学生才适合学习形质美之外的高难度的抽象书法美，在具体教学中教师教授学生审美技巧时，首先应考虑学生对概念的理解程度，即四五年级的学生先学习书法美学词语，并结合具体书法作品理解作品中体现的相关美学特征，这一过程在四五年级必须由教师引导，因为学生本身不具备归纳抽象书法美的思维能力；其次，学生须在教师的带领下经过大量的书写练习与作品欣赏，然后才可将之前学会的书法审美概念和特征演绎到更多的书法作品中。再次，为帮助学生更好地理解某些书家的作品风格和审美特征，教师应提供相关的历史资料、人物背景等学习内容，教学生学习运用归纳与演绎的方法概括和运用书法审美规律，这样才利于学生循序渐进地体悟书法的势、力、气、韵、和意境之美。

（四）认知神经科学相关研究与书法学习

认知神经科学是近几十年心理学的主要研究领域，其研究的核心是认知活动的脑机制，即人类大脑在认知过程中如何调用其各层次的组件，包括各种神经组织、细胞、脑区和全脑去实现各种各样的认知活动。当前艺

[①] 王耘、叶忠根、林崇德：《小学生心理学》，浙江教育出版社1993年版，第177—178页。

术学习的脑神经科学研究刚刚开始，主要涉及艺术创造力的脑机制研究[1]，审美的脑神经研究等内容。近几年，认知神经科学有一新的研究领域——镜像神经元引起教育界的巨大反响，有学者将这一研究引入艺术学习的脑机制研究，还有学者将其与美学研究结合[2]，笔者综合了镜像神经元与艺术教育的相关理论观点，并提取了镜像神经元主要研究观点与书法学习的相通之处，在此加以介绍，以补充之前传统的书法学习心理过程中思维与书法学习研究的不足。

1. 镜像神经元学说概述

1996 年，意大利帕尔马大学的贾科莫·里佐拉蒂（Giacomo Rizzolatti）等科学家在对猴子进行的实验中发现猴脑存在一种特殊神经元，能够帮助猴子像照镜子一样通过内部模仿而辨认出所观察对象的动作行为的潜在意义，并且做出相应的情感反应[3]，里佐拉蒂把这称为镜像神经元。随后美国科学家在人脑中也证实了镜像神经元的广泛存在，并且发现人脑部的镜像神经元比猴子所拥有的更敏锐，进化程度也更高[4]，人脑的镜像神经元具有直观本质和视觉思维的特点，这些新发现有助于我们理解人类的模仿、认知、交往、教育等文明行为的进化以及思维和智慧的起源。镜像神经元的发现与研究成果在教育上具有较广的应用价值，并呈现出广阔的发展前景，很有可能成为 21 世纪教育发展的重要科学支柱，引发教育界对教育理念、教育模式的全新理解和全面变革。

受镜像神经元理论影响的教育变革基础和原理有许多。笔者认为，涉及小学教育的主要有两点：其一，儿童的视觉和思考是在一起的，感性认识器官和理性认识器官在发挥作用上是合一的，镜像神经元的发现让我们进一步认识到儿童拥有"会思考的眼睛"。其二，顿悟型的"母思维"是推理型的"子思维"的基础。按照镜像神经元理论，人类应该有两种思维方式：直观的、直觉的、顿悟的思维和一般理解的、抽象的、推理的思维。前一种思维方式是人类更为远古、更为基本、更为重要、更为有效的

---

[1] 沈汪兵、刘昌、王永娟：《艺术创造力的脑神经生理基础》，《心理科学进展》2010 年第 10 期。

[2] 王庆卫：《镜像神经元学说对美学研究的意义》，《西北师大学报》2011 年第 1 期。

[3] Gallese, V., Fadiga, L., Fogassi, L., et al; Action recognition inthepremotor cortex, *Brain* 1996（2）.

[4] 陈建翔、陈建淼：《镜像教育：一个教育新主题的开始》，《教育科学》2011 年第 10 期。

"母思维",它是与生俱来的直观能力与感性对象之间的直接作用;后一种思维方式则是在抽象的文字符号出现以后形成并日渐逻辑化、规则化、技巧化的"子思维",它在人类生存和发展中逐渐占据了人类理性判断的主导地位[①]。人类通过原始"母思维"在大脑中积淀大量的意象,这正是抽象性的"子思维"的依托与基石。

2. 书法学习的特殊性与镜像神经元理论的契合

书法学习在小学阶段既有文化知识的学习又兼具着艺术技能与审美学习的特点,因此,其学习方式既有与其他学科学习相类似的心理加工过程,又有艺术学习的心理加工机制,之前本文对书法学习的信息加工方面的论述主要是传统的知识与技能学习过程中的感知、记忆、思维与书法学习的关系,根据笔者近期结合镜像神经元的研究发现,书法的技能学习与审美情感培养在两个角度与镜像神经元理论相契合,这种研究角度不同于之前思维的划分方式和研究内容,而是更接近于思维的无意识加工过程。

角度之一,镜像神经元理论解释了人的无意识模仿的生理机制,而书法学习过程中,学生一旦开始学习书写技能,在观看书写动作的时候,学生脑中即会产生自动模仿的动作加工过程,即使不用笔纸等书写工具,学生也会进行书法学习,此为无意识的内部学习。由于书法技能学习时运笔动作技巧的掌握有非常的直观性和形象性,需要学生进行模仿练习才可以真正掌握,因此,在教学中既需要教师明确的有意识的教育和引导,也需要学生无意识的自动内部学习,二者结合的话更有助于学生领悟书写的内在特点;再者,根据镜像神经元理论,人对动作的理解与模仿不只是简单的动作执行,还有对动作意图的分析与预判,这也和运笔过程中书写动作与笔意表达的双重意义加工相契合,因此,镜像神经元作为生理基础既解释了书法学习中动作模仿学习的机制,也为学生能够在动作技能学习过程中理解笔势、笔力、笔意提供了初步的认知神经方面的支持。

角度之二,镜像神经元理论突出了人类感性思维方式的作用,即前文提到的"母思维"。这种思维方式不同于传统的对思维的理解和划分,它强调感性经验对人脑的直接影响以及人的直观思维能力,它是现在我们认为的理性逻辑思维的基础。母思维在艺术研究领域的体现就是人对艺术美

---

① 陈建翔、陈建淼:《由镜像神经元的发现引发的家庭教育的变革》,《教育理论与实践》2012 年第 7 期。

的感悟是直观的，甚至美的艺术品可以直接触动人的情感而不需要理性的推理等精细思维加工过程。书法作为一种视觉艺术形式在与人"交往"的过程中也存在着类似的与人类"母思维"的互动，尤其是美的书法作品，可以直接引起观赏者对美的体会与感悟，给其赏心悦目的美的享受，进而激发审美情感，如果有目的有选择地以不同风格的书法作品加以引导的话，学生的书写风格和审美趣味必然受到影响。

当前认知神经科学在教育领域的应用研究为教育教学提供了崭新的成果，其新近研究镜像神经元也为教育改革提供了许多新的启示。但是，由于艺术学习的脑神经机制研究还处在刚刚开始阶段，成果较少，因而直接的脑神经研究对书法学习与教学的启示也不够丰富。随着认知神经科学的整体发展，在不久的将来，其成果应用于艺术研究以及书法学习研究的状况必将大有改观。

第三节 小学生书法学习的行为调节过程

学习的行为调节过程主要指非智力因素的作用，非智力因素主要包括需要、动机、情感、意志、气质、性格等方面。[1] 智力、知识和非智力因素是学习的三要素，三者是学习的目的，也是学习的手段。智力与知识比较，智力更重要，仅就对小学生学习过程的影响来说，非智力因素的作用绝不低于智力因素，甚至比智力因素更加明显，心理学研究发现，在认知过程中，非智力因素不直接承担对机体内外信息的接收、加工、处理等任务，但直接制约认知过程，表现为它对认知过程的动力作用，定向和影响作用，维持和调节作用，以及弥补作用。[2] 由于诸多非智力因素在具体书法学习中的明确程度有差异，有的因素是可以通过教学加以有效改善的，例如需要、动机、兴趣、情绪；而有的因素则潜在地长期影响着学生的所有活动且难以短期通过教学加以影响，例如气质和性格，因此，本研究中提到的对书法学习行为加以调节的非智力因素不包括性格与气质。

书法学习是一项需要毅力和耐心的活动，单有良好智力只能保证学习

---

[1] 林崇德：《学习与发展》，北京师范大学出版社1999年版，第412—416页。
[2] 陈彦垒：《小学儿童学习与发展的心理分析》，《教育导刊》2003年第7期。

者拥有清晰的认知过程，无法帮助学习者持久专注地进行书法训练，因此小学生书法学习中的非智力因素应特别引起书法教育者的关注。小学生书法学习行为的产生、维持和调节主要依赖于非智力因素的作用，同样书法学习也能促进小学生非智力因素的发展。

一　小学生书法学习的需要与动机分析

（一）小学生学习需要与学习动机的一般特点

需要是缺失感，动机是与缺失感相对应的内驱力，两者是人类学习活动的心理基础，是同一心理过程的两个阶段，需要是最根本的，需要在前，动机在后，动机是需要的表现形态。在小学阶段，学习是学生的主导活动，且明确的成为一种特定的社会义务，这一阶段主要是要求学生掌握读、写、算的基本知识技能和参加学校集体所必需的最基本的行为规范。进入小学以后，小学生真正的以掌握知识技能和行为规范为内容的学习需要和学习动机，在教学作用下才逐步发展起来，这本质性的区别于学前阶段以游戏为主的需要和动机。

心理学研究将小学生的学习动机分为四种：（1）为了得到好分数，不想落于人后，或者为了得到家长和教师的表扬，为了得到奖励而努力学习。（2）为履行学校、班级交给自己的任务，或者为集体和组织争光而学习。（3）为个人前途、理想，为升学，甚至为自己的出路和未来幸福。（4）为祖国的前途、人民的利益等而勤奋学习。调查发现整个小学阶段，主导的学习动机是第一种和第二种。低年级以第一种学习动机居多。相对于第一种学习动机来说，后三种学习动机是与社会意义相联系的，称为远大的学习动机。小学生一般还不善于把学习与社会需要联系起来，还缺乏远大的学习动机，他们的学习动机往往与学习活动直接联系在一起，这是小学生学习动机的普遍特点。

小学生学习需要和动机有一个逐渐发展的过程。一般地说，它的趋势是从比较短近的、狭隘的学习动机逐步向比较自觉的、远大的学习动机发展；从具体的学习动机逐步向富有原则性的、比较抽象的学习动机发展；从不稳定的学习动机逐步向比较稳定的学习动机发展。小学教育的任务是逐步引导小学生能够及早地从前者向后者过渡。[1]

---

[1]　王耘、叶忠根、林崇德：《小学生心理学》，浙江教育出版社1993年版，第80—81页。

（二）基于需要与动机发展特点的书法学习过程分析

书法学习是一项需要意志品质参与的学习活动，赫兹伯格的动机理论认为，影响个体努力完成某种任务的因素有保健因素和激励因素，保健因素是满足个体的基本需求，保证个体不讨厌该任务，激励因素是激发个体的积极性和主动性，促使个体喜欢该任务。所以书法教学应同时满足学生的保健因素和激励因素。具体来说，就是书法教学要同时能够满足学生的物质需要和精神需要。人本主义心理学家马斯洛认为，个体的需要分为低层的缺失性需要和高层的成长性需要，前者包括生理需要、安全需要；后者包括爱与归属的需要、自尊的需要，认知与审美需要，自我实现的需要。需要层次由低到高逐次发展，低层次需要的满足能够促进高层次需要的争取。书写得好与不好会影响到学生的学业成绩、升学考试甚至后来的公务员考试、入职考试、升迁考试等，因此书法练习与学生的生活和前途相关，也就是与学生的低层次需要密切相关。而书法所具有的艺术品质又能够满足学生自尊，认知和审美及自我实现的需要。笔者将学生练习书法过程概括为四个阶段：字写好、写好字、写字好、好写字，每一阶段体现了学生不同水平的需要，这四个阶段是由低到高逐步发展学生的需要层次并最终满足自我实现需要。

1. 字写好

"字写好"，体现的是培养初学书法的学生的基本学习态度——认真。在这一阶段，初学者不了解练习写字的意义和价值，需要教学者讲解练习书法的最低一级目标和写好字的意义，引导学生养成对写字的认真态度，这也是写字的最基本要求。书写者本身更多的是在教师引导与监督下满足作业或考试书写良好的需要，即最基本的物质层面的需要。这一步重在学习字的结构，实现把字写好，写规范的目标，这一目标应重点放在初学书法阶段。

2. 写好字

"写好字"，体现的是教会初学者写字的重要方法——临摹。即向好的书写者、好的作品学习，尤其学习名家的书法是重要的。其基本过程如下：首先初学者要辨别好字与坏字的差异，了解好字在时间性、空间性上的安排和动作知觉上的区别，其次学会欣赏好字所传递出的艺术特点和审美感受，再次在头脑中想象自己在写字时应该有的手法和写字的笔画行进的基本过程，最后是真正的进行临摹。这一步是在掌握汉字的基本结构并能写规范的基础上进行艺术性探索,达到对书法艺术的了解,并掌握书法学习的方法,实现由写字向书法艺术过渡的目标。这一阶段在满足学生基本书写物质需要的基础上,向精神需要过渡,满足认知与审美需要,并开始出现持续性精神需要,这一阶段如教育者能够采用合适的引导,可激发学生学习书法的积极性和主动性,即实现了书法教育的激励因素。这一阶段的任务应从小学高年级开始。

3. 写字好

"写字好",体现的是学生书写水平进步的影响结果——成就感。学生在把字写好的基本学习态度的基础上,通过运用写好字的基本方法,不断地练习,并能够取得一定的进步,自己的字得到教师和同学的认可,成为写字好的学生中的一员,进而在学生群体中体验到被认可,被尊重的成就感,进而满足学生的自尊需要与归属需要。同时,心理学认为,小学阶段,学生的自我评价标准相当一部分来自教师和同学的评价,在此,练习书法的学生会因为师生喜欢自己的字而增加对自己的正面评价,从而更加欣赏自己,喜欢自己,由此可形成良性循环和优良心境的迁移,提升学生的自信心。

4. 好写字

"好写字",体现的是学生的自我超越——自我实现。当学生每每体验到的成就感逐渐内化,写字已经不再是满足外部作业或考试之需,也不是单纯地为获得别人的好评,而是成为一种习惯,成为书写者自身体验快乐与成就、抒发情感与智慧的手段,由"要我写字"变成了"我要写字"。此时的书写,已经从内在需要与动机出发,并逐渐走向塑造个人性格的境界。到达"好写字"的阶段,书法教育已经从简单的书写技能培养发展到了全面影响学生的性格、审美,以及心理健康的层面,甚至实现了发现与培养书法艺术人才、传承中华民族文化的目标。

在这四个由低到高的需要层次中,第一和第二阶段往往体现出近期的、具体的学习动机,而且是外在的为获取表扬或物质结果的间接学习动机;第三和第四阶段更多地体现为原则性的、内部的学习动机,并逐步指向书法学习活动本身带来的成就感和精神需要,学习动机逐渐变得稳定。笔者认为,第二阶段对于教育者来说较难把握,也是面对书法教育具体实施过程中如何有效激发学生书法学习动机的问题,这一阶段的实施效果直接关系到后面两阶段能否变为现实,因此,此阶段学生学习需要与动机的特点对教育者提出的要求是：会教、会写、会激励。

二 小学生书法学习兴趣分析

（一）小学生学习兴趣的一般特点

兴趣是一种力求探究某种事物，并带有强烈情绪色彩的心理倾向，学习兴趣是在学习活动中产生的，是学习动机中最活跃的因素，富有学习兴趣往往使学习变得积极主动而有成效。学习兴趣有直接兴趣和间接兴趣之分，前者是由学习活动本身引起的，例如喜欢画画、写字等；后者则是对活动结果感兴趣，例如作品获奖之后的奖金与表扬等。

在小学阶段，学生的学习兴趣主要表现为如下几方面特点：其一，小学生由最初的对学习过程和外部活动感兴趣逐渐向对学习内容感兴趣过渡，例如，小学低年级儿童对背书包上学、一起朗读课文等感兴趣，而基本不考虑学的内容和结果，到中高年级则开始喜欢新颖的、需要开动脑筋的学习内容；其二，小学生的学习兴趣从不分化发展到逐渐对所学科目内容产生初步的分化性的兴趣，例如，小学生一般从三年级开始有自己喜欢的学习科目，但这种选择性兴趣并不稳定，容易受到教师的教学风格、水平以及学生自身生活经验的影响而发生变化；其三，在整个小学阶段，学生对具体事实和经验比较有兴趣，对抽象事物关系的兴趣在逐步发展，例如，在学习内容方面，小学生首先对故事、活动感兴趣，中高年级以后，对自然现象、社会关系、人物内心体验等抽象的内容才产生初步兴趣。

（二）基于学习兴趣发展特点的书法学习过程分析

从小学生学习兴趣的三个发展特点出发，其书法学习过程也有三方面表现。首先，中低年级初学书法时，学生的兴趣点主要集中在书写的形式和过程上，例如书写力度变化引起的线条粗细变化，运笔的节奏、蘸墨的多少等导致的字形的异同等，此时学生容易将书法学习过程类同于游戏成分，并不在乎书写的结果是否标准和美观，而是更多地在书写过程中体验到动作操作的快乐与新奇；在经过了大量的书法练习尤其是伴随着相关书法知识量的增加之后，尤其是四年级以后，学生已不再满足于简单的书写过程体验，而是逐渐对所书写的字体内容、技巧、风格等开始感兴趣并试图模仿。其次，小学阶段学生是否形成积极健康的书法学习兴趣受许多因素影响，其中，教师的教学水平和教学风格影响巨大，学生此时对学习科目的选择性倾向并不稳定，一般情况下，书法教师授课水平高、善于激励学生、教学效果好,则学生容易对书法学习感兴趣,需要注意的是,教师的负面影响也可能削弱学生已经培养起来的书法学习兴趣,根本原因还在于大多数小学生并未形成稳定的强烈的单科目学习兴趣,因此,教师的作用至关重要。再次,根据小学生学习兴趣的特点,在具体的书法学习内容方面,小学低、中年级应考虑将书写技能学习与相关书法故事、活动等有机结合,适当加入趣味性的可操作活动来丰富学生的感性经验,这是学生的兴趣点所在,从四年级开始,可逐步变换学习内容,减少故事与活动的比例,适当加入不同难度的名作欣赏、书法知识等内容,因为此时学生已逐渐对抽象的学习内容感兴趣。

培养小学生的学习兴趣是有效地激发学习动力的重要方式,这一途径同样适用于小学生的书法学习。在书法教学中,教师需要全面掌握不同阶段小学生的学习兴趣的特点并加以引导,才有助于形成持久而稳定的高层次的书法学习兴趣。

三 小学生书法学习中的情绪情感分析

(一) 小学生情绪情感发展的一般特点

情绪和情感是一种心理活动过程的两个不同的侧面,严格来说,情绪与个体需要的满足程度密切相关,且情绪不稳定,易随情境而变化;情感则更加稳定和概括化。而事实上,体现在个体身上的时候,情绪和情感是密不可分的,都是个体对客观事物的态度体验,在心理活动过程中,二者对个体的行为都具有促进作用或者干扰作用,合适的情绪情感能激励人的活动提高人的活动效率,例如适当的紧张和焦虑能促使学生积极地思考和成功地完成学习任务。[①] 同时,情绪情感在人际关系的调节方面也起着重要的作用,借助于表情可以传递信息,沟通思想。

小学生的情绪情感是其心理过程非常重要的方面,随着主要活动形式由游戏向学习的转变,小学生在有计划的学习活动中逐渐承担学习义务,并相应地产生了与学习相关的种种情绪体验,例如学会某些知识带来的满足感,或者做错题体会到的羞愧感等;同时,伴随着规范的集体生活,小学生的友谊感、道德感、集体荣誉感等也开始迅速发展。小学生的情绪情

[①] 王耘、叶忠根、林崇德:《小学生心理学》,浙江教育出版社1993年版,第226—227页。

感整体特点可以概括为：内容不断丰富，体验逐渐深刻，情感更富有稳定性。

在整个小学阶段，学生大量的情绪情感内容是与学习活动和学校生活密切联系的，其学习的成败以及同伴之间的社会交往、师生之间的交往等带来的情绪体验大大地丰富了儿童的情感世界。小学生经常接触某种事物，在他们的头脑中便会形成暂时神经联系，以后再遇到这种事物，在他们的头脑中必然会引起早已建立的暂时神经联系，对该事物的态度体验就会深刻些。因此，小学生情绪深刻性的品质与和他们对有关事物的认识水平密切相关，随着认识水平的提升小学生情绪情感也逐渐深刻。

小学生的学习活动会对其有一定的任务和要求，虽然在小学低年级学生的情绪有很大的冲动性，但是随着在学习活动中的锻炼，到小学中高年级学生已经能逐渐意识到自己的情绪情感变化，并且控制和调节自己情绪情感的能力也逐渐提高。如果在学习活动中，小学生体验到的积极的情绪情感不断丰富，那么，积极情绪情感对学习活动的促进作用也会相对持久。这些情绪情感的发展特点同样适用于书法学习活动中。

（二）基于情绪情感发展特点的书法学习过程分析

书法学习与个体的情绪状态是一个相互作用的过程，一方面，个体的情绪情感状态影响书法学习效果甚至每一次的书写过程，另一方面，书写练习本身有利于改善个体的情绪情感状态。在我国古代的书法论著中，书法练习与个体情绪之间的关系始终是诸多书家关注的重要内容，古人论及书法与个体情绪的关系多为如下三方面：其一，书写内容本身对书写者的情绪有影响，即写悲则悲，写忧则忧，例如孙过庭在《书谱》中写的"（王羲之）写《乐毅》则情多怫郁，书《画赞》则意涉瑰奇"；其二，不同的情绪情感状态下，书写过程和风格均有所不同，例如陈绎曾在《翰林要诀》中概括的"喜则气和而字舒，怒则气粗而字险"；其三，书写练习可以消除消极情绪，有益于心理健康，例如苏轼的"忧愁不平气，一寓笔所骋"[1]。以上几点是古代书家的经验之谈，当代也有学者应用科学的研究方法证明了书法练习与情绪的关系，例如高尚仁的研究认为，"长期书法练习，可以使书写者进入安详、稳定、舒缓、宁静的情绪状态，使焦

---

[1] 周斌、刘俊升、桑标：《书法练习对儿童情绪智力发展的影响》，《心理科学》2009 年第 5 期。

虑、不安和紧张心情得到缓解，保持身心健康"①。

小学生在学习书法过程中同样伴随着情绪情感的调节作用，且已有实证研究证明有规律的书法练习还可以促进小学生情绪智力的发展。

1. 情绪情感对小学生书写活动的调节作用主要表现在如下几个方面：

首先，情绪情感的强度对书写活动过程有明显的影响，有研究表明，过低或过高的情绪唤醒水平，即处在过于紧张或过于放松的两极的情感强度均不利于学习活动的开展（书法家在极端情绪状态下进行书法创作的情况不能等同于小学生的书法学习活动）。一般情况下，适度的紧张状态既保持适中的唤醒水平是一种适宜的刺激，有利于学生保持注意力，并诱发其主动地同化学习内容，进而收到良好的学习效果。

其次，书写时学生所具有的情绪情感的性质直接影响书写过程。小学生的情绪情感有肯定的、积极的，例如满意的、愉悦的、关爱的等，也有否定的、消极的，例如郁闷的、悲伤的、痛苦的等，这些不同性质的情绪情感在书写过程中所起的作用是有天壤之别的。一般而言，在肯定的、积极的情绪情感状态下，小学生的心情舒畅、平稳，此时可以增强其思维的活力，增加学习的积极性；相反，当小学生处在否定的、悲伤或痛苦的学习状态时，情绪会成为智力活动的减力，即不良情绪干扰书法学习的效果。

再次，在学习活动中逐渐培养起来的理智感对书法学习过程的影响越来越明显。理智感是人在智力活动中产生的情感体验，同成就获得、兴趣满足、问题解决相联系②。小学生理智感的发展表现在求知欲的扩展和加深。随着年级的增高，知识量的丰富，小学生在学习活动中逐渐培养起来的理智感可以直接应用到书法学习中，尤其到小学高年级，小学生逐渐对书法学习内容本身感兴趣，其在书法领域的求知欲望可以化作学习动力直接调控其书法学习过程。

以上三种情绪情感的调节作用是如何发生的，即情绪情感怎样参与了小学生的书写过程呢？从心理过程的划分上看，书法学习活动属于认知活动，似乎情绪情感的活动机制是与认知活动相独立的，但是，具体发生在人身上的时候，情绪情感活动影响着人的所有认识活动，只是有时候处在

---

① 高尚仁：《书法心理学》，台北东大出版社1986年版，第34—38页。
② 林崇德：《学习与发展》，北京师范大学出版社1999年版，第418—419页。

平静的心境状态，情绪的强度不明显，被人们忽略了而已。一方面，认知加工与情绪活动是同时存在的，当外界信息输入人脑时，在经过丘脑这一中转站的时候，丘脑将信息同时传递给了下一步的皮层和杏仁核，皮层对接收到的信息进行理性的加工，杏仁核则对信息进行情绪测定，判断是接近还是回避，由于从丘脑到杏仁核的通路更短，因此，情绪体验比理性加工结果反应要早，这在小学生这一情绪控制水平不高的群体中表现格外明显，尤其是当某个刺激引起强烈的情绪反应时，学生常常无法做出理性的分析与决策。另一方面，情绪还通过参与各个认知环节影响认知活动，即调节书法学习活动，例如，有心理学研究表明[1]，情绪影响学生注意的广度，当处在悲观、焦虑、抑郁等消极情绪状态时，学生更容易注意局部的细节，而处在积极情绪状态下则偏向把握整体结构，扩大了注意的范围，其认知的灵活性也有所提高；情绪影响记忆，负性情绪对记忆材料的加工和提取均有干扰作用；情绪还影响思维决策[2]，当某一学习结果让学生产生正性情绪时，学生倾向于继续选择这一学习活动。

具体到书法学习过程中，考虑情绪情感对书法学习过程与效果的影响，笔者认为可从如下几方面加以注意，其一，书法学习首先属于学习活动，它不同于书法创作过程，在小学阶段学生更多的是需要掌握书法技能和书法知识，兼顾书法审美能力的培养，因此，借鉴情绪情感对所有学习活动的影响，在小学书法教学过程中，应多给学生创设适合书法学习的情绪刺激强度，不可给予过多的学习压力，也要避免放羊式的完全松散的教学状态，适度的紧张有利于小学生调动书法学习的积极性。其二，书法学习过程中，应引导学生体会情绪的控制状态，减少负面情绪在书写中的消极影响，及时强化良好的情绪体验；其三，到小学高年级，引导学生扩展知识面，增加书法知识的储备量，为理解和感受不同风格的书法美感提供基础。

2. 书法学习促进小学生的情绪情感发展主要有以下两点：

其一，书法学习可以调整情绪状态，提高学生的自我情绪认识和情绪控制力。毛笔书法虽然是平面上书写但却具有三维空间效应，小学生书写

---

[1] 王本陆、张立：《情绪对认知的影响与"愉快教育"》，《教育科学研究》1991年第3期，第5—8页。

[2] Litt, A., Eliasmith, C. & Thagard, P., "Neural affective decision theory, choices, brains, andemotion", *Cognitive Systems Research*, 2008（4）.

的时候需要注意每一步的书写动作，包括控制手、腕、臂以及肩膀的活动，手指有节奏的运笔与呼吸的相互配合等，同时，由于毛笔的笔锋比较柔软，细微的运笔动作就会引起形状的变化，小学生在运用时需要小心翼翼地操作，自然其呼吸、心跳、血压等生理方面也会产生相应的变化。通过不断地调息呼吸、血压等类似气功的作用练习，小学生会逐渐体验到一种精神上高度轻松的感受，对减轻压力、平复心境有积极的调节作用，此时会产生对自己情绪认识的反思。[1] 而且练习书法时小学生将注意力和精神集中专注于书写过程，并动用了大量的认知空间，进而限制了书写过程之外的无关联想，很大程度上减少了外界无关注意和内心杂念的干扰，也就缓和了情绪的波动程度，缓解了人体的过度紧张，调整其情绪状态向平静、自制发展。

其二，书法学习可以促进小学生美感、道德感等高级情感的发展。书法艺术蕴含着无穷的中国审美情趣和传统文化精粹，通过书法学习，尤其是中高年级的小学生，基本能够在理解书写内容的基础上进一步感受字体的美感，而且伴随着理智感的发展，高年级的小学生对抽象的书法美语言描述有了一定的理解，对历史上各个书法家的背景与故事以及传统的道德观、人生观等也有了自己的见解，这不仅有助于学生进一步把握书法美感，也可以激发学生向古人学习的志气，提升道德感。

总之，小学生书法学习既受到感知、记忆、思维等智力因素在书法信息加工过程中的影响，也受到诸如需要、动机、兴趣、情绪等非智力因素的制约与调节，书法教学法的探索与实施需要首先考虑这些在书法学习心理方面的接受特点。

第四节　基于小学生书法学习心理的教学启示

小学生书法学习的心理过程是书法教学有效实施的首要依据，本节内容依托小学生书法学习心理特点，从三个方面探究了在书法教育教学中应注意的方法问题。

---

[1] 周斌、刘俊升、桑标：《书法练习对儿童情绪智力发展的影响》，《心理科学》2009年第5期。

一　信息加工视野中的书法教学启示

当前小学书法教育分年级的教学安排是一、二年级硬笔书法，三年级开始学习毛笔书法。本书在此只谈三年级以后毛笔书法学习过程中的教学法问题。

（一）动静结合，全方位引导感知与记忆加工

新课改以后的小学书法教育课堂，其教学风格与方法更加多彩多样、不拘一格，课堂教学已经不是单纯的知识传授过程，还包括对学生心智的培养、良好性格的塑造、审美趣味的激发以及师生之间情感的交流，是全面地关照学生成长与发展的轻松而快乐的过程，因此，书法教学法的实施，更多的是重视学生在学习过程中的主动性、探索性、成长性，重视教学中的师生的互动与对话。因此，教师在选择教学法时，首先需要考虑小学生的认知接受特点以及如何让小学生更主动地探索性学习。

首先，在小学三年级刚开始学习书法阶段，小学生的感知觉通道丰富而偏好形象，对记忆的内容与形式均侧重形象性，即形象的内容和形式更能引起其探索的兴趣，学习效果也更好，因此，在教学中选择教学内容和教学方法时，应多侧重形象性的运用。例如在教学导入环节，可以用故事导入法、谜语导入法、图片导入法、视频导入法等首先吸引小学生的注意，然后引出当节课要学习的主要内容。在呈现书写的具体运笔过程时，可以用投影仪将教师的书写过程放大且详细地在大屏幕上呈现出来，动作示范结合教师的语言讲解，形象而生动，便于学生理解和记住；还可以用视频直接播放书法名师的教学内容，重点讲解该节课所学的书写内容在视频中名师的书写运笔技巧，并引导学生反复观看、模仿，教师还要详细地引导学生仔细观察笔画的变化，用形象而直观的语言比较笔画之间的差异以及学生自己书写的作品与范字之间的差距，对小学三年级而言，书写技巧的掌握是其学习的重点，根据其感知觉与记忆加工的特点，教师对书写技巧的呈现方式越形象越好。在课堂结尾时，可以用呈现书法名作欣赏配以古典音乐的形式，既能够让学生的感官体验到放松与愉悦，还可以起到激发审美情感的作用。

另外，小学三年级学生还有一心理偏好是学习的活动性，这一特点的运用方面教师可以考虑适当组织书法趣味活动。例如，在学习笔墨纸砚的文化知识时，教师可以设计学生动手体验的环节，对墨色的认识方面，让

学生自己操作，观察在墨中加入水的量的变化引起的书写颜色浓淡的变化；学生还可以自己准备各种不同材料的书写纸，比较用笔蘸墨在其上书写的效果差异，让学生自己讨论和总结各种现象的特点。学生自己参与体验的活动其记忆印象将非常的深刻。

其次，小学高年级学生的有意记忆开始占主导地位，学生逐渐学会让记忆服从于学习任务；其理解性的意义记忆逐步发展并开始发挥主要作用，此时学生已能够根据记忆的材料自行选择机械或意义记忆；而且高年级学生已学会选择运用记忆策略帮助其记忆效果。根据这些心理特点，在高年级的书法教学中，教师应提高教学难度，有针对性地调动学生的记忆加工过程。例如，三、四年级的教学内容以笔画的学习为主，难度相对较低，而五、六年级的教学内容则以结构为主，学生不但要学习不同的偏旁，还要学习偏旁在不同的字中的形状与位置的变化，这比三、四年级难度要提高很多，而书写的字体是否美观需要同时考虑笔法和结构，这也是小学高年级在书写技能方面需要达到的标准。就结构的学习而言，在教学中教师往往用传统的解释方法像"左高右低""上紧下松"等比较专业的语言，学生可以记住这些表达词汇，但是对这些语言理解性的记忆加工还是机械性的记忆加工对学生所产生的教学效果完全不一样，如果是理解性的记忆结构规律，学生能够结合自己书写的效果加以比较，也就是对结构规律有所应用，而机械性的记忆的话未必达到应用的效果。因此，教师在讲解结构规律时应尽可能地让学生理解，虽然古代书法理论中对结构规律的描述多数为文言或半文言性质，用语也基本言简意赅，但是，在学生的具体学习过程中，学生对文言用语的理解会有个体差异，尤其是对结构中较精确尺寸的把握个体差异非常大，像"左高右低"这种"低几许""高多少"，学生很难有效把握，往往会出现"失之毫厘，差之千里"的现象，因此，教师如何讲解才能让学生把握结构的尺寸才是结构教学的关键，笔者认为，在这一方面，教师应当对学生的个人书写特点加以针对性的指导，具体解释每个人在结构理解上的差池，这样才有利于学生真正理解结构的规律并有效记住，甚至举一反三应用到新的字体学习中。

总之，小学生有其年龄阶段所特有的感知特点和学习偏好，像书法学习这样需要耐心练习且见效较慢的学习科目，教师要多加选择学生喜欢的学习方式，根据其特点，动静结合，打破传统的只注重临摹练习为主的学习风格，根据师资本身的素质和书法水平，适当加入现代化教学手段和趣味性教学方式，引导学生将看、听、动手操作结合起来，调动多种感官参与书法学习，循序渐进地培养学生学习书法的热情和主动性，然后逐渐实现学生学习书法的年级目标。

(二) 依据思维发展特点分层次教授学习任务

小学生的主要思维发展特点是各种思维方式均在迅速发展与综合应用阶段，尤其以具体形象思维向抽象逻辑思维过渡为主要特点，在过渡阶段，小学生两种思维方式并用，随着年级的增高，其抽象逻辑思维越来越成熟，同时，其具体形象思维仍被多数学生习惯性地喜欢和应用，书法教学中，教师应当根据书法学习的特点有意识地调动学生的各种思维，在不同年级安排适合其主要思维发展特点的学习任务，分层次教学。

首先，小学生用以思考的单位从形象、表象逐步向概念过渡，小学生掌握概念是一个从简单到复杂的过程，教师直接将概念"教给"其实是不成立的，学生在学习过程中需要通过已有的知识经验，主动地对接触到的概念加以充实和改造，不断接近于概念的本质，小学生掌握概念的水平和其抽象逻辑思维水平密切相关，小学中年级阶段，随着思维水平的过渡，学生概念概括的表现是直观的外部特征减少，形象的接近本质的特征增加。到小学高年级，由于学习活动的锻炼以及知识经验的积累，学生的分析、综合、比较、概括的能力才有所提升，掌握概念的水平才更加接近概念的本质。因此，根据这些思维中概念掌握的特点，在书法教学中，教师要根据学生掌握概念的进程安排不同难度的书法知识学习，例如，教授新的关于偏旁的知识时，首先让学生明确该节课的主要学习任务，通过教师的语言介绍，了解与该节课内容相关的旧知识，引起新旧知识的感性连接，以新学"禾"字旁为例，可以用"木"字旁的图片和书写过程作为感性的旧知识基础，并进一步引导学生将二者进行分析、比较、概括，形成这两个偏旁的概括性认识，这一过程中的教学关键是，在三、四年级阶段，教师应当主动而明确地引导学生的思路，像观察什么、如何观察、细节如何比较等，并启发学生从看到的字形的外在形象特点，引申出概括性的结论，因为三四年级小学生还没有系统的观察书法作品的习惯，学生眼中更多地侧重整个字的认识，至于字的结构特点、笔画特点他们很难自己从形象到抽象地概括出来；在五、六年级阶段，教师则要给学生设置思路的方向和顺序，但是启发学生按照自己的综合、分析、比较等特点，总结出有个人理解特点的概括性结论，教师最终加以点评或修正。

其次，小学生理解能力的高低不仅与其知识经验有关，还受其逻辑推理能力的制约。小学生已经在直接推理的基础上发展起了间接推理，但是其间接推理往往需要把抽象的前提尽量地具体化，而且小学生推理活动的自觉性比较差，整个思维过程的独立性和批判性不强，更不善于总结和反思。因此，在教学过程中，教师要有意识地利用其理解与推理的特点，并促进其思维品质的发展。例如，小学三、四年级的书法教学模式通常选择这样安排：趣味导入—明确本次学习内容和目标—教师演示—学生尝试书写练习—教师点评和纠正—学生改正性书写练习—教师激励小结。五、六年级的教学模式常见的是：新旧知识连接导入—明确本课学习目标—学生尝试性书写练习—教师点评和引导—教师或者优秀学生示范—师生共同分析、赏评—纠正性书写练习。以这两种教学模式为例的话，三、四年级和五、六年级的根本区别在于，前一阶段明显以教师为课堂教学的控制方，其中的第二、三、四环节为教学的主要环节，强调教师在教学中的示范与引导作用；到五、六年级，经过两年的书法学习以后，学生已经形成了对书写技能的基本认识以及个人的观察习惯与思路，因此，这时的第二、三、四教学环节可以减轻教师的引导作用而变为以启发作用为主，重点是培养学生学习的自主性以及培养其书写过程中的独立反思与总结能力。

当然，小学书法教学可选择的模式还有很多，像以练习创作为主的小组合作式学习，以讲解结构为主的以故事、形象、语言描述三者结合的形象类比教学等，无论选择哪种教学方式，书法教育都应以小学生的各种认知发展特点为首要依据，并在教育过程中通过书法教学活动进一步促进小学生的认知发展，这也是书法教育实施的重要目标之一。

二　行为调节视野中的书法教学启示

（一）依据年龄层次逐步培养书法学习兴趣

古人说"知之者不如好知者，好之者不如乐知者"，在学习上，最高的境界是能够快乐地学习。快乐是一种情绪体验，快乐学习是当下新课改以后对小学生高压学习的修正目标，快乐来自哪里呢？应该是学习者内心，即在学习过程中体验到快乐，对小学生书法学习而言，只有让其对学习的内容和过程产生兴趣才更容易体验到学习活动的快乐。但是，书法学习本身需要大量的意志努力和坚持不懈的练习才可以取得一定成果，多数人认为书法学习是一个枯燥的过程，因此，在小学书法教学中有效地调动小学生学习书法的兴趣是激发其学习动力的关键因素。笔者认为，小学生年龄不同，对书法学习的理解和接受层次也不同，培养其书法学习的兴趣应考虑小学生兴趣的发展特点，从如下三个方面入手。

其一，初学书法阶段，教师应引导学生从心理上接受书法并通过合适的教学方式激起学生学习书法的好奇心和成就感。按照教育部"中小学书法教育指导纲要"，小学三年级开始学习毛笔书法，而这一时期的学生正处在活泼好动、好奇心强的阶段，对单纯地、一味地书写练习是有所抵触的，教师应当在初学时，即前几次课就充分抓住学生的好奇心，让其对书法学习有一个正确的认识，并从心理上接受它。例如，上第一节课时教师要充分地准备上课的内容、精心设计课堂的各个教学环节，教学语言尽量生动而有趣。首先，可以从文房四宝的制作谈起，像毛笔的材料"羊毫""兔毫""狼毫"等的有关故事，古代造纸术的发明故事等，让学生对古代的书法使用工具产生兴趣，并带着好奇、探索的心理去尝试着使用这些工具，体会一下不同质感的纸的书写效果等。其次，还可以从中国古代文字的起源以及字体的变化发展讲起，借助着各种图片和书法作品，让学生认识甲骨文、铭文、篆、隶、楷、行、草各种字体的衍生与美妙，让学生体会中国汉字的博大精深，并产生文化自豪感，进而培养其进一步学习书写的兴趣。再次，对已经产生书法学习兴趣的初学者来说，教师对其书写水平的点评会决定其学习兴趣是否能够持续下去，小学生在学习了执笔、用笔、点画之后，容易对书写成形的字和作品产生兴奋感，虽然此时学生很可能功力尚浅，书写稚嫩，但教师对其点评时，首要的是要保护刚刚燃起来的学习热情，把点评重点放在鼓励学生继续学习上，既要肯定其创作的动机与兴趣，也要指出其书写中的优缺点，但总体上对这一阶段的创作表现应以鼓励为主。

其二，到小学高年级书法的连续学习阶段，教师应采取措施，在教学中最大限度地保持学生的学习情趣。具体措施有如下几点：首先，教学方法和评价机制应灵活多样。在三至六年级的书法教学中，教师的教学方法和评价机制绝不能千篇一律让学生产生疲劳感，就方法而言，可以借助学习内容的变化、教具的变化、学习地点的变化甚至教授者的变化等来实现教学方式的新颖目标；评价方面，既有教师点评与学生作品展示，也要有学生之间的互评或者节日的书法作品展等形式，评价应以给学生创造更多的展示平台、鼓励学生学习信念为目标。其次，具体教学过程中应简易书写要求，标准尽量具体、榜样尽量生活化。在书写技能的具体学习指导中，对小学生的笔法要求、结构要求要简单而具体，让学生稍一努力即可实现书写标准，切忌要求过于抽象和完美，以免挫伤学生的学习积极性。而且，小学生模仿的榜样越接近其自身特点，越能够产生模仿动力，因此，教师可选择同班内学习态度较好，或者书写水平较好的学生树立为学生模仿学习的榜样，让学生意识到短时间内通过努力可以赶超学习榜样，以此保持其书法学习的信心和兴趣。再次，以书法故事或书法家的故事调节课堂气氛，调动学生的兴奋状态和学习欲望。所有的小学生都会对故事感兴趣，当每天的文化课学习让学生稍感乏味时，配以图画或者视频的各种书法故事会让学生迅速提起精神，有时故事中的启迪也会间接的引起学生学习书法的兴趣，总之，故事对小学生的吸引力是保持其书法学习兴趣的非常有效的方式。

其三，教师应注意，小学生到中高年级虽已产生分科目的学习兴趣，但是，这种学习兴趣并不很稳定，很容易受到外因素的影响而发生变化，例如教师的教学方式的变化，家长的评价与态度等，因此，要长时间地保持学生的学习兴趣还要避免不良的外力影响。例如，被学生欢迎的书法教师和教学方式尽量地持续下去，学校不能够轻易地变换书法教师尤其是换下广被推崇的书法教师；家长应尽量配合学校的书法教育实施，减少对学生学习书法的功利要求，鼓励学生热爱书法学习而不是为了考试而学习，避免家长对学生学习兴趣的打击等不良影响。

（二）针对不同学习阶段，实现学习动机的多角度培养

小学生的主导学习动机是"为了得到好分数，或者为了得到家长和教师的表扬，为了得到奖励而努力学习"和"为履行学校、班级交给自己的任务而学习"两类，而与社会意义相联系的学习动机较少表现（见前文第三章第一节内容）。因此，表现在书法学习方面，"想写一手好字，得到家长奖励、教师表扬、同伴赞赏等"与学习活动相联系的直接动机就比较多见，而"继承优秀的文化遗产，弘扬书法艺术等"与社会意义相联系的间接而长远的动机则较少。事实上，两种动机在小学生的书法学习中是有相互促进作用的，在不同的年龄层次，所起的作用有差异。在书法初学阶段，即小学三、四年级，学生很多的书法学习动力来自直接和学习活动本身相联系的动机。例如教师在对学生的作品点评或者批改作业时，学生往往非常关注教师打的分数和教师对优缺点的点评，这些评价标识将

直接影响学生下一步的学习状态。因此,教师最好选择设置不同层次的教学目标,让多数学生能够体验到实现学习目标的成就感,而且,教师对学生的评价要尽量细致、公平、公正,所使用的奖励和惩罚手段也应尽量客观,同时引导学生将奖励与惩罚的原因归结到努力程度而不是能力差异,让学生体会到评价、奖励或者惩罚都是以鼓励其学习积极性为目的。

在具体的书法教学中,虽然学生间接地以社会意义为导向的间接学习动机不很明显,教师也不能够弃这一动机而不用,毕竟书法教育以普及书法文化、培养学生良好个性、提高其综合素质为目的,而不是短期的书法技能培训教育。因此,从长远的书法学习效果来看,克服急功近利的思想,树立一个提升自己书法艺术修养,传承书法文化,做社会有用人才的学习目标,更有利于学生在书法学习中克服遇到的困难和挫折,进而坚持长期学习的信心。

按照内部动机和外部动机的划分来看,小学生的学习动机内外兼有,其对书法学习内容和学习过程本身的兴趣而引起的内部动机在高年级表现更明显,而书法学习活动之外的外部诱因引起的学习动机在整个小学阶段都有所表现。内部动机更多地依赖于小学生的兴趣、求知欲和成就感,对其书法学习有持久的动力作用,外部动机更多地依赖于短期的外在奖励,只有不断地引导小学生进行自我调节,将外部动机转化为内部动机,才有利于小学生保持长久的书法学习效果。因此,教师可以从教学方式上想方设法激发学生的求知欲、不断地强化学生书法学习的成就感入手引导其内部学习动机。

总之,小学生的兴趣和动机是非智力因素中最为活跃的因素,书法教师是否能够通过教学合理利用这两个因素,对小学生的书法学习行为加以有效调节将直接影响其书法教育效果。

三 镜像神经元视野中的书法教学启示

心理现象的物质基础是人脑,人所有的感知、记忆、思维等认识活动以及情感活动、意志活动都以人脑的神经活动为基础。认知神经科学兴起以后,教育界将人脑的各种心理行为加工机制与教育现象合并研究,为教育与教学提供了新的研究范式。近几年在认知神经科学领域有一新的发现,其理论提出后在心理学界和教育学界引起巨大反响,而且这一关于神经的学说既对原有的心理加工理论有所突破,又和书法美育有根本性的相通之处，本书在第二节已经叙述过镜像神经元理论与书法学习的关系，在此将进一步探索这一理论对书法教育与教学的启示。

(一) 从镜像神经元角度看当下教育的不足

我国目前总体基础教育的一个突出现象是没有充分认识到"母思维"的作用，过早且一味侧重培养儿童的"子思维"，儿童在受教育过程中，接触的感性活动比较贫乏，视觉意象明显不足，甚至六七岁就开始语文、数学、英语、自然科学等主要依靠抽象推理的学科学习。而审美教育这样一种以感性教育为核心的教育形式，本来可以丰富儿童的感性经验，提供直接的美感获得途径，但是，因为我们过去研究强调美感的后天生成和社会属性，忽略了社会性赖以生成的生物学平台，在审美教育过程中我们更多地重视艺术技巧美、语言意义美、社会道德美，这些更依赖于抽象化了的"子思维"，忽视了"母思维"的教育。著名教育家蔡元培曾提出，审美教育的首要教育途径，在于审美体验的激发与审美情感的培养。因此，充分利用"母思维"的第一教育效果，将丰富感性体验、实现审美情感激发作为开展小学审美教育的核心手段未尝不是未来审美教育课程设置的指导目标。

(二) 从镜像神经元的存在看书法学习方式与书法美育功能的实现

书法作为我国传统文化的代表形式和艺术形式，兼具着艺术知识与文化学习、艺术技能与审美的多重功能。镜像神经元的有关理论对书法学习方式和书法美育功能的实现都有着不同于传统教育方式的启示。

1. 书法学习中隐性学习方式的实现

根据镜像神经元理论，小学生在正常的课堂教学情境下接受学习的同时，其母思维也会发生潜移默化的教育作用，正如我们常说的"言传身教"，"言传"为教师的课堂教学，此时学生一般为主动地显性学习；"身教"则往往是学生不知不觉受教师的影响，尤其是教师的榜样示范作用引起学生模仿的影响，在小学阶段，教师的权威作用对学生的自我评价影响明显，学生更喜欢模仿教学方式新颖、教学效果好、有个人魅力、知识和技能水平较高的教师。镜像神经元理论强调儿童的"视觉思维"与"自动模仿"，也就是突出课堂之外的学生的隐性学习方式，有时候，学生的潜移默化的学习反而影响更深远。

在具体的书法教学中，首先，教师在讲授书写技能的同时，应当重视给学生的书写动作示范要尽量正规、准确，对小学生来说，书写动作技能学习方面，用语言讲述的形式虽然可以详细地解释清楚要点，但是，直接的、经常性的动作展示供学生模仿，会自动地刺激其镜像神经元，久而久之，学生在看到教师书写时即会在脑中形成自动的"书写"状态，并产生强烈的动笔欲望，这种潜移默化形成的动作学习往往印象深刻，因此，教师要特别注意自己的书写技巧是否合适、是否有不良的书写习惯，还要经常性地给学生展示书写动作，或者通过播放名家书法教学视频展示书写动作供学生模仿。例如，笔者对小学生的调查中显示，当给五年级小学生播放书法名家的书写视频时（毛笔楷书），小学生自动模仿有明显手动的占69%；通过图片呈现，"选择你最喜欢的书法作品"这一问题中，54%的学生选择了《兰亭序》。因此，在书法教育课程的实施过程中，以书法技能和审美知识为基础，采用新的教学方式，给学生呈现名家书写过程，提供历代书法名家名作引导学生欣赏，是发挥镜像神经元原始思维的作用，既有镜像的自动模仿过程，又有书法美的感性体验过程。

其次，传统的学科教学比较侧重教师的"教"的过程，书法教学虽然也有知识与文化的传授，也需要"言传"，但是在此借用镜像神经元的启示，应当更加突出教师的示范与学生的隐性学习，除了动作的模仿学习，还要注意书法文化与思想传授中教师的以身作则、提升自身文化修养对学生的影响，毕竟书法教育不是单纯的技能教育，它还有传播书法文化、提升学生审美趣味、培养学生良好性格的功能，这些方面已经超越了知识性，更接近于学生的感性和"母思维"，因此，这些功能的实现不能仅依靠课堂教学，还要注意学生在日常生活中的学习与模仿，注重学生感性经验的获得，这种隐性学习方式让学生学到的做人的道理、审美的标准、优良的性格更有利于学生内化成自己的特点而受益终生。

2. 书法美育功能实现的隐性途径

书法教育是小学审美教育的重要组成部分，在书法学习中，小学生能够体会到字体的线条美、结构美、章法美和意境美，精神上受到美的熏陶。书法教育的美育功能有：培养小学生的审美感知力、审美想象力，陶冶情操，发展其审美创造力等。因此小学美育的各种依据和途径也同样适合书法教育。

依据镜像神经元理论，小学生的视觉经验不是简单的感觉，还有视觉发生瞬间的思维加工与内模仿，可能感性材料的视觉输入比理性的语言更能直接引起学生的情感共鸣，因此，在小学生所处的校园环境中，应选择能够发挥书法美育功能的环境布置，例如学校的橱窗、墙壁、走廊等地方可以悬挂书法名家作品供学生欣赏，也可以用名家介绍、名家故事或者以励志内容书写的书法作品等素材做装饰，有条件的学校还可以设置校内滚动大屏幕，选择合适的时间段，给学生播放名家作品、名胜石刻等配以音乐、画面的动态资料，这些视觉刺激可以使小学生在不断地接受各种书法美的熏陶的同时接受潜移默化的隐性教育，逐渐形成对美的事物的思考与领悟，进而提升审美能力。教材方面，书法教材的设计与内容编写应具有小学生喜欢的审美特点，从各个角度给学生提供"美"感享受，即教材本身成为审美对象。根据镜像神经元理论，美的教材本身已给学生"学习美"的预思维，那么，学生在接受审美知识时已经有了预先的审美熏陶和情感准备，这就更利于调动其学习兴趣和模仿动机，更利于培养其审美情感。

总之，镜像神经元理论的出现提醒了教育工作者在教学实施中不能只看重理性思维的作用，也不能只依赖于传统的知识传授模式，尤其在与美育这种以情感教育、个性培养相关的教育课程中，更应重视传统心理加工模式之外的学习方式，书法教育即是如此，不光要学习书法技能和知识，还要考虑有合适的培养书法审美情趣的途径，虽然镜像神经元理论的启示尚不足以指挥成熟而系统的学习方式，但至少指出了一条蹊径的方向，未来或许有更明确的结论和指导。

小　　结

本章通过四部分内容详细论述了与小学生书法学习心理相关的问题，其一，小学生书法学习与心理的关系是本文的理论基础与研究前提，在概括古今关于书法学习与心理关系的基础上，笔者进一步通过实证调查验证了当下广为关注的小学生书法学习与学业成绩、问题行为之间的关系，再次为研究小学生的书法学习心理提供了实践支持。其二，书法学习心理首要的组成因素是信息加工过程，即书法学习中的几种主要的智力因素在书法学习中的作用，本书在此重点论述了小学生的感知、记忆与思维发展特点在书法学习中的影响机制。其三，书法学习心理除了常见的智力因素，还有一些非智力因素对书法学习行为起着一定的调节作用，本章选择了通过教学可以加以改善的非智力因素中最活跃的几种：需要、兴趣、动机、情绪情感加以重点论述，阐明了这些因素在小学生书法学习中的调节作用机制。最后，在前述研究的基础上，本章总结了基于小学生书法学习心理的若干教学启示，还阐述了认知心理学的最新理论镜像神经元学说在书法教育中的几点尝试性建议。本研究首次系统地将小学生的学习心理特点与书法学习的特殊性有效地结合，填补了小学书法教育研究领域学生接受心理角度的理论空白。

第五章 小学书法教育中的书写技能教学及教学设计

第一节 小学"描红"阶段书法教学内容

以汉字为载体的书法艺术是中华民族的文化精粹,书法学习对提高学生的书写能力、审美能力以及综合文化素质具有重要作用,因此在基础教育阶段推行书法教育,既是传承中华民族优秀文化的重要途径,也是提高我国少年儿童综合素质的重要举措。笔者认为,在中小学书法教育指导纲要的基础上,进一步探索在实施过程中具体面临的实质性问题,是当前推进中小学书法教育的时效性举措。

本章节基于书法教育在中小学实施效果的考虑,重点选择小学初学书法阶段为主要研究对象,此阶段儿童思维水平在形象思维向逻辑思维过渡前期,且是毛笔书法学习的关键期,能否打好书法初学基础关系到整体的书法教育效果,因此从《中小学书法教育指导纲要》的目标与要求分析入手,重点探索初学书法的"描红"阶段中书法教育内容的选择与安排问题。

一 "描红"在小学生书法学习中的目的以及小学生学习心理特点对"描红"的适应要求

(一)描红的目的

教育部《中小学书法教育指导纲要》对小学阶段毛笔书法教学的要求有"注重培养学生的书法基本功";"重视养成良好的书写习惯和态度";"遵循书法学习循序渐进的规律,书法教学要以书写笔画为起点,一般应从结构简单的字到结构复杂的字，从单字练习到篇章练习，从观察例字、描红、仿影、临帖到独立书写"。从上述要求来看，"培养基本功、养成良好书写习惯、遵循循序渐进规律"是贯穿小学书法教育始终的教学要求，教学具体形式从观察例字、描红，到仿影、临帖，再到独立书写，这是难度由低到高的学习形式，在初学阶段应以观察例字和描红为主要学习形式，即小学三年级初学毛笔书法阶段主要为"描红"阶段。

《纲要》对小学三年级书法教育目标与内容方面的要求主要有："掌握毛笔的执笔要领和正确的书写姿势，了解笔、墨、纸、砚等常用书写用具的常识"；"学会楷书基本笔画的写法，初步掌握起笔、行笔、收笔的基本方法"；"注意利用习字格把握字的笔画和间架结构"；这些教育内容和目标是否可以在初学阶段通过"描红"的学习形式很好地实现呢？

描红是指在印有红色字或空心红字的纸上摹写，是我国传统的习字方法之一，尤其适合初学者。描红富有直观性，通俗浅显，行之有效。描红练习时，也需要先观察例字，记准笔形和笔路，然后每一笔笔画都一笔写成，不可中途停笔。描红之前也可用手指作"书空"练习，以便对运笔的轻重、快慢、起止等做到心中有数。描红时还要注意体验"手感"、节奏等，并不断加以强化，最终向临帖过渡，形成实际的书写能力。

在小学三年级初学书法阶段以"描红"作为主要学习形式，是因为"描红"可以实现这一阶段书法技能方面的教育目的。首先，"描红"的目的不是简单地描红，而是通过描"例字"，实现理解红模字的结构，掌握基本的笔画书写特点，并在描红学习过程中学会起笔、行笔、收笔的基本方法，在感悟例字书写要领过程中学习字形大小、部首比例以及笔画穿插避让等特点，并逐渐形成书写动作的定位、定型。其次，"描红"的实施效果依赖于教师如何引导，在教学过程中，描红以前教师应先讲解书写要领，引导学生观察例字，并示范用笔特点，然后学生在对例字有一定了解的基础上进行描红，且应当将笔画一笔完成。最后，描红练习的例字也是在有一定特点的习字格中的，学生通过反复的练习，可以加深对例字的部首和间架结构的认识，为同类字学习的技能迁移打下基础。

（二）三年级小学生的学习心理特点对描红的适应要求

我们国家大多数地区实行六岁入学制，即年满六周岁儿童方可进入小学学习，因此，小学三年级学生多数为八岁左右儿童，这一年龄阶段的儿童刚刚建立守恒概念和思维的去自我中心化。与一、二年级儿童相比较，三年级儿童知觉的分析与综合能力有了显著提高，能够在教师引导下对事物的主要特征和部分之间的联系进行精确的分析与综合，这为逻辑运算和把握事物的结构打下了基础，但是，"知觉的分析与综合"比"思维的分析与综合"要简单得多，这一阶段儿童的知觉与思维仍然主要依靠感知到的事物的外在形象，其抽象逻辑水平不高。就书法学习而言，毛笔书法是一种形象与抽象兼具的视觉艺术形式，在小学三年级的初学阶段，学生的学习心理特点已经决定其对抽象的书法内在风格是难以理解的，同时，由于对形状、大小等外部形象特征的感知达到了前所未有的水平，因此，对一般书法形象中的线条、点画是可以理解并实现模仿的。

在书法学习过程中，采用"描红"的形式，学生可以在例字上直接动手感知笔画的粗细以及运笔的轻重缓急，这种方式对三年级小学生来说较临摹容易得多，而且例字的结构形象更加准确和直观，有助于调动小学生的形象思维加以把握，也有利于在初学阶段短时间内即满足儿童的学习成就感，从而调动他们学习书法的兴趣。

二 "描红"阶段书法教学内容中例字的选择探析

（一）经典碑帖与楷体印刷字的异同

将"描红"作为三年级初学书法的主要学习形式只是技能教学的书写方法而已，方法上适合不代表一定能达到教育目标，"描红"的内容即例字的选择也是影响教学效果的关键因素。目前许多书法教材在一个年龄段统一采用一种字体的经典碑帖作为技法的分析教学对象，或者一个年级选择一种字体作为主要教学内容，示范字和临摹字都取自经典碑帖，例如在小学阶段将内容设置为三年级柳体字、四年级颜体字、五年级欧体字、六年级赵体字，并分别选取"柳、颜、欧、赵"四大家的经典楷书碑帖作为例字分析。笔者认为，选择楷书作为小学阶段的主要教学内容是可取的[①]，经典碑帖是自古至今学习书法的楷模这也是不容置疑的，但是否必须在一开始就选择经典碑帖作为例字教学内容有待商榷。在小学三年级描红阶段，小学生的学习重点是掌握基本的笔法、结构和动作的定位、定型，达到这一目的，可以选择楷体印刷字作为例字进行技法分析和描红练习，同时还可以避免经典碑帖的束缚。

[①] 参见拙文《小学书法教材内容选择探析》，《书法》2013年第4期。

楷书经典碑帖与楷体印刷字的相同之处是都是楷书的形式，其基本形态都有严格的楷法可循，而且笔画清晰好辨认，适合小学三年级学生的识字水平。

二者的不同之处是，各家楷书经典碑帖风格明显，无论是欧阳询的《九成宫醴泉铭》还是颜真卿的《颜勤礼碑》，无论是柳公权的《玄秘塔碑》还是赵孟頫的《妙严寺记》，无不体现出原作者的艺术风格特征，而小学三年级学生只能看到不同碑帖中字的形状的差异，无法理解经典楷书碑帖的风格特征，而且，由于这时期的儿童只重对形象的模仿，初学哪种书法形象会直接影响其对书法的整体理解，也就意味着，初学欧、颜、柳、赵其中一家的经典碑帖，其风格特点会局限儿童印象中的书法学习特点，不利于学生对书法形象的全面把握。而楷体印刷字因为没有书法家的个性特点加入，其点画和结构只具有楷书最为基本的特征，从初学书法者而言，"描红"这些没有艺术风格的楷体印刷字更容易入手，也容易使他们对"楷书"最基本的特征有最直接的认识。另外，由于不同经典碑帖中可能体现的字的楷法有差异，常见的是同样的部首或例字在不同碑帖中写法不一样，这样容易引起初学书法学生的误解，尤其是当碑帖中的部首或例字与学生语文课本中通用的楷体印刷字形状有差异时，会造成不必要的解释麻烦，甚至让学生误认为是错别字，影响小学生的识字学习。而楷体印刷字则没有这样的识字弊端。

因此，笔者认为，可以选择楷体印刷字作为三年级"描红"阶段的教学例字。

(二) 教学例字选择楷体印刷字的好处

如何实现《中小学书法教育指导纲要》中对三年级学生的教学目标是教学方式与教学内容选择的首要依据。换句话说，只要通过对楷体印刷字采取"描红"的教学方式实现学生用笔姿势、运笔技巧、动作到位等基本功的学习目的，即实现了技能教学目标。

当我们认真分析小学 1—3 年级《语文》教科书的生字表时就会发现，如果在"描红"阶段采用楷体印刷字为描红的范字，按照点画、偏旁到结构的顺序加以编排，所选的例字能够与小学 1—3 年级学生要求掌握的生字紧密结合，如果采用欧体、颜体、柳体或者赵体等经典碑帖中的某种书体作为"描红"的范字，同样按照点画、偏旁、结构的梯度进行安排，并找出最具代表性的例字加以分析，很难与小学三年级之前所掌握的生字有机对接。前面已论述了"描红"可以达到的目的，而且描红这种形式并不挑字体，既然楷体印刷字可以避免经典碑帖的弊端，还能够衔接学生语文课中对楷体字的识字学习，在三年级初学书法时选择楷体印刷字作为描红例字就是可取的，甚至更优于选择欧、颜、柳、赵其中一家的经典碑帖作为入门例字。

当然，在初学阶段将楷体印刷字作为例字分析技法，不代表彻底抛弃经典碑帖的作用，在具体内容安排上，可以将楷体印刷字作为主要教学例字内容，将经典碑帖中的同一偏旁或者结构类似的字形与楷体印刷字作为形象对比，让学生在学习技法的同时，初步接触不同风格碑帖中的字形与楷体印刷字的差异，这样既有利于学生学习书法基本功，也为学生进一步了解书法的艺术性和下一学年临写经典碑帖打下基础。

三 "描红"阶段书法教学内容中书法文化知识的选择探析

（一）书法文化知识选择的依据

根据《纲要》的要求，书法文化知识是小学书法教学必须安排的内容，目的在于提高小学生的文化素养，逐渐养成学习书法的兴趣和热情，增强文化自信与爱国情感。书法文化知识的内容丰富多样，难度不一，该选择什么样的书法文化知识放入小学教学中，笔者认为应遵循一定的依据：其一，以教育部指导纲要的总体教育目标为依据，小学阶段的书法教育是普及型的基础教育，因此在选择书法文化知识时要与书法专业型教育相区别，有难度的书法风格知识、历史知识、美学知识、理论派别知识等不适合放入小学教学中，而那些基础的笔墨纸砚的初步认识与保养、身体与握笔姿势、常见的作品格式、名家故事、经典名作欣赏、名胜古迹书法等内容既便于理解，又有实用或趣味性，适合小学生学习。其二，以小学生的心理发展水平和思维水平从低到高的发展规律为依据，按照从低到高的难度安排三至六年级的书法文化知识内容。在三年级的"描红"阶段，书法文化知识的安排应考虑选择难度最低、最有形象性，且能联系到技能学习或识字学习的内容。其三，以小学生的整体学习特点和小学教学的总体方法为依据。例如，小学阶段的儿童对活动性、游戏性、趣味性的学习内容接受较快，尤其是三年级初学书法阶段，相对于枯燥和抽象的文字描述，学生更喜欢形象的语言、故事、图片，甚至是活动性的知识，因此，书法文化知识的选择和设置应考虑具体形象性、形式多样性和活泼趣味性。

(二) 书法文化知识在教材中的形式体现

在三年级初学书法的"描红"阶段，书法文化知识可以多种形式体现，例如："书法小知识"——对笔墨纸砚的认识、毛笔的保养知识等；"书法小门诊"——学习了正确的笔画与结构之后，能够"诊断"给出的例字中的书写错误；"书法小活动"——自己动手比较墨汁与水混合后墨色的浓淡变化，并试一试墨色变化后书写的感觉；选择不同材料的书写纸，用毛笔在上面书写，比较书写效果的特点；"寻找身边的书法"——通过图片让学生感知周围环境或名胜古迹中的书法作品，引导学生观察生活中的书法美。以上几种形式只是笔者的浅见，类似于这种难度的书法文化知识还可以以更加趣味性的形式在三年级书法"描红"阶段中出现。

总之，从小学生的实际发展水平和小学教育教学现实出发，考虑初学阶段书法教学内容的选择与安排，无论是描红的学习形式，还是描红内容的选择，最终的目的都是实现教育部"指导纲要"对小学书法教育目标与内容的要求，以求真正实现书法教育教学对小学生书写能力和整体文化素养的积极影响。

第二节 小学书法教育中的经典楷书范本分析

一 对小学书法教育中技法内容研究的紧迫性

结合前人研究中小学书法教育现状及"山东省中小学书法教育调查"，笔者发现，目前影响中小学书法教育效果的关键问题之一是教材问题。在对山东省 99 所中小学的调查结论中，一线书法教师对当前正在使用的书法教材（包括正规出版教材和自编教材）的满意度只有 20.2%；其中使用正规出版教材且满意的仅为 8.1%；没有教材的为 36%。在"请您给如何更好地推广中小学书法教育提几点建议"的答案中，所有回答了该问题的教师均提到"编写统一的、行之有效的书法教材"。可见教材问题已是当前中小学书法教育推广亟待解决的问题。

书法教材不同于一般的学科教材，它在传播基本书法知识的同时还有教学生学习书写与书法艺术审美的功能，因此教材内容中字体的选择与安排是其首要问题。在当前没有统一编写依据的情况下，各家编者多按照自己的理解和喜好编写教材。比照现有的书法教材发现，有的把柳体楷书作为书法教材的初级本，也有的把颜体楷书或欧体楷书放在初始阶段，还有的把赵体楷书作为三至六年级教材中贯穿始终的学生临摹的参照对象。笔者在"山东省中小学书法教育调查"中发现，当前中小学书法教师在选择教材时，并没有理论参照和科学依据，大多数是根据自己擅长的方向选择，这样便于教学中的示范和指点。但是调查问卷中，在对"教材编写中字体选择"这一问题回答时，教师们的答案却另有主张，选择"将欧体字作为初学阶段学习字体"的比例为51.6%，选择"将颜体字作为初学阶段学习字体"的比例为28.4%，选择"柳体字"的比例为13.7%，选择赵体的比例为4.2%，选择其他的更少，这些来自教学的实践经验值得借鉴。

因此，笔者基于当前编写中小学书法教材的紧迫性，以及从教学基层反馈回来的针对教材的经验和问题，围绕"欧、颜、柳、赵"四家楷书以及小学生的思维发展规律提出在编写教材时对字体选择的讨论。

二　欧体成为小学书法教育中技法教学内容的可行性分析

（一）欧体楷书的书写特征有利于小学书法技能教育

小学生学习书法先从楷书入手这无疑是正确的，欧、颜、柳、赵四大楷书，各有各的风格特点。明代项穆在《书法雅言·中和》中提出："唐之诸贤，虽各成一家……临学之士，贵择善而从焉。"颜真卿的楷书具有苍劲厚朴、古拙大度的特征，小学生在初学书法短时间内难以把握这些风格特征，若把握不当，容易将颜体写得肥胖粗俗。柳公权楷书得力于颜、欧，其笔画特征被人评为"瘦不乏肉，肥不失骨"，与颜真卿并称"颜筋柳骨"，柳体下笔干净利落、刚健锐利的特点虽然容易被初学者所把握，但结构过于严谨的柳体楷法对小学生而言，容易使他们对楷书的认识和理解过于拘谨，也不利于小学生开放性思维的发展。元代赵孟頫楷书的主要特点是笔法简易流畅，潇洒清逸，楷书中透露出行书的笔意，初学赵体，若理解不当，往往忽略其风骨而坠入流俗。因此，对于初学书法的小学阶段而言，颜体、柳体和赵体都不是很适合作为学习书法技能的入门书体。

从书写特征而言，欧体较颜体、柳体、赵体更适合小学生学习书法。欧体楷书的运笔不像颜体楷书追求苍劲浑厚、注重粗细对比，也不像柳体楷书用笔过于瘦硬、骨节突出，更不像赵体楷书用笔多于牵连映带。欧体楷书运笔平缓、较少起伏，与颜体、柳体、赵体相比其提按变化不大，便于小学生在临习的过程中控制书写速度，改掉用笔随意、笔画松散的书写习气。小学生在掌握欧体楷书基本笔画书写规律的同时，也不会受到特定书写模式的束缚，在日后临习中能够较快地适应其他书体的学习。

就欧体楷书的结体特征而言，欧体楷书与楷体印刷字结构最为接近。以苏教版语文课本为例，其生字表的楷体印刷字和课后练习描红字体都与欧体字较为相近，结体端庄大方。小学生在日常学习中接触楷体印刷字非常频繁，学习与这种印刷字最为接近的欧体楷书，上手容易，对于笔画和结构特征都容易理解。此外，欧体楷书不像颜体楷书结构开张宽博，内松外紧；也不像柳体楷书结构紧俏，内紧外松。小学生通过对欧体楷书的学习，使字稳立在支点上不失去重心，改掉写字东倒西歪的毛病，写得更为端庄大方，养成一个良好的书写习惯。

就欧体楷书的章法而言，也有利于小学生学习和掌握。唐代徐浩在《论书》中讲道："字不欲疏，亦不欲密，亦不欲大，亦不欲小。"以《九成宫醴泉铭》为例，其章法井然有序，可谓纵有行横有列，不像颜体楷书追求茂密充实的章法。欧体楷书清秀疏朗的布局能够帮助小学生在书写时合理地安排字与字、行与行之间的距离，在书写时不会使字挤到一起，达到书写干净整齐的要求。

（二）学习欧体楷书更有利于当前小学书法教育的课程安排

丰坊在《童学书程》中有这样一段论述："学书之序，必先楷书，楷法必先大字。自八岁入小学，便学大字，以颜为法；十余岁乃习中楷，以欧为法；中楷既熟，然后敛为小楷，以钟、王为法。"可见，我国古代对少儿学习书法有先学大字再学小字，先学颜体再学欧体的传统。明清时期，更有按照"颜、柳、欧、赵"这个顺序来学习楷书的传统，这种学习途径无疑符合当时以书取士的风气要求，对于小学儿童的书法学习也比较全面而系统。古代小学儿童先学颜体，为了不受其结体的束缚撑起骨架，搭建结构，然后再学习欧体增其法度，使结构紧凑，以欧体的法度削颜体的丰肥，打好基础再转而学习小楷，在当时那个写本时代让初学儿童对不同风格的楷书进行系统的学习是非常必要的，有利于小学儿童为以后的书法学习打下坚实的技能基础。

古人依次学习"颜柳欧赵"的学书途径虽然很有成效，但并不完全符合当前小学的书法教育。《教育部关于中小学开展书法教育的意见》（教基二〔2011〕4号）中对开设书法课提出了具体要求，其中三至六年级的语文课程中，每周安排一课时的书法课，一学期约16课时，一年约32课时，其中在所开设的这些书法课程中还包括小学生对硬笔字的学习，对小学生还不能布置课下书法作业，这样计算下来，小学生实际学习书法的时间是非常有限的。如果按照古代书法教育的内容，小学生很难在这么短的开课时间里学习这么多的书法内容，在书体临习过程中稍稍有了起色就转而学习另一种字体，这样很难保证学习效果。此外，当前的书写工具以硬笔为主，对于绝大多数小学生而言，学习书法的目标是养成正确的书写习惯，书写出规范的汉字。书法教育应该结合现代书写要求，选择适合小学生上手容易的书体，逐步引导小学生学习书法知识，并把所学的书法技巧运用到日常的硬笔字中，达到规范、端正、整洁的书写要求。通过前文的论述，我们得知，欧体楷书最接近楷体印刷字，也符合当前对小学生书写规范、端正、整洁的要求。欧体相对平缓的运笔速度、端庄协调的间架结构、纵横有序的章法布局，都适合小学生初学。所以，在有限的课时范围内，欧体楷书较颜体等其他楷书更加符合小学书法教育。

（三）学习欧体楷书更符合小学生思维发展规律

欧体楷书的学习过程符合小学生从具体到抽象、从低级到高级的思维发展规律。从学龄初期儿童思维发展规律来讲，小学生初期以具体形象思维为主，中期向抽象思维过渡，而开设书法的三四年级正是思维过渡期。小学低年级学生抽象思维不高，对于书写特征明显、笔意抽象的字体很难把握理解。欧体楷书方整而清晰，临习过程对小学生运用抽象思维要求不高，适合小学生具象思维的运用，在临摹学习的过程中，对欧体运笔及结体能较好地把握。随着小学年级的增高，其思维逐渐由具象思维向抽象思维发展。欧体楷书于平正见险绝，点画粗细所出现的微弱变化，正好顺应了小学中高年级思维方式的转变。欧体楷书个性不张扬，小学生学习欧体楷书使得他们能够充分发挥具象思维的作用，又不会束缚抽象思维的发展。此外，小学生擅长模仿学习和形象加工，在欧体楷书的学习过程中会使小学生建立一种条件反射，改变写字东倒西歪的行为，并且这一时期的小学儿童具有很强的可塑性，对欧体楷书不断的临习过程中，可以帮助小学生逐渐养成干净、整齐的书写习惯。

直到现在，书法从书写对象到整幅作品也没有完全脱离社会实用性的需要，尤其是对小学生的书写要求是整齐、美观、规范，因而在选择范本时应特别注意，应结合小学生思维特点，以便小学生学习。从小学生的思维模式和学习特点分析，欧体楷书更有利于小学生较好地使用学习策略。因此，将欧体作为小学生书法技能教育的主要内容，是比较符合小学书法教育的实际情况的。

三 "欧、颜、柳、赵"四家楷书的主要风格特征

首先，在小学阶段开展书法教育最好选择楷书，这一观点被大多数书法教育者认同。但是选用何种字体的楷书，目前笔者没有找到比较权威的理论，只能通过先分析诸多学习者对各家字体特点的评价确定部分线索。

选择楷书的原因可概括为两方面：其一，初学阶段儿童的年龄结构特点，决定书体的定向选择。据调查了解，各个学校开展书法教育的学生群体主要集中在小学前半期，即6—10岁（山东省中小学书法教育调查问卷显示最初开设书法课的时间主要集中在三年级及以下，所占比例为70.7%），这一阶段对儿童提出的书写的基本要求是：书写规范、字体端正、结构严谨、字迹清晰。该阶段的儿童处于刚开始接触识字的学习时期，此时学习楷书字体，其汉字书写结构刚好与识字书写顺序相衔接，而且因为书法的点画行笔更加严谨，通过学习书法能够对识字与写好汉字起到事半功倍的效果，更有利于儿童对识字学习产生浓厚兴趣，同时可以提高学习书法和识字的积极性。其二，楷书的特点决定了初学儿童的定向选择。楷书是汉字最成熟的字体，是由隶书演变而来的。其形体方正，笔画平直，法度谨严，规矩分明，其笔法完备、清晰，风格多样，精彩纷呈，可供选择的可靠范本也很多，如欧阳询的《九成宫醴泉铭》，颜真卿的《多宝塔》《勤礼碑》，柳公权的《玄秘塔碑》，还有赵孟頫的《千字文》等。楷书是目前我们国家通用最多的最易于辨认的字体，行书和草书都是以楷书为本体，如果楷书结构掌握不好，学生直接将行书和草书应用于作业，很容易出现错字、别字。因此，楷书的普及与实用特点也是初学阶段儿童选择的依据。

其次，"欧、颜、柳、赵"四种楷书可以成为小学书法学习的内容，与这四种楷体的主要风格特征有密切关系。

欧体字虽然字形稍长，但整齐严谨、中宫紧密、主笔伸长，有疏有密且显气势奔放，八面玲珑且气韵生动。其造型风格在初唐书法史上是承上

启下的，即欧体字既存篆、隶之笔意，又含魏、晋书法之遗风。其运笔特点主要表现在：方圆兼施，以方为主，点画劲挺，笔力凝聚。横竖画多用折笔藏锋，如"上"字中的横竖。行笔多取直势，横画的右边略高于左边，长横画中段较细，如"五"字。竖画正直，悬针竖多在出锋前稍按，而收笔处含蓄有力。其结构特点表现在：既严谨工整，又于平正中寓峭劲，而且欹侧中保持稳健，紧凑中又不失疏朗。欧体字点画组合的变化非常丰富，如上下结构的字多纵向伸展，例"暑"字；左右结构的字多横向扩散，例"明"字。欧体字楷书以《九成宫醴泉铭》最为著名，有唐楷最高典范的美誉，其楷书无论用笔、结体都有十分严肃的程式，最便于初学。

颜体楷书整体风格一反初唐书风，结体宽博而气势恢宏，骨力遒劲而气概凛然，化瘦硬而丰腴雄浑。从美学上说，颜体体现的是端庄美、阳刚美、气势美。这种风格也体现了大唐盛世的风度，并与他高尚的人格契合，是书法美与人格美完美结合的典范。颜体笔画多呈蚕头燕尾，笔画之间采取横细竖粗的对比错综方法；结体上则方正端庄，稳健厚重，有人称颜体乃"雄魂铸就"。颜体自创立后，中唐、五代、宋代、元代甚至明清，皆出现了不少学颜体而成名或自成一家的著名书法家，如唐柳公权、杨凝式，"宋四家"，明"吴中四才子"、董其昌，清刘墉、钱沣等，无不受颜体熏陶。

柳体避免了横细竖粗的态势，而呈现均衡瘦硬，追魏碑斩钉截铁势，既有体势劲媚，又有骨力遒劲，与颜体的宽博凝重、筋力内敛相比更显棱角分明，故有"颜筋柳骨"之称。柳体发展的鼎盛期代表作，以《玄秘塔碑》《神策军碑》最为著名，其代表特点是：用笔骨力深注，以方为主，济之以圆，且在蹲锋与铺毫之间显示瘦硬劲挺之线条，这便是"柳骨"。

赵孟頫乃宋皇朝宗室遗脉，其楷书和行草书传世很多，对后世书法影响很大。纵观赵氏楷书，始终有遒媚、秀逸之特色，原因是赵氏在学习晋唐书法的时候都以中和态度取之、变之。有学者称"其拥有并发挥了切入传统和改变传统的力量"。概括赵体字的特点主要有三点：首先，起笔、运笔、收笔的笔路十分清晰，使学者易懂易循；其次，点画华滋遒劲，结体宽绰秀美，外貌圆润而筋骨内涵，学者不仅要学其形，且重在学其神；再次，结构注意方正严谨，撇捺舒展，重点安稳，其楷书往往可见行书的影子，使字字流美动人。赵体小楷尤为世人所重，代表作如《道德经》《心经》，均呈现结体妍丽、流畅延绵、气韵生动如一的特点。

四 小学生思维发展规律与书法教育内容接受水平探讨

小学儿童思维发展的基本特点是：以具体形象思维为主要形式逐步过渡到抽象逻辑思维为主要形式（这种思维过渡的关键期在 10—11 岁，即小学四年级），但小学阶段的抽象逻辑思维仍然具有很大的具体形象性，这种逻辑思维水平仍然比较依赖形象，即儿童对形象仍比较敏感，这与成人的成熟的抽象逻辑思维具有较大的差距。对这种思维特点，正如乌申斯基所指出的："儿童，如果可以这样说的话，一般的他是按照形状、颜色、声音和形象来思维的。"国外对儿童学习研究再次发现，当新的、更高级的思维方式存在后，旧的、不太有效的思维方式在长时间内仍被持续使用。而在新方法还不如已有方法适用的情况下，变化尤其可能会是逐步进行的，这是因为在儿童看来原有的方法更有效。

由小学生的这些思维特点来看，其思维方式向抽象思维的过渡是一个循序渐进的过程，小学生的学习，尤其是小学中、低年级学生，仍然擅长模仿学习和形象加工，而拙于运用概念、推理和学习策略等抽象方式。因此，安排小学生书法教材字体时，要考虑字体是否适合其模仿接受能力，内容难易是否适合其思维发展顺序，同时又不会给后继的学习留下可能出现的禁锢。

另一方面，小学书法教材内容的安排中除了书写技能的训练，还要考虑相关的书法文化和知识拓展，因此，在选择字体时，牵涉的书法知识应当与字体有所对应，这同样需要考虑小学生在不同阶段思维的水平和知识接受能力。按照目前小学开展书法教育的时间（山东省调查为三年级及以下 70.7%），初学书法的小学生为小学初期，知识面较窄，思维方式以具体形象思维为主，这样，在选择书法教材内容时，如按照时间顺序安排，易于初学者形成较好的思维逻辑，甚至构建形象的学习框架，便于初学者理解和掌握书法文化以及相关知识。

将欧体字放在初学阶段，首先是时间因素，该字体在四种字体中出现的最早，其次，欧体字的特点显示，其存篆、隶之笔意，代表了楷书发展初级阶段的较高成就，有承上启下的作用，这个承上启下不仅指书法艺术特点，还有汉字演变的发展历程，它上承二王，风格潇洒，于法度中现个性，再加上欧体字不局限学习者的性格，而且其用笔、结体都有严肃的程式，在各种字体中最接近现代楷书印刷体，其个性不张扬、点画粗细变化不大，便于小学生学习时自由模仿，并于不知不觉中提高对汉字结构的把握，这利于小学生同时掌握汉字书写知识和书法美意。因此，初学欧体，后学颜柳，正是循着楷书发展的历程进行，欧体学好，有利于向颜体、柳体等方向的转化。

颜体字放在欧体字后面学习，因颜体风格明显，尤其是该体风格中融合的书者个性特征显著，虽然写起来不难，但是对初学者而言，由于小学生还不能够较好地自发使用学习策略，其抽象思维水平不高，对抽象的书法笔意和风格难以理解，视野不够宽广，而且不能够很好地控制自己的情绪情感，个性特征也不是很稳定，如让三年级的学生初学颜体，容易导致小学生的形象思维被囿于这种鲜明的书写个性特点之内，进而影响以后学习书法过程中自我个性的发挥，所以不主张将颜体放到初学。而颜体又是柳体形成的重要基础之一，因此，适于在学习柳体之前先学颜体。

颜体之后学习柳体字，因柳公权早年学习过王书的体势劲媚、欧体的瘦峻挺拔，后又专学颜体，进而自成一家，因此，柳体与"欧、颜"有着前后内在的形成联系，柳体既有北碑中方笔斩钉截铁而棱角分明的长处，又融合了南派楷书结体上的紧密瘦硬，其笔力险劲似颜而结字紧凑似欧，因此，学生在学习欧体、颜体之后，如能充分领悟二者的风格特点，再学柳体，更有助于理解柳体融会晋唐楷法而独出的新意。

赵体字，书写速度略显快而自然，楷书中透出行书的笔意，呈现自由书写的感觉。因此，赵体字适合在掌握了一定的书法法度的基础上学习，可对下一步开展行书和草书的教学起到过渡作用。

五　小学书法教材具体内容安排的探索

如果将"欧颜柳赵"四种字体均纳入小学书法教学，笔者建议的学习顺序是这四种字体出现的时间顺序，然而，在具体编写书法教材时，如何安排这四种字体的学习内容，是一操作难题，例如，是否将这四种字体按时间顺序分别分布于小学三至六年级，将每一种字体的点画、结构、风格特色全部作为各年级的教学内容，即一年一次点画、结构教学，只是字体不同？如何从教材内容上体现三至六年级的教学难易梯度？是否可以选择以其中一种或两种字体为三至六年级主要学习内容，并用来教授点画、结构等书写技能，兼学其他几种字体的风格，如这样的话，内容的比例安排和难易程度如何把握？针对上述问题，笔者认为应结合小学开设书法教育课的最终教育意义和当前小学书法教学实际分析。

(一) 小学书法教育的意义和要求

《教育部关于中小学开展书法教育的意见》（教基二〔2011〕4号）对开展书法教育的意义做了如下描述：通过书法教育对中小学生进行书写基本技能的培养和书法艺术欣赏，是传承中华民族优秀文化，培养爱国情怀的重要途径；是提高汉字书写能力，培养审美情趣，陶冶情操，提高文化修养，促进全面发展的重要举措。可见，书法教育承载着三种意义：其一，教授书写技能；其二，培养审美情趣；其三，提高文化修养。因此，小学书法教育的目标要体现出这三种意义，并在书法教材内容选择时考虑如何选取和分配内容更能合理实现这三种意义。

同时，《意见》还对中小学书法教学提出了要求：其一，明确写字的基本要求，包括基本的书写姿势、速度、规范、习惯等；其二，明确使用毛笔书写的基本要求，包括临摹名家名作、了解书法历史与汉字渊源、鉴赏书法作品并形成欣赏书法能力、提高审美情趣等。因此，小学书法教材应含有多块教育内容：书写技能、作品鉴赏、书法常识、文化拓展，这与书法教育的意义相对应。

由此可见，小学书法教材编写基于普及书法教育的方向，而不是单纯传授高水平书写技能培养专业书法人才，因此，小学书法教材的内容应当区别于社会上培训机构的培训教材和书法考级教材，即在选择内容时不需要面面俱到把所有书法名家字体和书写技巧介绍详尽，而应当重点关注如何分配三至六年级的内容难易梯度，甚至每一册、每一课中如何搭配书写技能、作品鉴赏、书法常识、文化拓展。

(二) 小学阶段四种字体均匀学习的不现实性

据调查，目前小学书法课程的开课时间非常有限，"山东省中小学书法教育调查"结果显示，小学书法课的课时安排每周一课时的占71.9%，这虽然只是山东省的数据，但是山东省是目前在小学开设书法课比较早的省之一，山东省整体中小学书法教育状况在全国各个省中属于位居前列的。因此，按照每周一课时计算，一学期约16课时，如将"欧颜柳赵"四种字体全部内容平均学习，每年级的学习内容将比较多，甚至可能每课时都需要教师讲解大量的书写技能，对书法这种需要大量示范和练习的科目来说，这样很难保证学习效果，同时还可能导致相悖于小学书法教育的意义和要求。调查得知，在当前的小学书法课上，教师每课时只能讲授一种点画或书写技法，内容非常有限，因此，小学书法教材的内容不适合全部字体平均用力、详细学习。

（三）选择一种字体作为主要学习内容的安排假设

既然四种主流楷体平均列入教材有难度，笔者认为可考虑选择有利于小学生接受的一种楷体作为主要学习内容，其他几种放在知识拓展部分或用于比较内容。根据欧体字的特点，可把欧体作为主要学习内容，用以教授点画、结构等基本知识，同时可将"颜体、柳体、赵体"选取部分内容适当加入知识拓展，与欧体进行比较，当然，选择内容的多少与难度都应因年级不同而有所变化。

（四）三至六年级教学内容难易梯度的体现假设

三年级初学书法，以认识、接受、尝试为主，即了解书法基本常识，初步接受书法文化并形成大概的书法审美意识，学会用毛笔书写基本的点画。因此，三年级的教学内容应将书法基本常识与基本点画作为主要内容，但是表现形式应尽量简单、形象，同时，蕴含书法文化的各种趣味性故事也应占相当的比重，尤其要加入大量的特征图片和故事插图，这仍是适应小学生形象思维为主的特点，且有助于培养小学生的观察能力、记忆能力、审美能力等多种能力。

四年级和五年级可以逐渐加大书写技能的比重，同时学生练习的空间也适当放大，五年级时教师可适当减少故事的讲述，加入欧体字与其他字体比较的内容，至六年级，可再加入学生作品的赏析与评价，加入行书与草书的初步知识，并减少故事部分的内容。

自教育部下发了《关于中小学开展书法教育的意见》后，中小学应该如何开展书法教育成为当前最为关心的课题。尤其是小学阶段的书法教育，其毛笔字部分究竟应该学习我国古代哪一家楷书字体，更是目前《书法》教材编写者争议最大的问题。笔者认为，欧体楷书上承"二王"典雅书风，崇尚法度，楷法精美，圆润中见秀劲，形成了独特的风格。且欧体楷书用笔平缓少起伏，结构端庄寓险绝于平正，字距疏朗章法井然有序，由此入门，便于小学生掌握用笔、结体和章法等内容，能较为快捷地提高其书写水平，同时还能提高小学生书法艺术的审美能力。

第三节　小学低年级书法课堂教学设计及教学案例

一　教学设计的相关概念

"很多学者对教学设计进行过解释，比如加涅、帕顿、赖格卢特、梅里尔等国外学者的定义都很精练。国内学者的定义之一：教学系统设计是运用系统方法分析教学问题和确定教学目标，建立解决教学问题的策略方案、试行解决方案、评价试行结果和对方案进行修改的过程。"[①] 教学设计通俗地说就是"教什么""为何而教"和"如何教"的一种操作方案。[②]

"教学设计这个概念外延宽广。根据系统论的有关观点，按照其研究的范围，教学设计从大到小一般可以划分为四个层次：教学系统设计、课程教学设计、课堂教学设计、教学媒体设计。"[③]

对于一堂课的设计来说里面包含了很多方面，它是要以一堂课为中心，先设立适合学生并且还能让他们达到要求的教学目标，根据我们之前设的目标把内容进行编织，环环相扣地吸引学生去学习探索；需要用什么样新颖有趣味的教学方法，运用现代科技带来的教具，还可以布置教室在各种环境之中从视觉上熏陶着学生。这会直接对学生产生我要好好学习这门课的想法。而学生通过接受学习的知识和一些丰富的课上或者是课下的活动、激发自身的学习兴趣。我们可以发现这些方式相互有效地加在一起，通过这些方案的制定过程以此来提高教学的效果。

本节的内容是对三个学段分别进行了书法教学的活动设计。因为书法课自身有着其特殊性，它需要与语文上的写字课相结合，书法课跟其他美术、音乐的课程不一样，它既有艺术性又涵盖了历史方面、传统文化方面的性质。因此，在进行教学设计的时候要将它的特点全部都突出出来。

[①] 王鲁美：《基于 web 的研究性学习教学设计模式设计与分析》，《辽宁师范大学学报》2003 年第 5 期。

[②] 冯学斌、万勇：《教学设计的理论基础》，《山东师范大学学报》1998 年第 1 期。

[③] 张秀杰：《中小学机器人教育课堂教学设计研究》，《沈阳师范大学学报》2013 年第 3 期。

由于低年级学生的认知知觉的发展非常迅速，年幼的孩子在运动知觉方面，运动知觉的小学儿童比儿童早期发展，尤其是在运动知觉上看手是一个明显的进步，手部性能增强可以促进他们的写作、绘画。从相反的方向看过来，促进他们手部的活动可以让运动知觉更好地进行发展。促进手部活动是一个重要的方法来培养学生的书法课程，是一种有目的，有计划，有组织的学习活动，也是一种教育工作者的教育活动产生积极影响。在低年级的学生教学中尤为重要。它是在书法教师的指导下进行的，它引导学生积极主动进入跟汉字相关的状态中。

然而，儿童在小学刚刚开始那个时间段他们的肌肉还有骨骼的发育是不成熟的。做事情时的精准度方面，手的灵活性都不是很好。因此，不能过分的要求他们长时间地去做一些需要特别仔细和专注时间很长的事情。在第一学段进行写字课的时候，老师们应该特别观察和矫正学生学习书法的态度问题和正确的习惯。注重学生们对于硬笔字的基本笔画的掌握，需要清楚地知道汉字的最为基本结字规律性质。最主要的是在最开始的时候重视学生在书写的时候的规范性，做到书面上的干净整洁。在第一学段的书法教学内容安排上应注意根据不同学生的程度，进行合理、有序的课时安排。每个内容要调节难易不同梯度的安排。

二 低年级的书法课堂教学内容安排

"依据《书法课程指导纲要》在对第一学段的要求中明确提出：小学低年级学习用铅笔写正楷字，掌握汉字的基本笔画、常用的偏旁部首和基本的笔顺规则；会借助习字格把握字的笔画和间架结构，书写力求规范、端正、整洁，初步感受汉字的形体美。"[1] 笔者认为在进行内容安排时应按照如下内容进行。

（一）写字姿势的正确引导

对于大部分刚刚入学的学童来讲，在刚开始的时候他们对于写字是没有什么具体的认知的，虽然在幼儿园时期有过学习的机会但是大部分都是用的弯弯扭扭姿势坐在桌子上没有章法地去写。到了正式的小学课堂上了每个老师都要思考清楚怎么样才可以让学生按照一种科学良好的坐姿去写

---

[1] 中华人民共和国教育部：《中小学习书法教育指导纲要》，北京师范大学出版社2013年版。

字或者上课。这对于实施教学的人来说非常重要。因此，笔者认为在书法课程的初始阶段课程需重视书写好习惯的培养。一年级的学生在最开始的时候就学会一个正确的写作姿势，既能对学生身体发展产生好的影响还能保护学生们的视力，因为现在戴眼镜的学生越来越多，普遍视力都不好。

案例 [1]　（一年级）
1. 教学内容：
1.1　导入：同学们，进过拼音训练的结束，我们要更好地学习知识，学习知识的时候我们需要阅读和写字，要是想写好的字的话，首先我们应当坐好，摆好正确的写字姿势。因此，养成正确的写字姿势很重要。
1.2　明确正确的写字姿势的要求（可通过多媒体等媒介进行介绍）

教师出示图片，展示写字姿势，引导学生分析展示图片中学生姿势，诱导学生自己发现什么是正确的写字姿势。
1.3　巩固练习

说说写字姿势的规矩；同位之间相互查看帮助；也可以展示自己作首简单的歌谣加深学生的记忆。

（二）笔画的书写指导

从小学一年级起，老师们在进行写字方面的教学时，应当把笔画的学习作为重点来教授，我们都知道拼音大多是以几何般不同的形状出现的，学生入学后最开始是学习如何去拼写拼音，并要会写，拼音学完以后在学习简单的汉字。由此在进行写字教学时，教师一定要注意学生从拼音到汉字书写的转换，不断调整学生初学写字的不适应。学习笔画是基础中的基础。刚开始的时候，老师在黑板上做完示范以后，带领学生用手指在桌子上写一写加深记忆。学生在开始的时候由于注意力集中时间很短，老师应需要更多的耐心去矫正他们的笔画。就现实状况笔者为书法课进行了一些设计，以案例的形式明晰给老师们。

案例 [2]　竖的书写
教学时间：一课时

教学过程：1.1 导入：先要复习一下前一节课的内容，先复习之前课程的主要内容，继而引出新课内容。

1.2 明确教学内容：老师要先在黑板上做一个示范，告诉学生笔画的名称叫什么。带领学生进行练习，引导学生书写，让学生说说竖画的特点。并重点解说竖画上的写作要领。竖画有垂露、悬针、短竖之分。彼此之间的不同要解析。让学生在田字格内开始书写，教师观察学生的书写情况给予指导；也可展示学生的作品。学习带竖画的字例如"口"让学生认读说笔顺，带领学生分析书写要领，演示书写过程，学生练习。

1.3 总结，老师多多地去评价好的作品。

（三）偏旁部首的书写指导

"偏旁是指在汉字形体中常常出现的某些组成部分，如，位、住中的'亻'，国、固中的'囗'都是偏旁。"[1] 部首是从偏旁那里分出来的一个分类。汉字有着万千般的变化，都是不同的偏旁进行着不同的组合而形成的汉字。偏旁绝大多数都是独体字演变过来的，老师在教的时候特别注意学生独体字的书写情况，要更加注意由独体字变化出来的偏旁和部首。[2]

案例［3］　（二年级）

教学内容：单立人的书写指导、木字旁的书写指导

教学过程：

1.1 学习单立人旁、木字旁写法

1.2 教师一边解析一边示范，运用电脑幕布展示单人旁和木字旁图片，吸引学生的注意力。单立旁的写作要领：撇斜而微弯，竖正、直略短，竖起笔在撇画中间。

木字旁的写作要领：横短，竖长，撇在横竖相交起笔，捺变点，起笔在撇头下。学生练习部首；书写相应部首的汉字，引导学生观察

---

[1] 《现代汉语词典》，商务印书馆2005年版，第1041页。
[2] 陈亚洲：《在小学语文教学中培养学生的写字能力》，《软件教育现代化》2013年第12期。

部首在汉字中需要注意什么。

学生练习书写，教师巡回指导，注意调整学生写字姿势。

1.3 总结，进行评价优秀作品。

（四）汉字笔顺的书写指导

教会学生按照一定的规律去学习笔画相对来说很复杂的字，是非常有必要的。按照先写横画再写竖画，有撇画的先写撇画最后捺画。上下结构的字告诉学生要先写上面的然后在写下面的；有左右的要先写左边，然后再写右边等的结字规律。这是后面进行教授较为复杂的汉字的时候，教师们应该在教每一节的时候都要强调出来的。教师不要认为这只是在教写字的规则罢了，其实是在为学生们建立一个良好的习惯的问题。同时，通过学习笔顺也是对于学习汉字最好的认知。笔者在小学进行书法教学时，就经常发现学生在写口字或者是口字旁的字的时候，明明正确的笔顺是先写竖画，再写横折，最后才是横画，但在现实中却有学生写成了竖折和横折的情况。所以，教师们在进行教导的时候必须要教会学生笔顺的写法。

（五）田字格的书写指导

一年级的学生在没上学之前大部分是以画画为主要的学习，他们所需要用的纸张大部分是一张 A4 左右的白纸，学生怎么样去写、画都可以。学生习惯了这样的纸张在到小学之后要在田字格中去写的时候，往往就会出现要么字就写得特别大，或者就写的字特别小，汉字其实就是基本笔画之间的相互搭配排列，怎么能将他们摆设得在视觉上让人们觉得好看，这就需要在田字格去训练了。田字格的教学不仅能帮助学生在有限的空间里面把字写得非常工整，而且还能让学生增强对字的结构的把握，田字格的训练基础，可以方便学生在日后的学习中活学活用。更为学生们日后转入软笔书法过程中使用米字格练习时不会感到陌生没有方向地去学习。随着学习的时段不断地加长，学生在写了长时间的汉字，在书写方面的能力一定是在不断增强和提高的。为此，我们可以为了让学生更加有兴趣。多多找一些古诗词之类的让学生进行练习。

三 低年级的书法课堂教学目标设计

在低年级书法课堂教学过程中，我们得学着转换以往的陈旧的不断往学生脑子里面塞知识的模式，而是要形成一种带着学生加入课堂随着学生的学习态度和能力来不断变化的方式进行上课了。这样的方式可以让学生在学习变得主动在获得知识的时候，也能学会技能。不再像以前那样学生不怎么清楚自己究竟在学什么，只是老师一味地在讲台上讲课，不会考虑学生在接受知识的时候能不能接受得了，这完全就是颠覆了要以学生为主要核心来设立教学目标为出发点的教学宗旨。传统的课程一般是觉得要用一种理性的不具有弹性的逻辑进行设计，我们发现这样的教学目标不具有科学性，完全是在脱离学生的发展状况下进行的设立。时间一长在这样的教学目标下教育出来的学生大多是呆板、不会变通、不是具有创造力和创新力的学生。因此，我们要更换教学目标，需以所学习的知识为核心，加上辅助性的知识点的具体的教学目标。这样就更换了旧有的教学目标，也改变了的知识和学生之间以前的被动关系。

一、二年级的学生们大部分处在由学前期向少年期过渡阶段，小学阶段的抽象逻辑思维仍然具有很大的具体形象性。[①] 因此，学生在初始时，大部分是由学习活动游戏状态转变为学习状态的一个的阶段。他们在意志力方面没有持久的坚持，注意方面是处在不稳定的状态，与第二学段的学生，也就是三、四年级的学生相比较来说是要弱一些。这些都需要教师有意识地进行培养，随着培养时间的加深学生会逐渐形成好的书写习惯和优秀的学习品质。小学书法课的教学目标应该是将知识和技能合起来进行设计的。低年级的学生在最开始是要学习怎么样去认字和书写，书法课堂在进行教学的设计时候，尤其属于书法课堂的方面的教学目标的设计要注意几方面。

（一）在书法的知识和写字的技巧方面的目标设计

一节书法课要将教学目标具体化还要有所拓展。因为一堂课书法的教学目标的规划是在所要教的每一小节的书法课的内容目标的具体表现来设计。教师都是要通过书法课它本身所定下来的目标和课程所要交的内容来确定这一节课的教学总的一个目标。这样设立的教学目标可以更细致地对教学所表现出来的结果进行评价。

书法课的教学内容是特殊的一种。书法的知识与写字的技能是书法课堂目标的重要组成部分，掌握书法的相关课外知识是实现让学生了解古代文化的基础。我们不仅仅要告诉学生关于写字的技巧和书法等方面的知

[①] 刘电芝：《儿童发展与教育心理学》，人民教育出版社2006年版，第162—164页。

识，还要延展到我们日常的生活当中去，让学生知道自己学到的书法跟我们的生活是有关联的，方便学生将学到的东西可以用到自己的生活中。书法课最重要的目标就是让学生喜欢上书法课，能有兴趣去学习它。

(二) 过程与方法目标设计

在上课的时候教师应该注意一下学生自身课堂上的体验。为了学生去营造一个情境，让学生在老师设置的情境里面学习的这一种经历也是目标的一个重要的部分。假设学生没有这种在设立的情境里面去学习的话，我们是很难实现学习的目标的。因此，在一堂书法课里面老师要对一系列的教学活动进行设计和规划。教师可以借用短暂的拼字游戏来教给学生们，哪一些需要借助电脑和纸片图画给学生展示，用着这样的活动交给学生去学习书法。写字的时候，我们不能让学生认为只要按照字形把字摆进田字格就可以，是要让学生自己去观察出来笔画之间、偏旁部首之间是按照什么样的方式进行的穿插避让，大小的分布和长短的布局是怎么样的方式。这就需要教师以此为目标，认真教授低年级的学生去写字。

在开始教授硬笔字课的时候，笔者认为最开始的阶段还是要教会怎么样去用正确的姿势去拿铅笔写字。一二年级的孩子虽然在学前班的时候有学习过，但一些老师也只是教了一点点，没有系统地去教孩子，随着学生自己的想法去写的。对于学生怎么拿笔去写没有过分强调。因此，学生的执笔姿势是有问题的，学生的坐姿也不是很好。有的学生在刚开始学执笔手指由于没进行过练习，手指之间很不协调甚至会觉得是不习惯的，总换成自己习惯的但又不那么正规的执笔方式。因此，老师要不断纠正学生的拿笔姿势什么的。在坐姿方面，有的会坐着时间太长，低年级的学生注意力涣散，身体就会越来越往桌子上趴，身体斜着，弓着脊柱，腿也放得不是那么正，或是玩一会儿再写字等许多不良习气。由于低年级的学生学习的时候还是以模仿为主的，一个好的姿势的养成需要老师起着带头的作用来完成这样的目标。老师需得不断地强调坐姿和拿笔的姿势问题，也要很有耐心地去纠正孩子的不良习惯。教学中如果不这样做的话，也不及时给学生进行纠正，学生会失去他们最佳学习时间段的，从此养成非常不正确的写字的坏习惯。所以，笔者认为在教学最开始的时候第一节课要用一节课的时间去教学生正确的坐姿跟执笔姿势。让学生做到手指在拿笔的时候不能太远了，但也不能太近了。眼睛在看课本的时候不能靠得太近避免伤害眼睛，身体要直立着不要靠在桌沿，头要正不能歪着，把胸还要挺起来才可以，在写字的时候不能写一笔觉得不好看就擦掉，养成写一笔就是一笔优秀这样的好习惯。随着时间的增长，学生也就会逐渐地学会正确的良好的习惯，写字速度和质量上也会有保障了。

在学习笔画和经常会见的偏旁部首的时候，要让学生不要产生害怕的心理。告诉学生每个字都是由笔画和偏旁部首一起组合出来，都是学生学习过的东西。根据学生的掌握程度进行那些笔画先交，哪些笔画要放在后面再交，偏旁部首也是一样的，每一学期的偏旁部首安排都要有简单的，也要有复杂的，一味的简单学生会没有进取精神导致学生对写字不那么有热忱，如果一直教难写的也会打击了学生学习写字的积极性不利于以后的教学。带着学生观察同样的一个笔画或者是一个偏旁部首，在不同的字里面的变化是什么样的引发学生的兴趣。在写的时候老师要告知学生既不能写得太快，也不可以写得很慢，在速度上要适中一些去写字不仅写好看还得要写到位。有的学生为了贪图快速地写完字经常会把字写得省略化，在低年级阶段这是要明确禁止的。在教课过程中老师需要延展一些汉字的规律是什么，运用不同的偏旁部首在不同的字当中所出现的不同状态，开发学生的发散思维能力能够面对这些偏旁部首的变化举一反三。

在一、二年级的孩子还处在靠具体形状和图像记忆的一个状态，正如乌申斯基所指出的："儿童，如果可以这样说的话，一般的他是按照形状、颜色、声音、和形象来思维的。"[1] 所以一个字的间架结构的花边是多种多样的，长短大小、左右之间的高低布局，上下的宽窄都是不一样的。汉字的字形是多样性存在的，有上下结构的、左右结构的、上中下结构的、左中右结构的等，所以在设计的时候这些规律要按照从简单到复杂的顺序交给学生们。因此，整个低年级的教学活动教师需要要求学生养成良好的书写习惯，做到能够把字写得好一点。学生需要做到在田字格里面能把老师所交的结字规律和笔画运用得很好，但这不是短时间里面就可以做到的一件事情，需要不断反复地进行练习，进行训练才可以让学生把握在田字格里怎么才能写好字。

---

[1] 李幼穗：《儿童发展心理学》，天津科技翻译出版公司1998年版，第309页。

四 低年级的教学评价设计

在书法课里，老师要注意学生之间的差异，有些学生掌握知识会很快，有的会很慢。所以要感性地去设计教学的目标，设计出具有丰富性和合理性质的教学目标。在检查学生写字情况的时候要认真对学生进行评价，指出他们的不足之处，要及时地将批改的地方告诉学生，让学生加深印象。这种评价反馈的方式对学生来说很重要的，让学生清楚地知道老师有仔细查看自己的作业，让学生知道老师是在关注他的，这样会促进学生更加认真地去学习写字，会持续不断地严格要求自己，保证自己的写字质量。对于写得比较差的学生教师不可以冷漠对待，要加倍用耐心去指出错误，重点去训练学生屡次犯错的问题，那么在日后复习的时候就可以将这些错误和不足作为典型性的内容，在课堂上重点讲述。同时，教师也可以当场课堂就进行批改或者是当场指正，这样更能加强学生的印象。在上课的时候老师一边巡视一边纠正学生的错别字，还要纠正学生的坐姿问题，培养学生的良好学习习惯。在讲评课上书写的字的时候，根据学生的书写情况进行表扬，从情感上去鼓励学生好好写字。让学生从心里愿意去写字。

五 课堂教学策略设计

在上书法课的时候我们还要设计一些小策略。关于低年级教学形式的策略笔者设计了几个策略的规划。

1. 时间控制上的策略：一节课是有时间限制的，也是有内容限制的。在一定的时间里面我们怎么去设计教学内容，在每一个时间点里面我们怎么控制好我们所讲的内容，这就意味着老师也需要对书法教学的内容随着教学时间的变化进行弹性的控制。

一到二年级的学生他们年龄都比较小。他们是没有固定性的。在上语文课或者书法课的时候，教师为了完成教学内容教授，需要不断地对学习过的知识或写字进行巩固。巩固的最好方式就是大量的书写练习或者是作业，而这又是不可避免的，据笔者的观察，有些老师为了完成教学任务会布置大量词语或者句子让学生去写，大量的练习会致使学生产生厌烦感，学生就会形成一种应付练习的倦怠感。① 因此，在练习时间上教师需要根据学生的年龄来进行控制。教师还要合理地进行书写的练习，在合理的时间里面让学生进行练习，这都需要教师进行合理的设计。时间上的合理安排可以增加上课的效益，从另一个角度来看，合理安排时间还能增加学生的专注力，因为在一定时间里面老师如果运用的教学方式是有趣的，学生就会继续听下去，这样的情况时间一长学生的专注力就会随着时间的增加而延长。为了节省时间老师需要明确一节课的任务，适时地与学生进行互动从而能得到学生对所学知识的反馈，能够更加有重点地进行教课了。

2. 教学媒体选择策略：对教学工具的选择和运用可以赋予课堂更好的生命力，尤其是对于低年级的学生。教师可以通过电脑图片的展示，吸引学生的注意力，让学生在第一学段就先了解关于书法方面的一些浅显的知识。为以后学习书法提前做了铺垫。教师还可以通过自己的硬笔字作品展示给学生，让学生来进行评价，增加学生学习写字的兴趣。笔者认为在进行书法课堂组织设计要遵循以下几个原则：

（1）适应性原则。在上课的时候书法课老师必须要以学生为主体进行教学设计，从学生的角度来制定适应于学生的教学目标，并且学生还能达到的教学目标。教学内容要适用于每一位学生，不能存在着偏差行。教学策略的设计还要符合学生年龄段。

（2）渐进性原则。我们都知道学习知识是一个循序渐进的过程，随着学习写字的课程不断地进行着，学生的书写水平会随着教学任务的进行不断发展着。因此，老师要根据学生的实际情况出发，从内容上和教学方法上循序渐进地提高学生的书写水平。其中"渐进"一方面是指随学生自身的生理及心理的发展来进行合理有效的教学；另一方面还指书法教学内容上也要随着学生的认知程度来进行调整。

（3）学生主体原则。通过一系列的教学活动引导学生主动去参与，根据不同学生之间的差异，对教学内容进行弹性的改变，一切的教学都是要围绕着学生进行。

（4）问题有效原则。老师们需要学会倾听来自学生们在写字的时候遇到的一些问题。书法教师要迅速地去分辨出来，学生在学习书法时遇到

---

① 周荣华：《也谈小学低年级写字教学》，《考试周刊》2013 年第 77 期。

的问题，哪些是要在课堂上着重去讲的，用这样的方式既能够锻炼书法教师应变问题的能力，还能发展学生的学习思维，是一举两得的。

第四节　小学中年级书法课堂教学设计及教学案例

清刘熙载在《书概》云："书，如也。如其学，如其才，如其志，总之曰如其人而已。"① 古人经常说看字就能知道这个人是什么样的，这个观点到现在也还是会被一些人认为是正确的。我们不难看出人们对字的要求还是一直没有变化的。汉字存在的历史要比许多的艺术成长的时间都长，并且它一直在不断地吸收、发展和改变着。有铅笔字、钢笔字、毛笔字等，它不再是古代书家认为的只能用毛笔才能写。但中国的所有历史也都是运用毛笔这个书写工具书写出来并流于后世的。让我们现当代人知道祖国的历史，它是融入了先人们的智慧创造出来。因此，笔者认为在学习了硬笔字的基础上，我们应当要交给学生学习毛笔字。

一　小学中年级的书法课堂教学内容安排

中年级阶段的学生根据书法新课标的指示，在原有的硬笔字的基础上开始涉猎毛笔字的学习。初始阶段的学习只是要对书法的工具做一些了解，学会怎么样去使用毛笔。随着中年级学生的手动能力和认知思维的增长，学生应用什么样的字帖是关键。根据笔者多年学习书法经验，在学生可选用书法描红字帖来进行初始阶段的练习。描红是我国一种传统的习字法，是指在印有红色字或空心红字的纸上摹写，是初学写字者的最好训练方法之一。以前练习毛笔字时，是红色的字，每隔一页都是红色的标准楷体字，上面一张薄薄的透明纸，练习书法者描那个红字，叫描红。②

（一）描红笔画的书写指导

书法的基本笔画学习跟硬笔书法一样也是要从点、横、竖、撇、捺画开始学习，前文有提及在初学书法因为描红具有直观性的特点，方便学生在初次接触书法时懂得其基本笔画的运笔过程。在这一时期教师交会学生

---

① 刘熙载：《书概》，载《历代书法论文选》，上海书画出版社1979年版，第681页。
② 曹广雪：《美轮美奂的叶脉画制作》，《化学教学》2013年第8期。

在描红上练习简单的笔画,帮助学习学会使用毛笔写字,墨色要怎么运用,执笔要怎么做,坐姿是什么样。

案例[4](三年级)横画的写法与练习

教学内容:(1)展示书法家作品,提高学生学习的兴趣。(2)教师示范执笔方法及写字姿势要求,五指执笔法、头要正,身体要挺拔,脚放平。(3)讲解横画写法。

教学过程:

1.1 导入:通过图片给学生展示一些书法的作品,浅谈书法小知识,激发学生的兴趣。

1.2 书写姿势要领:教师一边解析一边示范或使用多媒体展示图片、视频,指导学生执笔方法、头需正一点,身体需要挺直一些,脚摆正。老师要时刻去查看学生姿势是否正确。

1.3 书写要领:讲解"横画"写法图片示范并与硬笔字横画写法做对比,让学生更加直观地明白硬笔与毛笔的不同。横画写作要领:起笔要逆锋,行笔过程中保持中锋,行至尾端时收笔回锋。在黑板上或者投影仪上进行描红示范,带领学生先读帖,引导学生学会观察字的形状和行笔过程;做"书空"练习,然后在进行描红本进行练习;教师随时指导提醒学生书写所发生的状况,对学生加以指导。

图 5-1 硬笔字横画

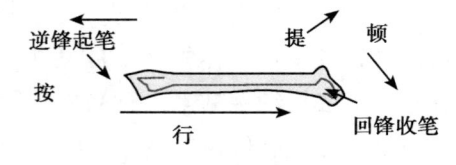

图 5-2 毛笔横画笔势

1.4 总结,进行评价优秀作品,请学生谈谈收获。

(二)描红偏旁部首的书写指导

汉字的结构多是由偏旁部首和基本笔画组合而成的。学习偏旁部首一方面能够帮助学生更好地理解字的意思,比如草字头的汉字是与花草相关,木字旁的汉字与树木有关等。让学生了解能帮助学生了解字的结构组成。

案例［5］　双人旁的写法与练习

1.1　教学内容：双人旁的书写方法

1.2　教学过程：多媒体或者板书展示双人旁，引导学生观察提示双人旁与单人旁的区别；

图5-3　单人旁　　　　　　　　图5-4　双人旁

书写要领：短撇要写得短小精练，第二笔撇画要与第一笔大致相同，竖画要向左倾斜一些。教师进行描红示范，加深学生印象，随后指导学生练习描红，老师要在教室里面随时查看知道。

1.3　总结　进行作业评价，或小组互评，随后进行展示。

（三）描红字形结构书写指导

结构是将一个主题部分中每一个小部分进行穿插的搭配。合体字的好与坏在于两方面，一方面在于笔画和部首有没有写到位；另一方面是他们之间的搭配是否合理，是有避有让，还是争抢征占。清代冯班在《钝吟书要》中说："书法无他秘，只有用笔和结构耳。"[①] 因此，教师应熟练掌握书法结构规律，这样更加方便其日常的教学，而则学生学习了规律后会对他们书写上更有帮助，会不断地增加学生继续练习书法的信心。

案例分析［6］　左右结构的写法与练习

1.1　教学内容：左右结构的书写方法

1.2　教学过程：多媒体或者板书展示左右结构例字，引导学生

---

①　冯班：《钝吟书要》，载《历代书法论文选》，上海书画出版社1979年版，第549页。

观察提示左右结构字形各部所占比例大小，笔画如何伸展。书写要领：短撇要写得短小精练，第二笔撇画要与第一笔大致相同，竖画要向左倾斜一些。教师进行描红示范，加深学生印象，随后巡视去指导学生练习描红。

1.3 总结：进行作业评价，或小组互评，随后进行展示。

二　小学中年级书法课堂教学方法安排

（一）用语言进行信息传递的方法

毛笔字跟硬笔字相比，在用笔方面是不一样的状态。在书写的时候很多地方老师如果不仔细描述的话，学生不一定会理解。因此，需要老师运用丰富的语言艺术对毛笔字的基本笔画进行语言方面的包装。通过一些形容词或者形象描述让学生更清楚基本笔画是怎么写出来的。对基本笔画几何形状的描述引导孩子初步了解书法用笔方式，但要注意孩子的现状对笔画甚至结构提出过高要求，以免伤害孩子兴趣。在这一阶段现代汉语词典不留课后作业，防止不良习惯的养成。

（二）用直接感知的为主的方法

刚开始学习书法的时候要让学生以基本结构的学习为主要任务。学生在用描红本写的时候能够清楚将笔画或者是字的结构在米字格中准确地找到。学生在含有米字格的描红里面学习范例字的结构，需要老师紧紧追随着去指导，因为学生刚开始写字的时候并不太知道墨色方面要如何去使用，要用多少，这都是要老师在旁边悉心教导的，书法有时候也可以说是一种体会的艺术，有些地方不是用语言就可以讲授得很清晰，需要自己的体会，老师在教书法课的时候在讲解完书写要领后，学生自己的理解跟临写是尤为重要的，身在其中的体会往往要比老师说上许多遍来得有用一些。

三　小学中年级的书法教学目标

根据对书法指导纲要的第二学段的要求，这一阶段的老师主要是要训练学生在描红本书写练习，通过对描红的临写逐渐进入书法的天地领略书法的奥秘，让学生从使用铅笔逐渐到适应用毛笔进行练习，慢慢通过描红的练习提高临摹的能力，为下一部进入高年级的学段进行碑帖练习的时候扫除障碍，在中年级阶段进行书法训练的同时还要增加关于书法的知识，增添书法的学习内容，提高学生对书法知识方面的认知。这一阶段由于学生才刚开始接触毛笔还是不怎么适应，所以更加需要老师紧密地去配合学生，在课堂上进行练习时要经常调整学生在书写时出现的问题，及时去帮学生进行改正。

第五节 小学高年级书法课堂教学设计及教学案例

一 小学高年级教学内容的安排

五到六年级的学生将会继续用毛笔学习书法，但是又不同于中年级阶段，根据指导纲要的要求学生试着去学习一些古代的碑帖，由于中年阶段学生用描红练习了相当时间的楷书的字体，学生对于楷书来说是不陌生的，所以在高年级阶段学生再学习名家书帖不会感到陌生。笔者认为在此阶段学生继续临写开始会更好。同时，可以加入欣赏课程以及书法的章法问题为高年级的，楷书具有广泛的使用价值，与学生平时书写的汉字基本笔画大致相同（虽然有繁简之分）。

而笔者在欧颜柳赵四家之中选择欧体进行教学。欧体是唐代书法家欧阳询创作的较为严谨的楷书，笔者选择的《九成宫》它比较类似于我们日常书写的硬笔字，能够提高学生的书写水平。其特点是方笔跟圆笔二者都有，但是整体是以方笔为主的，点画有力，笔力挺劲。既严谨工整，但严谨中不失疏朗之感。因此，笔者认为在高年级开始阶段学习楷书《九成宫》更加合适，笔者为高年级书法课程设计了一些内容并且附有案例，如下：

案例 [7] 横画的学习（5 年级）
教学时间：一课时
教学过程：1.1 导入：认识楷书并加以释义，多媒体图片展示。
1.2 明确教学内容：老师释义楷书，带领学生学习经典楷书知识；向学生介绍欧阳询，图片展示其字帖。
引导学生进行赏析，让学生观察说说每个书家之间的不同特点。

并重点介绍解说欧体的特点。

1.3 总结，询问学生获得的感受。

(一) 欧体笔画教学指导

首先让学生观察欧体横画的特点。

案例 [8] 横画写法与练习（5年级）

教学时间：一课时

教学过程：1.1 导入：明确教学内容：观察横画特点，分析横画有几种分类。

长横书写要领：首先要逆锋起笔，随后转为中锋行笔，写到尾端时提笔回锋。老师在黑板示范，让学生进行书写。

1.2 总结，评价学生优秀作品或小组自己打分。

图 5-5 欧体横画

图 5-6 横画的笔路

(二) 欧体部首教学指导

在前文笔者就已经指出部首教学的重要性，因此，在毛笔教学当中亦是如此。

案例 [9] 木字旁（5年级）

教学时间：一课时

教学过程：1.1 导入：明确教学内容：老师书写或者播放木字旁的图片

1.2 书写要领：带领学生观察并欧体木字旁特点，木字旁的竖多写成钩，钩画较为含蓄；整体字势向左边或者是向右倾斜。

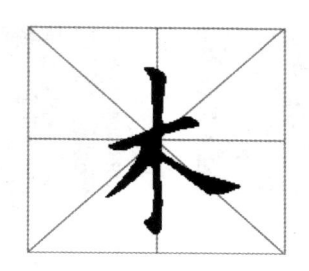

第五章　小学书法教育中的书写技能教学及教学设计　157

图 5-7　木字旁

图 5-8　例字

老师先在黑板上进行示范，学生观看随后进行书写，老师需要随时。例字练习观察木字旁在整个字中的变化。

1.3　作品评价。

(三) 欧体的结构教学指导

对于楷书的间架结构，先人们做过许多探索，积累了丰富的经验和成果，其中就有传说是唐代的欧阳询《结体三十六法》、明代的李淳所做的《大字结构的八十四法》等。欧体的结构严谨且还很规范，例如：

案例［10］　欧体左右结构的写法（高年级）

教学时间：一课时

教学过程：1.1　导入：明确教学内容：教师图片展示例字"经""弱"的写法，观察提示学生左右两部分所占比例。

1.2　书写要领：书写"经"字时，右边的横要写出长短变化；"弱"字左右要中间靠拢，四个点画要相互呼应。例字练习学生首先进行书写。

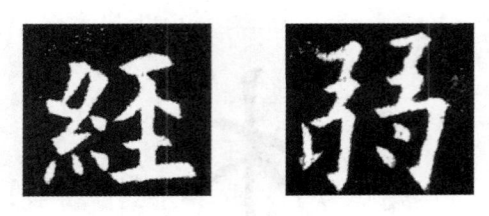

图 5-9　左右结构例字

1.3　总结，评价学生作品询问学生获得的感受。

二　小学高年级教学方法设计依据

所谓教学方法其实就是教师按照在教学中不同的方面要求动用一些方法，帮助教师和学生能够达到拟定的目标。但是在选择高年级教学方法的时候我们不能随随便便进行选择，需要根据以下四个方面来进行选择。

1. 根据教学的目标

教师在上课之前要清楚确立每一节课都有什么样的目标，期望学生通过一节课的内容达到什么样的一个效果。书法新课标指出在高年级阶段，在学生学习古代书法的字帖并试着在日常的生活中通过所学进行运用。抱着这种教学目标的教师可以选择一些方法比如：首先，老师可以通过向学生进行讲解每一个笔画和例字，运动图片或者板书展示给学生每一个字从开始起笔直至最后的收笔都是怎么写出来的，通过老师的讲解使学生能迅速理解其中的意思，方便学生临写。

其次，老师可以通过借用多媒体例如电脑等设备，为学生播放所临字帖的书法视频，让学生从更加直观的角度去主动观察，再通过老师细腻的讲解帮助学生获得更加准确的认识。

2. 根据所要教的书本内容

每一堂课的内容是什么直接影响着教学方法的选择。书法课程不能单单像文科类的课程那样只是老师在不断地讲，没有学生的参与就等于是这又回到了老式的教学方式上去。因此，老师需要根据不同的阶段的内容采用不同的方法。如果是和书法技法相关的话在方法上，老师可以通过自己进行书写来示范给学生，通过教师自身的书写让学生清楚明白每一笔在格中是怎么写出来的；如若欣赏课的话，老师可以通过借助现代的科技一些多媒体例如电脑等设备,为学生播放所临字帖的书法视频,让学生从更加直观的角度去主动观察,再通过老师对每一个字细腻的讲解帮助学生获得更加准确的认识。

3. 还要根据学生的发展选择方法

高年级的学生已经进入到青少年时期了,注意力在不断提高,对书法方面难一点的知识或者技法方面的问题也可以更好地理解。

因此,在高年级的书法课程上我们可以选择一些新颖的教学方法,比如在上关于欧阳询的书法欣赏课的时候,完全可以让老师带领学生一起讨论"为什么学习欧体更好的",老师可以安排学生以小组为单位,老师也要一起参与对提出的问题进行讨论和分析。这样的一种师生一起讨论相互学习的方式,不仅可以促进老师和学生之间的关系,还能让学生在这个过程里面积极主动地去思考问题,通过不同的讨论起到发散学生思维的、促进学生对书法的理解和对书法的喜爱之情。[1]

4. 学校自身的发展状况也是影响教学方法选择的方面

对于书法的学习上在某一部分来讲是枯燥的,为了使课堂气氛活跃不断吸引学生学习的兴趣,老师需要借助一些教学工具多媒体或者书法字帖的一些坊本。学校自身的发展如果不错的话,可以通过这些教学工具对学生进行教学。但是学校发展不是很好的学校也可以通过一些其他的方法进行书法的教课活动。

在基本笔画和书法用笔方式的强化训练阶段让学生在单独纸张中,在教师指导下用毛笔以正确的方式书写完成。由于前一阶段在结构上的充分准备,写出来的字将会较为接近范字,孩子学习书法的信心将会逐渐增强。

这一阶段的学生们已经经过了很长时间的书法训练了,尤其是在进行临摹字帖方面的能力更是在不断加强当中。所以可以适当地让学生书写一些书法作品。通过试着创作一些书法作品,提高学生对书法在章法方面的一些认识。

三　小学高年级阶段的书法教学评价

一门课上的好坏我们需要对其进行一下评价,但是书法上的教学评价

---

[1]　陈大会:《以趣入手,寓教于乐——浅谈书法教学》,《中国文房四宝》2013 年第 3 期。

是没有一个固定的要求标准的，因此笔者通过其他学科的一些评价教学设计，为书法课的评价选择了以下几种方法。

（1）讲评法：老师讲评的这种方法是教学课堂当中常用的一种教学评价方式。[①] 老师经常对学生的书法作业或者书法作品进行评价，学生在书法上面的能力就会不断提高。但如果长期都是一种方式的点评，学生就会没有新鲜的感觉，所以在评价上老师要发展多种方式。

（2）评优法：结合不同层次学生个人的特点评优的方法是要常常使用的。从学生交的作品中，挑选出来优秀作品，进行评价还可以进行一些奖励。

（3）鉴别法：在书法课堂上我们可以选择让学生之间对书法作品互相进行评价，也可以让学生自己对自己的作品进行评价。这种方式的评价方法可以帮助学生提高对于书法的欣赏能力。

（4）命题法：在每学期书法课的最后一节课，老师可以进行一些小型的测试，选择一些成语或者其他简单的内容，让学生进行书写当场就进行评价。这样可以准确看出学生哪一些方面还有不足。

---

① 金艳：《书法教学四部曲》，《南北桥》2014年第4期。

第六章　小学书法审美教育内容分析

　　中国书法是以汉字为基础的笔画线条造型表现的视觉艺术，汉字在发展演变中形成了篆书、隶书、楷书、行书、草书五种书体，这是中国书法艺术的基本字体，而构成这些字体的笔画线条、结构造型成为书法创作与书法欣赏的主要内容，通过这些富有变化的线条、结构，融入书写者内心的情感体会及审美追求，达到以字表意、传达情感的艺术效果。中国书法是形神结合："言，心声也；书，心画也。声画形，君子小人见矣。""书，如也。如其学，如其才，如其志，总之曰如其人而已。"人们所要关注的不单单是书写出来的字符，而是透过书法作品所表现出书法家的书法技法、审美情趣、精神面貌、文化涵养等诸多方面，不可否认这些就是书法构成的基本要素，是书法审美的时代风尚，是书法的文化趣味。书法具有特殊的书写规律，具有流动性、方向性和不可重复性，通过富有变化的线条、结构，融入书写者内心的情感体会及审美追求，是一种表现性艺术；在历史发展演变中，书法起着文化继承与思想交流的重要作用，是一种独特的造型艺术。书法艺术通过线条、黑白等形式来表达书法家的主观感情，张怀瓘说："文则数言乃成其意，书则一字已见其心，可谓简易之道。"[①] 书法艺术中美的表现形式包括笔画中所表现出的动势与力感、结构空间的分割与形式、书写出的文字表象中的意趣和神韵等，这种美不仅是中华民族传统艺术特有的美，还是区别于其他艺术形式所无法代替的独特美。

　　在精神文明不断发展的今天，随着信息技术的迅猛发展以及电脑、手机的普及，人们的交流方式以及学习方式都发生了极大的变化，为继承与弘扬中华优秀文化，提高国民素质，2011年教育部下发了《教育

---

① 　张怀瓘：《书断》，载《历代书法论文选》，上海书画出版社1979年版，第743页。

部关于中小学开展书法教育的意见》（教基二［2011］4号）。要求在义务教育阶段语文课程中，要按照课程标准的要求开展书法教育，其中三至六年级的语文课程中，每周安排一课时的书法课。书法艺术不同于写字，它是中华民族的母根文化，书法艺术教育更应该从小抓起，从基础教育抓起，从学校教育抓起，小学义务教育阶段书法审美赏析内容是带领小学生认识书法美的起点，使他们了解一定的书法美学知识，从而引导他们树立正确审美观念。首先，可以促进小学生心理过程的发展，如知觉、注意、记忆、思维、想象的发展；其次，可以带领小学生了解伟大的书法作品背后所隐藏的深刻意义，帮助他们接受书法艺术的熏陶，形成对美的感受力、鉴赏力以及创造力，是开展美育的重要途径之一；最后，书法艺术中所蕴含的伟大民族文化精神，可以从小培养民族自豪感，使他们形成高尚的道德情操，是辅翼德育的主要形式。小学义务教育阶段的书法课不仅要小学生学习书法技法而且要教会他们欣赏书法艺术的方法，体会书法艺术的美感。因而，需要结合书法学科的特点来开展形式多样的书法审美内容教育。

结合当前小学书法教育情况，以国家级规范汉字书写教育特色学校——山东省枣庄师范附属小学为例，该学校为学生创造了良好的书写环境，从布置校园书法文化长廊到设计小学生专用练字本，从配备专业书法老师开设周周书法讲堂到成立"弄墨轩"兴趣班，学校还充分利用现代科学手段来进行书法教学，例如，幻灯、投影教学仪、电视的运用，使书法教学过程变得更为清楚、灵活、具有趣味性。这一切说明书法教学已经被进一步提到学校教育日程上来。但是，在学校进行书法教学时仍存在着一些问题，学校的书法教学还没有形成像其他学科那样完整的系统，包括缺少适合小学生学习、编写统一的书法技法教材，值得关注的是缺少行之有效的书法审美赏析教材。

小学义务教育阶段书法审美赏析内容不要过于专业化，因为太过专业化的讲解对还处在心理发展中的小学生来说很难体会，他们体会不了自然就不会感兴趣，内容呈现出来要能够获得小学生的兴趣及好奇，应该由易到难、分阶段地让小学生进行书法艺术学习，这就要求根据学生的年龄、接受能力、个性差异以及依据书法自身的特点来设置内容。小学义务阶段书法审美赏析内容要充分考虑小学生已有的文化水平，在起步阶段，哪些书法审美知识是符合小学生发展特点的，要把书法美学知识与小学生的心理发展特点相结合，并从中筛选出适合小学生学习的审美赏析知识，要把学习书法技法、书法风格、书法赏析等方面有机结合在一起，平稳地过渡，使小学生在书法审美赏析内容的学习中受到比较全面的书法启蒙教育。同时，也要遵循小学生学习书法技法的阶段规律，以书法经典作品赏析为主要内容，逐步扩展经典隶书、行书作品赏析。所呈现的内容要有侧重点，不要太多，要少而精，能起到启发作用，经典作品赏析可以涉及楷书经典作品、少量的隶书以及行书经典作品，主要还是先对楷书经典作品进行着重分析，可以把同一主题的另一书体的书法作品、同一时期不同风格的书法作品、不同时期的同一书体的书法作品等进行比较分析，使小学生逐渐了解它们在艺术观念以及艺术手法上的区别，通过楷书经典作品书法风格、书法意境等方面进行审美分析，使学生初步了解楷书艺术的审美标准。每一年级的书法审美赏析内容设置不仅应该要有不同的侧重点，而且要考虑到小学生心理发展的阶段性和顺序性，书法审美赏析教育如何在小学阶段贯彻《美术课程标准》的三个目标，这需要确立相对递进的目标分阶段实施，要由简单到复杂，由低要求到高要求，由不明兴趣到形成兴趣习惯等方面递进。小学书法审美赏析内容的分阶段设置过程中要遵循以下原则：三年级与四年级审美赏析内容的安排应该遵循游戏参与、丰富体验的原则；五年级与六年级审美赏析内容的安排应该遵循多角度欣赏的原则。在不断分析论证中努力构建适合学生学习的书法审美赏析内容，鼓励学生进行书法审美学习，扩大书法爱好者的队伍，领悟书法艺术的真谛，传承中华文明，使书法艺术永葆艺术常青。

第一节 审美在小学书法教学内容中的必要性

陈振濂在《书法美学》中讲道："真正的'书法'，是包含着作者抒情、泄意、在形式中融入有个性的审美意念的一种绝对强调主体精神的艺术。它的基点是审美而不是实用性；它的表现形态是包含着情、意、境、趣等丰富内容的凝练抽象形式的确立，而不是整齐、均匀、划一等一般美的实用格局。因而，它与美术字、花体字写字有着严格的区别。"[①] 书法

---

① 陈振濂：《书法美学》，陕西人民美术出版社1999年版，第8页。

审美赏析内容不同于书法技法内容，它是侧重于书法技法所表现出的意味，从审美活动的层次上带领人们进行美的理解。小学生学习书法不仅仅是为了教会他们动手写字，更主要的是要让他们了解一定的书法史、书法美学等知识，教会他们如何欣赏书法的方法，体会书法艺术的美感，让书法的学习更加具有趣味性，从而使小学生能够爱上书法。小学生只是单纯学习怎样去写字，而不懂书法常识，不懂得如何进行书法欣赏的方法，这样的书法学习状况，慢慢就影响了小学生学习的兴趣，反而使小学生上了书法课从此就不喜欢书法。如果没有系统的书法审美赏析知识的学习，书法技法学习就变得很生硬；如果不懂得欣赏书法艺术的美，书法艺术就会被人们束之高阁。小学阶段的书法艺术教育如何从单纯的技法学习层面向书法艺术审美欣赏层面提高变得尤为重要。笔者认为，小学义务教育阶段开展书法审美赏析不仅可以帮助小学生更好地学习书法技法，还可以促进小学生的文化素养全方位发展。首先，书法审美赏析可以促进小学生心理过程的发展；其次，书法审美赏析可以帮助他们接受书法艺术的熏陶，使他们形成对美的感受力、鉴赏力以及创造力，是开展美育的重要途径之一；最后，书法审美赏析可以帮助小学生了解伟大的书法作品背后所隐藏的深刻含义，可以从小培养学生的民族自豪感，使他们形成高尚的道德情操，因而，书法审美教育是辅翼德育的主要形式之一。在小学义务教育阶段开展书法审美赏析内容的学习是非常有必要的。

一　书法审美促进小学生心理过程的发展

小学生心理发展是要在正规系统的学习活动中，掌握读、写、算最基本学习技能，在掌握基本学习技能的同时，逐步向抽象逻辑思维进行过渡以及各种心理过程的有意性和自觉性发展。

美国康涅狄克州乌卡斯威尔市圣·伯纳德高级中学美术教师约翰·高洛多诺维兹指出："和法语或者西班牙语一样，美术是一种能够学习和弄懂的语言。他是通过学习和实践可以学会读与说的交流方式"，"像科学一样，美术也是以自然法则和要素间的紧密联系为基础的"，"像数学一样，美术具有确定的逻辑性、可证明性、清晰的结构"，"像物理一样，美术需要一种视觉的和谐，训练一个人的眼睛认真并有规律"，"像社会科学一样，美术促进意识和对人类、对文明的认识"①，这是美术区别于其他学科内容的。在书法审美教育中也包含了关于智力开发教育，例如，记忆力、观察力、想象力等，书法审美赏析内容不仅帮助小学生能够直观感受艺术作品，而且帮助小学生进入应有的感知阶段，促进小学生心理过程的发展。

（一）书法审美教育促进小学生知觉的发展

小学生正处于知觉的发展过程中，他们随着知识和智力的发展，不仅能够长时间有效地进行知觉和观察，而且能够从知觉对象中分出基本的需要感知的东西，在辨认时善于和具体的形象联系起来，尤其是空间知觉已经很好地发展起来。不过，这一时期的小学生分析与综合统一的水平还不完善，并不能够了解事物的部分组成了整体，他们而是把事物分成单一的、孤立的。例如，低年级小学生在进行简单的书写练习时，他们不善于把握字的关键地方，大多稍微看一看就直接动手去写，书写效果并不理想，因为这一时期的小学生的知觉并不精准，很容易把相似的笔画混淆起来，他们书写的笔画各式各样，不能突出汉字笔画的主要特征，以及汉字之间的不同的主要特征。在书法审美赏析内容中，可以有意引导小学生先做详细观察，以审美的角度生动的、具象的分析概括笔画形状以及汉字的主要特征，了解它们之间存在着一定联系，这些生动的笔画形状、位置是组成汉字、章法的关键，而不是把它们孤立起来，从而形成对字的整体的印象。这个过程不同于感觉，是在看到汉字产生感觉的基础上，对汉字属性综合的、完整的反映。因此，小学生通过对书法审美赏析内容的学习可以辅助他们知觉不断发展，帮助他们逐渐提高分析的精确性以及综合的概括性。

（二）书法审美教育促进小学生注意的发展

一幅优秀的书法不仅表现出了创作者的思想、计划、书法技巧，而且它更带有明显的情感性和分析性，书法的这种逻辑性、合情理的结构吸引着人们去注意书法艺术的潜在规律，这需要书法审美赏析活动由局部至整体、由形式及内容逐步深化，小学义务阶段开展书法审美赏析内容的学习在培养小学生审美理解和审美记忆的同时还可以吸引小学生无意注意，帮助他们培养学习书法的兴趣。乌申斯基指出："儿童，如果

---

① ［美］约翰·高洛多诺维兹：《美术及其他学科》，《美术教育》1998年第2期。

可以这样说的话，一般地他是按照形状、颜色、声音和形象来思维的。"这一时期的小学生具象思维还是占很大的比重，具体的、直观的事物比较容易吸引小学生的注意，他们注意的特点是不但无意注意已经有很好的发展，而且有意注意也在逐步形成中。乌申斯基指出："教育者在利用有意注意的时候，也应当注意使它成为无意注意。"如果要让书法教学达到最佳状态，就要开展好书法审美赏析知识的学习，使小学生有意注意和无意注意互相替换。例如，小学生起初并无意于欣赏，但他们会偶然接触到感兴趣的信息，从而刺激他们的注意，并对这些信息做出心理反应活动，要想吸引小学生注意书法的某些知识，就应该先带动小学生无意注意，一些有趣的象形文字像什么？它是怎样演变成现在的汉字等一些审美问题来吸引小学生注意，在学习过程中，小学生的注意带有情绪色彩，如果教师在书法审美教学过程中讲述比较生动，小学生注意中的情绪反应就非常明显，因而，直观性在审美教学活动中也显得尤为重要。小学生在书法学习过程中，书法审美赏析和书法技法教学内容有节奏的交替有助于小学生注意的培养。

（三）书法审美教育促进小学生记忆的发展

在学习生活中，记忆不仅帮助人们记住直观的事物、直观的经验，而且更加能够使人们获得间接的经验，记忆具有重大意义。小学生主要处在无意的和具体形象的记忆的时期，虽然可以对于自己有兴趣、在自己经验范围内的事物进行识记，但是对于一些抽象的记忆经验贫乏，提高小学生无意识记忆是必要的。书法审美赏析的学习能够培养小学生对书法形态和结构作鉴赏、识辨的能力，为了提高小学生识记水平，可以在书法技法内容的学习中放进书法赏析的材料，或者放进书法审美常识，小学生在联系的时候，无意地会学习和识记了这些内容，同时可以加深小学生对于书法美的理解，使得书法欣赏知识更加具有形象性、情感性，因此，把有益的审美经验放在有识记的书法教材当中，丰富了小学生记忆的表象积累，使得小学生在无形之中学习这些知识经验，是能够促进小学生的记忆提高的。在审美赏析知识的学习过程中，可以帮助小学生把获得的视觉经验转化为记忆储备，既提高了小学生无意识记的能力，同时也会给小学生的记忆提出一系列的新要求，小学生在学习书法审美赏析内容时，使他们学会对不同的书法知识进行对比，对审美赏析内容进行思维加工，并且逐渐分析出与书法技法的内在的、合乎逻辑的联系等。

第六章 小学书法审美教育内容分析 167

(四) 书法审美教育促进小学生思维的发展

小学生的思维特点是在具象思维的基础上向抽象逻辑思维逐步转化的阶段,这个阶段是小学生思维发展的飞跃。小学生随着智力水平的发展,要在掌握直接的知识经验的同时,更要逐步掌握间接的知识经验,书法审美赏析的内容设置向小学生的思维发展提出了新的要求,书法审美赏析教学内容具有启发性,能够有效地训练小学生丰富形象的储存与形象思维能力。小学生要学会书法技法及书法艺术的基础知识等,书法学习虽然是以直观书写为依据,但是也需要借助书法审美赏析知识来辅助书法技法的学习,通过书法审美感悟到书法美的形象性、感情性等,这个过程也就锻炼了小学生的概括能力、比较能力、分类能力;在学习书法审美赏析内容中,可以锻炼他们逐步去掌握那些不能被直接感知的书法属性,关于从书法线条美的知识、书法结构的知识、书写风格的知识等。每一幅优秀的书法作品都富有个性,都包含了创作者的形象思维、发散思维、直觉思维、横向思维、逆向思维、灵感思维等,小学生参与审美活动伴有逻辑思维的同时也伴随着形象思维、发散思维、灵感思维、想象力等思维形式,这些则离不开他的形象记忆、情感记忆、逻辑记忆等信息的记忆储备,这需要左右脑协同活动。因此,书法审美赏析和书法技法教学内容有节奏地交替开展有助于小学生肢体和大脑两个半球机能和谐发展,开发思维潜能。

(五) 书法审美教育促进小学生想象的发展

在艺术活动中的想象,是创造性的想象,是必不可少的心理因素,黑格尔提出:"想象是创造的。属于这种创造活动首先是掌握现实以及形象的资禀和敏感,这种资禀和敏感通过听觉和视觉,把现实世界的丰富多彩的图形印入心灵。"想象这种心理不仅具有广阔的心理活动,而且也具有很大的创造性质,想象在小学生学习生活中,同样起着重要的作用,小学生在书法学习时,不能仅仅依靠单纯书写,在很大程度上还需要依靠审美的相关知识帮助他们学习书法技法,进而也发展了小学生的想象力,小学生可以逐渐地不借助实物来进行想象,他们可以达到在审美的思维水平上进行想象的水平。例如,在书法技法学习过程中,小学生要借助审美想象帮助其更好地进行书写创作,通过审美想象来设计富有层次的书法作品,如果说只是顺其自然地让小学生随便书写什么,那么,他们所写的字会显得缺乏美感和规则;反之,如果在审美层面上加以"干预",小学生的审美想象能力会有很大提高。通过对审美赏析内容的学习,小学生书写的字不但主要的细节会被重视起来，字的结构安排得会更加合理，而且会由视觉表象唤起想象活动。书法审美赏析内容具有很大的生动性、再创造性、精神愉悦性，能够使小学生的想象构思逐渐具有概括性和内部逻辑性。因此，想象力的充分活跃调动了思维，书法审美赏析知识可以激活小学生的想象力，审美教育是帮助小学生想象力发展的有效途径之一。

二　书法审美是开展美育的重要途径

书法审美赏析内容是小学义务阶段开展美育的重要途径，尽善尽美，美善同归。

书法艺术从实用性转化为艺术性之后，它营造了美妙的精神意境，蕴含了中华民族特有的审美趣味和审美内涵，陈振濂说："书法艺术是艺术美中最具有理念意义又最淳朴的美的形式。"书法在书法艺术审美是一门知识，书法文化博大精深，它是中华精神文明的精粹，熊秉明在《中国书法理论体系》中提出"书法是中国文化核心的核心"的观点。书法艺术也是由它的审美教育功能体现出来价值的，"通过使人对形式的对比、协调、对称、均衡、多样统一、节奏和韵律等美的规律的体悟和研究获得对形式美的把握，注重审美心理结构的建构，达到涵养美感的目的；并使学生掌握一般创造方法，获得表现自己审美感受的能力，创造更多的审美客体（美术作品），加入到社会的审美大循环，进而创造心灵和行为都十分完美的人，形成健康、协调和美好的社会"[①]。

小学义务教育阶段开展书法审美赏析内容是进行美育的重要途径之一，形成对美的感受力、鉴赏力以及创造力，是书法审美赏析的主要内容，它们之间相互联系相互作用。书法艺术要研究其精神内涵，而绝非只是看笔画线条造型，这就需要正确的理念为指导，人们对于美的认识的，是受学习和受教育水平的影响的，小学义务教育阶段要开展好书法审美赏析教育，要加强书法审美赏析知识的学习，从小培养小学生学习书法的兴趣。系统的书法审美赏析内容不仅可以帮助小学生逐步掌握书法技法，使字写得清楚、正确、美观，还可以引导小学生对自然美、社会生活美的欣赏力和判断力，小学生书法审美水平的提高是小学义务教育阶段书法教育进步的助推器。

---

① 参见李勇《美术教育学》，河南大学出版社 2005 年版，第 47 页。

(一) 培养审美感受力

人们感悟书法艺术给人们带来的美感,首先是形式与内容完美统一的结合,书法审美的前提是书法作品内容要健康积极,不能是扭曲的心态,古往今来的优秀书法作品也一定是文学中的精品,启功先生曾说:"王羲之的《兰亭序》文章,在骈俪盛行的六朝前期,是一篇不为风气所拘、具有特殊风骨的作品。他亲笔所写这篇文章的草稿,即世传的《兰亭帖》,字迹妍丽,也是钟繇以后的一个新创造、新成就。"[①] 书法艺术是一种文化的传承,其实书法艺术是非常注重精神气质和文化内涵的。书法艺术点画的书写、结构的安排、形式的美感、风格的不同、文学的表现相互辉映,通过直观的书法作品感受其中蕴含的艺术精神,从而产生一种审美愉悦。书法艺术的内涵,不仅能够使人们感受到书法本身的技巧性,而且能够感受到内心感受以及精神内涵。

小学生抽象理解能力还处在不断发展阶段,他们善于抓住一些表面的、具体的含义,而对于书法包括的那些深刻的精神思想还不能自己领会,小学义务教育阶段开展书法艺术教育,如果只是单单依靠提笔写字来培养小学生审美感受力是不够的,需要结合着书法审美赏析知识来帮助小学生体会书法艺术的美感,提高分析综合活动以及感受力,因此,这就需要书法教学过程中加强审美赏析的指导,调动起感觉器官进入学习状态,这样一来可以帮助小学生揭示作品所描述的意境,使他们感受到在不同的书法形态中书法家间接的表现不同的情感心境,唤起小学生潜在的审美情感。审美感受力有一定的感性的基础,例如,小学生在阅读文学作品时,要有思维、想象、情感等,才能更好地阅读,阅读之后有了感受才能真正地掌握教材,它能充分调动小学生的思维、想象、情感等审美心理,使得小学生积极参与到审美体验中,丰富自己的精神世界。审美感受力的提升是小学义务阶段美育的重大任务之一。在书法教学过程中,对书法作品美的感受力是直接的审美感觉,是主动的精神体验。

(二) 培养审美鉴赏力

"书法中的美实际上是点横撇捺等笔画所表现出来的动势与力感、线条的造型以及线条对平面空间的分割和综合、书写出的文字表象中内含的意趣与神韵,以及书写的政治、哲学、文学等内容整合而成的统一体。这

---

① 启功:《启功书法丛论》,文物出版社 2003 年版,第 186 页。

种美既是中华民族传统艺术的特有的美,又是别种艺术形式所无法代替的特有的美。"① 书法艺术是技艺成熟的艺术门类,具有自身的规范要求,书法作品重视整体和谐,诸多矛盾的对立统一使书法艺术的表现力更强。陈振濂提道:"好的书法作品一经过目,犹如一种和声的效果——多声部同在一瞬间内展现:有文学美、有书法形式美、也有作者的情绪抒发的美。这是一种真正的和声效果。"② 审美鉴赏力的层次要高于审美感受力,如果说审美感受力是感知阶段、理解阶段,那审美鉴赏力就是在其基础上增加了评价阶段,这无疑也是精神上的满足、情感上的升华。

培养审美鉴赏力是小学义务教育阶段美育中最基本、最重要的阶段。小学生书法审美赏析的教学内容主要是以书法美为欣赏内容展开,审美层次是由浅入深的过程,在这个鉴赏过程中,小学生逐步掌握一定的审美知识、书法史知识、书法创作知识等,通过这些知识再对书法作品进行分析、解构,从中既获得了视觉体验又提高了艺术能力。小学生充分调动起了各种心理因素,积极参与到了审美鉴赏活动中,因此,鉴赏活动的过程使得小学生的思维活动更加丰富、更加活跃,系统的、丰富的书法审美赏析内容帮助小学生提高了审美鉴赏能力,使其更加懂得欣赏周围美的事物,更加热爱艺术。

(三) 培养审美创造力

"美育的功用归结为两点:'第一,培养某种审美价值取向……第二,发展人的审美创造力。'这包括发展人的审美知觉和审美体验的能力,完善人的审美趣味,培养人在艺术活动和其他各种活动中欣赏美和创造美的能力。"③ 审美创造力是创造性的精神活动,具有再造性,可以带领人们进入广阔的发挥天地,审美创造力是以审美感受力和审美鉴赏力为基础,在书法审美活动中要把这种审美感受、审美鉴赏融于头脑所设想的想象中,充分调动了小学生的创造性思维,审美创造力是超越了现实事物的局限,优秀的书法作品是具有极大感染力的,无论是点画还是结构,无论是章法的处理墨色的应用,都表现出独特的艺术魅力,让人在欣赏这些作品时产生丰富的联想。小学生在欣赏一幅书法佳作时,根据自己所掌握的审

---

① 欧阳中石、徐无闻:《书法教程》,高等教育出版社 2003 年版,第 261 页。
② 陈振濂:《书法美学》,山东人民出版社 2011 年版,第 137 页。
③ 凌继尧:《美学十五讲》,北京大学出版社 2010 年版,第 265 页。

美知识一边鉴赏一边想象,他们对优秀的书法作品产生好奇,这幅作品好在哪里?书法家怎样才达到这种美的效果?在这个过程中带动了他们发散思维,这样的联想富有积极性,他们根据作品所产生的不同的审美感受力、审美鉴赏力得出不同的感受和理解,再经过大脑的审美再创造,从而激发了他们的审美创造潜能。

总之,审美感受力、审美鉴赏力、审美创造力是相互作用、相互联系的。随着小学生知识面的扩展,书法艺术接触面的扩大,对于书法美的敏锐性会大大提高,对书法美的感受,往往是依赖于审美经验的,这一切对于培养小学生学识才能、文化素养是非常有益的,是进行美育的手段之一。

三 书法审美是辅翼德育的主要形式

"书法教学是对学生进行思想教育的重要手段之一。思想教育从来就不是空洞的、教条的,在学校里,它总是结合具体的实践活动和学科教学而体现出来。书法教学也不例外,它和其他课程一样,也是在对学生进行知识和技能方面的传授的同时,进行着思想教育。"[①] 小学义务教育阶段书法审美赏析内容的设置,就是引领着小学生去了解伟大的书法作品背后所隐藏的深刻意义,帮助他们接受书法艺术的熏陶。书法美所包含的人格精神不是用语言、画面等形式表达,它是用笔墨点画结构来表达,这种抽象的形式,经过审美分析使它更具有生动性。书法艺术将"书品"与"人品"相结合,成为人格精神的象征。例如,颜真卿的字气魄雄伟,给人一种坚韧挺拔、昂扬向上、不屈不挠的感觉,激励人们不畏艰难,颜真卿所流露出的民族精神、人格信念、忠君爱国思想是中华民族优秀民族精神的体现,他最后乃至被叛将活活勒死,宁折不弯的人格魅力同时也反映出那个时代儒家所推崇的崇高境界,字如其人,淋漓尽致的笔墨挥洒折射出了他人格深处的东西,颜真卿书法底蕴与这些方面高度契合,因而,达到高度合一的理想境界。颜真卿的品格和个性有着深远的影响,体现了中华民族的伦理道德。在对一些优秀书法作品审美赏析的过程中,可以引导学生向优秀的书家学习,体悟书家思想情感,形成正确的道德标准,因而,健康的审美观对德育其实也是有一定影响的,它可以辅助德育完成启

---

① 欧阳中石、徐无闻:《书法教程》,高等教育出版社 2003 年版,第 260 页。

蒙和奠基性质的世界观、人生观和理想教育的任务。

在义务教育的全面发展中，美育与智育、德育三者之间相互联系，小学义务阶段开展书法审美赏析内容的学习，既开发小学生智力，促进小学生心理过程的发展，又培养了小学生对自然美、社会生活美的欣赏力和判断力。小学生在书法审美赏析的学习过程中，接受书法文化的熏陶，由浅入深地了解书法形式结构、书法艺术历史、书法风格等知识，这个学习过程会使小学生逐步感受到书法这一传统艺术形式所蕴含的伟大民族文化精神，潜移默化教给学生做人的道理，形成正确的道德标准，培养民族自豪感。在审美赏析内容里反映了关于道德品质、思想品质等内容，要充分发掘德育因素，潜移默化地使小学生受到感染，促进小学生道德意识发展，增强民族自豪感。

第二节　小学书法审美内容分析

"书法美学不侧重书法艺术的技术性研究，不具体探讨、说明书法创作的技巧、过程，它着重从哲学、心理学、社会学等更高的理论层次研究书法艺术的本质性、规律性问题。书法艺术创作，在执笔、运笔、用墨等方面，都有一套方法、技巧，这些属于一般书法理论研究的范围。而书法美学主要从审美活动层次上去启发人们更深入地理解、把握书法艺术的本质和规律。书法美学也涉及笔法、章法、墨法等问题，但它不是去探讨解决这些具体问题的方法，而是着重探讨书法艺术在线条、结构、墨色等方面的表现意味和一般形式美的构成原理。"[①] 审美是不分年龄的，小学义务教育阶段书法教学中审美赏析内容是带领小学生认识书法美的起点，了解一定的书法美学知识，引导小学生树立正确审美观念。"审美教育的内容，包括审美形态教育与美感教育。审美形态教育主要是培养学生对自然和艺术中千变万化美的形态和结构作鉴赏、识辨的能力；美感教育主要培养人们健全的审美心理，形成敏锐的审美直觉和对美的欣赏力和创作力。"[②] 书法审美赏析内容要充分考虑小学生已有的文化水平，在起步阶

---

① 欧阳中石、徐无闻：《书法教程》，高等教育出版社2003年版，第227页。
② 李勇：《美术教育学》，河南大学出版社2005年版，第45页。

段，哪些书法审美知识是符合小学生发展特点的，要把书法美学知识与小学生的心理发展特点相结合，并从中筛选出适合小学生学习的审美赏析知识，要把学习书法技法、书法风格、书法赏析等方面有机结合在一起，平稳地过渡，使小学生在书法审美赏析内容的学习中受到比较全面的书法启蒙教育。

审美赏析内容应该结合小学生心理发展的年龄特点和规律，这一时期小学生各种心理过程都有了新的发展，要符合小学生是从具体到抽象、从低级到高级的思维发展规律，符合小学生书法的认知特点，有步骤地进行书法审美能力的培养，促进小学生基础知识和基本技能不断提高与发展；小学书法审美赏析内容也应根据小学生情感的特点和规律，循序渐进地对他们进行情感、意志、思想教育，努力使小学生体验到学习书法的乐趣。小学审美赏析内容的设置不仅要结合书法学科本身以及小学生心理发展的年龄特点和规律，还要结合《新课程标准》，《新课程标准》对写字提出了总目标："能正确工整地书写汉字，并有一定的速度。"并且提出了四个学段的要求，第一学段的要求"掌握汉字的基本笔画和常用的偏旁部首，能按笔顺规则用硬笔写字，注意间架结构，初步感受汉字的形体美。养成正确的写字姿势和良好的写字习惯，做到规范、端正、整洁"。第二学段要求"能使用硬笔熟练地书写正楷字，做到规范、端正、整洁。用毛笔临摹正楷字帖"。第三学段要求"硬笔书写楷书，行款整齐，有一定的速度。能用毛笔书写楷书，在书写中体会汉字的优美。"第四学段要求："在使用硬笔熟练地书写正楷字的基础上，学写规范、通行的行楷字，提高书写的速度。临摹名家书法，体会书法的审美价值。"小学审美赏析内容教学是普及书法教育的基础，它是为小学生今后的书法学习打下基础，不懂得欣赏其中的美，书法艺术就会被束之高阁，如果没有系统的书法赏析知识的学习，书法的技法学习就变得很生硬，小学生只是单纯学习怎样去写字，而不懂书法常识，不懂得如何进行书法欣赏的方法，这样的书法学习状况，慢慢就影响了小学生学习的兴趣，反而上了书法课从此就不喜欢书法课。因此，可以根据《课程标准》普及书法学习，适当地加入书法审美赏析内容，让还没有学习书法技法的小学生，先对书法艺术有初步的了解，为即将开始的书法技法的学习做铺垫；对已经学习书法技法的小学生，使其加深对书法艺术美的认识，体会书法的审美价值。小学义务阶段开展书法审美赏析学习，应该涉及书法基本构成赏析、书法风格赏析、书法诗文赏析等方面内容。这一阶段小学生各方面的水平还处在不断发展中，初级课程中学习一些基本的书法审美知识是非常有必要的，小学生对审美赏析内容的学习是书法学习的启蒙阶段，通过审美赏析内容的学习，能够教会他们什么是美如何欣赏美，帮助他们形成健康向上的审美情趣。

一　小学书法审美内容设置原则

在小学书法审美赏析内容的设置中应该处理好内容的逻辑顺序，按照小学生的特点组织书法审美赏析内容，在小学书法审美赏析的内容里，剔除枯燥烦琐的知识，吸取有益于小学生发展的书法审美赏析知识，注重审美赏析与知识能力之间的联系，要从低年级至高年级有梯度地进行，由点画线条美、结构空间美、章法形式美、文辞内容美、视觉效果美、风格气韵美等方面循序渐进有计划地设置。例如，从三年级上册开始，围绕点画线条美的主题，组织书法审美赏析内容。每个小单元从认识到书写再到欣赏都围绕点画线条美的主题安排，围绕这个主题精选书法美学的基础知识，力求与书法技法内容相互融合的同时，开展丰富多彩的审美体验与审美活动，为小学生学习书法打下基础。小学审美赏析内容的设置要具有开放性和弹性，难度要适中，鼓励小学生观察生活、体验生活，提高小学生艺术素养；小学书法审美赏析内容设置，要注意体现小学生的已有经验和兴趣特点，要更加贴近小学生的生活，避免枯燥单调的弊端，精心设计一些活泼生动的审美游戏内容，例如，在审美知识中设置互动环节，不直接把一些书法审美知识灌输给小学生，而是把一些书法审美规律暗含在游戏环节中，在趣味中学到知识，使书法知识与小学生之间形成良性的互动，从而引导小学生主动参与到审美活动中，增强小学生学习书法的信心，产生学习的成就感。

（一）阶段性与系统性相结合

小学审美赏析内容的设置应结合小学生在不同阶段的适应能力和智力水平，不同的阶段的内容设置又要具有针对性，难易程度要相对合理，例如，小学三年级的学生对带有游戏因素的学习内容感兴趣，尤其是在学习过程中遇到简单易懂、生动有趣的知识时，他们在各方面会表现得很活跃；一旦在学习的过程中遇到复杂难懂、枯燥乏味的知识时，就很容易转化成不愿意学等想法。在设置小学三年级的书法审美赏析内容时要充分考虑到三年级的小学生的兴趣差异，这一时期的小学生比较喜欢新颖、通过思考能带来较好学习结果的内容，不仅要围绕点画线条、结构章法美的欣赏构成教材内容，而且要在内容中设置恰如其分的学习评价，并在学习评价中解释知识内容，激发小学生的好奇心与兴趣，鼓励他们在发现美的过程中发挥独立性和创造性；小学五年级的学生的知识综合性有了很大提高，对于书法美的认识有了自己的见解，他们已经不像三年级的小学生那样，只对带有游戏因素的学习内容感兴趣，他们更加希望的是通过审美赏析内容的学习能够运用到书法实践中，帮助他们扩展知识面，解决书法学习中的一些问题，并在这样的学习过程中得到快乐与满足。在设置小学五年级的书法审美赏析内容时要丰富课程内容，把书法技法知识与书法审美赏析知识有机结合，让书法审美赏析知识能够在书法技法的学习中再现，辅助小学生书法艺术的学习，最大限度地发展小学生的潜能。小学书法审美赏析所涉及的内容要注重系统性，要包含书法基本构成赏析、书法风格赏析、书法物质形式赏析、书法诗文赏析等内容，按照时间顺序找出代表书法家的经典作品，站在历史的角度客观、系统地进行审美赏析，这就要求书法审美赏析内容要整合全面的书法史料，注重内容的系统性。因此，小学书法审美赏析内容要遵循阶段性与系统性相结合的设置原则。

（二）趣味性和知识性相结合

在小学教育阶段，这一时期小学生不但无意识注意已经有很好的发展，而且有意注意也在逐步形成中，他们开始从无意注意到有意注意的转移，想要引起小学生的注意，首先应该是他们能理解并能引起学习兴趣的知识，在此前提下，趣味性在内容设置上就非常重要。小学书法审美赏析内容要在书法审美赏析内容中揭示书法艺术的美，让小学生获得清晰的概念，并掌握书法审美的方法，内容设置应该深入浅出，从审美内容的编排方式都应体现出这一特点，小学生对于书法美的认识首先是从感性的认识开始，然后再逐渐上升为抽象的、复杂的美学概念。小学阶段书法审美赏析内容的设置主要是从书法美学的一些外延知识开始，因为这时小学生的理解能力有限，基础知识还很薄弱，如果书法审美赏析内容深入而不能浅出，这会使书法审美赏析知识变得不易感知、缺乏趣味性，使小学生对书法艺术望而却步，丧失兴趣；小学生注意力高度集中的时间较短，到一定时候会把注意力转向其他活动等，在设置书法赏析内容时考虑到小学生的这种起伏变化，适合小学生学习特点，使书法审美赏析内容设置要简洁精准，风格活泼、版式多样，不要太过复杂冗长，可以借助图片、故事来增强书法审美赏析内容的趣味性，激发小学生学习兴趣，所选的素材尽量符合实际，通俗易懂，适应小学生学习，从而使他们在学习中获得感性经验。书法审美赏析内容具有趣味性并不肤浅，书法的审美赏析内容要带有知识性与实用性，要把书法形式美、书法材料美、书法诗文美等方面的知识作详细的讲解，把通俗易懂的内容进行整合，善于发掘有利于小学生提高书法审美能力的知识，引导小学生对书法艺术达到新的认识高度。因而，小学书法审美赏析内容应遵循趣味性与知识性的设置原则。

（三）抽象性与直观性相结合

书法审美赏析是一个认知过程，不是会写字就能欣赏得了书法艺术的，人们欣赏书法作品是要凭借一定的书法审美赏析知识来帮助他们感悟其中的美，就像人们去读文学作品，要凭借其中的内容来感受精神实质一样，审美赏析内容是具有思想意义的精神产品，揭示书法艺术的玄妙之处，对书法美进行抽象的概括，这不仅仅是凭借视觉美感来进行审美概括的，它是一个从感官到心理的审美认知过程，这个审美认知过程对培养人们的艺术通感能力具有关键作用。

小学生的学习心理是处在从具体形象思维向抽象逻辑思维过渡的阶段，是从需要具体形象支持到不完全依赖具体形象支持的过渡阶段，因而，不能简单地认为小学生的学习心理只是伴随着具体形象性，他们随着知识的增长，他们的理解力会不断提高，创造力、想象力逐步开始发展，在小学义务阶段书法审美赏析内容不能只是一味地去设置感性的东西，而把书法审美赏析内容拆得支离破碎，使得小学生掌握的知识零散缺乏规律性，在小学书法审美赏析内容的设置上要尊重书法艺术学科规律以及小学生的逻辑思维能力。

小学生进行书法学习时也并不是不需要直观性，他们的抽象逻辑思维还不稳固，经常需要感性经验辅助，帮助他们更好地理解。书法审美赏析还是要求形象直观的内容，要结合经典作品的赏析，使一些空洞的知识变得易于理解。由于小学生发展的阶段不同，在书法审美赏析内容设置上抽象性和直观性所占的比重也不同，低年级小学生依赖具体形象性，不等于他们不能抽象逻辑思考，没有办法学习抽象概括的内容；高年级小学生抽象逻辑思维发展起来，就不等于他们不需要具体形象的辅助。所以，在小学书法审美赏析内容应该遵循抽象性与直观性相结合的原则。

二 小学书法教学中审美的主要内容

孙晓云曾说："汉字艺术——书法，其实是中华的母根文化。"书法艺术博大精深，书法不像其他美术种类是模拟与再现，而是其具有抽象性与概括性，这种通过笔墨线条、结构空间所表现出书法艺术神韵意趣的美，是它不同于其他美术种类所具有的独特的美。我国古代对于儿童的书法学习也是很全面、很系统的，如丰坊在《童学书程》中对小学年龄阶段的书法学习就有明确的论述：

学书之序，必先楷书，楷法必先大字。自八岁入小学，便学大字，以颜为法；十余岁乃习中楷，以欧为法；中楷既熟，然后敛为小楷，以钟、王为法。[1]

在当时那个写本时代，让初学儿童对不同风格的楷书进行系统的学习是非常必要的，有利于小学儿童为以后的书法学习打下坚实的基础。在小学义务教育阶段书法审美赏析要涉及哪些知识，结合当前小学书法教学现状，笔者认为，小学书法审美赏析内容应该与小学书法技法内容结合起来，在辅助书法技法学习的同时又能扩展审美认识，其中应涉及书法基本构成赏析、经典作品赏析、书法诗文等方面的内容。从最为基本的线条美、结构美、章法美的知识开始，逐步涉猎反映不同时期审美趋向的经典作品赏析以及书法诗文赏析，引导小学生形成正确的书法艺术审美观。

（一）书法基本构成的美

书法艺术基本要素是构成书法艺术美的基础。小学书法审美赏析内容应先从线条、结构、章法三方面进行初步的审美概述，使小学生对书法美有初步的认识并了解这些准则。书法艺术是运用汉字丰富多变的笔画线条和结构造型，来表达人们复杂的情感世界，西晋著名书

---

[1] 丰坊：《童学书程》，《明清书法论文选》，上海书画出版社1979年版，第98页。

法家卫恒在《四体书势》中讲到："睹物象以致思，非言辞之所宣。"①审美主体对审美客体观察、冥思，内心"窃悦"，有所领会、发现，但无法用言语表述出来，这种似清晰又朦胧的状态，正是复杂的审美心理特点。笔画所表现出来的动势与力感、结构空间的分割与形式、书写出的文字表象中内含的意趣和神韵等，这些都是书法美的表现法式之一，这种美是中华民族传统艺术的特有的美，是区别于其他艺术形式所无法代替的独特美。

肖文飞在《书法：中国文化的代表性符号》中提出："中国书法表现出两种形态的完美结合：着眼于书法的结构秩序，偏重静态的建筑性的美的规律，此时，它是流动的建筑；着眼于书法的气势变化，偏重动态的音乐性的美的规律。"篆书、隶书、楷书、行书、草书这五种书体，在发展演变中形成的特殊艺术形象，这些构成字体的笔画线条、结构造型、章法形式成为书法美的主要内容之一。书法中丰富的线条美是书法艺术的基本载体，立体多变的线条将书法中丰富神态表现得淋漓尽致，使这门艺术有了"生命"，书法线条艺术中曲直、方圆、刚柔、疾涩、长短、粗细、正欹、疏密、主次、向背、呼应、润燥、虚实等，是一个充满对立统一的和谐世界，饱满结实的点和挺拔柔韧的线在空间的经营中变幻莫测，体现出一种多样的统一的美感。书法中动态的结构美，蔡邕在《笔论》中提到："为书之体，须入其形，若坐若行，若飞若动，若往若来，若卧若起，若愁若喜，若虫食木叶，若利剑长戈，若强弓硬矢，若水火，若云雾，若日月，纵横可象者，方得谓之书矣。"②书法艺术的结构造型向人们传达着动感美，如排叠、相让、穿插、借换、增减、向背、朝揖各种的结体方法，是为了寻求中和，给人一种平衡的美感，在这种复杂的变化中人们获得丰富的审美享受。书法章法中字与字相连的组，组与组相连的行，行与行相连的篇，章法和谐连贯而不破坏全局这是章法美的前提，在笔墨与留白之间处理疏密虚实、轻重缓急、离合断续的变化，给人营造出一种富有节奏感、旋律感的美。在书法艺术中，除了章法的处理变化丰富外，幅式也多种多样。

（二）经典作品赏析

经典作品是一种美的形态，作品赏析让书法艺术蕴含的美体现得更为

---

① 卫恒：《四体书势》，《历代书法论文选》，上海书画出版社1979年版，第13页。
② 蔡邕：《笔论》，《历代书法论文选》，上海书画出版社1979年版，第6页。

直观，使小学生对书法有初步的审美感受。在小学义务教育阶段的书法技法学习是以楷书为主，小学书法学习的内容不仅要让小学生掌握楷书书写技能，还要站在审美层面上对楷书艺术的历史发展、风格特征、技法特点进行审美分析。所选取经典作品的范围，要符合小学生现有的学书水平，篆书和草书审美知识对小学生来讲，在认识和理解上来讲有困难，在小学义务教育阶段的书法艺术学习中尽量要少涉及；隶书和行书审美知识可以在小学高年级的书法审美赏析内容中涉及一些，为今后有兴趣的小学生学习书法做铺垫。因而，经典作品应先遵循小学生学习书法技法的阶段规律，主要先对楷书经典作品进行着重分析，逐步扩展隶书、行书经典作品赏析，通过楷书经典作品书法风格、书法技法等方面的审美分析，使学生初步了解楷书艺术的审美标准。

楷书经典作品赏析：孙过庭《书谱》："真以点画为形质，使转为情性；草以点画为情性，使转为形质。"① 刘熙：《艺概·书概》，载"正书居静以治动，草书居动以治静。"② 这体现出楷书的美是强调法度、笔画均匀、字形清晰，能够体现书写者的书法功力，相比行书的抒情性较弱。楷书经典作品介绍先从魏晋时期开始进行介绍，让小学生初步了解不同时期楷书作品所表现出的不同的审美特征、艺术境界，较快地进入书法艺术殿堂。魏晋时期楷书，主要以钟繇和王羲之为代表的晋楷和北魏时期的碑刻书法"魏碑"进行审美分析。书法家钟繇被后人尊为楷书之祖，元代陆行直在跋语中提到："高古纯朴，超妙入神，无晋唐插画美女之态。"传世作品《荐季直表》（见图6-1）点画圆润，字形古拙方扁，结体舒朗，更多表现出情态美，体现出古意醇厚、神态天真的审美意趣。王羲之《乐毅论》（见图6-2）是其小楷代表作，原帖久佚，传世多为翻刻本及唐人摹本，它完全脱离了隶书气息，褚遂良评价其"笔势精妙，备尽楷则"，体现出晋人萧散清雅的风度。而魏碑笔锋犀利、结构奇崛自由、雄强质朴，更多表现出体势美，富有视觉刺激性。

---

① 孙过庭：《书谱》，《历代书法论文选》，上海书画出版社1979年版，第126页。
② 刘熙：《艺概·书概》，载《历代书法论文选》，上海书画出版社1979年版，第691页。

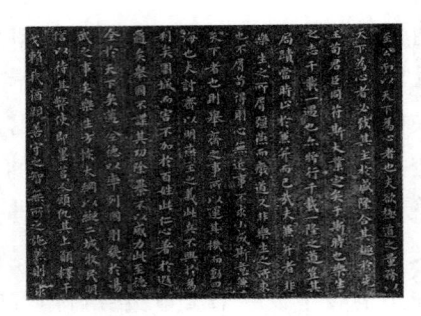

图 6-1 《荐季直表》　　　　　图 6-2 《乐毅论》

隋代楷书逐渐向"法度"过渡，是承上启下的时期，南北朝不受拘束的楷书书风已经不适应隋代承袭周礼的时代需要。隋代楷书在以前的基础上更加趋向华美典雅，以《真草千字文》和《董美人墓志》为例，智永的《真草千字文》（见图6-3）字形方正，笔画柔中有骨、锋芒毕露、映带有情，结构寓紧密中于舒朗、保持匀称，给人带来一种一气呵成的感觉。《董美人墓志》（见图6-4）笔画锋利、方笔紧敛、圆笔秀润，结构外放内收、精致玲珑，章法疏朗等距，让人在欣赏时能体会到书家毫无轻慢、细致端严的美感。

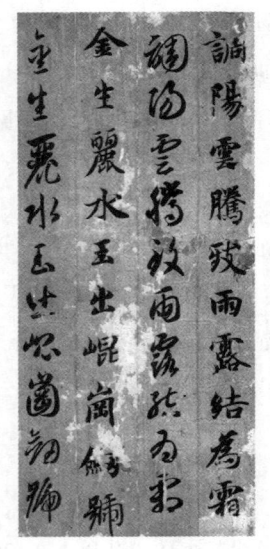

图 6-3 《真草千字文》　　　　　图 6-4 《董美人墓志》

唐代楷书是楷书成熟时期，是小学生学习书法经典作品赏析的重点，主要以初唐书家欧阳询的欧体、褚遂良的褚体、中唐书家颜真卿的颜体、晚唐书家柳公权的柳体进行审美分析。欧体字主要的特点是劲拔，欧体以《九成宫醴泉铭》（见图6-5）为例，字形偏长，方笔居多，结构寓险绝于平正之中，章法疏朗有序，让人在欣赏时有森严列阵的感觉。褚体字主要特点是秀劲，褚体以《雁塔圣教序》（见图6-6）为例，字形偏方，线条流畅，结构顾盼生姿，褚体笔画虽瘦但不单薄，结构清朗但不松散，给人呈现出羽衣蹁跹的美感。颜体以《颜勤礼碑》（见图6-7）为例，字形扁方开阔，笔画圆劲厚重，结构中心紧密、外圆内阔，章法茂密充实，有一种丰腴开朗的美感。柳体字与颜体字并称"颜筋柳骨"，柳体字形瘦长，以《玄秘塔碑》（见图6-8）为例，点画遒健浑厚、方圆结合，结构上中宫紧敛、四面伸展，这种高度规范严谨的特点带给人精悍利落的感觉。

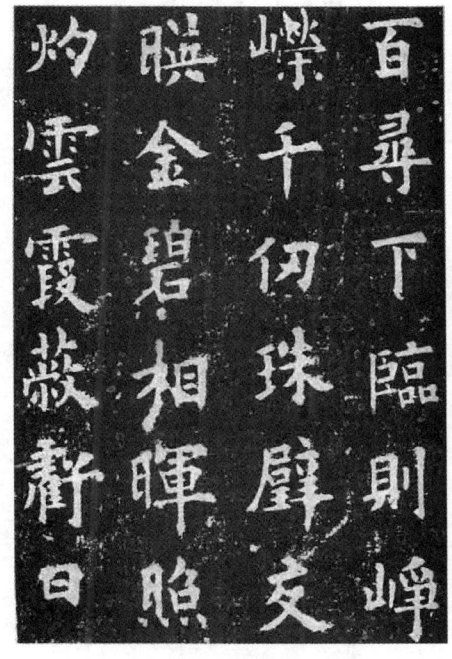

图6-5 《九成宫醴泉铭》　　　　图6-6 《雁塔圣教序》

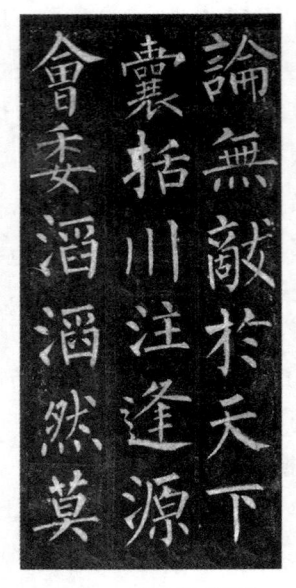

图 6-7 《颜勤礼碑》　　　　图 6-8 《玄秘塔碑》

宋代楷书的成就不及直抒胸臆的行草书，与唐代楷书相比不可同日而语，此时宋徽宗赵佶的"瘦金书"独树一帜，以《闰中秋月诗帖页》（见图 6-9）为例，笔画犀利、力度强劲、轻落重收，结构中心紧密、上紧下长，瘦劲挺拔的特点令人印象深刻。

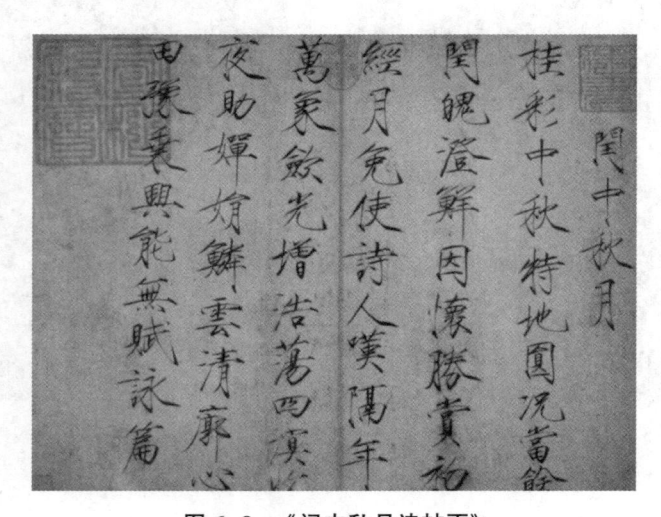

图 6-9 《闰中秋月诗帖页》

元代书法家赵孟頫的楷书使中国书坛上又多了一种书体,被后世奉为"赵体",与唐代欧阳询、颜真卿、柳公权的楷书并称为"颜柳欧赵"。赵体以《胆巴碑》(见图6-10)为例,它是秀美书法的代表,它简化了唐楷的笔法,笔画方圆结合、更显随意,结构呼应多情、匀称舒适,向世人展现着流动的风姿。唐代是楷书艺术的巅峰,唐代以后的楷书显得后劲不足,因此,在楷书经典作品赏析中就先介绍到元代赵孟頫,使小学生对不同的楷书作品中所蕴藏的美感有初步认识,并帮助小学生从楷书经典作品中吸取精华。

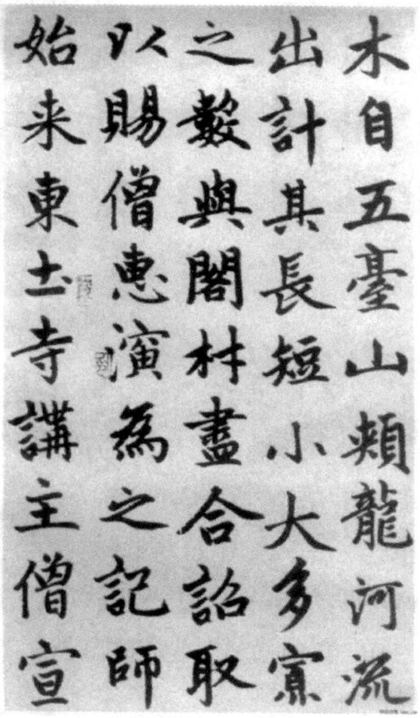

图6-10 《胆巴碑》

隶书经典作品赏析:以汉碑《礼器碑》和《曹全碑》为例。《礼器碑》(见图6-11)笔画粗细变化较大,以鲜明的反差造成强烈的变化,字势左右开张,生动而不僵硬,波势有的平缓、有的险峻,寓险峻于平正,变化多端,整体作品表现出能够化险为夷、无所畏惧的魅力。《曹全碑》(见图6-12)线条圆润俊秀,结体灵巧娟丽,笔势悠长流动,波势有俯有仰,在起落的节奏中突出飘逸的风采,动荡之中体现平稳,带给人秀美中见豪气的艺术效果。

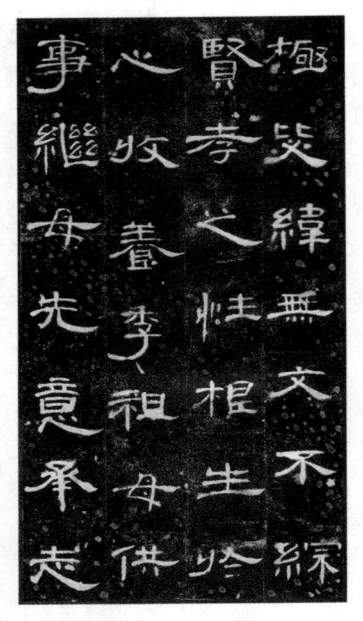

图 6-11 《礼器碑》　　　　图 6-12 《曹全碑》

行书经典作品赏析：以东晋王羲之《兰亭序》、唐代颜真卿《祭侄文稿》以及宋代苏轼《黄州寒食帖》三大行书为例，《兰亭序》（见图 6-13）整幅作品变化多端，错落有致，顾盼生姿，下笔如有神助，透露出潇洒气韵和爽朗风骨的流动美，文辞意境优美，蕴含人生哲理，它给世人呈现的不仅是一幅优秀的书法作品，更是一篇美妙的富有哲理的文学作品，折射出六朝文人强烈的生命意识以及对自然的敬畏之情。

图 6-13 《兰亭序》

《祭侄文稿》（见图 6-14）内容是颜真卿追祭殉难的侄子，哀思如潮，奋笔疾书，一气呵成，从书写时开始努力平静到最后感情激愤，书写过程始终贯穿书家情感，姿态横生，笔势飞动，大量"渴笔"的出现增强了作品激越豪迈的气氛，观赏此作品犹如见到颜真卿本人悲怆颠倒的状态，感人至深。

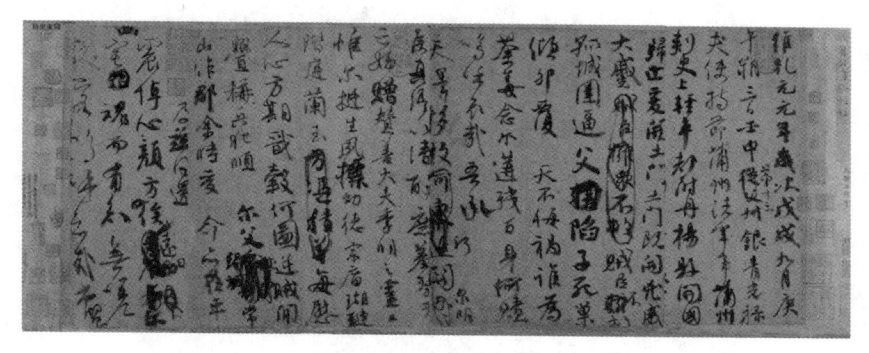

图 6-14　《祭侄文稿》

《黄州寒食帖》（见图 6-15）是苏轼在被贬后的寒食节有感而作，内容苍凉沉郁，开始书写时沉着匀净，随着强烈的感情变化，运笔速度及线条力度任情恣性，字里行间似乎充满了苏轼失意、动荡、抑郁的情感。

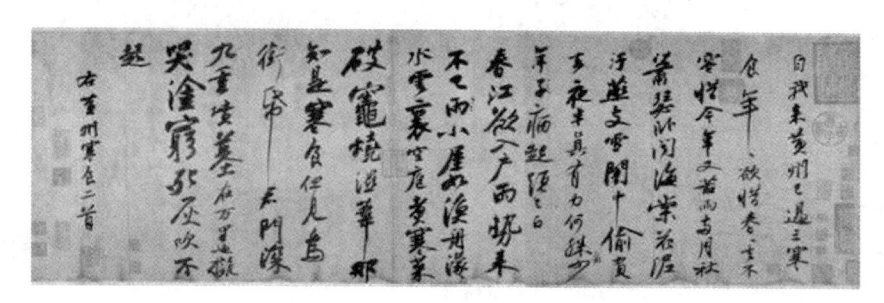

图 6-15　《黄州寒食帖》

草书经典作品赏析：唐代草书节奏狂放不羁，捭阖自如，是中国书法史上突起的奇峰，草书经典作品赏析就唐代张旭《古诗四帖》（见图 6-16）、怀素《自叙帖》（见图 6-17）以及孙过庭《书谱》（见图 6-18）为例，感受草书长卷带给人流畅与奔放的美感。清代刘熙载在《艺概》中提到："张长史书悲喜双用，怀素书悲喜双遣。"他们敢于突破传统，改变了字不相连、匀称整齐的旧格局，善用枯墨渴笔，极大丰富了草书的表现手法，虽然用不同的方式倾注感情，但都达到了涉笔成趣的理想境界。

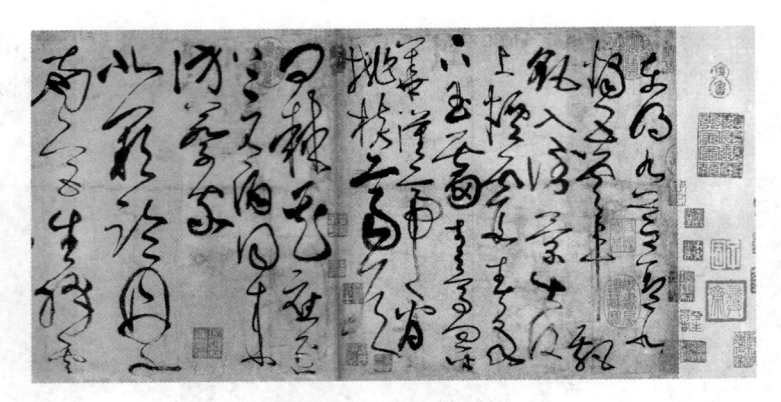

图 6-16 《古诗四帖》

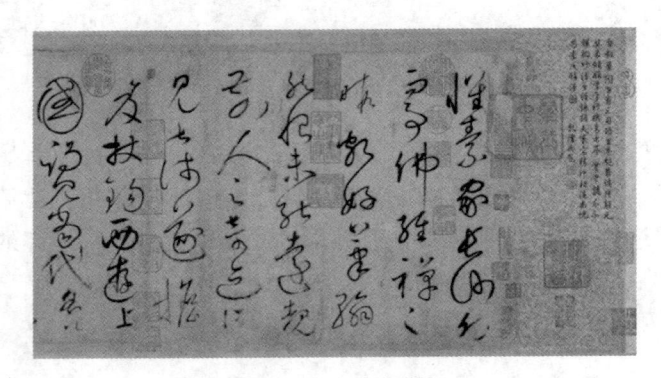

图 6-17 《自叙帖》

孙过庭的《书谱》（见图 6-18）不仅是一幅精致遒美的草书作品，还是一篇文采飞扬的书法理论佳著，它用笔具有很强的爆发力，善于运用破锋，体现出既飘逸又稳健的美感。

图 6-18 《书谱》

三 小学书法审美内容呈现方式

书法审美赏析内容在小学义务教育阶段的呈现要突出激发感受力，重视情感体验，要通过大量的书法经典作品图片展示，客观生动地对书法种类、书法语言、书法形式、书法风格等方面进行描述，能够吸引小学生对书法艺术的兴趣，使小学生慢慢地学会从哪几个方面去欣赏分析书法作品，积累审美经验。既要符合小学生身心发展特点也要符合书法艺术自身特性，在这里要强调的是小学义务教育阶段所呈现出的书法审美赏析内容不要过于专业化，因为太过专业化的讲解对还处在心理发展中的小学生来说很难体会，他们体会不了自然就不会感兴趣，内容呈现出来要能够获得小学生的兴趣；所呈现的内容也要有侧重点，不要太多，要少而精，能起到启发作用。因而，内容呈现要具有典型性、代表性、教学性，并且更加能贴近小学生的实际状况，例如，在对低年级欧阳询《九成宫醴泉铭》审美赏析，可以先从作品的背景故事开始，背景故事的主要环节可以用插画的方式呈现出来，吸引小学生的兴趣，让他们在故事插画中了解当时欧阳询奉命书写《九成宫醴泉铭》的情境，进而帮助他们体会作品中严谨的美感，然后再选择例字从笔画、结体等局部进行赏析，帮助他们日后学习欧体技法。在呈现高年级三大行书和怀素草书的审美赏析时，可以把小学生最好奇、最想了解的行草书问题以互动链接的方式呈现出来，在问题的互动板块中把小学生的注意力集中到作品中。书法审美赏析内容的呈现方式不仅关系到书法审美赏析内容是否可以完美地表达出来，而且也关系到书法审美教育理念是否可以贯彻到小学书法教学中去，因此，书法审美赏析内容能在小学书法教材中更好地呈现出来，是小学阶段开展好书法审美赏析的关键。为了能使小学书法审美赏析内容更加完美地呈现出来，笔者认为要以观察与比较相结合，趣味故事与书法赏析活动相结合，情境与意境相结合三方面呈现方式为主，从而使呈现出的书法审美赏析内容图文并茂、活泼多样。

（一）观察与比较相结合的呈现方式

小学书法审美赏析会选用一些书法经典作品图片，使得书法欣赏更具有直观性，所选取的书法经典图片要具有教学性和代表性，如何把所选的这些图片更好地呈现出来，这是小学书法审美赏析内容中不可缺少的重要组成部分。所呈现的图片不仅可以是比较局部的作品原帖，也可以是观察同等比例缩小的作品原帖，例如，为了使四、五年级小学生认识欧体楷书与褚体楷书、颜体楷书、柳体楷书、赵体楷书的不同特征，采用五种楷书字体中具有代表性的局部原帖，呈现出来可以是两幅作品为一组进行观察比较，在对笔画、结体、章法等方面的对比分析中，更明显地区分五体楷书之间不同的审美特征。行草书作品意境深远，但学生很难体会，为了使六年级小学生了解《兰亭序》《祭侄文稿》《黄州寒食帖》三大作品，需要呈现出同等比例缩小的完整行书作品进行观察，由简到繁、由形式及内容进行审美分析，从而更好地向小学生展现出三大行书整体的风格特征。采用观察与比较相结合的呈现方式目的是更为直观地突出某一书法作品审美特征，启发诱导学生运用观察与比较的方法进行观察，通过分析、比较看到书法作品的特点。因此，运用观察与比较相结合的呈现方式，不仅可以帮助小学生初步掌握书法赏析的基本方法，使小学生学会运用科学与艺术的观察方法，还可以培养小学生分析、比较和概括的能力。

（二）趣味故事与书法赏析活动相结合的呈现方式

为了更好地激发小学生对书法艺术的兴趣和求知欲，所呈现出的小学审美赏析内容应该依据小学生的心理特点充分调动小学生探索问题的积极性与主动性，使他们乐于参与学习。笔者认为，可以适当地将一些书法审美赏析知识变成一种活泼愉悦的方式呈现出来，拉近与小学生之间的距离，使他们能乐于接受这一优秀文化。针对三年级的书法艺术审美学习，可以把一部分书法审美知识编辑成有趣的故事呈现出来，使小学生对书法作品先有印象式的感性认识，再逐步引导小学生进入审美状态，例如，三年级基本笔画中横画的审美内容，可以试着把不同形态的长横、短横化作一个个"小精灵"，它们之间一问一答地揭示着彼此之间的不同特征，这样一来就可以把小学生难以理解笔画审美特征的专业术语用适合小学生思维的对话故事的方式呈现出来，让他们在愉悦的氛围里随着横画精灵们进入到审美的境界里。根据四年级书法审美赏析的内容，可以把一些知识以书法活动的方式呈现出来，使小学生的眼、脑、口、手能有机结合起来，通过看一看、想一想、写一写、玩一玩等方式，使小学生感受到在学习中体会乐趣，获得新知识。趣味故事与书法赏析活动相结合的呈现方式，使小学生可以很自然地进入审美情境中，从而调动他们内心情感。

（三）情境与意境相结合的呈现方式

优秀的书法作品不是孤立存在的，它是在一定情境中创造出来的，

"书法作品遵循的轨道：可感的创作情感—可视的形式美—可感的意境。"[1] 书法作品审美欣赏要与广泛的情境联系起来才能丰富学生对美的体验和享受。六年级小学生在欣赏行书经典作品《兰亭序》时，为了启发他们想象当时的情境，可以模拟与之闲雅自由相似的情境，《兰亭序》描写了东晋书法家王羲之和其友人谢安等人在兰亭聚会时"流觞曲水"的盛况，具体交代了时间"永和九年，岁在癸丑，暮春之初"，地点"会稽山阴之兰亭"目的"修禊事也"，环境"此地有崇山峻岭……又有清流激湍……"活动"引以为流觞曲水"，天气"天朗气清，惠风和畅"，感受"……信可乐也"，在这诗一样的美景下王羲之与友人饮酒赋诗，各抒情怀，情景清新，意境高雅，此情此景使他深受感染，满怀激情，然后作此序文，文辞优美，完全没雕琢之感。在这个情境之下王羲之写的《兰亭序》通观全篇，作者萧散胸襟，放浪形骸，以自然的笔触，从容挥洒，变化万端，字形随势而异，毫无雕凿之意，流露出一股超尘出世、清新恬淡的气息。在行草书内容的呈现方式上，可以把作品的情境意境进行全面分析，这样可以使小学生了解草书审美知识的同时，感悟草书经典作品中书家复杂的心情，增强小学生的求知欲望，使小学生亲临其境地探究作品意境，领略作品的内涵美。情境与意境相结合的呈现方式能够不断丰富学生对美的体验和享受。

第三节　书法审美内容在小学各年级的梯度安排

在《美术课程标准》中，明确指出了应当达到的三个目标：第一，激发参与"欣赏·评述"活动的兴趣，学习多角度欣赏和认识自然美和美术作品的材质、形式和内容特征，了解中外美术发展概况。第二，逐步形成提高视觉感受能力，掌握运用语言、文字和形体表达自己的感受和认识的基本方法，形成健康的审美情趣，发展审美能力。第三，逐步形成崇尚文明、珍惜优秀民族艺术与文化遗产、尊重世界多元化文化的态度。中国优秀的书法经典作品，再现了社会、自然、科学、艺术之美，结合《美术课程标准》的三个目标，书法艺术的审美教育首先是要吸引小学生的学

---

[1]　陈振濂：《书法美学》，山东人民出版社2006年版，第85页。

习兴趣，使他们能够积极地参与到审美活动中来；其次，要让学生在了解我国书法艺术发展概况的基础上多角度地欣赏书法作品，例如，书法作品可以从它的用笔、它的结体、它的章法以及书法意境、书法风格等方面来进行审美欣赏；也可以从书法历史的角度来分析书法作品，优秀的书法作品给后人留下的宝贵财富，使小学生养成崇尚文明、珍惜优秀民族艺术与文化遗产、尊重世界多元文化的态度。最后，要让学生书法审美欣赏从直观感受上升到理性分析，例如，可以把同一主题的另一书体的书法作品、同一时期不同风格的书法作品、不同时期的同一书体的书法作品等进行比较分析，使小学生从审美层面逐渐了解它们在艺术观念以及艺术手法上的区别。每一年级的书法审美赏析内容设置不仅应该要有不同的侧重点，而且要考虑到小学生心理发展的阶段性和顺序性以及小学义务阶段书法课时安排，教育部在《教育部关于中小学开展书法教育的意见》（教基二［2011］4号）中，对开设书法课提出了具体要求，其中，三至六年级的语文课程中，每周安排一课时的书法课，这样计算下来，一学期约十六课时，小学生很难在有限的开课时间里学习这么多的书法知识，这样很难保证学习效果，因此，小学生学习时间有限还是应该根据各年级的实际情况选择更为适合的书法审美赏析内容来进行认真学习，确立一个循序渐进又切实可行的学习轨程。从小学生的认知规律来讲，要增强书法审美赏析内容间的彼此联系，使之形成较为完整的系统。书法审美赏析教育如何在小学阶段贯彻《美术课程标准》的三个目标，这需要确立相对递进的目标分阶段实施，符合小学生学习心理，由简单到复杂，由低要求到高要求，由不明兴趣到形成兴趣习惯等方面递进，小学书法审美赏析内容在不同年级分阶段设置的过程中要遵循以下原则：三年级与四年级审美赏析内容的安排应该遵循游戏参与、丰富体验的原则；五年级与六年级审美赏析内容的安排应该遵循多角度欣赏的原则。

一 三年级书法审美内容安排分析

（一）欧体基本笔画审美赏析

三年级小学书法技法的内容是以近现代楷书印刷体的字体为主，小学生在日常学习中接触得较多，学习起来不会觉得陌生，容易上手。三年级的书法审美赏析内容以欧体楷书基本笔画赏析、经典字例赏析为主，这是为了让小学生对于欧体楷书有初步的审美认识并为四年级学习欧体楷书技法做好准备，让小学生感受到欧体楷书笔画、偏旁、独体字不同的特色。唐代著名书法家欧阳询《八诀》对点画做了以下生动的描述：

"点：如高峰之坠石　　　　卧钩：似长空之初月
横：若千里之阵云　　　　竖：如万岁之枯藤
戈钩：劲松倒折，落挂石崖　横折钩：如万钧之弩发
撇：利剑截断犀象之角牙　　捺：一波常三过笔"①

点、横、竖、撇、捺、折、钩、提是汉字的基本笔画，它们位置不同、形状各异，是构成汉字最小的单位。宋代姜夔《续书谱》："真书用笔，自有八法。一字之间，长短相补，斜正相拄，肥瘦相混，求妍媚于成体之后。"② 这既是楷书笔画用笔的示范说明，也是书法艺术匀称和谐美最为基本的体现，更是人的精神与自然结合的体现。小学生在对欧体字基本笔画审美赏析中还需要具体生动的表象支持，尽量做到生动直观的描述，让小学生可以依据点画形状自由想象，在欧体基本笔画的审美内容中设置"我们一起来看看"环节来增强与学生之间的互动，先提供"点"画就像从高山上掉下来的石头等比喻范例，再让小学生自由想象并用简单的语言把感受描述出来，小学生最初的想象是不精准不完整的，因而，对易于联想而又违背笔画特征的突出问题要设置书法小门诊帮助小学生正确认识，例如，把横画比喻成扁担，横画就会变成中间下弯，两头下垂的形态，这个观点自然也就违背了横画书写规律。对于偏旁、独体字的审美学习，可以设置经典连接环节，可以挑选欧体字与印刷字体中同一字重点进行审美比较。三年级小学生通过对楷书基本笔画等审美知识的学习，使他们在掌握基本笔画技巧的同时能够感悟欧体笔画的态势所带来的精气神，体会点画独立造型美和整体和谐美。

（二）书法幅式赏析

书法的幅式多种多样，幅式为了适应不同的书体、不同的场合，也会产生美感。主要的形制有：条幅、横批、斗方、中堂、手卷、对联、扇面、册页、屏条、手札等，在三年级书法幅式赏析内容安排上要突出不同幅式可以给人带来不同的审美感受，设置"你最喜欢的书法幅式"环节，使小学生对书法幅式有初步的审美认识，中堂是一种较大的幅式，这种形

---

① 欧阳询：《八诀》，载《历代书法论文选》，上海书画出版社1979年版，第98页。
② 参见张超《书法辑要》，教育科学出版社1988年版，第193页。

式能够给人一种庄重大气的美；尺牍更多体现出细致感，能够给人一种优美清新的美；对联是一种书法作品幅式中很具观赏性且家喻户晓的幅式，它的适应性很强，只要处理得当，各种风格都能容纳，能够给人一种协调统一的美。三年级学生对不同的书法幅式的认识，既能够增强他们的视觉冲击力，又能够激发他们的学习兴趣，引导小学生通过自己的观察得出自己的审美感受。

（三）欧体基本笔画与书法审美内容更符合三年级学生思维发展规律

三年级是小学生从低年级向中年级过渡的重要时期，三年级小学生已经具备了一定的观察能力，他们好奇心较强，要利用这一特点激发他们的学习兴趣，他们在老师的指导下，不仅能够具有基本动作技能而且能够具备一定的学习自理能力。这一时期的小学生处在具体形象思维向抽象逻辑思维的逐步转化时期，以形象思维为主，他们可以记住一些直观、形象的东西，但对于抽象的词句、概念却很难记住，对于书写特征明显、笔意抽象的字体很难把握理解，如果在这一时期，不顾小学儿童的思维特点，过分强调抽象逻辑思维也是不对的；如果选择含有较多抽象的书法笔意作品时，很难让小学生理解，不能充分调动起小学生的积极性，更好地使用学习策略。因此，他们的思维活动在很大程度上对事物的认知还需要具体事物生动表象的支持，还难以理解概念本质的东西。然而，这一时期也不能过分强调小学生的形象思维，要引导三年级的小学生学会用简单的语言来进行概括，逐步减少对具体形象的依赖性。结合三年级小学生的特点分析，三年级开始介绍了欧体楷书的一些简单的审美知识可以开启学生进入书法殿堂之门，初学的三年级小学生对书法艺术具有强烈的好奇心，他们的语文教材中的楷体印刷字与欧体楷书有着相通之处，因此，三年级书法审美赏析内容以欧体基本笔画与书法赏析为主要内容，以培养审美兴趣为主，通过一系列审美赏析知识，把学生带到书法艺术的世界，让他们学习到最基本的书法审美常识，了解欧体基本笔画、间架结构与整体章法之间的关系，了解不同书法幅式，初步使三年级小学生学会观赏楷书笔画的形状，能够用简短的语言来表达自己观赏后的感受，这个学习的过程非常符合小学生从感性到理性的认识规律，从对笔画形似的审美体验慢慢地过渡到关于神似意蕴的理解，这个阶段是初步的，是为了培养小学生初步建立审美感受以及小学生的语言表达能力。

二 四年级书法审美内容安排分析

（一）欧体的审美特点

四年级的小学审美赏析内容以欧体《九成宫醴泉铭》中的例字欣赏为主要内容，让小学生在欣赏时理解书法结字必须平正、大小适度、粗细均衡的审美赏析知识，并在此基础上掌握"险""劲"等变化多姿的结字特点，所挑选的欧体例字不仅要审美特征明显，而且要有利于小学生进行审美观察，例如，欧体在间架布置上注意平正，不失重心，具有整齐平正的美，如"物"字稳立在支点上力求平正，"营"字上半部分要略宽于下半部分，王羲之说："字之形势不宜上阔下狭，如此则重轻不相称也。"一个字写得上面过重、下面过轻，或者上面过小，下面过大都不会有美感，欧体楷书具有上下平稳的特点。《书法八诀》说："分间布白，调匀点画是也。"如"無"字笔画空白间的距离有一种疏密均匀的美。欧体字的这种方正的结构给人带来了端庄、严整、典雅美感。欧体章法疏朗有序，使人在欣赏时有森严列阵的感觉。小学生具备欧体的审美知识不仅使小学生对欧体的结体章法特点有初步审美认识，而且为以后确立端正书写结构的实践练习打下基础。

（二）其他唐楷经典作品的审美特点

四年级经典楷书审美赏析先从褚体、颜体、柳体、赵体的审美特征开始介绍。唐代楷书是楷书成熟时期，是小学生学习书法经典作品赏析的重点，褚体字主要特点是秀劲，褚体以《雁塔圣教序》为例，字形偏方，线条流畅，结构顾盼生姿，褚体笔画虽瘦但不单薄，结构清朗但不松散，给人呈现出羽衣蹁跹的美感。颜体以《颜勤礼碑》为例，字形扁方开阔，笔画圆劲厚重，结构中心紧密、外圆内扩，章法茂密充实，有一种丰腴开朗的美感；柳体字与颜体字并称"颜筋柳骨"，柳体字形瘦长，以《玄秘塔碑》为例，点画遒健浑厚、方圆结合，结构上中宫紧敛、四面伸展，这种高度规范严谨的特点带给人精悍利落的感觉。赵体以《胆巴碑》为例，它是秀美书法的代表，它简化了唐楷的笔法，笔画方圆结合、更显随意，结构呼应多情、匀称舒适，向世人展现着流动的风姿。四年级小学生通过对五体楷书审美特征的学习要能够逐步掌握楷书审美基础知识，在内容设计上要多运用比较的手法使小学生易于对比分析，设置"大家一起找一找"环节，使四年级小学生能够依据审美特征来辨别不同的字体，还可以设置"我们来比一比"环节，使四年级小学生可以从不同楷体中挑选出同一个字来感受不同的字体风格差异，在寻过程的过程中体验乐趣。

（三）经典唐楷作品赏析有利于四年级小学生思维过渡

四年级小学生已经从低年级过渡到了中年级，这一时期的小学生正处在具体形象思维向抽象逻辑思维的转化的关键时期，他们已经具备了正确区分具体事物异同的能力，初步学会区分概念中主要的东西和次要的东西。他们具备了较为丰富广阔，具有概括性的表象，处在形象概括向抽象概括的过渡状态，一些关于本质特征的概括能力大大增强，并且四年级的小学生已经开始出现组合分析能力。根据四年级小学生的特点，四年级书法审美赏析内容以欧体楷书以及唐楷经典名作审美赏析为主，四年级小学生在比较分析中观察欧、褚、颜、柳、赵楷书作品的形状与质感的不同，能够用一定的书面语言进行特点描述，使学生开始从中积累楷书审美知识。这个过程可以使小学生巩固已有的审美知识，在已有的知识基础上去关联相关的审美知识，有利于激发小学生头脑中新旧楷书知识发生相互作用，建立联系，使小学生一步步理解楷书之间的联系与区别，并将不同唐楷审美特征横向地联系起来，进而初步做到楷书知识系统化。

三 五年级书法审美内容安排分析

（一）晋楷、魏碑、墓志经典作品赏析

晋钟繇的《荐季直表》点画圆润，字形古拙方扁，结体舒朗，更多表现出情态美，体现出崇尚清淡的审美意趣，五年级小学生通过对钟繇作品的欣赏，使其感受到小楷书法的优美。魏碑以《石门铭》为例，笔锋犀利、结构奇崛自由，更多表现出体势美，富有视觉刺激性，康有为在《广艺舟双楫·体变第四》中把魏碑的美概括得淋漓尽致："古今之中，唯南碑与魏为可宗，可宗为何？曰：有十美：一曰魄力雄强，二曰气象浑穆，三曰笔法跳跃，四曰点画峻厚，五曰意态奇逸，六曰精神飞动，七曰兴趣酣足，八曰骨法洞达，九曰结构天成，十曰血肉丰美。是十美者，唯魏碑、南碑有之。"[①] 墓志以隋代《董美人墓志铭》为例，笔画锋利、方笔紧敛、圆笔秀润，结构外放内收、精致玲珑，章法疏朗等距，让人在欣赏时能体会到书家毫无轻慢、细致端严的美感。五年级小学生通过对不同

---

① 崔尔平：《历代书法论文选》，上海书画出版社 1979 年版，第 776 页。

时期楷书审美赏析知识的学习，让他们了解楷书的多样性以及对它们不同的审美特征有初步的认识。在学习过程中还要让小学生掌握一些简单楷书审美特征术语，并能够正确地运用到对书法作品的赏析中，例如，笔力遒劲、结体方正、章法疏朗等专业术语。设置"大家一起来评价"环节，使小学生对不同的楷书种类有所认识，对风格特征明显的楷书作品能够用简单的专业术语予以讨论、分析。

（二）隶书经典作品赏析

隶书正是左右分张的笔势和横向张力使得它独具风姿，特别是字中长横的起笔和收笔，古人称之为"蚕头"和"雁尾"。隶书字形左右开张，就像鸟儿展开的翅膀一样，有两翼飞动之势。隶书作品赏析以汉碑《礼器碑》和《曹全碑》为例，《礼器碑》笔画粗细变化较大，以鲜明的反差造成强烈的变化，字势左右开张，生动而不僵硬，波势有的平缓、有的险峻，寓险峻于平正，变化多端，整体作品表现出能够化险为夷、无所畏惧的魅力；《曹全碑》线条圆润俊秀，结体灵巧娟丽，笔势悠长流动，波势有俯有仰，在起落的节奏中突出飘逸的风采，动荡之中体现平稳，带给人秀美中见豪气的艺术效果。五年级小学生通过对隶书经典作品审美赏析的学习，初步认识到是由于隶书用笔、结体、章法的不同而产生了不同于楷书的美感。

（三）楷书与隶书经典作品赏析提高五年级小学生区分概念的能力

五年级是小学生从中年级向高年级过渡的重要时期，随着年龄增长，这一时期的小学生的抽象思维能力不断提高，独立思考能力迅速发展，观察的深刻性更有显著的发展，他们开始可以逐渐掌握概念的内涵，能够区分类似的概念。他们的概括水平开始以本质抽象概括为主，组合分析分类能力也有较明显的发展。结合五年级小学生的特点，五年级书法审美赏析内容以小楷、魏碑、墓志的经典作品欣赏和隶书经典作品的审美赏析为主，使小学生能够初步了解隶书经典作品的主要审美特征，培养小学生用深入的眼光看待问题的习惯。楷书、隶书书体虽字与字相独立，但笔断而意连，通过楷书、隶书经典作品欣赏，使学生感受到作品呼应连贯的整行节奏感，让他们不仅可以掌握不同书体的审美概念，还可以掌握这些审美概念之间的区别，能够进一步了解书法表现的多样性，用简单的书法审美术语，表达自己对书法作品的感受和理解，使他们在理解体验的同时挖掘自身书法潜能。

四 六年级书法审美内容安排分析

（一）三大行书的审美特征

《兰亭序》整幅作品变化多端，错落有致，顾盼生姿，下笔如有神助，透露出潇洒气韵和爽朗风骨的流动美。文辞意境优美，蕴含人生哲理，它给世人呈现的不仅是一幅优秀的书法作品，更是一篇美妙的富有哲理的文学作品，折射出六朝文人强烈的生命意识以及对自然的敬畏之情；《祭侄文稿》内容是颜真卿追祭殉难的侄子，哀思如潮，奋笔疾书，一气呵成。从书写时开始努力平静到最后感情激愤，书写过程始终贯穿书家情感，姿态横生，笔势飞动，大量"渴笔"的出现增强了作品激越豪迈的气氛，观赏此作品犹如见到颜真卿本人悲怆颠倒的状态，感人至深。《黄州寒食帖》是苏轼在被贬后的寒食节有感而作，内容苍凉沉郁，开始书写时沉着匀净，随着强烈的感情变化，运笔速度及线条力度任情恣性，字里行间似乎充满了苏轼失意、动荡、抑郁的情感。书法艺术中蕴含了精神文化内涵，它无法离开中国优秀的传统文化，优秀的书法作品中体现了书写者毕生的文学艺术修养，六年级小学生在学习过程中，锻炼他们能够分析作者在不同背景下书写的不同的作品情趣，领略不同的作品意境。在六年级三大行书审美赏析内容中要设置"观察提示、知识链接"环节，这样可以使小学生对行书有初步的认识，行书的结构、点画与楷书相近，而使转、风神与草书相近，行书在用笔和结字具有流动、活泼的特征，行书解散楷法，放纵体势，强化联系正是它区别于楷书的突出特点，行书在整体布局中讲究大小错落，轻重调节，左右挥洒，上下贯通，和谐统一，避免雷同，使得行书具备了独特审美特征。

（二）草书经典作品赏析

六年级书法草书经典作品以唐代张旭《古诗四帖》，怀素《自叙帖》以及孙过庭《书谱》为例，张旭《古诗四帖》书者随遇而安，用笔自如，结构由紧密到舒朗，突破了实用性的束缚，痛快淋漓地表达了个人情感。怀素《自叙帖》整体作品给人带来惊心动魄的震撼，用笔圆润自然，挥洒自如，笔势飞动流淌，千变万化，结体正欹参差，映带呼应，且不失魏晋法度。孙过庭《书谱》开始书家较为含蓄，越往后情绪越高涨，与二王相比已有较大变化，更具跳跃性更具爆发力。唐代吴融诗是这样描写的:"篆书朴,隶书俗,草圣贵在无羁束。"① 草书囊括了最为丰富的变化,它比其他书体在运笔节奏、线条结构上提供了更为广阔的天地,草书变化多端,更能抒发书家的情感,因而,草书最为突出的艺术特征是飞动与变化。字的连绵使转使得字的虚实空间处理更具节奏感。六年级扩展草书经典作品,使学生认识到书法家在草书的变化飞动中创造的美更能充分发挥书法家个性与才情,使观赏者能在他强烈的表现中获得审美愉悦和满足。

(三) 行草书经典作品赏析内容拓展六年级小学生书法视野

六年级的小学生随着经验的不断增长和智力水平的不断提高,他们迅速向抽象思维发展,逐步可以掌握正确而深刻的概念,他们的概括水平以本质抽象概括为主,组合分析分类能力有明显的发展,他们判断理解客观事物,分析问题,解决问题的能力也逐渐发展起来,尤其值得关注的是,六年级小学生的情绪情感发展进一步提高,在日常的学习中知识经验的积累,这一时期小学生情感分化逐渐精细,高级情感进一步发展起来,并开始以抽象道德观念作为依据。结合六年级小学生的特点,六年级书法审美赏析内容以东晋王羲之《兰亭序》、唐代颜真卿《祭侄文稿》以及宋代苏轼《黄州寒食帖》三大行书为主,从文字内容和书写形式等方面蕴含着书家丰富的情感,引导学生能够多角度欣赏书法作品。例如,书法作品可以从书法语言上进行欣赏——它的用笔、结体、章法等;也可以从历史角度来分析它所向人们传达的信息——反映当时的时代背景、书法观念及书法创作环境等,多角度地欣赏,从而引导小学生更为灵活、全面地掌握审美知识。通过对三大行书审美赏析及怀素草书审美赏析的学习,可以初步了解行草书的审美知识,丰富审美经验和书法鉴赏能力,不断促进小学生发展综合性书法素养,激发学习书法兴趣和激情,使学生的思想道德受到陶冶,尊重自己民族的传统的优秀文化。

综上所述,通过对小学各个阶段书法审美赏析内容安排的论述,笔者认为,只有明确了小学阶段书法审美赏析的具体目的和内容范围,才能从整体上全面认识小学义务阶段开展书法审美教育的重要性和紧迫性;只有认清了小学书法教育的方向,才能不断规范小学各个阶段的书法审美教育。

---

① 杨克炎:《历代书法咏论》,黑龙江美术出版社2004年版,第59页。

小　结

　　书法艺术自然地彰显着中华民族的优秀文化，其中所蕴含的优秀文化能够使人们产生共鸣，体现出书法在发展过程中对优秀文化的认同感、归属感，是人类文明的宝贵财富。在高速发展的今天，人们生活节奏加快，现代科技已经改变了人们的生活方式，一些"快餐文化"充斥着市场，曾经象征着先进文明的东方艺术，正逐渐受西方艺术的冲击，当前随着生活节奏加快，人们在日常生活中已经改变了书写方式，不再使用毛笔书写，毛笔比起钢笔、圆珠笔的使用频率要低许多，我们在吸收世界优秀文化的同时，也不应该使自己民族的传统的优秀文化流失。然而，不仅仅是用毛笔写字就是书法艺术，书法除了带给人们视觉上的美感，还有更重要的文字的、文学的、文化的传承等方面，它们互相辉映，使书法艺术产生完美的形式和内容。如果不懂得欣赏书法艺术中蕴含的美，书法就束之高阁，离人们的生活越来越远，应该加强书法审美教育，重视书法艺术。审美活动不分年龄，要使人们在学习中接受书法艺术审美教育，掌握审美方法，要扩大书法爱好者的队伍，尤其是应该普及青少年书法艺术教育，要从小抓起，从基础抓起，从学校教育抓起，面对当今书法的多元化需求，对于小学生这样一个初学群体，应该采取"各取所需"式的学习途径，书法教育应该结合现代教育，选择更为适合小学生学习的书法内容，逐步引导小学生学习书法艺术，现如今虽然有一些小学已经开展了书法课程，但是更多的是侧重于对书法基本技法的学习，小学生刚刚接触还缺乏对书法艺术的认识，他们只是简单地认为书法课就是写字课，枯燥重复性地书写打击了小学生学习书法的兴趣，练习中所涉及的一些必须掌握的书写技法，小学生体会不到它的美感，只是简单认为"它就应该这样写"，久而久之小学生会认为自己缺乏书法艺术的慧根从而不再重视，不再感兴趣。在小学义务教育阶段开展书法教育不仅是为了让小学生达到书写规范的目的，还是为了通过书法艺术系统的书法审美赏析知识的学习，引导小学生对自然美、社会生活美的欣赏力和判断力，使小学生逐步感受到书法这一传统艺术形式所蕴含的伟大民族文化精神，从小培养民族自豪感，增强对中华民族传统艺术的认同感，使他们形成高尚的道德情操。小学阶段开展书法审美赏析教育刻不容缓。书法审美赏析内容在小学义务教育阶段顺利开展是小学书法艺术教育的关键，现如今还缺乏系统的针对小学生学习的书法审美赏析内容，因此，本书根据学生的年龄、接受能力、个性差异，依据书法自身的特点，从小学书法审美赏析的必要性，小学书法审美赏析的主要内容以及书法审美赏析内容在小学不同阶段梯度安排这三个方面来论述，关注小学书法艺术教育，使小学生在书法审美教育过程中树立正确审美观念，进一步受到书法艺术的熏陶。

第七章 初中书法教育中的书法技能内容

书法是中国的传统艺术，书法艺术这种以汉字为载体的中国传统文化不仅表达出了汉字的线条美：提按、枯湿，还能表现出墨色的浓淡，更展现出了书法艺术背后的情感流露，所以说书法艺术是富有感情的文化艺术。而随着社会的进步，科技的发展，书法这一用一管软毫书天下的艺术被渐渐地边缘化。

面对这一问题，教育部认为学习书法急不可待，于2011年颁发了《教育部关于中小学开展书法教学的意见》，该文件提出了让书法进入中小学课堂这一举措。该文件意在指出让学生从小接触书法，学习书法，感受书法，传承书法，使学生深刻地感受中国传统文化和艺术的魅力。

目前全国的中小学已经逐渐开始普及书法教育，山东是实施书法教育较早的大省，笔者对山东聊城的初中阶段的书法教育进行了走访调查以及研究，进一步对初中阶段的书法技能教学内容进行探究。

第一节 初中书法教育概述

一 初中阶段书法教育的现状——以山东省为例

山东省是开展中小学书法教育课程较早的省之一[①]，笔者为了更好地了解山东省聊城市目前初中阶段书法教育的现状，通过被调查学校的帮助，以及相关部门的协调，进行了一系列的调查，并以聊城市开发区某学

---

① 郑新安：《河南省中小学书法教育现状调查及对策研究》，《河南教育学院学报》2010年第6期。

校为例进行分析。

表 7-1　　　　　　　该校初中七年级某班的课程

星期＼节次	上午				下午		
	第一节	第二节	第三节	第四节	第一节	第二节	第三节
周一	数学	语文	生物	地理	英语	历史	班会
周二	英语	数学	微机	生物	作文	作文	英语
周三	数学	语文	政治	地理	英语	体育	书法
周四	语文	数学	生物	英语	历史	体育	环境
周五	数学	英语	音乐	美术	政治	语文	英语

从上面的课程表中也可以看出，该校把书法教育已经加入学生的课程当中，而且每周都有一节课的书法课。经过调研了解，这所学校会时常办硬笔书法比赛，激发学生对学习书法的兴趣，而且课下还会有软笔兴趣小组，把所学的通过学校的书法展示角的方式展现出来。但是经过笔者调查，该校所开设的所谓的书法课，只是硬笔书法课，并不是软笔书法课。而且通过笔者跟该校老师的了解，由于学校只有一节课，而且大部分都会安排在周四、周五星期末，老师也不会给学生留课下作业。书法课之后是双休，那么刚学习了书写技能，紧接着就放松下来，学生对上课所学的知识是否可以灵活运用、学生的书写能力到底能否提高是非常值得考虑的问题。

对于所调查的其他初中学校，有些初中根本没开书法课，有些开了书法课但只是硬笔课，还有些学校开了书法课从来没上过。当然从开始普及中小学的书法教育至今还不足五年，还属于初级阶段，这中间伴随着许多的问题。经过笔者调查研究，总结了目前山东省初中阶段的书法教育主要是下列这些问题。

（1）对开设书法课的认识不足。笔者在调研时采访了部分家长和校长。针对开设书法课的看法，有少部分家长认为开设硬笔书法课可以提高孩子的书写能力，对开设软笔书法课含糊其辞；还有许多家长和学校并不支持，认为初中阶段是学习的关键时刻，是为升入高中而打下良好基础的，他们认为开书法课占用了与考试有关的主要科目上，升学率的问题是首要考虑问题，没有必要关注这些"无所谓的东西"上。仅有少部分家长认为，开设软笔书法课是非常明智的选择，中国的孩子需要学习中国传统的文化，这样才能传承中国的传统文化。而学校对开设书法课的态度大致与家长所持态度一样：有些学校是因为别的学校没开书法课，而自己学校开了书法课，会降低学校之间的竞争力，升学率问题也是其考虑的首要因素；而有些学校对开展书法教育也是持观望的态度，有些学校虽然设置了书法课，但是不上书法课，而这节书法课就会由语文、数学、英语这些"主科"占用，使得书法课只"徒有其名"。学校和家长的态度虽是中国的教育体制所造成的，但也不能忽视孩子的非智力因素，而无限地扩大了智力因素对学生的发展与教育。德、智、体、美、劳全面发展才能有利于孩子的未来和发展。

（2）书法教师的匮乏、滥竽充数现象严重。在笔者调查过程中，有不少学校肯聘请校外的专业的从事书法行业的人做老师；而大多数学校是找在校的、会一点书法的老师，或者干脆让语文老师代上书法课，这些老师时常是"身兼数职"。并且这些老师在上书法课时，给学生进行示范的很少，主要是学生自己写，这就造成了学生在学习书法时进行"自行学习"，更不会给学生讲书法史、书法理论的知识。书法是一门可操作性非常强的传统艺术，没有专业的文化知识，是很难写出其真正的文化底蕴，在被调查的很多开设书法课的学校，专业的书法教师占非常少的比例，大多数老师都缺乏专业的书法知识，这就造成了教师在教授书法时只流于表面，而不深入其内涵，书法教师的教授过程与学生的学习过程都缺乏科学性、专业性。

（3）书法教材版本多且杂。在所调研的所有学校，书法课的教材各不相同，大多是学校自行推行的硬笔书法教材，或者是从市面上买的统一教材。既缺乏科学性，又缺乏系统性。当前社会上出现的书法教材多种多样，学校都挑花了眼。笔者认为书法教材的内容会直接影响学生对学习书法的兴趣以及审美，所以应当推出统一、规范并且符合初中学生学习能力和审美的书法教材。

（4）在笔者的书法教学过程中发现，学生一开始对书法课保持非常高度的热情，一般都是"三分钟热度"，过了那段热情期，学生就觉得书法非常枯燥无味、难写。而且学生对书法并没有一个尊重传统书法的观念，会按照自己的想法来写，并不会按照所给字帖老老实实地写，随手涂鸦。难改积习、难吃苦这都是学习书法时学生存在的主要问题，而学习书法需要一丝不苟的态度，要严抠每一个细节。这就需要教师在教授书法时要寓教于乐，与学生融为一体，加强师生的互动，让学生在轻松的环境下学习书法知识。

2013年初教育部颁发的《中小学书法教育指导纲要》，自此便完善了中国的书法教育的体系，形成了从小学、中学、大专、本科、硕士、博士乃至博士后的教育体系。但是中学作为从小学到大学的过渡阶段，书法教育还没有真正受到重视，书法教育的评价标准以及教材还没有统一，中学阶段的书法教育仍处于薄弱阶段。要使得书法教育更好地普及，不光要解决这些问题，更需要学校、家长、学生等多方面的集体努力。

二 《中小学书法教育指导纲要》对初中书法教育的目标解析

在2013年，教育部颁发的《中小学书法教育指导纲要》（下文中简称《纲要》），针对中小学书法教育的基本理念、各个阶段的中小学的书法学习目标与要求进行了详细说明，并对教学、评价以及教学用书编订三个方面提出了建议与要求，在《纲要》最后还推荐了适合学生学习的范本字帖。由于笔者本文主要研究初中阶段的书法技能教学内容，此《纲要》便是这项研究进行的主要依据，纲要对初中阶段毛笔的教育提出了以下要求：

1. 继续用毛笔临摹楷书经典碑帖，力求准确。有兴趣的学生可以尝试学习隶书、行书等其他字体，了解篆刻常识。
2. 了解一些最具代表性的书家和作品。学习从笔画、结构、章法以及内涵等方面欣赏书法作品，初步感受书法之美，尝试与他人交流欣赏的心得体会。
3. 愿意在班级、学校、社区活动及家庭生活中积极运用自己的书写技能。[①]

首先，如何理解《中小学书法教育指导纲要》中的"书法教育总体目标与内容"？总体目标与内容揭示了进行中小学书法教育的目的，在于通过学习书法，感受汉字的魅力，激发学生对中国传统文化的重视。在2011年8月，教育部颁发了《教育部关于中小学开展书法教育的意见》

---

① 中华人民共和国教育部：《中小学习书法教育指导纲要》，北京师范大学出版社2013年版。

的文件，主张书法教育进入中小学的课堂。这份文件一经发出就引起了各界的不同反应，意见褒贬不一。赞同的人认为中国的传统文化不能丢，学习传统文化必须从娃娃抓起；不赞同的人又怕学生学习时流于表面，或者耽误学生的文化课学习。但笔者认为，此"写字"不同于彼"写字"，后者则是说的用手拿着笔在纸上记录文字的过程，而前者是一门以汉字为载体的艺术，不仅仅是记录文字这么简单的事情，更包含了我国汉字文化从甲骨文开始到现在书写的发展史和丰富的艺术内涵。我们在进行书法教学的过程中不能仅仅在乎学生到底写得如何，而在书法教学背后的文化意义更加重要。体育课可以强身健体，美术音乐可以提高学生的艺术欣赏能力，手工课可以开拓学生的智力，而书法课并不同于这些素质教育课，书法不仅仅是作为一门素质教育课出现在中小学的课堂里，书法课的开设是在通过书法教育让学生写好字、写对字的基础上，传承和弘扬中国的传统优秀文化。作为一名中国人，写好中国字是必然的，学生在学习书法的过程中，就是对汉字全面的认知以及对其形体美的表达[①]。这也正如《意见》中所说：通过书法教育对中小学生进行书写基本技能的培养和书法艺术欣赏，是传承中华民族优秀文化。

其次，针对初中阶段毛笔学习的目标与内容，怎样才算是"继续用毛笔临摹楷书经典碑帖，力求准确"？楷书，是书法的基础，要想学好书法，必须从楷书开始学起。楷书作为我们日常使用最多，最常见的字体，学好楷书是必然的，无论是硬笔还是毛笔，都是这个道理。小学阶段学习过楷书临摹，那么在初中阶段为什么还要再继续临摹楷书？初中阶段的学生与小学阶段的学生，从发展心理学角度来说，小学阶段的学生其思维以形象的发展思维为主，且小学阶段是打基础的阶段，主要以楷书入手学习写毛笔字的正确姿势，掌握如何正确使用毛笔，在初中阶段就要在此基础上再精准一些，所以还是要继续用毛笔临摹楷书，达到精准。这是针对初中阶段学生的能力和心理素质所提出的要求，对不同阶段的学生进行不同阶段的教育，体现了书法学习的阶段性，于中小学书法教育的整体而言，是一个循序渐进的过程，只有从易到难，有序地进行书法教育才能使中小学书法教学顺利进行。那么如何理解"准确"？"准确"可以表现在笔法、

[①] 李天天：《"不只是写字"——关注"书法课"背后的文化意义》，《书法》2013年第4期。

结构、章法几个方面。笔法上的准确，体现在学生用笔、控笔的能力。在临摹时，不仅能看出笔画是如何写的，还要用笔写出来，在临摹过程中，要正确而准确地写出笔画的运笔方式，无论用侧锋还是中锋，要细致地表现出来。结构上准确，在临摹时，能正确而准确地写出不同结构的特点，准确地控制好单个字中的空间留白，不管是左右结构的迎让穿插，还是上下结构的主体对正，都应准确地临摹出来。还有在字的收放、空间的留白、向背、虚实等关系都应处理准确。章法的准确上，在临摹时，能准确地判断字帖的章法，判断字距行距的关系。在行气与整体章法的表现上要准确。"准确"包括很多方面，但是要想达到学生人人准确是不太现实的，应该给学生树立正确的书法观念，引导学生注重动脑、动眼与动手能力相结合，在写字之前首先做到"意在笔先"，才能"力求准确"。

那么该如何理解"学习从笔画、结构、章法以及内涵等方面欣赏书法作品"？笔者认为只有从笔画、结构、章法这几个方面全面地学习过书法之后，才能全面地欣赏书法作品。这也是从小学阶段开始就以楷书学习为书法课主要内容的主要目的。在学习书法技能的同时，也要学习书法文化知识，了解具有代表性的书法家和作品，了解书法家的创作背景，学习书法家的社会背景，书法理论与实践相结合，学生才能从本身所具备的知识储备中全方位地欣赏书法作品，使学生具有初步的审美能力。循序渐进的书法技能学习，同时也是书法欣赏能力的培养。关于"有兴趣的学生可以尝试学习隶书、行书等其他字体，了解篆刻知识"的理解：笔者认为，从小学阶段开了书法教育开始，就是从楷书入手，让学生尝试学习隶书、行书，是要让学生了解到书法并不是只由楷书这一种字体构成，还包括隶书、行书、篆书、篆刻、刻字等各方面。在学生掌握一定的书写姿势、执笔方法、行笔收笔、节奏等书法基础后，可以让学生尝试一下其他字体。隶书、行书可以选择难度较低的，比较容易上手的字帖，例如《曹全碑》《礼器碑》等，行书可以选择《兰亭序》《黄州寒食帖》等古今著名且便于这一阶段学生学习的法帖。

还有，"愿意在班级、学校、社区活动及家庭生活中积极运用自己的书写技能"。笔者认为，学习的目的还是要运用的，只有通过不断的练习，才能巩固自己的书写技能。学生学习了书法后，家长和学校要积极鼓励学生用于展示，学校可以在班级或者学校创办一个书法展示角，家长可以积极鼓励学生书写春联、书房励志名言。这不仅可以增强学生学习书法的兴趣，提高学生学习书法的积极性，更能提高学生的自身文化修养。

书法教育是一件长远的工程，需要家长、学校、学生等各方的努力和配合，才能使学生通过学习书法感受传统文化的魅力，提高自己的审美能力，提高自己的文化素养。

第二节 初中阶段书法技能教学内容的进度安排

一 小学与初中教学内容的衔接

（一）学习书法需要遵循循序渐进的原则

在对初中三个年级技能教学内容进行规划时，在《中小学书法教育指导纲要》的指导下，首先关注的就是与小学的技能教学内容的衔接性。无论是书法的学习还是其他文化知识的学习，小学、初中、高中、大学等阶段并不是分阶段的独立教育，这都是具有衔接性的，前一个阶段的学习都是为后一个阶段的学习做铺垫的。这一点在《中小学书法指导纲要》针对毛笔学习的目标与内容中，体现得非常明显。

图 7-1

首先，习惯的养成是书法学习的第一步。《纲要》对于中、高年级的小学生都提出了"掌握毛笔的执笔要领和正确的书写姿势"。所谓习惯要从小开始养成，在这个阶段的学生如果书写姿势没有正确，还可以在教师和家长的指导下进行纠正。正确的书写姿势不仅对学生的书写有很大的帮助，还可以帮助小朋友预防近视。正确的写字姿势，需要挺胸、抬头、胸口离桌子有一拳，肩膀开阔，眼睛距离桌面一尺，这样在写字时，视野更加开阔，写出来的字才会更加舒展有力。正确的执笔要领和书写姿势是贯穿于整个写字过程，这不仅是学写字的基础，更是学习书法所必备的第一步骤。习惯是从小养成的，并不是一蹴而就的，正确的书写姿势和执笔要领为学生日后的书法学习打下坚实的基础。

再者，《纲要》在对书法学习的内容和书法技能的要求上及内容选择上，遵循了循序渐进的原则，先从楷书学起，从小学中年级的"开始接触楷书经典碑帖"到高年级的"临摹楷书经典碑帖"，再到初中阶段对楷书经典碑帖的"力求精准"的临摹，都是楷书由生到熟的学习过程。楷书不仅是人们日常最常见的字体，更是学生最常见的字体，他们的教材印刷都是用楷书字体。从学生最常见的字体入手学习书法，不仅可以使学生增加对书法学习的亲切感，还能使学生在学习楷书这一字体时更加仔细、精确。以楷书这一字体为切入点引导学生学习书法，在对楷书有了认识之后，通过欣赏经典碑帖，可以识别篆、隶、楷、行、草五种字体，这为初中阶段尝试学习隶书、行书等其他字体做好了铺垫。技能学习上，从初学书法时"初步掌握起笔、行笔、收笔的基本方法"，到小学高年级的熟练地掌握毛笔运笔方法，"能体提按、力度、节奏等变化"，这些对毛笔的掌握程度都为初中阶段精准的临习楷书经典碑帖做好了铺垫。楷书是最常见最常用的字体，而且也是笔法最丰富的字体，熟练地掌握了笔法，在打好基本功的前提下，才能更顺畅地学习其他字体，将学习到的笔法灵活地运用在更广泛的书法学习上。比如说在篆书、隶书的学习中会用到回锋、中锋等笔法，在行书的学习中会多用到露锋、中侧并用的笔法。当然，这两个重要元素不能分开来谈，这两项元素是相互依偎的，以内容为载体进行技能学习，这是必然的，在初学阶段，选择什么样的字帖就要学习什么样的笔法，谁也不能没有字帖就拿起笔来就写字，无论在技能学习的内容选择上还是技能的学习都是循序渐进的原则。选择什么样的字帖和用笔方法开始学习书法，如何熟练地掌握这些技能，这些由生到熟过渡的阶段都是一个循序渐进的过程。

最后，《纲要》中对书法审美的教育，也是循序渐进、由点及面的原则。从初学书法时的"获得初步的感性认识"，再到后来逐步开始了解书法作品的形式，欣赏不同字体的经典碑帖来感受不同字体的美，有了这些书法基础和书法知识之后，才能在初中阶段进行从笔画、结构、章法以及内涵等方面来全面地欣赏书法作品，才能感受到书法之美，中国传统文化之美。

（二）书法技能的学习应注重巩固和延伸

从书法的习惯、技能教学内容和审美上，都是循序渐进的学习原则，而在初中技能教学内容的选择上，一方面要遵循初中阶段学生的思维心理发展，另一方面要遵循初中阶段学生书法学习与小学阶段的内容衔接。初中阶段是一个非常重要的阶段，不仅学生的思维发展迅速，而且是书法学习的重要阶段，在这一阶段的书法学习上可以分为巩固和延伸两个阶段：学生在技能教学内容的选择上，前一阶段应该选择风格不同于小学阶段学习的楷书字帖，对小学的书法学习进行巩固；第二阶段是对其他字体的学习，这样就可以对学习到的书法技能进行延伸。

在第一阶段楷书学习上，学生在小学阶段已经对楷书有了一定的基础，掌握了一定的用笔方法，在初中阶段虽给出不同风格的字帖，可以对在小学阶段学习到的书法技能达到熟练运用的程度。初中阶段的学生其思维发展及抽象思维发展迅速，到初三阶段已经接近成熟，在这一阶段的书法学习中应注意培养学生的抽象思维。这一阶段的学生已经具有独立思考的能力了，在楷书学习的过程中，可以在老师的指导下，进行对已学知识的思考和应用。这样不仅可以培养学生的抽象思维的发展，还可以培养学生先动脑再动手的书法学习习惯，这就是书法中常讲的"意在笔先"的学习方法。

关于书法学习的延伸阶段，还有一层意思是：让学生尝试对其他字体的学习。让学生知道书法并不是只有楷书一种字体，在楷书学习的阶段已经掌握了比较全的笔法，在技能学习时可以选择比较容易上手的隶书、行书经典字帖，在学习这些字帖时，鼓励学生积极动脑如何运用已经学到的笔法，在学习时培养学生的发散思维和动脑的能力。隶书应该选择笔法简单，容易上手，符合这一阶段审美的经典字帖；行书可以选择与楷书联系紧密的经典字帖，偏向于行楷的行书字帖，这样学生由楷书向行书过渡时比较容易。

书法的学习不仅要有循序渐进的学习原则，还要对所学的知识进行巩固练习和应用。书法是丰富多彩的，风格上多彩多样，有婉约，有豪放；

有端庄，有活泼；有空灵，有雄厚。字体上有甲骨文、金文、小篆、隶、楷、行、草多种。在书法学习上，不能让学生禁锢在一种书法风格和字体中，要让学生感受到书法艺术的多姿多彩，感受到中国文化的丰富多彩，增加其爱国情操的情感。

二　初中阶段书法技能的教学内容安排

（一）初中楷书的学习内容

1. 现有书法教材引发的思考

自教育部颁发《中小学书法指导纲要》以来，中小学已经开始将书法纳入了课堂，全国各地开了学习书法的热潮。小学阶段已经普遍开始学习书法，书法教材也如雨后春笋般出现，并且各式各样。而初中阶段的书法教材却尚未发行，于是乎初中阶段的教材也引发了书法界的许多思考。笔者也见识到了许多不同版本的小学教材，纵观这些教材，在三年级，多用来学习书法基础——坐姿、执笔、运笔等基础知识；而在四至六年级则用楷书学习来巩固所学，完全遵循《中小学书法指导纲要》对小学的要求来编写。这些书法教材的书写内容以欧阳询《九成宫醴泉铭》为范本学习的居多，当然也有例外，例如在笔者所接触的湖南美术出版社的《书法练习指导》所用楷书范本则是颜真卿的《颜勤礼碑》。以颜体《颜勤礼碑》为小学书法学习的楷书范本的少之又少，多以欧体《九成宫醴泉铭》为主。笔者认为，欧颜作为楷书四大名帖之首，学生学习楷书之初，当以欧颜为主：若小学阶段学习颜体，那么初中阶段则可以学习欧体；若小学阶段学习欧体，那么初中阶段则可以学习颜体。本着中小学书法学习的衔接性，再加上现有的小学教材所反映出来的以欧体为主的现象，那么初中阶段则可以选择《中小学书法指导纲要》中所推荐的颜真卿的《颜勤礼碑》。

2. 颜真卿其人其书

颜真卿，祖籍今山东临沂，是唐代中期杰出的书法家。颜真卿有许多的代表作，楷书有《颜勤礼碑》《多宝塔碑》《麻姑仙坛记》《颜家庙碑》《东方朔画赞》《自书告身帖》《裴将军诗》，还有被称为天下第二行书的《祭侄文稿》。要说书法史上最闪耀的星，一个是王羲之，那么另一个必定是颜真卿。古人有云，"学书先学楷，学楷先学颜"，他的书法浑厚饱满，端庄大气，充分体现了盛唐的时代精神。他的《颜勤礼碑》，全称为

《唐故秘书省著作郎夔州都督府长史上护军颜君神道碑》，是颜真卿71岁为祖父颜勤礼所写的神道碑，是颜真卿楷书风格完全成熟的标志，所以，选择《颜勤礼碑》这一最具代表性的字帖来进行学习。

苏东坡称其书法"雄秀独出，一变古法"，曰："诗止于杜子美，书止于颜鲁公"。他的人品与书法风格相统一的美学思想，吸引了大批的追随者。同一朝代的柳公权，就是学其书法而自成一家，与颜真卿的书法并称"颜筋柳骨"；宋代的苏轼极力主张学习颜真卿书法，颜真卿的书法对他的艺术创作之路指明道路；唐代书法家褚遂良，其楷书作品空灵飘逸，而在其早期的楷书作品中也有学习颜真卿字体的痕迹，最终找到了自己的风格，被后世称为"褚体"。颜真卿的书法真是影响了一大批后来的书法家。颜真卿其人，秉性正直，忠义且富有正义感；其书雍容壮伟，气势磅礴，所以说颜真卿是中国书法史上人品与书法风格相一致的伟大书法家，正所谓，"书者，如也"。《颜勤礼碑》是颜真卿晚年的作品，其用笔较之前所写楷书作品如《多宝塔碑》就少了圆润，更加劲健有力，给我们所呈现更多的是成熟的、笔画坚实有力、筋骨劲健、气势恢宏的颜体字。而从《中小学书法指导纲要》所推荐的楷书临摹范本中，有褚遂良《雁塔圣教序》《大字阴符经》，褚体字的整体特点就是空灵飘逸，笔画灵活，给人以舞动灵动的感觉，笔画较细，但是细中又非常有力度，这对于初中阶段的学生来说，有些难度，需要对毛笔控制力有所提高，对书法有了全面认识后，对书法的留白等书法知识掌握后，才能掌握这种灵动的书体。有赵孟頫《三门记》《妙严寺记》，赵孟頫的赵体字属于行楷行列，笔画灵动，妩媚但是有力，柔中带刚，笔画与笔画之间连接紧密，笔画的连带、呼应表现得非常明显，若没有对毛笔的控制能力和对力量的把握，易把赵体字写得绵软无力，过于媚俗，不适合初中阶段的学生学习。还有柳公权《玄秘塔碑》《神策军碑》，柳公权也是学习颜体字之后找到了自己的风格，其柳体字与颜真卿的颜体字并称为"颜筋柳骨"，柳体字较瘦硬，笔法严谨，法度森严，学生在学习时不容易掌握其笔法，通常会写的瘦硬，毫无生气。不宜初中阶段的学生学习。这些字帖都是需要在有一定的毛笔掌控能力和熟练的笔法的前提下才能掌握，可以在掌握了一定的书法知识后再来学习会写得更好。所以说《颜勤礼碑》适合初中阶段的学生学习。再者，颜体字特有的篆籀笔法有利于初中阶段学生的技能学习。颜体字给人以气势恢宏的感觉，《颜勤礼碑》是颜真卿书法的各方面的最佳体现。《纲要》中对初中阶段的学生要求可以尝试其他字体，颜体字特有的篆籀笔法对学生学习隶书、篆书有非常大的帮助。

《颜勤礼碑》是颜真卿晚年风格定型的代表作，是颜真卿以其楷书端庄宏伟、气势恢宏的书法美与其正直端庄的人格美的完美结合。这对于学生学习书法是非常有利的，无论从初中阶段学生的年龄还是其能力方面讲，《颜勤礼碑》都是临摹的最佳范本。

3. 初中楷书学习与小学的递进与衔接

小学阶段和初中阶段的书法学习都是以楷书为主，但是侧重点不同：小学阶段作为书法学习的初始阶段，以养成良好的书法习惯、书法观念为主；而初中阶段则希望学生通过精细的临习楷书来掌握一门字帖，做到精、准。所以在安排颜体楷书作为初中阶段时，其难易程度要比小学阶段的楷书学习有所递进和提升。首先，在初中阶段学习颜体楷书时，相同的字要与所学过的欧体楷书做对比，让学生区别不同字帖的不同姿态，避免混淆所学。更要增加不同的字帖的相同字的对比，初中阶段可以多种字帖的楷书做对比，比如欧、颜、柳、赵四种不同字帖做对比，以颜为主，并让学生尝试。当然所出示的楷书须是《纲要》中所推荐的名家字帖。再者，书法学习量上也要有变化，小学阶段一节课学习一个字，那么在初中阶段要增加字的量，让学生在一节课可以学习多个字的写法，而不是一个字。通过增加学生的书法学习量和面，这不仅可以让学生感受不同字帖的不同姿态，增加学生的书法知识量，增加学生的书法知识面，还可以让学生提高学习书法的兴趣，提高和提升学生学习书法的质量。

（二）初中隶书的学习内容

《曹全碑》全称《郃阳令曹全碑》，是东汉时期最具代表的隶书碑帖，是保存汉代隶书字数较多的一通碑刻。其碑刻记录了曹全的生平、事迹、功绩等，还记录了以张角为首发动的农民起义这一历史事件。《曹全碑》以其秀丽柔美、柔中带刚的艺术魅力打动一代又一代的学书人。《曹全碑》不仅是一件艺术品，更具有非常重要的历史价值。

《曹全碑》其笔法圆润，回锋起笔，中锋运笔，每个字只有一个波磔，波磔如燕尾一般，有力度却不失轻巧，笔法简单，非常容易上手，容易学习，非常适合初中阶段这种初学隶书的学生。在《中小学书法指导纲要》中也推荐了几个汉代经典碑帖，如《礼器碑》。《礼器碑》历来被称为隶书佳品，其风格特征是高于庙堂之气的，其笔法非常严谨，细的笔画如发丝一般但却力度不减,逆入平出,方圆并用,瘦却筋骨犹在。这种力度不适合初学隶书的学书者学习,尤其是初中阶段的没有接触过隶书的学生,不宜掌握这种力度,容易写成瘦硬干柴的感觉,所以在掌握了一些书法技能,在对书法有能理解的能力,达到眼睛看得到、脑子想得到、手能写到的能力时,再来学习《礼器碑》时会写得更好。还有《乙瑛碑》,乙瑛碑其风格特征是用笔较方,章法方整,过于严谨,初学的人不宜掌握其度,容易些的过于拘谨和呆板,杨守敬《评碑记》评其"波磔已开唐人庸俗一路",也不是不无道理的。《史晨碑》也是汉代著名的隶书碑帖,其风格特征便是无明显的特征,圆润中不失方正,方正又不致呆板,古朴肃穆,但是初学的人不宜掌握这种特征不明显的特征,对于书法知识薄弱的初学者来说,掌握其古拙浑厚的特点不是一件易事。《曹全碑》笔法简单,极其容易上手,是初中阶段学生初学隶书的最佳范本,当然在临习时要注意不能只顾流丽而丧失骨力。

(三)初中行书的学习内容

行书和楷书是人们最常见和最常用的一种书体。所谓行书就是指介于楷书与草书之间的书体便是行书。作为王羲之最典型的代表作,"天下第一行书",《兰亭序》是所有学习书法的人必学的字帖。对于初学行书,《兰亭序》这一字帖更是不二之选。

首先,王羲之是东晋时期著名的书法家,被后人尊称为"书圣",其书擅长隶、楷、行、草各体,博采众长,终自成一家,形成了自己的笔风,赵孟頫《论书体》中云:"总百家之功,极众体之妙。"其书法千变万化,平和自然,委婉而又遒劲,用笔细腻,正如《书苑菁华·王羲之别传》所云:"千变万化,得之神功。"其书法对后人影响深远,影响了一代又一代的学书者,从唐代的欧、虞、褚、薛到五代的杨凝式,再到宋代的四大家苏、黄、米、蔡,再到元代主张学习王羲之的赵孟頫,再到明代的董其昌。其书风和书法作品不仅对后来朝代的书家有深刻影响,更是为现代书法学习者提供了优秀的学习资料和溯古根据。唐太宗认为右军"尽善尽美",很多著名书法家都是取法王羲之,但是却无人全面地学习到其书法的精妙。正如李煜《书评》曰:

> 善法书者,各得右军之一体:若虞世南得其美韵,而失其俊迈;欧阳询得其力,而失其温秀;褚遂良得其意,而失其变化;薛稷得其

清，而失于拘窘；颜真卿得其筋，而失于粗鲁；柳公权得其骨，而失于生犷；徐浩得其肉，而失于俗；李邕得其气，而失于体格；张旭得其法，而失于狂；献之俱得之，而失于惊急，无蕴藉态度。

他们都直接取法王羲之，却无法全面地学习到其精髓，所以，笔者认为，学习好的书法，还需从好的源头开始，这样才能学习到更全面的书法技能。

再者，楷书笔法的学习为行书的学习奠定了优秀的基础。上面提到过楷书的学习涵盖了书法技法的所有笔法，在书写时，露锋、藏锋、回锋、中锋等一系列的笔法基本都可以学到。只是在书写行书时，要更多地使用露锋，放锋，其用笔灵动俊秀，比起楷书更强调节奏与动感，线条具有丰富的生机和活力。楷书点画分明，字字独立，字形以及章法较平正、整齐。《兰亭序》中其字与字之间则是笔断意连，基本独立，对于初步学习行书的同学来说，更是学习的好法帖。

还有，《兰亭序》之所以能够叱咤书坛不仅是因为其用笔精妙、用墨和布白完美，《兰亭序》的文章内容，值得所有人研究反思，细细体味。《兰亭序》是一个从作者、内容、用笔、布白、用墨的审美完整体。《兰亭序》无论其作者，还是文章内容，还是书法作品，都是给我们留下来的一笔艺术上和文学上的财富。书法作品《兰亭序》美轮美奂的笔法，行云流水的用笔，无不向人展示着它的魅力，《兰亭序》都是初学行书的最佳临摹范本，是初中阶段学生临摹的最佳范本，是学书者不可不学的行书范本。

三 初中阶段书法技能教学内容的进度安排

（一）教学内容课时安排进度

教育部在《教育部关于中小学开展书法教育的意见》（教基二[2011]4号）中，对开设书法课提出了具体要求，"其中三至六年级的语文课程中，每周安排一课时的书法课，在义务教育阶段美术、艺术等课程中，要结合学科特点开展形式多样的书法教育"。那在初中阶段书法课程最少有每周一节，若按照每周一节，一学期约十六课时，一年约三十二课时，在学习毛笔书法的同时还有硬笔书法的学习，作为素质教育课程，且初中阶段的学生还有升学的压力，不能给学生布置作业，所以说初中阶段学生学习书法的时间是非常有限的。所以在对教学内容进行规划的时候，既要与小学阶段的教学内容相连接，而且要遵循先易后难的原则。所以笔者在对教学内容进行规划的时候，认为以楷书开始初中学生的书法学习是好的选择，既能与小学阶段所学的楷书知识相衔接，又能进一步巩固所学笔法。而且所选字帖与小学所学风格不一致，还可以丰富学生的书法艺术视野和审美，促进初中阶段学生的思维发展。根据上一章对《中小学书法教育指导纲要》中初中阶段的解析，笔者大胆地针对初中三年的书法教育中书法技能教学部分做出了规划。

在初一以及初二的两个时间，笔者做出了临习同一本楷书的规划，具体为：初一阶段上学期学习楷书《颜勤礼》的点画，下学期学习《颜勤礼》的部分偏旁；初二阶段上学期学习《颜勤礼》剩余部分的偏旁，下学期对《颜勤礼》的结构学习。根据笔者的粗略计算，汉字中主要有横、竖、撇、捺、点、提这几种单一的笔画，除了这些还有折的几种，横折、竖折、撇折，钩的几种竖钩、弯钩、斜钩、卧钩、横钩、横折钩、竖弯钩、横斜钩。在学习点画时，可以将这些点画分成11—13节课来学习，单一点画可以一节课学习一个，并附有例字的练习；还可以将相似的笔画凑成一节课来学习。在学习期间可以进行集字练习，也可以在学期末进行这样的总结性练习，具体就是在之前学习过的字中抽取能组成常见的成语或者诗句，以巩固所学的知识。初一上学期学习《颜勤礼》的点画，这是对初一上学期技能教学内容的规划。学习完了点画后，进入到偏旁部首的学习。通过对《颜勤礼》的临习，笔者粗略计算了一下在《颜勤礼碑》中的偏旁部首约有30个之多，若按30个计算，一节课学习一个并辅以例字练习，则会学习30节课。所以可以分成两个学期学习，这样就是在初一下学期和初二上学期来学习偏旁部首。一个学期学习15个偏旁部首，按一学期16节课来算，还可以在学期末进行集字练习，让学生进行巩固练习。在进行偏旁部首的学习时，要从简单常见的偏旁部首学起，例如单人旁、双人旁、三点水、竖心旁等，在例字的选择上要尽力选择结构、笔画简单的例字。如字头字底的复杂一些的偏旁可以在初二上学期学习，这样由简单向难的程度过渡，可以使学生更加容易掌握。初二下学期来学习《颜勤礼碑》的结构特点，可以分为独体字、左右结构、左中右结构、上下结构、上中下结构、包围结构这六种结构特点来学习。通过笔者在《颜勤礼》的临习发现，在这些结构当中其中上中下结构的字较少，可以用一节课来学习。其他结构的字，每种结构可以用两节课来学习，这样一共用11节课来学习。作为《颜勤礼》的最后学习，可以在学习中穿插几节集字练习的课程，在最后的学习时，应当归到原碑的临习上，这样学生能更了解颜体字的特点及全局，更能全方位地掌握颜体字的特点。

在初三学期学习两本字帖：初三上学期学习隶书《曹全碑》，下学期学习行书《兰亭序》。初三上学期学习《曹全碑》，首先第一节课要对《曹全碑》进行介绍，让学生了解一下隶书和《曹全碑》到底是何物，由于《曹全碑》的结构特点比较简单，然后可以大体从点画和偏旁部首两部分学习，五节课学习点画，偏旁部首五节课，然后在学习完点画和偏旁部首后进行总结性的集字练习要有两节课，最后要一至两节课归于原碑临习上，这样可以用14—16节课。在初三下学期《兰亭序》的学习上，也是大致如此规划的，首先第一节课要介绍王羲之与《兰亭序》，让学生知道什么是行书，行书的特点是什么，《兰亭序》是什么特点。然后可以将《兰亭序》大致分为点画和偏旁的学习，有五节课学习点画，在此之后可以进行一节课点画的总结性的集字练习。五节课学习《兰亭序》的偏旁部首，由于在《兰亭序》中相同的字帖有不同写法，可以一节课学习一个或多个偏旁部首，紧接着的就是一节课的集字练习。最后是《兰亭序》的原字帖临习。这总共会用14—16节课。

（二）课程教学内容安排遵循由易到难、由点及面的原则

初中阶段的技能教学内容在安排上首先遵循由易到难的原则。首先在楷书的课程安排上，从颜体字的点画开始学起，然后再到颜体字的偏旁部首学习，随后是对颜体字的结构学习，最后的原碑临习，对整个章法的学习和掌握，整体上是遵循由易到难的原则。那么从具体来看，点画的学习先学习简单且常见的点画，再依次学习稍微复杂的点画；偏旁部首的学习也是由易到难的学习原则，先学习学生做常见且简单的偏旁部首进行学习，再学习复杂的偏旁部首；结构的学习也是由独体字学起，再过渡到稍微有些难度的上下结构、左右结构，最后学习难度大的左中右、上中下、包围结构的字，可以使学生更加全面具体地学习颜体字，只有从这些方面学习了书法后，方可使学生在进行书法欣赏的时候更全面，从笔画、结构、章法以及内涵等方面欣赏书法作品，感受到书法之美。其次，在隶书和行书的安排上，也是首先选择简单容易学习的经典碑帖，按照由易到难的顺序学习。书法的学习都是先学习上手快，容易学习的，无论从整体上

的学习顺序，还是具体的点画、偏旁部首、结构等方面，循序渐进的学习和积累才能对书法有更深入的了解和渗透。

技能教学内容的进度安排还要遵循由点及面的学习原则。笔者在安排时是选了最具代表性的经典字帖，例如楷书《颜勤礼》在学习书法时从各个方面全方位地进行学习，由生到熟，在熟练掌握了这一字体后，有了深刻的体会，然后可以在欣赏其他字帖时，从自身感受出发，全方位地进行欣赏与评价。隶书与行书也是如此，学习一种代表性的字体之后，可以使学生从笔画、结构、章法、墨法、内涵等方面进行欣赏，可以使学生感受到书法之美，与书法艺术的距离又更加进了一步。

（三）合理把握技能教育的时间分配

课堂教学既是一门科学又是一门艺术，对于书法课上技能占总课堂时间的多少，如何将书法课达到理想的课堂教学效果，使学生既可以学到知识，又能享受在书法艺术的魅力中，要从多方面因素综合考虑，科学地把握教学节奏。

要以学生为主，合理分配时间。书法是一门技能性很强的学科，在教学过程中不能只讲授书法知识，而不给学生练习时间，这是空口侃侃而谈，需要理论与实践相结合。针对初中阶段的学生在进行授课时，要以学生练习为主，学生是书法课的主角。关于如何合理地进行时间分配，笔者在进行书法教育时大致是这样分配：技能占总课堂的时间四分之二的时间学生练习，四分之一的时间进行教授，剩余四分之一时间进行评价总结。要讲练结合，以练习为主。练习是对所讲的进行切身体会，只有通过练习才能明白所讲内容的内涵。在学生进行练习时，要给学生适时地点拨，纠正学生错误，引导学生正确地学习书法。讲，有很多方式，可以是启发式、总结式或者穿插式，讲的主要作用就是给学生以启发，给学生进行点拨，让学生明确当节课所学的学习重点和学习目标，在练习之后，当节课要给学生进行评价总结，可以促进学生进步，知道自己不足，进行改观。还能让学生一起进行赏评，培养学生从各个方面，从而全方位地进行欣赏书法作品。

此外，还要根据初中阶段学生的心理特点，运用合适的语言进行课堂教学，适时地丰富学生的课堂活动，调动学生的情绪，提高学生学习书法的积极性，让学生尽情享受书法艺术的魅力。只有科学地把握教学节奏，书法理论与实践相结合，才能使学生在学习书法时最大效率地学到书法知识，在书法艺术中得到熏陶。

第三节　初中阶段书法技能教学内容安排的理论依据

一　学书次第的依据

在当今社会，对于学习书法的顺序问题存在很大争议，有的认为应从篆隶入手，有的则认为应从楷书入手。初中阶段开设楷书、隶书、行书三种不同书体，笔者以楷书的学习开启了初中学生的书法学习，这不仅要与小学学习的书法技能内容相衔接，还对此提出了一些理论依据以及学习楷书对于学习其他书体的优势。

（一）学书楷为先

楷书，又称作真书、正书，篆、隶、楷、行、草五种书体中最为实用和常见的一种书体。学习书法，要先学习楷书，楷书是学习书法的基础，学好楷书后对于学习其他四种书体都非常有帮助。对于这个问题，古代许多书家提出了非常多的观点。

丰坊《童学书程论次第》：

> 学书之序，必先楷法，楷法必先大字。……楷书既成，乃纵为行书。行书既成，乃纵为草书。[1]

苏轼《论书》：

> 书法备于正书，溢而为行草。未能正书，而能行草，犹未尝庄语，而辄放言，无是道也。[2]

张怀瓘《六体书论》：

---

[1]　丰坊：《童学书程》，载《明清书法论文选》，上海书店出版社1994年版，第98页。
[2]　苏轼：《论书》，载《历代书法论文选》，上海书画出版社1979年版，第314页。

大率真书如立，行书如行，草书如走，其于举趣盖有殊焉。夫学草行分不一二，天下老幼悉习真书，而罕能至，其最难也。①

从上面三段古文中可以看出，三位都觉得应当从楷书入手，其学书顺序也应当是楷书—行书—草书。苏轼和张怀瓘这两段话更是明确地表示楷书是基础，楷书学好后才能通行书，行书学好后才能通草书。还用人来打了比方，把楷书比喻成站立，行书比喻成走，草书比喻成跑，当然人是先学会站立而后学会行走和跑步的。张怀瓘还觉得学行书草书的人大约有一二成，而天下老幼都学习楷书，有成就的却很少，所以说，这是最难学的。同样张敬玄《论书》中曰："其初学书，先学真书，此不失节也，若不先学真书，便学纵体，为宗主后，却学真体则难矣。"楷书是书法学习的基础，基础打好，对学习书法便是事半功倍的。

关于古人学书先学楷的观点还有很多，不胜枚举。这些观点都认为楷书是学习书法的基础，楷书作为学习书法的基础字体是有其道理和优势的，楷书其笔法、结构、墨法、章法等都具是非常严谨的。而且，学习楷书要求学生坐姿、执笔都有严格的要求，这对于青少年来说，楷书的学习无疑是一个学规矩的过程。正如梁巘《学书论》中说："学书宜少年时将楷书写定，始是第一层手。"楷书在书法的学习上扮演了非常重要的角色，起到一个承上启下的作用，学好楷书后不仅可以上溯篆隶书，而且能下涉行草书。

（二）先学楷书对学习书法有非常有利的影响

学好楷书后对于书法学习生涯是起到非常重要的作用的。在学习楷书后再学习其他书体，是非常容易的，更能使书法学习事半功倍。

1. 先学楷书有利于提高学生的书法技能

学习楷书有利于提高学生的书法技能。从学习楷书的坐姿方面看，从小学到初中，这个阶段，所学楷书都是中楷，这在写字姿势方面就要求学生需坐着，肘、手放在桌子上，上身挺直。这种写字姿势最适合初中阶段的学生，初中阶段学生学业压力大，再加上受现代电子科技的侵蚀，有很多学生患有近视眼。这不仅可以有效地预防近视，纠正学生的坐姿，还能便于学生更好地控制好用笔，锻炼学生的控笔能力，可以集全身之力于笔

---

① 张怀瓘：《六体书论》，载《历代书法论文选》，上海书画出版社1979年版，第213页。

尖。这样更加适合学生写字时笔力的培养。那什么是笔力呢？所谓笔力，便是书法中常说的"骨"。学习楷书就是学习笔力的过程，是打基础的过程。

判断书法写得好坏的首要标准当然要看字写得是否有笔力，自古至今，从未把绵软列入评判书法好坏的标准。梁巘《学书论》说："学书须临唐碑，到极劲健时，然后归到晋人，则神韵中俱有骨气。否则，一派圆软，便写成软弱字矣。"① 学习书法必然学习唐代的书法，就学习其劲健笔法，然后再临习晋人书法时，才会神韵中有骨气。很多人认为学习书法应当从篆隶开始学起，小篆的笔法比较单一，为回锋起笔，中锋运笔，节奏比较缓慢。对于初中阶段的学生这一点是无法掌握的，在不知笔力的情况下，写节奏性较弱的书体，便会写成"墨猪"。隶书也是笔法比较简单，节奏比较缓慢，学生在没有一些基础技能知识的情况下，无法写出隶书古拙的风味，这样，学生只会在书法学习的道路上越走越偏。从梁巘的这段话中可以看出，学习书法首先要学习的当然是"骨"，"骨"成之后，才能有神气，才会有韵味。楷书作为笔法最完善，结构严谨的一种书体，无疑是最佳选项。

楷书多以中锋运笔，辅以侧锋。中锋与侧锋相并用，书写的节奏明显，中锋运笔万毫齐力，力透纸背，心神合一，才能显笔力。楷书的结构严谨，笔法完备，这对于学习其他书体来讲也是打下基础。若是先学行书草书，孙过庭《书谱》云："草以点画为情性，使转为形质。"草书多使转，若不懂得何为笔力，那草书不就成了如画虫一般。当然，篆书也是一样的，没有笔力，大篆写不出苍劲古朴的感觉，小篆也写不出婉转秀丽的感觉，就会如草书般无力如草绳。

所以说，打好基础是非常有必要的，书法从来都不是以软、无力、漂浮、浅薄为审美标准的。楷书的评价标准大部分从其用笔果断与否、章法整洁程度、笔力力度等方面来评判。无论写哪种楷书字帖都是这样，不管是赵孟頫的柔美飘逸，欧阳询的秀丽整洁，还是褚遂良的空灵飘逸，颜真卿的沉稳大气，首先要具备的都是其用笔笔力。这便如苏轼所言书法之"骨"，而后才有"血""肉""神"。学习楷书，是一个打基础的过程，基础打好了才能为后面的学习提供更加便利的条件。

---

① 梁巘：《承晋斋积闻录》，上海书画出版社1984年版，第34页。

2. 学习楷书可以为以后学习其他书体提供基础和条件

篆隶楷行草，楷书处于中间位置，起到非常重要的作用。学好楷书后，便可上溯篆隶，下涉行草。所以说，学好楷书为学习其他书体做了很好的铺垫。

首先，楷书对于学习篆隶有非常大影响的。

徐渭《笔道通言》有云：

> 学篆者亦必由楷书，正锋既熟，助易为力。学八分者，先学篆，篆既熟，方学八分，乃有古意。

学习篆书的话，必须先学习楷书，中锋运用熟练后，对于学习篆书是非常有帮助的。篆书以中锋运笔为主，楷书多以中锋为主，侧锋为辅。故而学好楷书对于学习篆书也是事半功倍的。在熟练掌握了中锋运笔之后，写篆书时便可使毛笔力透纸背，写出有力道的篆书。人们常说篆隶不分家，隶书是篆书的升级产品，在熟练地掌握了篆书的笔法后，再来由篆入隶，也是一件易事了。

其次，楷书对学习行草书也是有非常重要的基础作用的。

前文提及，苏轼在《论书》中提出："书法备于正书，溢而为行草。未能正书，而能行草，犹未尝庄语，而辄放言，无是道也。"比苏轼年代稍早的蔡襄在《论书》中也提出：

> 古之善书者，必先楷法，渐而至于行草，亦不离乎楷正。①

从上面两段话来看，两位书法家都强调了楷书的基础性以及重要性。苏轼认为楷书具有完备的书写规则，从而衍生出了行草书。如果不写楷书，就开始写行草书，就如同一个人没有学会庄重的说话便口出狂言，是没有这种道理的。蔡襄以同样的观点指出，古代善书的人，都是先学习楷书的，然后才是行草书。强调了学习行草要以楷书为基础，在没有领悟楷书的法则的基础上，是不能领悟行草书的规则的。楷书是基础，随后才是行书，行书之后才是草书，这不是正如老子所言"一生二，二生三"

---

① 蔡襄：《论书》，载《历代书法论文选续编》，上海书画出版社 1993 年版，第 50 页。

这种紧密的联系吗？

古往今来，很多有成就的书家都是从楷书学起，如王羲之少时师从卫夫人，得楷书的技法，此后才是博采众长，终各体兼善，成为"书圣"；唐代草书大家怀素也是以楷书为开始，初学欧阳询楷书，后学草书，终成为一代大家。当然还有很多古代书法家初学楷书都是学习楷书的例字。关于学习楷书对于其他书体的有利影响，古人提出的观点数不胜数。笔者认为，楷书的笔法是所有书体中最丰富的，囊括了书法中所有笔法，例如侧锋、中锋、露锋、裹锋、回锋、欲右先左、欲横先竖、垂露、悬针等一系列的笔法。对于之后学习篆、隶、行、草这四种书体来说，楷书的学习无疑是一个承上启下的作用，为学习这些书体做了基础的学习，基础打好后当然对于其他书体的学习来说，便是事半功倍的。综上，笔者认为，学习书法首当学习楷书，搞清楚楷书的笔法、章法、结构之后再来学习隶书、行书，是非常容易的。

二　三个字帖的主要风格特征

（一）《颜勤礼碑》的风格特征

从笔法上说，篆籀笔法。细观《颜勤礼碑》，就会发现其注重藏锋出入，中锋行笔，以篆法入楷法，圆润且劲健，在转折还运用方笔，方圆兼备。使其笔画坚实有力、筋骨劲健，就如卫夫人在《笔阵图》中所言：

一"横"如千里阵云，隐隐然其实有形。
、"点"如高峰坠石，磕磕然实如崩也。
丿"撇"如陆断犀象。
乙"折"如百钧弩发。
丨"竖"如万岁枯藤。
丶"捺"如崩浪雷奔。
勹"横折钩"如劲弩筋节[1]。

颜体这种以篆隶入楷，藏头护尾，线条感非常强烈，这对于初二学期学习隶书也起到了很好的铺垫作用。从结构方面说，颜体以纵取势，内紧

---

[1] 卫夫人：《笔阵图》，《历代书法论文选续编》，上海书画出版社1993年版，第22页。

图 7-2　《颜勤礼碑》局部

外松，字形呈方式，给人一种豁达端庄的感觉。一改唐楷中结体严谨，中宫收紧、俏丽挺拔的一贯结构，变成结体宽博、温润圆融的结字方法。从其结字方法就能感受到唐代的繁荣景象，其结字方法体现了唐代的包罗万象。

　　颜体的结构与笔法不同于其他楷书字体，结构上来说，欧体与颜体做一下比较由图可以看出来：欧体中宫收紧，为背式结字；颜体中宫放松，为向式结构。这对于学生学习书法的多样性，理解不同风格的书法是必不可少的学习。

　　从章法上来说，颜体不同于欧体行距大于字距，清丽整齐；也不同于赵体的字距大于行距，尽显张力。颜体则是字的周围布白较少，外紧内松，充实茂密。给人以气势恢宏的感觉，是颜书独特的篆籀笔法亦给人以拙中透露出活泼的感受。

　　无论从《颜勤礼碑》的笔法、结构还是章法方面来说，《颜勤礼碑》都是楷书中最闪亮的一颗星。无论从笔法、章法还是结构，此帖都是值得初中生学习的一个字帖。所以笔者安排了两个学期来精确地学习颜体字帖，让学生精确地学习楷书字帖，不仅可以学好楷书，还可以为第三学期隶书的学习打下坚实的基础。学习颜体是非常有利于提高初中学生的书法技能教育。

图 7-3 《颜勤礼碑》中的"闻"　　图 7-4 《九成宫醴泉铭》中的"闻"

(二)《曹全碑》与《兰亭序》的主要风格特征

按照《纲要》的要求安排初三这一学期可以学习隶书和行书,上学期学习《曹全碑》,下学期学习《兰亭序》,选择这两个具有代表性的隶书和行书字帖进行初步的了解和学习。

1.《曹全碑》的风格特征

《曹全碑》是东汉时期最具有代表性的隶书,它自出土后就深受各界人士的高度重视,它以独特的艺术魅力和风格征服了历代的书法爱好者,对中国书法的发展产生了极大的影响,是学习隶书的最佳范本。

就其笔法上来说,《曹全碑》的用笔圆润生动,圆中带方,字形端整,秀丽中不失豪放。清代张廷评价说:"貌如罗绮婵娟,神实铜柯石干。""蚕头燕尾"的笔法,起笔圆润,收笔处为波磔,把秀丽飘逸与踏实豪放结合得非常巧妙。不同于楷书的严谨端庄,隶书则显得更加古拙生动,这给学习书法来说无疑就增添了很多的趣味性。其笔法简单,回锋起笔,中锋运笔,自然收笔,以及横向的一波三折,这些在学习过由篆隶入楷的颜体之后,再学习《曹全碑》便会非常容易理解,简单易学。

从结构上来说,左右舒展,其长画与短画相互结合,长画不失张力,短画不失生动,使得字形生机盎然。隶书的伸展多体现在其横势上,其点画用笔丰富劲健,结字方面严谨,非常清晰精美,历来被推为汉碑佳品,适合初学。

就其章法来说,庄重且整齐,字距大于行距,整体观之,叹为观止,肃穆庄严,秀丽飘逸,其笔力劲健,清润秀雅,其中蕴含着无数的生命力。这也是它的极大魅力之所在,对世的影响不可估量,是学习隶书的最佳范本。

图 7-5　《曹全碑》

无论从《曹全碑》的笔法、结构还是章法来说，它都是最初学习隶书的最佳选择。《纲要》说初中阶段以楷书学习为主，可以适当地学习隶书和行书。每学期约十六个课时来学习书法，书法是一个长期学习的过程，要在短时间内充分掌握好一门书体是不可能的，所以在初三上学期安排学习隶书，选择简单易学的《曹全碑》是最佳选择。这不仅可以方便学生更好地掌握这一字帖的风格特点，还能使学生从隶书中学习到中国书法隶书的风采。

2.《兰亭序》的风格特征

《兰亭序》的艺术地位是不言而喻的，它精妙的用笔笔法，灵动的布白章法，温润的墨法等，都值得让人究其一生去追随，更是学书者必学和初学的行书的不二字帖。

行书中，露锋多于藏锋，《兰亭序》的用笔精妙绝伦，起笔收笔，皆露锋多于藏锋，其精妙之处在于，露锋易缺少含蓄，而在此贴中却处理得

第七章　初中书法教育中的书法技能内容　225

图 7-6　冯承素摹本《兰亭序》

当，更使字体显得灵动和流畅。所谓的牵丝，是指一笔的结束处与下一笔的开始的地方顺势所连接的细线，《兰亭序》的牵丝映带处理巧妙，不会笔笔、字字相连，但是上下呼应，左右相应，若即若离，情趣多多。这种字字独立但是笔断意连的牵丝映带，会使初学行书的人更加容易掌握字的连贯，不会使初学者在学习时牵丝生拉硬扯不自然。这种介于楷书和行书之间的行书范本是极其适合初学行书的人学习。

在其结构上，疏密对比明显，字势多变。在整个字帖中，左右结构的字左右呼应，穿插迎让，有时左侧小右侧大，有时右侧小左侧大，并不是左右两部分中规中矩，有的字是上开下合，有的字则是下开上合，非常注重字的动态；上下结构的字不全遵循正楷中上下对正的原则，上下错开更是使得字显得更加灵动和多变，上下结构有的字也是上疏下密，有的是下疏上密，使得字生动活泼。在《兰亭序》中无论哪种结构的字都呈现出一种生动、灵活、活泼的动态，同一偏旁部首有多种写法，其姿态多样简直让人目不暇接，例如作品中"之"字有20几种姿态，不仅其写法多样而且笔法也变化多样。正所谓是字的大小、高下、疏密，错落有致，巧妙多端，给人以灵动巧媚的审美享受。

图 7-7　《兰亭序》局部

《兰亭序》的章法可谓是"天质自然，风神盖代"，其章法正欹相辅。所谓正就是结体端正，欹则是指在结体端正的前提下巧妙的安排，字体或大或小，或疏或密，参差有序，变化起伏生姿。欣赏《兰亭序》，不难发现其行气贯通，字与字之间虽字字独立，却又连贯畅通，脉络通达，一气呵成。王羲之有云："平直振动，令盘脉相连。"其书疏密得当、虚实结合，笪重光："书家无字字叠成之行"，其灵动之气确实令人欲罢不能。明代董其昌对《兰亭序》的章法是赞誉有加："右军《兰亭序》，章法为古今第一，其字皆映带而生，或大或小，随手所如，皆入法则，所以为神品也。"①

《兰亭序》无论其笔法、结构、章法都是行书的上上品之选，它是学书的必学字帖，更是书法艺术的一座里程碑，它滋养了一代代的学书人。其用笔特点，结体特点等各个方面都极其适合初中阶段的学生去学习和探究。

三　初中阶段学生的思维分析

思维是智力的核心，笔者这样安排是符合初中阶段学生由具体形式逻辑思维过渡到抽象逻辑思维的发展思维。这一阶段的学生，抽象逻辑思维得到了迅速的发展，其思维逐渐走向成熟。初一、初二阶段的学生处于抽象逻辑思维迅速发展时期，学习楷书颜真卿的《颜勤礼碑》更适合这个阶段的学生的思维发展。经过小学阶段的书法学习，学生已经有了一定的书法基础，给学生一本不同于以前所学的字帖时（笔者曾经写过《欧体成为小学书法技能教育内容的可行性分析》一文，并以欧阳询《九泉宫醴泉铭》为内容编写过小学的教材，此处笔者以小学学习欧体为例进行分析），学生会自行进行分析，并运用自己所学的书法技能知识进行尝试。当然形式思维向抽象思维的过渡是需要一个过程的，这就需要书法教师在教学时给予学生适当合理的教学指导，以学生为本，激发其自主思考的思维，这样学生的学习效率会大大提升，更加提升了学生的学习兴趣。再者，从点画、偏旁、结体、章法几方面进行学习，学生由具体到全面、由点及面的学习方法非常适合这一阶段学生的发展思维，可以更好地掌握和巩固书法技能，有利于其日后书法技能学习；《颜勤礼碑》不同于欧体的秀丽，颜体的威严壮丽、开阔的结体，更加适合这一阶段学生的发展的思维，更加开阔其审美视野。学生在学习《颜勤礼碑》时既有利于学生的思维由形象思维向抽象思维的过渡，更有利于学生抽象思维的日趋成熟和

---

① 董其昌：《画禅室随笔》，载《历代书法论文选》，上海书画出版社1979年版，第542—548页。

完善。初三阶段的学生其抽象逻辑思维趋于成熟，一个学期学习《曹全碑》和《兰亭序》两个字帖，学生的书法技能日渐成熟，可以进行独立的思考和学习；再者，《曹全碑》与《兰亭序》分别是隶书和行书必学、笔法简单的经典字帖，是初学隶书行书这两种书体的首选。虽然一个学期两个字帖看似任务重，但学生的书法基础可以使学生进行自主全面地学习，通过学习最具代表性的隶书和行书字帖，来学习书法的多样性，更有利于学生日后全面地学习书法。

经过分析，这正是坚持了教育部所颁发的《中小学指导纲要》中以楷书为主，其他字体为辅的方针。所说的形象思维向抽象思维过渡，在笔者看来是一个由共同发展向"个性"发展的过程，在这个思维发展过程中，这一阶段的学生不仅自身的认知规律逐渐走向成熟，其个性的发展也是不容忽视的。在共同发展的小学阶段，学生的思维发展以具体形式逻辑思维为主，在这一段的学习中，以间接的经验来学习。也就是说，小学阶段的学生，在学习时，以老师的教学为主进行学习。相比较下，初中阶段的学生他们可以进行独立的思考与学习，这一阶段的学生要以学生自主探讨和独立思考为主。在教学过程中以学生为本，激发其自主思考的能力，可以更好地促进学生的个性发展，在以后书法的学习上可以选择符合自己个性的字帖和方向。笔者觉得正是这种由点及面的学习安排和进度更适合初中阶段学生的发展思维，更符合学生理性的认识规律，促进其思维的发展。

第四节　技能教学过程中的建议

一　初中阶段书法专业术语的合理应用

（一）专业术语初中化

专业术语是指在某一个专业的领域中对某些特定元素、做法的统一的业内称谓。书法专业术语则是指，书法这一专业领域中的一些特定事物、动作的称谓。在书法学习中专业术语可以分为两类：一个是书法知识中的术语，例如甲骨文、金文等这一类；另一个就是书法技能中的专业术语，如侧锋、中锋、悬腕等这一类。在学习书法过程中，无论是在书法技能的学习过程，还是书法文化知识的过程中，免不了会遇到很多专业术语，学习书法专业术语是学习书法这门传统艺术的必经阶段。初中生阶段的学生其思维发展由形象逻辑思维过渡到抽象逻辑思维，他们对概念的掌握也不同于小学阶段时期，他们可以较快理解概念的含义。在阅读书法文化知识书辑时，书法知识中的术语一般都是在文中做出解释。但是当在学生在书法技能过程中遇到的一些专业术语时，有些词义明朗的术语可以从字面意思理解，还有一些较难的术语，不能从字面理解其所指。针对初中生如何理解这些专业术语，经笔者总结研究可以大致分为两种方法：

一种是教师示范，笔者认为教师示范是使术语生动形象地展现给学生的好方法。教师在书法学习中，起到不可忽视的作用，书法的学习不是学生自学就可以学好的，而是在教师的指导下学习的。教师示范是书法教学中必不可少的教学步骤，在教师示范的过程中，学生就可以学习到许多动作类的术语，比如执笔法、悬腕、悬肘等，还有笔锋的用法，比如侧锋、中锋、回锋等用锋的术语。传统的书法教学都是一对一，或者一对几的教学方法，这可以用教师示范这一方法。但是当学生人数过多时，教师可以在书法教学过程中分小组进行示范，使学生更清楚地看到教师的运笔或者写字技巧，充分发挥了教师的示范作用。当然，有条件的学校可以运用多媒体的展示台，进行示范，这样不仅可以使学生更加清楚地看到细微的动作，能更直接更形象地掌握书法技巧。另一种方法，教师可以运用多媒体通过观看视频、图片等来给学生更形象的阐述。这不仅可以吸引学生的眼球，提高学生的注意力，增强学生对书法的热情，还可以提高课堂教学的效率。

（二）专业术语的学习有助于学生的书法学习

对于如何让初中阶段的学生在学习书法时理解和学习书法专业术语，笔者认为教师示范是值得推崇的，教师在示范的过程中不仅教授了学生学习的知识，还能拉近与学生之间的距离，使得课堂更加有效率地进行。当然在教学过程中，有些专业术语是非常难以用示范来表现的，可以教师示范和多媒体展示相结合，能够传授给学生更有效、准确的书法专业术语和书法知识。当然不能独立学习专业术语，在书法课上，学生在学习书法专业技能的同时一并学习书法专业术语，这样更容易使学生理解，可以使书法学习更加专业，而且学习书法专业术语后，能够更好地理解书法文化知识，如书法史、书法鉴赏等这类理论性书辑，对日后学习书法文化知识有好的帮助。学习书法的同时学习了专业术语后，对学生的审美能力有事半功倍的作用，可以使学生从更加专业的角度欣赏书法作品，提高学生的审美能力，提高学生欣赏书法作品的能力，对学生专业的欣赏和评价书法作品有非常好的帮助。学生学习专业术语后可以站在更加专业的角度理解书法艺术的内涵，可以更加深入地学习书法，更好地写好中国汉字，这是培养学生爱国情操的必经阶段。

二　对书法教学的其他建议

（一）书法技能与书法文化知识同时进行，提高学生的审美能力

书法并不是拿着毛笔在纸上写字，在这写字的前提下，还有书法文化知识、书法理论知识的指导，书法技能教育并不是独立存在的。若只是教授学生技能方面的内容，无疑显得书法是空洞的、机械的、单一的技术，而不是艺术。所以在进行书法技能教育的同时也要教授适当的书法文化知识，这两者是相互渗透相互依存的，在教学中要将这些内容融会贯通，形成一个综合性的教材。针对初中阶段学生的心理发展特点和学习能力，可以适当给学生讲一些书法理论知识，比如书法史、历代书法论文选的知识。初中阶段的学生对古文已经有一定学习，学习一些书法论文的知识未尝是一件坏事。通过学习这些书法理论，不仅可以让学生从古人那里学习到传统的书法艺术的评价方法，还可以让学生了解传统文化的博大精深。还可以在学习书法技能的同时，给学生讲一些书法简史的知识。初中阶段的学生已经对中国历史展开了系统的学习，书法教师可以根据学生的历史学习进度来进行相对应的书法历史知识，可以给学生讲一些书法类的小故事，汉字的演变过程等简单的内容。并不是要求学生记忆这些书法历史的内容，而是要学生在学习书法的时候，可以让学生对汉字的演变、各个朝代的书体变化以及各个朝代的代表书法家的代表作和书体特点进行了解和学习，这也是学习书法的必要内容。还有就是，有条件的学校可以有效地利用多媒体工具进行教学，运用照片、录像等手段多给学生展示一些优秀的字帖和作品，不论是古代流传下来的优秀字帖，还是当代有作为的书法家的作品，当然也可以让学生欣赏一下类似《千年书法》的纪录片。通过这些照片或者录像，可以让学生欣赏一些优秀的作品，提高学生对书法学习的热情，提高学生的审美能力，能让学生深切地感受到书法历史的博大精深。

从甲骨文、金文一直到现在的用圆珠笔写字，都是书法的演变历史，但是书法并不是单纯的写字艺术，它是一门以汉字为载体的视觉艺术，他不仅具有实用性，还具有艺术性。笔者认为学习书法就包括了学习写字以及书法理论知识这两个部分。我们并不是在进行一项简单的写字教学，而是通过学习书法，可以让学生认识到书法艺术的博大精深，感受到传统艺术的魅力，这是培养学生爱国情操的有效途径。

（二）多途径教学，提升学习兴趣

随着科技的发展，现在的教学工具也日益更新，高科技的教学设备使教师在教授知识时更加得心应手，学生学习的积极性提高。笔者看过导师在其办公室写字时，放了《高山流水》的古琴曲，书法的起承转合与古琴曲的抑扬顿挫都是相互融合的。现在网上流传的很多大家的书法视频其背景音乐多是采用了古琴曲，书法的起承转合和音乐的抑扬顿挫完美地结合在一起。笔者认为中国的传统文化之间都是相互渗透的，在部分学生看来，书法是枯燥的，为了使学生更好地进入到书法的大环境中，教师可以运用这个方法给学生创造出书法的环境，在教授学生时给学生营造出学习书法的气氛，提高学生的学习兴趣，给学生的学习书法之路增添一些动力和活力。

可以运用多媒体对学生进行审美教育。在对学生进行审美教育时，可以给学生展示一些古今名帖，但是学生们不可能每个字帖都有，可以运用多媒体教学把这些古今名帖做成PPT展现给学生。还可以运用多媒体教学展示一些书法纪录片，比如笔者在进行书法教育时，曾播放《千年书法》，让学生了解了书法史上最具代表的书法家及其代表作。有效运用多媒体进行书法教学，可以让学生更直观感受到书法的美妙，吸引学生的注意力，了解书法的博大精深。对有效进行书法教学培养学生的文化素养，提高学生的审美能力都非常有帮助。

书法本来就是一门实用与艺术相结合的艺术，学习了书法之后，当然要投入实用中去。在学校或者班级设置书法展示角，开设书法兴趣小组，鼓励学生积极运用其所学的书法，进行展示。还可以鼓励学生大胆地运用书法为自家写春联，为班级写励志格言。注重课内外的结合，引导学生在课堂上学书法，在生活中用书法，可以提高学生的学习兴趣，激发学生的学习热情。

小　　结

　　初中阶段的书法技能教学内容的选择是进行初中阶段书法教学的基础。本研究通过对聊城市初中阶段的书法教学现状进行分析、研究和归纳。解读了《中小学指导纲要》中对初中阶段软笔书法教学的目标以及要求，并对初中阶段的书法技能教学内容进行研究提出了自己的研究意见。不仅对教学内容进行分析，而且还对技能教学的进度进行研究、分析和规划。之后对这一研究提出了理论依据。技能教学内容研究以及理论依据研究是本篇论文的核心内容。最后笔者对在初中书法技能教学中给予一些建议。

　　在日常的社会生活和工作学习过程中，文字是人们每天都会用到的必需品。伴随着书法艺术的日渐式微，国务院所颁发的文件要求书法进入中小学课堂是必然的。通过对中小学生的书法教育，激发学生学习书法的内在动力，让学生积极主动地喜欢书法，这更能使学生深刻地感受书法艺术之美。当然在书法教学过程中，教师要以学生为主体，教师引导学生主动动手学习书法，主动思考欣赏书法艺术作品，主动地进行艺术思考，在教学过程中教师还要根据初中阶段学生的心理素质，进行个性化的教学设计，以提高学生学习书法的兴趣，激发学生的学习热情。

　　书法艺术作为中国传统艺术的代表，进入到中小学的课堂，学生通过对书法的学习，能让学生切实感受到中国传统文化的魅力，为更好地传承和弘扬中国传统文化拉开了序幕。在进行中小学书法教育的普及，不能仅仅依靠国家政策的支持，还需要学校、教师、学生、家长等各个方面的支持，才能给学生更好的书法学习资源。

第八章　初中书法技能之外的教学内容

对于书法教育的内容，根据2013年出台的《中小学生书法教育指导纲要》，我们可以看出对于中小学的书法教育，我们不仅要看到书法技法方面的重要性，也要全面思考问题，除了技法之外，书法文化和书法审美都是中小学生应该掌握的，在《纲要》中也体现了这一点。

对于书法技法方面的研究较多，而对于书法文化、审美的教学内容并没有理论范本，本章就是着重于这一点把技能之外的教学内容主要分为书法文化和书法审美两方面。书法文化知识是学习和认识书法的基础和前提，比如文字演变、书法形制、书法家都是初中书法教育的基本内容。我们要结合初中阶段学生的特点和其他学科知识进行安排具体内容。书法审美是审美教育重要的一部分，通过书法审美教育让学生提高对书法"美"的认识，更加深刻地体会到中国文化的博大精深。

在目标与内容中指出"感受汉字和书法的魅力，陶冶性情，提高审美能力和文化品位"[1]。因此，在对中小学生进行书法教育的时候，并不仅仅是为了让学生能够写得一手好字，更重要的是充分了解中国书法艺术的形成、发展，对学生进行传统文化的教育以及艺术情操、艺术修养的培养与熏陶。在技法训练的同时，结合优秀书法作品，让学生初步地了解书法沿革、风格变化、书体特点，提高学生对书法艺术的审美鉴赏能力和理解感悟能力，并具备一定的创作能力，使学生的审美认知和文化素养得到全面提高。

---

[1]　中华人民共和国教育部：《中小学书法教育指导纲要》，北京师范大学出版社2013年版。

第一节　初中书法技能之外的教学内容及必要性

一　初中书法技能之外的教学内容

初中的书法教育包括哪些内容呢？在《关于中小学开展书法教育的意见》中提出"明确使用毛笔书写的基本要求，学生要用毛笔书写楷书，临摹名家书法；大致了解书法历史和汉字字体源流；从书法作品的内涵、章法、结构、笔法等方面鉴赏历代重要书法家作品，培养初步的书法欣赏能力，提高审美情趣"[①]。2013年出台的《中小学书法教育指导纲要》中指出"书法教育对培养学生的书写能力、审美能力和文化品质具有重要作用"，"以提高汉字书写能力为基本目标，以书写实践为基本途径，适度融入书法审美和书法文化教育。"[②] "中小学书法教育中的书法，包括汉字的书写法则、书写技法和汉字书法文化教育。"[③] 可见，"书法教育"和"写字教育"是不能混为一谈的，"书法教育"包含"写字教育"也是我们所说的书法技法教育，除此之外书法审美和书法文化教育是中小学书法教育的重要内容。根据以上理论分析，我们可以把技能之外的书法教育内容分为"书法文化"和"书法审美"两个方面。

（一）文化传承——书法文化方面

书法是中国文化的积淀和锤炼，它是中国传统文化的精髓。黑格尔所说："中国书法最鲜明地体现了中国文化的精神。"对于中国文化的精神我们要在现代传承下去，取其精华。书法直到"文革"时期还比较盛行，而到现在在大多数人的思维中书法基本等同于写字，这种观念是不可取的。在人们的观念中"传统"渐渐流失，所以我们要在初中书法的课程中体现对于传统书法文化地传承。

在书法文化方面，主要包括基本的书法理论知识，主要有汉字的演变

---

①　中华人民共和国教育部：《关于中小学生开展书法教育的意见》，北京师范大学出版社2011年版。

②　中华人民共和国教育部：《中小学书法教育指导纲要》，北京师范大学出版社2013年版。

③　教育部《中小学书法教育指导纲要》研制组：《中小学生书法教育指导纲要解读》，北京师范大学出版社2013年版，第5页。

及发展、书法的形制，还有对于历代著名的书法家的学习。在后文中会对这几个方面进行详细的论述。对于这些内容的学习不仅要让学生了解书法知识，还要在学习过程中体会书法文化的博大精深，在中国文化精神的熏陶下思想得到进一步提升。

(二) 审美提升——书法审美方面

"审美教育是以艺术教育为中心的美化人类自身及其环境的教育。"①开展审美教育是现代教育不可或缺的，是素质教育的一部分，也是培养德智体美全面发展人才的要求。根据教育方针的提出，在教学过程中要激发学生对美的认识，提高理解和鉴赏的能力，在这个过程中逐步实现健全人格的发展。追求美是人的天性，从古至今都是如此，美育相对于德育、智育、体育来说美育赋予了人们精神的享受，丰富了人们的精神生活。书法作为中华文化的精髓，经过历朝历代文人雅士的精神注入，它的美学方面和精神层面都是深不可测的。所以，在书法课程中书法审美教育是必不可少的。通过书法审美教育学生们才能更加深刻地了解书法，领悟书法的深奥。之后会分别从历代名帖赏析以及日常生活中的书法来讲解怎样提高书法审美，提高书法审美的途径。

以上两方面就是初中书法技能之外的主要教学内容，这样安排让初中生们更加全面地认识书法艺术，激发对书法的兴趣，熟练掌握书法知识。

二 初中书法教育开设技能之外教学内容的必要性

(一) 书法教育与素质教育

1. 书法教育是素质教育的一部分

素质教育是近些年来经常被提及的一个词，对于什么是素质教育？也是仁者见仁智者见智，可见人们越来越重视素质教育。我们先说"素质"，它"指的是人在先天禀赋的基础上，通过教育和社会实践活动而发展形成的主体性品质，即人的品德、智力、体力审美等方面品质及其表现能力的系统整合"②。素质的种类有很多，具备这些素质有利于学生健康成长发展，那么进行素质教育，让孩子们都能拥有这些素质是现代教育的需要，也是当今时代的需求。素质教育是一种比较全面的教育，培养德智

---

① 蒋国忠：《审美艺术教程》，复旦大学出版社2005年版。
② 钟志贤：《深呼吸：素质教育进行时》，教育科学出版社2003年版，第20页。

体美全面发展的人才是离不开素质教育的。什么是素质教育呢？人们对于它的定义没有达成共识。简单来说素质教育就是把人的素质进行提高和升华的教育；广义上来说，就是提高民族素质。

钟志贤在《深呼吸：素质教育进行时》中这样提出："素质教育是根据时代社会发展和人的发展需要，以全面提高全体学生的基本素质为根本目的，以弘扬学生的主体性为主要运作精神，注重潜能开发和健全个性发展，注重培养创新和实践能力为根本特征的教育。"[①]

青少年正是全面成长时期，对于文化知识、品德熏陶、审美认知的需求可以用"求知若渴"来形容。书法是中华文化的精髓，对学生进行书法教育是对中华文化的继承，可以提高学生的文化素养，激发学生的动手实践能力，对学生进行美感深化，开发学生的潜在能力，加深青少年的爱国情怀，促进学生的全面发展。所以，书法教育是素质教育的一部分。

2. 书法教育在素质教育中的功能

（1）德育功能

书法教育对于素质教育的首要功能是德育功能。书法是一种艺术形式，它的途径都是在自由、放松、愉快的环境下达到目的的，通过汉字、作品的形式表达自己的情感，视觉感受达到愉悦，并使自己的情感得到抒发，借助艺术作品这种形式让情感进一步得到熏陶。在这个过程中我们的情感是没有压力的，自由自在的释放自己的情感。书法审美教育使人的精神需求由低层次向高层次发展，内心日益高尚，更社会化，更加体验他人和理解他人，有助于人与人之间的和谐发展。和一般的道德教育相比，它是轻松的、没有压力的。

书法教育对学生道德教育起着重要的辅助与促进作用。书法是世界上以文字为媒介的一门艺术，世界上其他国家的文字都不能称为艺术，而书法艺术是其他国家可望而不可即的。学生通过书法教育可以认识到书法文化的深奥，感受到中华民族的伟大智慧，看到中国五千年的文化不是浪得虚名的，从而激发学生的民族自豪感和爱国情义，从直观感受、精神层面两方面培养学生的民族自豪感和爱国情怀。这也是书法教育起到的德育作用。对于书法的学习，只有付出了努力才会成功，没有坚定的意志是不可能办到的，通过书法教育可以让学生们的意志得到磨炼。书法文化流传几

---

① 钟志贤：《深呼吸：素质教育进行时》，教育科学出版社2003年版，第21页。

千年靠的是人们的坚持与热爱,学习书法是不可能一蹴而就的,有了一点一滴的积累,才有历代那么多的书法家的出现。在书法教学中临摹各种字帖、创作,这是学生必须经历的阶段。在这个过程中可以让学生克服浮躁的学习态度,培养学生坚持不懈的精神。

(2) 智育功能

智育功能是书法教育的另一个功能。书法是通过书法作品来表达自己的情感和思想的,如果让一年级的小朋友去赏析《祭侄文稿》,凭借他的智力水平和知识储备是不可能读懂其中所包含的含义的。所以,书法教育要以智力教育为基础。当学生的智力发展到一定的阶段时它就能很好地理解作品中所孕育的思想精神。书法教育中不管是技法训练还是书法作品欣赏都有利于学生观察能力、分析能力、思维能力、想象力、创造力的发展。比如,欣赏王羲之的作品,学生们会先运用观察能力发现他的线条美和章法美,然后通过分析感受到作品中的巧妙安排,最后结合思维能力、创造力和想象力自己进行符合王羲之特点的创作,形成自己的书法作品。这样可以充分发挥左脑和右脑的功能,左右脑共同参与,共同发展,达到智力提升的目的。在书法教育的过程中智育功能逐渐发挥其作用。

(3) 健体功能

书法教育在素质教育中的最后一个作用是健体功能。书法的学习需要脑、眼、手全面结合才能写出优秀的书法作品,练习书法是一个锻炼全身器官的协调性的过程,也是一个调血养气的过程,让全身的血流畅通。学习书法可以强身健体,这并不是空口无凭,从古至今有很多长寿的书法家。唐代的欧阳询、虞世南,明朝的文徵明,清代的刘墉,现代的启功等。学习书法不仅有利于身体健康,还可以陶冶性情、精神愉悦。这样两方面的好处可以使人在快乐的学习中强身健体。沈尹默先生在《书法漫谈》中说:"写字和打太极拳有相通的地方,打拳时要抬肘松肩,若不松肩,全臂就会受到牵制,不能灵活往来。提笔过高,全臂一定也要抬高,臂肘抬高,肩必耸起,关节紧接,运用起来,自然就不灵活了。"可见,书法是一种极好的健康运动。书法还有利于心理的健康发展。一幅好的书法作品不仅是技法的表现,也是作者情感的流露,在练习书法时有益于学生情感的宣泄,这在心理健康发展过程中是不可或缺的。

(二) 书法教育与审美教育

对于通过美的熏陶,给人的心灵以本质的定性。我们认为"审美教育就是以审美理论为指导的,通过以艺术为主要途径的多种审美方式,美化人类自身及其周围环境的审美实践活动"①。书法教育是审美教育的一个环节,它可以通过书法这种艺术形式,运用书法作品这种媒介美化环境。审美教育是教育中不可替代的,它有其他教育不具备的功能。席勒说:"教养的最重要任务之一就是使人在其纯粹自然状态的生活中也受形式的支配,使他在美的王国所及的领域中成为审美的人。因为道德的人只能从审美的人发展而来,不能由自然状态中产生。"② 只有懂得欣赏美、感受美的人才可能成为一个有道德的人,成为一个完整的人。书法教育在审美教育中作用是不容小觑的。

1. 培养学生的审美能力

"书法"和"写字"是两种概念,不要把它们混为一谈,书法不仅包括写字,它还是一种文化、一门艺术。首先说"写字",写字不仅要把字写对,还要把字写好,把字写美,这样就需要学生具备一定的审美能力,在写字时会注意字的线条美、结构美、字势美等,在慢慢的积累中审美能力自然会提高,并且通过教师的讲解和传授,学生更加深刻、系统地明白书法审美的重要性。书法教育对于审美的帮助,还体现在很多方面。例如名帖赏析,通过自己书写技能提高,在观察分析别人的作品时,就能很好地从线条、章法、结构进行赏析。这样更加凸显书法对于美育的作用。在日常生活中,如果没有一定的审美能力,没有发现美的眼睛,"欣赏"这项任务更加不可能完成。只要自身具有一定的审美能力,就能从纷繁复杂的生活发现书法的美。所以,是书法教育促进了审美教育的发展。

2. 提高学生艺术修养

书法教育可以提高学生的艺术修养。艺术修养是日积月累形成的,不是一蹴而就的。书法的学习就是这样的,初期的书法学习是枯燥的,只和线条、汉字打交道,初期的学习者不能发现书法的美、书法的意趣。在逐渐学习的过程中,我们对于书法的理解一步步加深,在脑海中对书法艺术形成一个不一样的思维,概括说来对于书法的审美境界可分为三层,感性审美境界、理解审美境界和精神审美境界,达到这三种境界,学生的艺术修养形成也达到了一种新的高度。所以,进行书法教育有利于提高学生的

---

① 蒋国忠:《审美艺术教程》,复旦大学出版社 2005 年版,第 7 页。
② 转引自蒋冰海《美育学导论》,上海人民出版社 2001 年版,第 9 页。

艺术修养。

第二节 初中书法教学内容应遵循的原则

教学内容是教育环节中重要的一部分，合理的教学内容可以保障教学的正常进行，让学生学到更多的文化知识。在安排教学内容时应该遵循一定的原则，我认为它们是：教育性原则、典型性原则、趣味性原则、针对性原则和相互交流性原则。

一 古代与现代书法教育内容简单比较

在古代和现代教育观念的变化，必然导致教育内容的变化。在古代书法教育的主要内容是技法的训练，从古代书论中可以看出，在书论中有大量指导、讲解技法训练的。比如蔡邕在《九势》中最早总结了九种用笔造势之法，欧阳询《三十六法》、张怀瓘《论用笔十法》都是讲解技法论作。现代书法教育中，技法仍然是必不可少的一部分。现代书家总结古人的经验，对书法技法也做出了分析，例如沃兴华的《书法技法新论》等。在现代，除了技法之外，书法理论知识的学习被提出来，这一部分的教育内容主要包括书法基础知识、文字学、书法史、书法作品欣赏以及书法美学等内容。只是书法教育内容的不同，在现代教育内容更加系统、更加全面。

在古代书法教育中思想品德教育也是其中的一个内容。扬雄说："书，心画也。"项穆说："人心不同，诚如其面，由中发外，书亦云然。"[1] 书法是内心的一种反映，学书先做人，可见古代书法中对这方面的教育也是重视的，在现代也是如此。但和古代不同的是，我们不是全盘接受，有一些古代品德的精华我们要继承，但是有一些糟粕我们要摒弃。

二 初中书法教学内容应遵循的原则

(一) 教育性原则

教育性原则是首要原则。教育即教化培育，教学内容如果没有教化

---

[1] 项穆：《书法雅言》，载《历代书法论文选》，上海书画出版社1979年版，第514页。

培育的作用，就不能为教育服务，在安排教学内容时一定要遵守这项原则。教育性原则就是一定要符合教育的要求，不允许出现跟教育目的和任务相悖的内容，不允许出现和道德教育相违背的内容，不允许出现不利于青少年身心健康发展的内容。所安排的内容要具有积极、向上、健康的教育性，体现教育教学规律，有助于引领学生树立正确的人生观，促进学生各项素质的全面发展。在书法教育中教育性原则的实施有利于教学目标的准确完成，比如在书法家学习的安排中我们不仅要注重书家的书品，更要重视书家的人品，在书法史上"宋四家"包括苏、黄、米、蔡，对于"蔡"到底是谁有不同的意见，同时期的蔡襄和蔡京都是书法家，但是蔡京的人品不好，故我们都认为"宋四家"的"蔡"是蔡襄。可见，在古代很重视这一方面。所以，在书法教育的教学内容选择时，一定要注意教育性。

（二）典型性原则

书法艺术包括的内容十分丰富，要学习几千年的书法文化，我们所选择的教育内容一定要具有典型性。比如，书法文化方面，汉字演变是必须要讲到的，是书法中比较典型的问题；在学习书法家时，这一原则也十分重要，我们要选择在书法发展史上举足轻重、有代表性的一些书家，这样才能更好地让学生们看到书法的发展，比如楷书书家欧阳询、行书书家王羲之、草书书家怀素等；在作品欣赏方面，不是随便一幅作品就有欣赏价值的，我们要在浩瀚的书法海洋里找到典型的能代表一个时期或者一种字体的作品。比如我们都知道的"天下第一行书"《兰亭序》、"天下第二行书"《祭侄文稿》在书法赏析时都要提及。这方面可以和历史学科相结合，进入初一学生们开始学习历史，在历史上对于书法家、书法作品、书法事件提到的频率较高，我们在安排教学内容时可以和历史上讲到的一些典型内容结合，加深学生的印象。教师在选取教学内容时要结合学生的发展特点，所积累知识的量，学生的理解能力等选择典型的书法内容，让学生认识书法艺术。所以，安排书法的教学内容时典型性原则是不容忽视的。

（三）趣味性原则

提起书法，大多数人会和"写字"画上等号，盲目地认为书法和写字一样是枯燥的、乏味的。书法确实要多一些耐力和意志力才能取得一定的成效，所以在安排内容时要注意内容的趣味性。在小学这一点体现得更加明显，在讲到书家时一定会加上关于书家的小故事，增加趣味性，激发学生的学习兴趣。在初中，随着年龄的增长，知识的积累，学生的理解力增强，对于"趣味性"要求没有那么高了，但是这一点也是少不了的。就像语文的内容安排，会把散文、诗词、小说等穿插学习，这样就是为了增加内容的趣味性。在安排技能之外的教学内容时更要注意这一点，理论知识不和技法训练一样可以用毛笔直接呈现在纸上，学生们一直在动手，可以增加学生的记忆能力。但是，理论知识有些乏味，所以在安排内容时要把书体演变、书法家、书法故事、作品赏析穿插安排，充分体现书法的趣味性。

（四）针对性原则

书法是中华民族传统文化中的一朵奇葩，在人们心中它是一种神秘的艺术，所以在安排教育内容时要具有针对性，这样才能让学生更好地理解书法这门艺术。首先是根据年级来安排内容。初中三年的学习，要根据年龄、知识积累的不同，循序渐进安排教学内容。在初一，为了承接小学的内容，对于楷书进一步学习。这并不是初一的重点，初一的技法训练一般会出现隶书的学习，相对应的书法赏析就要侧重于隶书。同理，在初二侧重于行书，初三侧重于草书和篆刻，这些安排都要有针对性；其次是内容的选择要有针对性，比如在楷书书家的学习中，赵孟頫是必须要讲到的，但他不仅擅长楷书，他的行书在书法史上也是举足轻重，在这种情况下就要根据针对性原则来安排内容。通过这项原则，可以让孩子更好地了解和掌握书法的理论知识，不会产生混淆等现象。

（五）相互交流性原则

书法教学是以书法作品作为对象，教师和学生在面对一幅作品时机会是均等的。教师和学生处于同一环境中，要共同欣赏，一起感受。教师不可能强制性的对学生输入自己的想法，因为书法教学中学生直接面对作品，会形成自发的、清醒的审美判断。进入初中的学生，自我意识更强，书法教育强调学生的主动性和积极性，教师和学生要相互交流，才能更好地完成教学目标。在书法教育中，当学生和教师处于同一教学环境时，要相互交流自己的体会和感悟，这样有利于书法教学的顺利完成。

第三节 初中书法技能之外的教学内容——书法文化

从第三节开始是本书的主要内容，本节论述的是初中书法文化方面的教学内容。书法文化教育是除技法、技能训练之外的书法教育的又一个重要内容，它可以提高学生的文化修养，增强学生对中国文化的自豪感，激发爱国情感。国家在政策中提出了相应的要求，在《关于中小学开展书法教育的意见》指出"大致了解书法历史和汉字字体源流"，在《中小学书法教育指导纲要》也明确提出了"适度融入书法审美和书法文化教育"，我们可以看到现在对于书法文化教育的重要程度。国家的政策是在汲取了人民需求的基础上出台的，政策的要求也是人民的需要。这些规定让书法文化教育有了根据，如若缺少了书法文化教育，我们的书法教育就是不完整的。

在选择教学内容时不仅要遵循第二节所讲的五个原则，还要考虑学生这个主体。首先我们要根据学生的身心发展需求，学生的年龄特征，知识的掌握情况确定大体内容。然后要兼顾到学生的兴趣来安排具体内容，不管是直接兴趣、间接兴趣都能够激发学生的求知欲，提高学生的积极性和主动性。

一 书法文化中的汉字演变

"汉字"是世界上从古代一直演变过来、没有间断过的文字形式。现在我们把汉字称为"方块字"，它是书法艺术的传播媒介，没有它就不存在书法这种形式，更不会有书法作品。"汉字"对于中国人和中华文化来说不可或缺。所以，在书法文化中安排"汉字的演变"是最为基础的一些内容。我认为汉字演变这部分的内容，可以安排在初一年级的书法教学中，因为这是书法文化知识中最基本的，通过对于中国汉字的了解，能够激发学生的兴趣，为之后的学习做准备。

（一）区别于小学的文字演变学习

在小学的书法课程中文字演变的学习也是会涉及的，在《中小学书法指导纲要》小学5—6年级的教学目标与内容中提出"初识篆、隶、草、楷、行五种字体，了解字体的大致演变过程，初步感受不同字体的美"①。其中，我们可以看到在小学对于文字演变的要求都是较为简单的，从"初识""大致演变过程""初步"这些字眼能够明显看出来。在小学，学生所学知识有限，他们的理解能力、辨别能力、分析能力的发展并不健全，所以小学所学的文字演变只是浅层次的、表面的一些内容。

我们通过2014年教育部审定的义务教育三至六年级《书法练习指导》进行文字演变学习的分析。在三至六年级八册的书中，技法方面主要是楷书的学习，在书法知识方面有文房四宝、认识五体、书法幅式、名帖欣赏等方面的内容。"认识五体"的安排在每册讲解了一种字体而且是简单的介绍，比如对于楷书的认识首先是楷书的概念、其次结合名帖欣赏进行简单分类和介绍。这是小学书法课程中的汉字演变。

进入初中阶段的书法学习，课程的安排要更加系统、全面，这不仅符合初中阶段的教学目标，还能满足学生的精神需求。笔者认为要抓住以下两个重点。

第一个重点，不仅让学生简单区分五种字体，而且要让学生们根据笔画、线条、字形等更好地区分五种字体，明确各种字体的特点。首先是甲骨文，除了简单介绍它的概念、所在年代等，还要在安排教学内容时结合历史课本中的所学到的甲骨文知识，让学生认识、掌握甲骨文笔画较细、注重实物特征、方笔为主等特征；篆书，学生要把金文、石鼓文这些大篆和小篆区分开来，要明辨它们的不同点。大篆浑穆、古朴大气，小篆和大篆相比笔画更加简化、字数增多，小篆线条粗细均匀、修长流美、端庄典雅。在讲解时可以和大篆进行比较教学；隶书在汉朝最为流行，隶书的特点：笔法和篆书相似，逆锋起笔；字形较宽扁；最主要的特点是"蚕头雁尾""一波三折"；隶书经过简省形成草书，对于草书学生要区分章草、今草，它们的特点同样要把握。章草波挑鲜明，笔画简省连续，但字与字之间是分开的，今草往往笔势连绵，一气呵成；行书行笔加快，用笔灵活，节奏感强，结体自如笔画互为映带，行书是笔画比较舒展、流动的楷书。对于楷书，在小学三至六年级都在学习，它的特点学生们都已掌握，

---

① 中华人民共和国教育部：《中小学书法教育指导纲要》，北京师范大学出版社2013年版。

在这里不用再次安排。

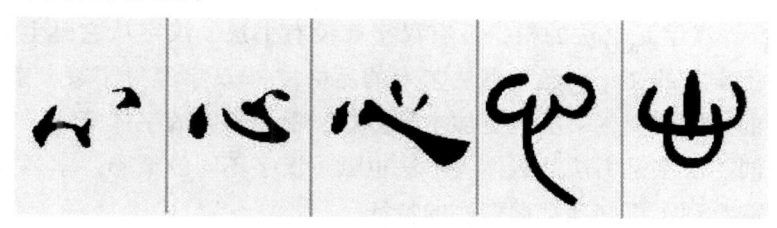

图 8-1　不同字体的"心"

第二个重点是进行对比学习。在小学，学生只要能够简单区分不同的字体即可，但是进入初中，学生的观察力、分析能力，随着知识量的积累都有所增强，在学习文字演变时不要一味灌输知识，在教师的引导下，学生通过自己的观察和思考得出结论。如图 8-1 是"心"分别在大篆、小篆、隶书、行书、草书中的不同写法。学生可以根据不同字体的不同特点把它们区分开来。首先是右边第一、第二个都是篆书，但是第一个相对第二个笔画繁多、古朴大气可见是大篆，第二个线条粗细均匀、修长流美便是小篆。第三个字学生们在观察时会看到它最突出的笔画，也就是隶书当中的"蚕头雁尾"。第四个和第五个进行比较，第四个形似楷书但是笔画有映带关系，即为行书；第五个笔画与笔画之间相互连接，一气呵成可见是草书。这样通过各种字体之间的比较分析不仅提高学生的观察力，还可以调动学生的学习积极性，更好地完成教学目标。

（二）学习汉字演变的意义

1. 汉字和汉字文化是中国传统文化的重要组成部分

汉字由汉族发明并改进，是世界上最古老的四大自源文字。世界上所有的国家里，只有我们中国的文化是始终没有间断地传承下来的，也只有我们的"汉字"是世界上唯一的古代一直演变过来没有间断过的文字形式。汉字是中国传统文化中不可缺少的一环，汉字是古代人民智慧的结晶。中国文化如此博大精深、源远流长，如果没有汉字，人们就不能交流，不能传承文化。那么，"四大发明"中的"印刷术"也是空谈，中华文化也不会有上下五千年的悠久历史。所以，汉字和汉字文化是传统文化的重要组成部分。

2. 书法是关于汉字的一门传统艺术

"汉字和以汉字为载体的中国书法是中华民族的文化瑰宝，是人类文明的宝贵财富",① 汉字和书法的关系就像人和空气一样,不可分割、相辅相成。"汉字是书法的根,没有汉字就没有书法,汉字从它诞生那日起就具有了丰富的文化内涵和书法艺术的品格。"② 汉字经过了篆、隶、楷、行、草的发展演变,书法也更加丰富多彩,根据不同的字体笔法、结构都不尽相同。汉字是书法的载体,书法也赋予汉字不同的精彩。学习汉字的发展演变有利于更好地把握书法的特征。

二 书法文化中的书法形制

(一) 初中书法形制的学习要求

在小学阶段书法形制被称为书法幅式,《纲要》中提出"了解条幅、斗方、楹联等常见的书法作品"。在《书法练习指导》中安排了"书法作品幅式"这一节,其中讲解了条幅、斗方、中堂和对联四种不同的书法幅式,只是简单叙述了各种幅式的含义,例如对联,"对联由等长等宽、书体相同的两幅组成。悬挂时上联居右,下联居左"。可见,对于书法形制的学习,在小学阶段只要简单了解并且能够区分即可。在初中阶段,我们要全面掌握书法形制的分类以及在技法练习、日常生活中的应用。小学中学习了条幅、斗方、中堂、对联这几种形制,但是除了这些,手札、册页、扇面、横幅也都是书法的形制。初中阶段在技法训练时,书法作品的创作和创新是要完成的学习目标,我们可以通过书法形制的学习让学生在创作时更好地选择格式的书法形制。扇面是书法形制中比较特殊的一种,它和其他形制不同,主要分为折扇和团扇。折扇上面宽、下面窄,在书写时要选取合适的内容,才会达到想要的效果。下图两幅作品是折扇,所用纸张为彩色洒金宣纸,在扇面中安排篆书字体,在书写时要注意上密下疏,字集中在上面的上方,字势要根据扇面的不同位置而变化。隶书和篆书的章法特点是相同的。

楷书在扇面中以小楷为主,章法主要是长短式,如图 8-4 首行长有 7 个字,第二行短只有 4 个字,之后几行都是此规律。

在扇面中行书和草书的章法并不是单一的,主要有长短式、分段式。

---

① 中华人民共和国教育部:《中小学书法教育指导纲要》,北京师范大学出版社 2013 年版。
② 教育部《中小学书法教育指导纲要》研制组:《中小学生书法教育指导纲要解读》,北京师范大学出版社 2013 年版。

第八章 初中书法技能之外的教学内容 245

图 8-2 篆书扇面

图 8-3 隶书扇面

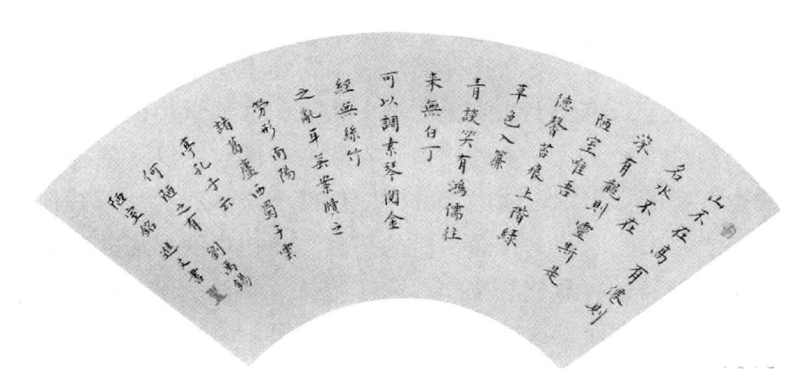

图 8-4 小楷扇面

在初中的书法形制学习中我们安排的内容要详细，这样符合学生技法

图 8-5　行书扇面（一）

图 8-6　行书扇面（二）

方面的要求，有利于在书写实践中的运用。

（二）学习书法形制的目的

在初中的书法课中了解和把握书法形制的知识是很必要的。学习书法形制首先能让学生认识到书法文化的博大精深，加强学生的爱国情感；其次，书法形制是书法文化的基础知识。它和文房四宝、汉字演变一样是学习书法必须了解的，不学习这一部分的知识就不能顺利地进行其他书法知识的学习；学习书法形制是作品赏析的基础。在初中的书法课程中"名作赏析"是必会涉及的，欣赏一幅作品除了笔法、章法、结构等之外，书法形制是最基本的一方面，这幅作品是扇面、册页、条幅、都是需要判断出来的，没有书法形制的学习学生们就不会有这种判断能力；最后，学习书法形制为书法中的作品创作打下坚实的基础。通过日积月累的学习，学生们在书写技法、欣赏、审美方面都会有质的提升，对于自己作品的形制就会有更高的要求，那么学习书法形制显得尤为重要。从以上几个方面可以看出，学习书法形制是很重要的。

三　书法文化中的书法家

（一）小学书法家的学习

在小学书法的学习中，书法家的了解和掌握是必须安排的。小学阶段技法方面主要是楷书的学习，所以在书家学习中也以此为主。《书法练习指导》中涉及的有欧阳询、颜真卿等，其中对书家的介绍包括所在朝代、所擅长的书体、代表作品等，让学生了解一些书家基本的信息和资料。例如，对于欧阳询的学习，介绍了他是唐代书家，然后讲到欧阳询的书法最初学习王羲之，以法度严谨著称。最后，列举了他的代表作品《九成宫醴泉铭》《化度寺碑》，可见小学的书法学习中对于书家的了解较为基础。有的书法教材中，结合小学时期的特点运用的语言尽量简单易懂，而且以书家的小故事为主，可以吸引学生的眼球，调动学生的积极性。

（二）初中书法家的学习

在《纲要》中指出"了解一些最具代表性的书家和作品"并在附录3、4中给定了一些书家和作品。在书法教学过程中，教师选取的书家一定不能贪多，要选择有突出贡献，书法风格明显的书家让学生学习。在初中书法课程中，字体的演变在前面已经提到，所以在这里我们要根据字体的不同来安排书家的先后顺序，这样有利于学生们进行比较记忆。

1. 变换呈现方式

在介绍书法家时的呈现方式和小学是不同的，同样是楷书大家的介绍，初中我们要更加全面地来掌握和理解。比如对于"楷书鼻祖"钟繇的学习，首先是基本资料。钟繇，字元常，颍川长社（今河南许昌长葛东）人，所在的朝代三国时期曹魏著名书法家。初中已经开始学习历史，对于朝代的顺序，还有官职等一些历史知识都已经学习，所以在讲解书家时加上这些更加有利于活学活用。钟繇走上仕途，是由于被举为孝廉，之后他又任尚书郎、司隶校尉，在曹丕称帝时，升为太傅，封为定陵侯。其次，是钟繇的书法风格。钟繇学习百家之长，在钻研中提升自己。我们也要让学生们认识到书法大家不是一蹴而就的，他们也是凭借坚韧不拔的精神才能留名书法史的。钟繇的楷书古雅浑朴，古风醇厚，笔法精简，自然天成。代表作品有《宣示表》《荐季直表》《贺捷表》等，对后世有深远影响。这是初中应该学习的内容。

2. 全面地选择书家

在选择书家时要和初中阶段的技法学习相结合。初中主要学习篆、隶、行、草，楷书在小学已学得较为全面，在初中涉及的内容相应减少。所以，教师在选取书家时首先要分清主次，然后要选取一些有代表性的书家。篆书大家有秦始皇时期的李斯，唐代李阳冰，清代赵之谦、邓石如，晚清民国时期的吴昌硕等；隶书大家有唐代徐浩，东汉蔡邕，清代金农等；行书大家有东晋王羲之、王献之，元代赵孟頫，宋朝苏轼、米芾、黄庭坚；草书大家孙过庭、张旭、怀素等。在每个学期安排书法的学习时，根据当下所学字体进行选择。

3. 学习书家精神

书法是一门古老的文化，是从古代一直流传下来的。现在我们学习书法主要是通过对于古代书法家流传下来的作品进行学习，从而明白什么是书法，怎样学好书法这些问题。如果没有古代书法家流传下来的作品，我们现在的书法学习就只是纸上谈兵。

书法在历朝历代得以发展和书法家的努力和创新是分不开的。书法家身上的持之以恒、坚持不懈的精神值得学生学习。柳公权发奋练字，柳公权是唐朝书法家，他不怕困难、虚心求教，之后自己勤奋练字，手上磨起了厚厚的茧子，衣肘处补了一层又一层，终于成为著名书法家。书法不是一味地写字，而是手脑合一，在书写时要有创新精神。郑板桥是清代的书法家，他在妻子的启发下，下定决心要有所创新。他取各家之长，融会贯通，用作画的方法写字，把隶书与篆、草、行、楷相结合，终于形成了自己与众不同的书法风格。我们学习书家不仅要了解他的基本资料、书写特点、书法作品，我们还要学习和体会书法家的精神，这样更有利于我们的书法学习。

（三）初中书法教育中学习书家的目的

1. 诱导广涉博取，达到增长见识

书法是中华民族的文化瑰宝，是中华文化的沉淀，它博大精深、源远流长。书法得以传承发展，书法家的功劳是不可忽视的。学习各个朝代的书家，广涉博取让学生全面了解书法传承的不易。学习书家不仅让学生了解这个书家的书法风格，还能增长学生们的见识。比如欧阳询大家都知道他是唐朝书法家，而且在唐朝他还是举足轻重的官员，通过学习书家我们能更加全面的了解他的种种信息，这样书法还可以和历史课相结合，激发学生的学习兴趣。

2. 磨炼学生的意志力

书法家们的成就也是通过学习百家，刻苦努力得来的。学习书法家能够使学生们认识到意志力的重要性。像钟繇、王献之、怀素等他们都是在学习别人的基础上，思考钻研才拥有自己的风格，没有坚韧不拔的意志是不可能实现的。例如，王羲之7岁练习书法，勤奋好学，他每天坐在池子边练字，每天练完字就在池水里洗笔，日积月累将一池水都洗成了墨色，这就是人们今天在绍兴看到的传说中的墨池。可见，通过学习书法家的精神，可以更好地磨炼学生的意志力。

3. 培育学生高雅的人品

历来有"书如其人"，"书品即人品"的说法。宋代著名文学家、书法家苏东坡说："人貌有好丑，而君子小人之态，不可掩也；言有辩讷，而君子小人之气，不可欺也；书有工拙，而君子小人之心，不可乱也。"[①]在书法创作中，人品占有举足轻重的地位。人品会通过书法作品显现出来，即使技巧不是很好，它的神韵也能征服人们。反之，人品恶劣的人，拥有再好的技巧也没用，也是无人问津。就如上文所提到的宋四家的例子。可见，有好的"人品"，才会有让人称颂的"书品"。

第四节　初中书法技能之外的教学内容——书法审美

一　名帖赏析中的书法审美教育

（一）名帖赏析的内容安排

1. 初中一年级的名帖赏析

从小学刚刚进入初中的书法学习，不要让学生们感到学习的迷茫和无助，所以在选择名帖赏析的内容时切记不要太难，要让这个过渡轻松自然，让学生在自由、随性、心情愉悦的情况下，安全度过这个艰难期。但是，初中所学的知识一定要比小学全面系统。按照以上要求和分析，我认

[①] 苏轼：《论书》，载《历代书法论文选》，上海书画出版社1979年版，第317页。

为在初中一年级的名帖赏析应该以楷书为主，加之简单的行书欣赏。这是书法欣赏的初级阶段。

图 8-7 《玄妙观重修三门记》

书法是用抽象的汉字作为传播媒介，它不像美术那样具体，在作品完成之后并没有具象的物体形成，它是抽象的，仅仅通过黑白两色和笔画的组合来述说作者的情感。在欣赏书法作品之前，我们要知道怎么赏析，从哪些方面进行赏析？学生欣赏一幅作品，第一个要搞清楚的问题就是，这幅作品的内容。比如赵孟頫的《玄妙观重修三门记》（见图 8-7），在看到这幅作品之后我们要先了解这幅作品的作者、写作背景，这样我们才能更好地赏析。《三门记》是为重修玄妙观元代牟𪩘所写的文章，之后赵孟頫书的。我们对它有了一个浅层次的了解，然后再看它的内容：

  天地阖辟，运乎鸿枢，而乾坤为之户；日月出入，经乎黄道，而卯酉为之门。是故建设……

我们要结合语文对于文言文的学习来理解它的内容，打开内容是"天地开辟后，在鸿枢上运行，乾坤是它们的门户。太阳和月亮出入，经过黄道，卯酉是它们出入的门户"。

作为初中生感性认识有所增强，在明白了它的内容之后，我们要凭借自己的直觉或者是第一印象去赏析这幅作品，作品是潇洒飘逸，还是端庄严谨，我们的大脑会在第一时间给予我们答案。

初一年级的学生对名帖赏析掌握的重点就是整幅作品给予自己的总体感受，只有明确知道自己对书法作品的第一印象，才能进入更深层次的理解。

2. 初中二年级的名帖赏析

初中二年级是书法学习的关键时期。在技法方面，初一我们在衔接小学的基础上，学习了楷书以及简单的行书，进入二年级之后掌握行书的书写成为重中之重，行书的书写对毛笔的运用和对字帖的理解要求更为严格，所以在安排名帖赏析时，要加深难度，以协助行书技法的掌握。《指导纲要》提出"学习从笔画、结构、章法以及内涵等方面欣赏书法作品，初步感受书法之美"[1]。在初一我们欣赏书法作品注重的是感性认识，进入初二我们就要由感性认识向理性认识过渡，结合《指导纲要》中提出的"笔画""结构""章法"，从理性认识的角度对书法作品进行赏析。

虽然初二要以行书的学习和欣赏为主，但是赏析方法和要求的提升，学生在最初不好理解和把握，所以要通过一些楷书作品的赏析作为过渡。我们通过对《张猛龙碑》的赏析具体讲解怎样理性认识书法作品。首先是笔画，我们可以通过魏字来观察笔画的特点，它的笔画有力度，以方笔为主，点和长横的起笔最为突出。其次结构，笔势在平稳中有变化，字体呈扁方，以横向取势，中宫严谨，四周笔画舒展。

图 8-8 《张猛龙碑》中的"魏"

---

[1] 中华人民共和国教育部：《中小学书法教育指导纲要》，北京师范大学出版社 2013 年版。

最后，我们来说章法。从下图来看《张猛龙碑》的章法，字距大于行距。整体感觉舒展、粗犷、豪放。这样进行分析，我们会对作品有一个理性的认识。那么行书的赏析又如何呢？我们以"天下第一行书"《兰亭序》为例。先看笔画，笔画灵动，虽然具有一定的楷书特点，单数和楷书不同的是笔画与笔画之间出现连带关系，有的字出现了牵丝。再看结构，结构虚实、穿插、呼应得当，体态生动，每个字都被赋予了生命。最后是章法，行距大于字距，整个作品浑然一体。

图 8-9 《张猛龙碑》 　　　　图 8-10 《兰亭序》

在安排初二学生对名作赏析时，可以根据《指导纲要》中"附录4 欣赏作品推荐"来选取精中之精，有代表性的作品进行讲解。

3. 初中三年级的名帖赏析

笔者认为进入初三随之就应该进入名帖赏析的最后一个阶段，也是最高阶段，摆脱外在的笔画、结构、章法的束缚达到内在精神的领悟。

这个阶段对学生的要求很多也很高。虽然说在赏析时要脱离外在的影响，但是外在的笔画、结构、章法等是书法作品欣赏的基础，学生们必须掌握。在此基础上，要结合前面讲到的书法文化的内容，比如欣赏一幅作品我们要大致清楚书写者的当前背景、家庭、经历以及学识这是在讲书法家时提的教学目标，在这里可以完全发挥它的用途。了解了这些我们才能知道书者在当下想要抒发的情感。再者学生们也要结合技法的学习来感受书法作品，通过自己书写时的感受设身处地地体会其他书写者的感情。在将技法、文化、审美相结合的情况上达到领悟书写者情感的程度,完成书法作品赏析的第三个阶段。我们再以颜真卿的《祭侄文稿》为例,领悟它所表达的情感。

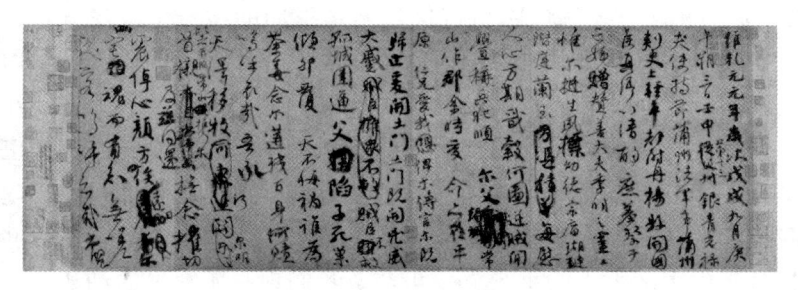

图 8-11 《祭侄文稿》

首先回忆一下颜真卿的性情。他为人正直,有正义感,疾恶如仇;做官清廉,不喜欢阿谀奉承。其次,我们要知道《祭侄文稿》的内容,通过题目字面意思我们知道这是颜真卿为祭悼他的侄子所写。只有了解了它的历史背景和颜真卿创作这幅作品时的心情状态,才能体会其中的情感表达。当时颜真卿已经五十岁了,同为颜勤礼曾孙颜杲卿曾是安禄山的部下,但是在安禄山叛变时他依然是挺身而出,可见他的大义凛然。在他任常山太守时发生战情,太原节度使却不派兵求援,导致颜杲卿和他的儿子也就是颜真卿的侄子颜季明遇难。颜真卿得知此事后悲痛万分,在他的用墨浓淡,行笔的错综复杂,文章的删除涂改,可以体会到他当时的悲愤心情。

以上只是一个例子,教师在安排初三的名帖赏析时尽量要选取一些合适的作品,让学生们从作品中体会出书写者深含于作品的真性情。比如怀素的《自叙帖》、黄庭坚的《松风阁》,王铎的书法作品等。这是不容易达到的阶段,只要能通过多看名家的书法作品使学生形成这种欣赏习惯即可。

在初三还应该让学生了解一些关于篆刻的知识。篆刻是书法的另一种形式,在名作赏析中篆刻作品的赏析也应该是其中的一部分。在 2009 年中国篆刻入选"人类非物质文化遗产代表作名录"。在《中小学书法教育指导纲要》中提到:"在初中阶段有兴趣的学生可以尝试学习隶书、行书等其他字体,了解篆刻常识。"篆刻主要采用古文字包括甲骨文、金文、大篆以及小篆的几种变体。对于篆刻作品的赏析,运用之前学过的书法知识进行大概了解即可，不用深究。

（二）名帖欣赏的意义

书法是中华民族传统的艺术形式，作为现代人的我们怎么了解和学习"书法"这门传统艺术呢？赏析古代名帖是我们的学习手段之一。中华文明五千年从书法的出现到其成熟、繁荣、发展，值得我们欣赏和学习的有很多。汉字随着时代和人们需求的不同，从甲骨文、金文、大篆、小篆到隶书、楷书、行书、草书，历经时代的沧桑和考验。演变至今我们已从使用毛笔到使用硬笔，虽然也保留了一些古代的精华，但是那是极其少的。现在我们为的是书写的方便、快速，而失去了传统艺术的美。所以我们要从名帖赏析中了解古人的书写方式，获取我们现在所缺失的细致、情怀和创新。

1. 感受传统美

在赏析名家名帖的过程中感受传统的书法之美。在古代毛笔的运用是与众不同的，它的笔毛柔软，故依据每个人的习惯不同，呈现在我们面前的是不一样的风格，有的硬挺，有的飘逸柔美。篆、隶、楷、行、草字体的不同表现的美完全不同。篆书，出现相对较早的文字，和现在我们使用的文字相比基本上无迹可循，它写法是特别传统的。我们通过对不同时期、不同名家的篆书作品进行赏析，可以感受到的是书法艺术的博大精深，传统书法的不可超越。隶书，较篆书来说现在的使用率较高，比如牌匾、春联等。隶书是汉字中常见的一种庄重的字体，字形略微宽扁，横画长而竖画短，呈长方形状，讲究"蚕头雁尾""一波三折"。楷书，和现代字体最接近的一种。古代的楷书结构多变，不同时期流行的不尽相同。行、草，古代人为了提高书写速度故而行、草应运而生。虽然书写速度上去了，但是它的笔画有力、结构简省、笔画连绵，丝毫没有抛弃传统的书法之美。从各个时期、各种书法的名作赏析中，书法的传统之美体现得淋漓尽致。

2. 感受点画美

孙过庭在《书谱》中写"一点成一字之规，一字乃终篇之准"。颜真卿在《述张长史笔法十二意》中说"点画皆有筋骨，字体自然雄媚"。

点画是一个字的组成部分，点画的好坏直接关乎整个字的好坏，点画的作用不可小视。在古代书法中点画的变化是现代人不敢也不能达到的程度，比如王羲之《兰亭序》中"之"字用23个，除了结构有些不同外，点画的变化也是不可或缺的，点画的丰富变化使点画的美更加突出。通过欣赏不同字体的作品，可以看出在每一种字体中点画都是美的，篆书的匀称、隶书的"一波三折"、楷书的挺拔柔美、行书的点画呼应、草书的洒脱飘逸，无不体现着点画的美。

3. 领会布局美

书法美学界对于书法提出这样一个观点：书法是以富有变化的笔墨点画及其组合，从二度空间范围内反映事物的构造和运动规律所蕴含的美的艺术。所以在书法中布局是极其重要的。在欣赏我们可以观察到不同的字体布局是不一样的。它们字与字之间、行与行之间的距离是不尽相同的，这应该是书法中的"章法"；还有在一幅作品中不会从头到尾都是满满的，这是书法中的"布白"。随着学生们对于书法知识的积累、眼界的提高，书法作品中的布局美就会被发现。

楷书的章法形式与行、草书相比，其行距与字距比较规整。纵有行，横有列。字距与字距、行距与行距几乎相等。如唐褚遂良《雁塔圣教序》；小楷中多为行距宽于字距，如赵孟頫《道德经》；如南北朝的《张玄墓志》是行距窄于字距，这种排列的特点是：虽为竖写，但看上去却像横写。书法讲求通过字体、笔法、结构、布局所体现出来的风格、气势、意境等，让人欣赏、玩味，进而给欣赏者带来美感。所以，书法作品要借助于章法布局这一艺术表现手段去丰富、强化内容所要表现的思想和感情，并给人以视觉上的美感。

4. 感悟情感美

古代书法和情感是相辅相成的，从名帖赏析中我们可以得到这一点。书家写的不只是字还是自己情感的宣泄。众所周知，《兰亭序》是"天下第一行书"。王羲之在书写时只是情到深处不得不发而已，在当下那种情形下而产生的，如若让他再写一次，并不定会达到这种程度。现在被我们奉为"名帖"的作品，古人在书写时并不是为了被后人学习所书写的。比如王羲之的《丧乱帖》是他所写的书信，在信中不仅可以从内容体现他的情感，从书法的角度也可以。颜真卿的《祭侄文稿》通篇用笔之间情如潮涌，书法气势磅礴，纵笔豪放，一泻千里，常常写至枯笔，更显得苍劲流畅，其英风烈气，不仅见于笔端，悲愤激昂的心情亦流露于字里行间。

上面所举的例子都为行书，其实不管是哪种字体流露情感这一点是不变的。比如欧阳询《九成宫醴泉铭》从笔画、线条、结构等方面，我们可以体会到他书写时的严谨和他对其的重视。

5. 体验创造美

我们不得不佩服古人的智慧，他们随着时代的变化、人们的需求创造出不同的字体，让每种字体中出现不同的风格。比如草书，有章草、小草、狂草，章草带有隶书的味道；小草笔画细致；狂草随性放荡。从不同的字体、不同的风格中我们看到了古人的创造美，体会到了书法艺术的博大精深。

二 实践活动中的书法审美教育

书法是中华民族的传统艺术形式，艺术不仅是用来瞻仰的，我们还要把它运用到日常生活中来，这样才能体现艺术的价值。书法在生活中无处不在，所以书法审美的提升除了要通过书本知识，还可以在实践活动中发现书法的美，并提高自己的审美认知水平。

（一）在实践活动中进行书法审美教育的必要性

1. 书法在生活中的体现

（1）匾额中的书法

匾额是古建筑的必然组成部分，相当于古建筑的眼睛。在我国古代，书法的应用非常广泛，即便是建筑物上，也随处可见书法的痕迹。匾额便是其中一种，它虽然只有短短的几个字，但可以从中欣赏书法的精神。

如下图"正大光明"匾额是清代顺治皇帝所书，此匾悬挂于乾清宫，用来激励大臣做事要正大光明，光明磊落。这就是书法在生活中的体现，学生在外出旅游时，要运用所学的书本知识，善于观察和分析。

比如苏州的寒山寺众人皆知，墙壁上"寒山寺"三个大字（如上图），我们要善于发现和学习。"寒山"二字与"寺"字的风格不是很一致。据说，这个寺名出自两位书法家之手。"寒山"二字为明代苏州的大书法家祝允明所书，而"寺"则出自陶睿宣之手。

在古代像这样的应用有很多，如赵孟頫书"趵突泉"、山东曲阜孔庙的"万仞宫墙"等。所以在旅游时，在游览一些名胜古迹时我们要留意观察，感受它的书法之美。在书法课中不仅要教会学生如何写字，还要调动学生的兴趣，在生活中用眼睛去观察，运用学到的书法知识对生活中的

图 8-12　乾清宫的"正大光明"匾额

图 8-13　寒山寺寺名

书法进行欣赏。

(2) 碑刻中的书法

古代碑刻有很多，现在我们所学习的很多名帖都是通过"碑"保存下来的，如欧阳询的《九成宫醴泉铭》、颜真卿的《多宝塔碑》等。

在现代我们的碑刻主要是颂扬或者纪念事迹。现在一提到碑我们首先想到的是天安门广场的人民英雄纪念碑，它是为了纪念在人民解放战争和人民革命中牺牲的人民英雄所建立的。"人民英雄永垂不朽"八个大字是毛泽东所写（见图8-4）。在日常生活中碑刻也是很常见的，比如公园里面，这与我们的生活就更近了。在生活中，不要只有发现美的眼睛，还要有发现"书法"的眼睛。

（3）书法在生活中的其他表现形式

在初中学习书法的过程中一定要结合孩子们身边的书法，让其对书法有一个更加直观的认识。锻炼学生的观察能力，比如我们的书籍，学生只是读了书中的知识忽视了书皮上书籍名称的字体。书籍名称的题写也是书法在日常中的一种应用，例如我们所学的课本，语文课本上的"语文"两个字是什么字体，有什么特征，这就是书法。

我们都去过门诊部、医院，我们去了是寻医问诊的，但是在里面也存在书法，你们注意到了吗？锦旗就是其中一种。那是病人赠予医生表达谢意的一种形式，上面的字你们注意到了吗？是楷书、行楷、隶书还是行书？在课程中我们要让孩子全面地认识书法，多增加一些和生活息息相关的知识是必要的。

图8-14 人民英雄纪念碑

在教学内容中安排这一部分的内容是为了削弱与"书法"之间距离感。平常提到书法，感觉是一门神秘的艺术，其实艺术就是在生活中产生发展的，让孩子们直观地认识到这一点是很关键的。认识到这一点之外，还能培养孩子们良好的习惯。在学习了"生活中的书法"之后，在孩子们的心中会形成这样一个条件反射，看到字就会从书法的角度去分析，课堂中学到的知识能用到生活中，提高书法审美的水平。

2. 教育学理论的应用

在教育学中法国的杜威提出"学生中心论"，即教育要从学生的兴趣出发，教育过程要围绕学生进行，这样能够更好地调动学生的积极性。在课程的分类中也有学科课程和活动课程之分，学科课程强调的是文化知识的学习，而活动课程是以活动为组织方式的课程形态，通过学生的亲身经历获取知识和经验。可见，在课程的安排上，不仅要注重学生传统知识的学习，还要在实践活动中让学生自己领悟知识的获得。

教学过程是一种认识、交往和实践的过程。在教学过程中要把直接经验和间接经验相结合，运用到书法的教学中就是把书本上的知识和学生的感性经验相结合。两者相统一可以更好地实现教学目标。

我国目前的中小学教学原则中提到的直观性原则，也强调了实践活动的重要性。其中实现这一原则的手段有实物直观、模像直观等，笔者认为这一原则在书法教学中要切实贯彻。现代社会科技发展迅速，幻灯、录像、计算机等高科技设备不断出现，在书法教学中，我们可以通过这些现代化的技术手段利用感官让学生直观地、全面地认识书法，感受书法。随着人们教育意识的提高，学生的实践活动受到学校和家长的关注，在书法教学中我们可以运用实物直观这一手段，使学生亲身去感受，加强学生的感知能力，从而让学生深刻地掌握知识。

教育学是教师在教学过程中的理论依据，教学内容是教学的重要因素，在安排学生的学习内容时一定要符合教育学的要求。所以，在书法教育内容中我们要做到，符合学生的年龄特点，遵循教学原则，这样书法文化才能更好地传承。

3. 符合《中小学书法教育指导纲要》的要求

《纲要》在第三部分"实施建议与要求"中提出"重视课内外结合。要引导学生在生活中学书法、用书法，积极开展书法教育实践活动"[1]。在书法审美教育时更要实现"课内外结合"，如果教师知识简单地灌输，不仅会让学生对书法失去兴趣，还会导致学生所学知识点掌握不够牢固等弊端。开展实践活动能够使学生直观地看到书法作品，那是真实的，可以看得见、摸得着的，通过亲身经验，可以提高学生的观察力、分析能力、审美能力。

（二）在实践活动中进行书法审美教育的途径

在教育学中提到，在教学过程中应该把直接经验与间接经验相结合，这是教学过程的基本规律之一。它意在强调在教学过程中传授给学生的知识应该是全面的、系统的，"直接经验"是指学生们亲身去体验而获得的知识，与之相对的"间接经验"就是书本上学到的知识和理论。上面所讲的"名帖赏析"即是间接经验的获得，是学习的先人所流传下来的知识，在新课改之后愈来愈强调学生的主动性，所以在这里我们除了安排

---

[1] 中华人民共和国教育部：《中小学书法教育指导纲要》，北京师范大学出版社2013年版。

"间接经验"的获取,还要在教学过程中体现"直接经验"的重要性。但是,教师一定要注意两者的安排比例,我们是以间接经验为主,直接经验为辅,千万要防止经验主义和书本主义两种倾向的出现。

笔者认为书法审美方面可以从参观书法展览、举行书法比赛、开展书法讲座这三种方式获取"直接经验"。

1. 参观书法展览

作为初中生兴趣范围不断扩大,对课外活动的兴趣增强,有很好的自我控制能力,所以在教学过程中,教师可以根据这学期所学的主要课程、学生的爱好,选择性地让孩子们参观一些书法展览。在参观展览中,可以使学生学到的"间接经验"在生活中得到运用,书本中的知识学得扎实,就可以从不同的字体、不同的书法形制、不同的书法流派,体会到书法作品的内涵和书者的情感。参观书法展览还可以提升学生的观察力,使学生在日常生活中更容易发现书法的美。在每个学期中举行这样的活动,孩子们的经验得到积累,书法审美也得到提高。

2. 举行书法比赛

书法比赛不仅可以激发学生们的兴趣,还能提高书法技法的运用。在课程中教师讲述了书法的技法知识比如欧体楷书,书法的理论知识比如字体分类、书法形制等,书法比赛就是让学生们把这些知识进行具体操作。在不断地发现问题、解决问题中提高自身的书法技法水平和审美水平。

3. 开展书法讲座

教学中最怕的就是枯燥,在书法教学中要丰富上课的形式。书法审美虽然依靠直观的书法作品来实现,但是它还是抽象的,是看不见、摸不着的,是人精神上的一种体会。书法讲座,既不同于死板的上课,还能让学生们学到有关于书法的知识,提高对于书法课的兴趣,进而使书法审美得到提升。

以上三种只是一些简单的、比较容易实现的提高书法审美的方式,教师在教学过程中可以根据当地的具体条件开展课外活动,比如参加艺术节、文化节,参观名胜古迹等。我们的目的是培养学生的书法审美,对于这一目的有益的并且积极健康向上的方式我们都可以尝试。

(三) 在实践活动中进行书法审美教育的意义

书法是中华民族的一门传统艺术,把它安排在初中的课程中是实现社会的要求,满足人们的精神需要,更是促进青少年的全面发展。在书法的学习中，书法审美是十分重要的。学生们通过笔画、结构、章法体会到书者的不同情感，这是书法审美教育可以实现的目标。通过书法审美的教育，学生们会看到书法的美。线条的流畅美，每一根线条都是书者的情感流露；点画结构的造型美，每一个字的点捺都是生命的顿挫；抑扬顿挫的空间美。通过书法审美的教育，学生们更加深层次地理解书法、领悟书法。

小　　结

　　书法教育是中小学生不可或缺的教育，是青少年全面发展的重要保障。所以，在中小学的教育中要把书法教育提上日程。书法艺术是中华文化的结晶，是世界上独一无二的，作为中国人的我们，都要了解和掌握这门艺术。青少年是祖国的未来和希望，对他们进行书法教育是刻不容缓的。随着科技的发展和社会的进步，人们需求增多，电子产品中的打字逐渐取代写字。在这种情况下书法教育势在必行。

　　书法教育涵盖了许多内容，它既有技法知识，也有书法文化知识、书法审美的知识。在书法教育内容安排时要系统全面，让学生们更好地了解中国书法文化。本章主要是针对书法教育中技能之外的教学内容进行研究，在2013年教育部出台了《中小学书法教育指导纲要》，其中就提出了书法文化和书法审美知识的学习，本章把技能之外的教育内容分为这两方面进行分析论述。书法文化知识主要是一些书法常识、书法史，我把这一部分分为汉字演变、书法形制、书法家三方面的内容。这些都是学习书法的基础知识，在此基础上才能逐渐领悟书法深层次的东西。书法审美知识主要从名帖赏析进行讲述，并结合了贴近生活的一些案例进行书法审美。书法教育是素质教育、审美教育的一部分，在进行书法教育时不仅要让学生们学到书法方面的知识，还要注重孩子的发展需求。初中生正是性格的形成时期，在安排书法教育内容时要选取积极向上，有助于学生成长的内容。

第九章 生本教育理念下的初中书法教学方法探究

书法教育受到越来越多的关注，保障书法教育的有效进行，除了需要这些关注之外，也需要强化对书法教学的研究。对于初中书法教学来说，教学方法占据着十分重要的地位，学生写字水平的提高、书法课堂中教育内容的完成以及教育目标的达成都需要书法教学方法作保障。本研究分析了生本教育的基本理念与书法学习的特点，《中小学书法教育指导纲要》中提出的初中书法教育的目标与内容，以及初中学生的心理对教学方法的影响，并在此基础上提出了生本教学理念下的初中书法教学的若干种教学方法。

第一节 生本教育理念与初中书法教育的契合

生本教育理念，是由郭思乐教授提出并主持研究的一种教育思想。在十几年的时间里，这一理念在上百所学校中得到了实践应用，取得了很好的效果。郭教授在长期研究的基础上，在他的著作中对生本教育做出了详尽的解释，他强调生本教育是将学生视为教学活动的主体，以学生为中心的理念，生本教育重要的是"要依靠学生来进行教育，把教育的全部价值归结到学生身上，以学生的发展为教育的本体"[1]。与其他学科相比，书法课堂中学生的主体性地位要更加明显，它不只是教师动动嘴、学生动动脑就可以学会、学好的，要想学会、学好就需要建立在持之以恒的练习基础之上。在书法教学中，很多问题不是通过教师的言语

---

[1] 郭思乐：《教育走向生本》，人民教育出版社2001年版，第34页。

传授能够解释清楚的。新华社统计常用汉字有 3500 个，历朝历代流传下来的书法经典碑帖也不可胜数，书法教师要指导学生写好字，必然不是每个字都要讲解到，而是要在课堂中以学生为主，让学生爱上书法，感受到书法的无限魅力，学会怎样自己学好书法。生本教育的许多观点与书法教育不谋而合，在书法教育中具有一定应用的可能性。我们在书法教育中提到的生本教育理念就是要以学生自身为主体、让学生自己进行观察、获得感悟的理念。

一　生本教育的基本理念与初中书法教学的要求

1. 一切为了学生

生本教育的价值观是一切为了学生，这也是郭教授首先提到的理念。他强调教育教学的终端是学生，教育的本体也是学生。这个本体，"是指事物的本质和本质所确定的对象的本身"[1]，在教学实践中，有许多本体偏离的现象，例如，将知识视为本体或者将教师视为本体，相对应的就是以知识为中心、以教师为中心。而"以生为本"的生本理念就要以学生为中心，以学生的发展来服务，教师所做的教学设计也是为学生更好地学来服务的设计。

书法教育是一切为了学生艺术素质的教育，这是毋庸置疑的。书法教育的着眼点也是学生，是面向学生的教育，通过书法教育，要达到"让每一个学生写好汉字"[2] 的目标，这是进行书法教育的重要任务。中小学所进行的书法教育是一种基础教育，教师进行教育设计的目的，就是要让学生学好，照本宣科或者干脆只让学生自己一遍一遍地临帖，看似都学完了，看似完成了教学任务，但这些都不是义务教育阶段要求的书法教育，也是与书法教育的最终目的相背离的。

初中书法教育就是要以学生为主而进行的教育，给学生做好书法普及教育，使他们人人写一手好字，这些都与生本教育的基本理念十分符合，而且在生本理念的影响下，这些目标也会更快地达成。相反，如果进行的教育是以知识为本体或者以教师为本体的话，那么就是写完书本内容就结束了，书法教育的效果必然会大打折扣。

---

[1] 郭思乐：《教育走向生本》，人民教育出版社 2001 年版，第 35 页。

[2] 中华人民共和国教育部：《中小学书法教育指导纲要》，北京师范大学出版社 2013 年版。

2. 高度尊重学生个性特征

高度尊重学生，是生本教育理念的本质，也是它的基本原则，重要的是要真正对学生进行认识。生本教育认为活动、创造是儿童的天性，他们天生会学习；生本教育还认为儿童人人都可以创新，独立解题、独立判断或者有了新的思考都是创新，它的意义不在于结论，而在于过程，在这一过程中用自己已有的知识进行了观察，进行了某种探索；儿童有无限的潜能，与成人相对狭窄的思维相比，儿童的思维具有多向性，儿童产生的让人出乎意料的念头等都是他们思维的多向性的体现，教师要给出时间和空间、用良好的氛围来激励他们，就一定可以看到他们的潜能；儿童具有独立性，儿童的这种独立性也是他们认知事物、保持敏锐的需要，每个人都有自己本来的样子，如果这个样子不是老师、家长以及社会想让他成为的样子的话，就会不断地被指正，这种独立性在长久地被指正中也就被抹杀了，生本教育强调每个人都是不容忽视的、独特的存在，尊重儿童具有的独立性，就是保护他们发展的可能性。

在初中书法教育中，除了强调要按照书写规范进行书写练习之外，《指导纲要》还强调要关注个性体验。当然这种个性是建立在规范书写的基础上的，不是胡写、乱写都可以的，有句话叫作"戴着镣铐起舞"，书法就是这样的艺术，它有自己的规范和法则，除了这些法则之外，书法艺术还是一门"起舞"的艺术，它还崇尚个性。书法作为我国传统文化艺术的瑰宝，具有悠久的历史，历朝历代流传至今的经典书法作品不胜枚举，我们在欣赏这些作品时都会发现这些作品无一不是合乎法度的，然而在合乎法度的同时，又同时展现出不同的风貌，书家本人的性格、喜好等方面都通过书法作品呈现出来。例如，祝允明晚年多从释道思想中寻求慰藉和解脱，因而他的狂草书具有一种"豪纵"之气；而文徵明终生守儒，笃守礼法，所以他的个体书法都有一种"虚和舒徐意致"[1]。每一个学生都有他自己的性格特点，在掌握了基本的书写规范之后，书写的面貌也都有自己的个性，或是清秀、或是粗犷，对学生的这些个性化的表现，教师不要草率的纠正，要给予正确的引导。学生的这种个性化还表现在欣赏课中。"一千个读者眼里就有一千个哈姆雷特"，学生在欣赏书法作品时受自身性格、偏好的不同对同一件作品也必然有不同的观点，教师要鼓励学

---

[1] 虞晓勇：《书法美学导论》，北京师范大学出版社2013年版，第21页。

生表达他们自己的观点，提出自己的见解。

生本教育的高度尊重学生无疑是与书法教育中关注学生的个性体验高度一致的，它们都强调每个学生都有自己的特别之处，这种也许特别是另一种发展的可能，是需要教师的保护和尊重的。

3. 全面依靠学生

生本教育理念提出要全面依靠学生，对它的解释主要包括三点。首先，在教学活动中，学生不仅处于主体位置，而且还是重要的资源，教师要善于"借力"，善于运用这一资源，包括学生既有的经验、知识，包括学生学习的积极性都可以为教师教学所用，"借力"是生本教育的重要思想，在教学中，教师凭借学生已有的知识进行新知识的教授，不仅学生学得轻松学得好，而且无形中会对旧知识做一次巩固，有一举两得的作用；其次，在良好的教育生态环境下，学生才能得到蓬勃发展，师本教育中，教师为了使学生更好地进行学习活动，常常使用硬性的策略，学生学习的积极性却受到压抑，出现恶性循环，教师应尽量为学生营造一个自由的环境；再次，学生状态较以往有了巨大变化。他们不仅有更浓厚的独立意识，知识储备也要更丰富、更现代，同时社会也为他们提供了更大的空间。这些都决定了教学活动要多依靠学生，并且这种依靠是可行的。

书法教学也常常要"借力"。书法课程中所有的学习都要建立在学生已掌握的知识的基础上，没有哪个学生是没学点画就开始进行书法创作的，书法学习是层层递进的过程，在书法学习的入门阶段，要求学生掌握基本点画的写法，掌握用笔的方法，在此基础上就开始把握单个字间架结构，书法教学每前进一步都是在学生已有知识上的前进，在学生已经掌握的技能上学习新的知识，由浅入深地学习，在书法学习中尤为常见，这也是书法学习中必须遵循的规律。学生的发展需要自由的环境，书法课堂中，教师除了要教学生学习书法技法知识之外，还要使学生在课堂中学习欣赏书法作品，感受书法的美，并且提高审美能力，这些都要求欣赏者要处于一个放松的、相对自由的环境里。

二 生本教学的基本观点与初中书法教学的特点

1. "小立课程，大作功夫"与精讲精练

郭教授认为要进行生本教育的改革，首先要进行的是课程的改革。

"小立课程，大作功夫"就是改革的方向，这八个字也是生本教育的课程观。它是指教师"教给学生的知识要尽可能的精简，而腾出时间和精力让学生大量地进行活动，也就是大作功夫"①。

所谓的基础知识，可以分为四个层次：第一层，是学生必备的知识，如果没有这些知识，那么学习活动就无法进行下去，例如汉字；第二层，是人类发展的规律，也是必要的知识，值得注意的是，这类知识的获得要在学生掌握第一层知识后，在教师的指导下，通过自主活动来获得；第三层，是经验性的知识，这类知识在传授时只是给学生的建议；第四层，是应考的技术性知识。

这四层知识，第一层是一定要通过教师传授的，这是进行后续教学活动、学习活动的基础，第二层是要在教师的支持指导下，学生自主获取的，第三层知识尽量不要对学生进行硬性的要求，教师告诉学生的经验知识教师本身的，要让学生自己体会、感悟、获取到经验，这样思维才不会教条，才能体会到学习的乐趣，对于第四层知识，生本教育的理念是要对其尽可能地去除。

理解"小立课程，大作功夫"之后，很容易联想到的词就是"精讲精练"，这是在书法字帖中常常可以看到的四个字。初中阶段的书法教学要求学生继续临摹经典碑帖，并且提了四个字的要求：力求准确，这是一个较高的目标，这与小学的"体会其书写特点"形成鲜明对比。怎样才能力求准确呢？教师要通过引导学生观察例字使学生学会临摹，这种临摹的方法是教师一定要讲的，这就是精讲。"精练"的"精"不是说要少写，而是要写准，写仔细，在这个过程中不断提高书写水平，如果一味地求多，而不准的话，那也只是一味地在重复错误罢了，教师要引导学生向质量看齐，而不是数量。这就是书法学习中的精练。精讲精练是书法教学的特点，也是书法课中常用的方法。《论语》有云："举一隅不以三隅反，则不复也"②。在书法学习中教师通过对少数例字进行分析、示范，使学生写好更多的字，就是精讲的目的。在书法教学中教师对基本方法的讲解就是"小立课程"，而学生在掌握了基本知识之后进行的读帖、观察范字的活动以及练习的过程也就是"大作功夫"。

---

① 郭思乐：《教育走向生本》，人民教育出版社2001年版，第107页。
② 《论语述而篇第七》，杨伯峻译注《论语译注》，中华书局1980年版，第68页。

2. 以感悟为核心，以学定教，不教而教

除了课程观之外，生本教育理念在学和教等方面也提出了具体的观点，这些观点与书法教学具有许多相似之处，下面逐条进行分析。

学与做。儿童的认知规律是先行后知，他们的认知不是听一下或者看一下就能获得的，而是要通过活动去获得，而且必须是自己的活动，"先做后学"也是由这一规律决定的，在"做"这一过程中，学生可以获得一些领会。在学中做，在做中学。书法的学习也是要依靠学生的练习，学生要通过练习才可以对字帖或者教师讲的用笔方法等获得领会，在初中阶段，初中学生可以尝试学习隶书等字体，那么在学习隶书时，教师一定要向学生教授隶书的基本笔法，以《曹全碑》的最主要的"蚕头雁尾"的波画为例，起笔时，毛笔逆锋入纸，顿笔并对笔锋进行方向的调整，调至中锋，而后中锋行笔，收笔时，铺毫行笔，蓄势出锋，对于这些，仅仅靠教师讲述、教师示范是不够的，到底是怎样用笔，就要学生在练习的过程中自己领会了。

以学定教，不教而教。"教"是由学生决定的，是要求教师要教给学生想学的东西，所谓要"投其所好"，教师在设计教学活动或者设计课程时，要抓住学生学习的兴趣，并且使学生从头至尾都有强烈的兴趣。书法教学当然也不例外，然而很多书法课也只是让学生重复大量书写，学生只是做着机械的动作，写着黑色的线条，这样当然不可能写好，过多的书写任务，写不出具有美感的书法，再加上老师的批评都使得学生的兴趣不高。兴趣是最好的老师，"以学定教"就是要在学生确保掌握第一层知识的基础上，能够对该课程有足够的兴趣，然后主动的学习第二层知识，这些兴趣最终会推动学生主动获取知识，在合适的时机下，教师带领学生对他们自主获取的知识进行回顾，并且在这一过程中对知识进行整理和疏导，从而使知识条理化。无论是感受书法的魅力，还是要使书写能力得到提高，培养学生学习书法的兴趣、激发学习书法的热情都是应该排在首位的，有了这些，学生才会对书法艺术进行主动探究。

讨论，是在教学活动中常用的教学方法。生本教育倡导的是让学生自己来做，能让学生更广泛地加入到课堂中来、使学习更加自主化的一种方式就是讨论。郭教授认为，讨论有利于思维的开启，教师要给学生营造一个相对宽松的氛围，使学生可以发表自己对问题的不同的看法。讨论过的问题可以使学生拥有更深刻的理解，并且可以在不经意间就能形成深刻的记忆。书法教学中讨论也是常用的教学方法,仅从《指导纲要》中对初中阶段的学生的要求来看,要"初步感受书法之美,尝试与他人交流欣赏的心得体会"①,与他人交流就是讨论。

　　生本教育提出:读和做,缓说破,这是促进学生感悟的方法论。学习的核心是感悟,生本教育强调学生的感悟,在感悟的基础上,加上适当的训练可以取得事半功倍的效果。所谓"读和做,缓说破"就是要让学生自己寻找结果,要让学生自己研究,这样当学生真正获得结果之后,在实际运用中了解到它的必要性,对它会有更深刻的理解。感悟也是初中书法教学的特点。书法不是通过教师的讲解和示范就可以学会的,关键是要在教师讲了基本的基础知识之后,学生要读帖,要自主分析例字进行练习,没有人可以一拿毛笔就会写,也没有人可以一拿毛笔就写得跟字帖一样,如果很容易写好的话,就不会有张芝练字染黑一池水、王羲之用光十八缸水等这样的故事,书法也就失去了它的魅力。通过学生自己的感悟,教师传授给学生的知识也就真正变成了学生自己的知识。感悟的另一个优点就是可以感受到书法的魅力。为什么这样写就好看,为什么字帖上的字更好看,学生在感悟的过程中,一定会常常这样思考,进而感受到书法之美,这也是《中小学书法教学指导纲要》对初中阶段的学生提出的要求。

第二节　影响初中书法教学方法的主要因素

　　教学方法,是为教学服务的,也是教学得以开展的基本条件。对于教学方法的理解,中外专家学者都给出了各自的解释,在我国,对于这一问题的解释也有很多,如:"教学方法是指为达到教学目的,实现教学内容,运用教学手段而进行的,由教学原则指导的,一整套方式组成的,师生相互作用的活动。"② "教学方法是为了完成一定的教学任务,师生在共同活动中采用的手段。既包括教师教的方法,也包括学生学的方法。"③ "教学方法,是在具体教学过程中,教师和学生为实现教学目的,完成教

---

　　① 中华人民共和国教育部:《中小学书法教育指导纲要》,北京师范大学出版社2013年版。
　　② 王策三:《教学论稿》,人民教育出版社1995年版,第244—245页。
　　③ 《中国大百科全书·教育卷》,中国大百科全书出版社1985年版,第151页。

学任务而采取的教与学相互作用的活动方式的总称。"① "教师为了达到特定教学目标必须运用语言、文字、形象等传达指令、形成互动、传播知识、引发思维、开展实践，在这一过程中采用的语言、行为、手段、程序和技巧就是所谓教学方法。"②

总之，教学方法的选择是一个复杂的过程。在这些解释中我们可以看到，"教学目的""教学内容""教学任务""教学目标"以及"师生"出现的频率很高，也就是说这些必然要影响到教学方法。可以说，不同的教学内容、教育目标、教学对象等，都有各自的特点，当这些发生改变时，教学方法也要发生相应的变化与之相适应。下面来分析一下对初中书法教学方法影响较大的几个因素。

一 《指导纲要》中提出的书法教育的目标与内容

2013年初，教育部发布了《中小学书法教育指导纲要》。《指导纲要》作为目前书法教育最权威、指导性最强的文件，为书法教育教学工作提供了努力的方向、提供了遵循，为我们研究初中书法教学方法提供了依据。

《指导纲要》对书法教育的目标与内容做了明确规定。首先从整体上提出了要求，继而对硬笔学习方面提出了"硬笔学习的目标与内容"，对毛笔学习提出了"毛笔学习的目标与内容"。

总体部分对中小学书法教育的目标和内容进行了高度概括，主要包括两方面的要求。第一，在知识和技能方面，学生要学会硬笔和毛笔的基本的用笔方法，在书写过程中要注意良好的写字姿势的养成和规范，提高书写技能；第二，在情感、态度与价值观方面，要感受到书法的魅力，使审美能力获得提高，还要"激发热爱汉字、学习书法的热情，珍视中华优秀传统文化，增强文化自信与爱国情感"③。

毛笔和硬笔的两个部分对总体部分进行展开说明，是对总体部分的细化。其中"硬笔学习的目标与内容"这一部分首先在执笔要领、书写姿势、运笔技法等方面以及书写习惯等方面提出了总的要求，然后分别对中小学不同学段提出了具体要求。小学低年级不进行毛笔学习，所以在毛笔

---

① 李秉德：《教学论》，人民教育出版社1991年版，第197页。
② 尹少淳：《美术教育学新编》，高等教育出版社2010年版，第245页。
③ 中华人民共和国教育部：《中小学书法教育指导纲要》，北京师范大学出版社2013年版。

这一部分,《指导纲要》除小学低年级,对其他学段和年级,提出了各自的具体要求。

为了更方便、更直观地进行对比,方便对其进行分析,笔者把硬笔学习的目标与方法、毛笔学习的目标与方法分别列成表格。

表 9-1　　　　　　　　　硬笔学习的目标与方法

学　段	内　容	目　标
小学低年级	用铅笔书写正楷,掌握汉字基本笔画、常用的偏旁部首和基本笔顺规则。	借助习字格把握字的笔画和间架结构,书写力求规范、端正、整洁,初步感受汉字的形体美。
小学中年级	学习开始使用钢笔,用钢笔熟练地书写正楷字。	正楷字书写做到平正、匀称,力求美观,逐步提高书写速度。
小学高年级	运用横线格进行成篇练习;有兴趣的学生可以尝试用硬笔学写规范、通行的行楷字。	横线格的书写练习力求整齐、美观,有一定速度。
初中阶段	学写行楷字。	行楷字要规范、通行。
高中阶段	学习用硬笔书写行书。	力求美观。

表 9-2　　　　　　　　　毛笔学习的目标与方法

学　段	内　容	目　标
小学 3—4 年级	临摹楷书字帖,掌握临摹基本方法。学会楷书基本笔法,接触楷书经典碑帖。	获得初步感性认识,尝试集字练习。
小学 5—6 年级	1. 熟练掌握毛笔运笔方法,较好把握笔画之间、部件之间的位置关系。2. 尝试临摹楷书经典字帖,体会书写特点。3. 欣赏书法作品,了解常用书法作品格式。初识篆楷行草五种字体。4. 有初步的书法应用意识。	1. 逐步做到笔画规范,结构均匀,端庄美观,保持正确的书写姿势和良好的书写习惯。2. 逐步提高临摹能力,留意书法社会生活的应用,初步感受不同字体的美。3. 喜欢在学习和生活中运用自己的书法技能。
初中阶段	1. 继续临摹楷书经典碑帖,尝试学习隶书、行书等其他书体,了解篆刻知识。2. 了解最具代表性的书家和作品,学习从笔法、结构、章法以及内涵等方面欣赏作品。	1. 对经典碑帖的临摹力求准确。2. 在欣赏书法作品的过程中,感受书法之美,尝试与他人交流欣赏的心得体会。3. 愿意在班级、学校、社区活动及家庭生活中积极运用自己的书写技能。
高中阶段	1. 继续用毛笔临摹经典碑帖。2. 结合语文、历史、美术、艺术等相关学科来学习书法。3. 可以尝试通过书法选修课深入学习。	1. 巩固提高义务教育阶段书法学习成果。2. 认识中国书法的丰富内涵和文化价值,提升文化修养。3. 发展特长,尝试书法作品的创作。

对教学目标或者教学内容进行剖析时,教育学上常常会把它们分为认

知类、动作技能类、态度类等进行阐述。书法课作为一门需要了解相关概念，对技能、技法有一定要求，并且在这一过程中需要获得一定的感性认识、需要学会欣赏的课程，我们对于书法教育的目标和内容的分析也可以分为这三部分。

在认知方面。小学阶段主要为了解书写用具的常识，学会养护与使用，懂得爱惜文具，了解常见的书法作品形式，了解字体的大致演变过程。初中阶段，在小学的基础上，提出了要知道一些篆刻常识，要对一些代表书家及其作品有一定的认识，学习从单个字的点画、结构，整幅作品的章法，以及文化内涵等方面欣赏书法作品。高中阶段要结合相关学科的学习，对中国书法的内涵和丰富价值有一定认识。

在动作技能方面。总体来说，小学阶段处于初级阶段，小学3—4年级的学习内容和目标包括掌握执笔要领和正确的书写姿势，掌握临摹的技巧，小学高年级的学习内容和目标包括对毛笔的运笔方法能够熟练地运用，运笔过程中能够体会到毛笔提按、力度、节奏等变化，开始"尝试临摹楷书经典碑帖，体会其书写特点，逐步提高临摹能力"[1]。而到了初中阶段，在临摹楷书经典碑帖时，要力求准确，并且开始学习楷书之外的字体。小学阶段更多的是要求掌握临摹方法，体会书写特点，对临写的准确性不作要求，初中阶段则提出了明确要求，仅"力求准确"四个字就可以看出小学与初中的不同。高中阶段则是要继续临摹经典碑帖，可以尝试书法创作。

在态度上。小学阶段的学生在对楷书经典碑帖临摹后能够获得一些简单的感性认识，在对经典碑帖的欣赏过程中，能够对书法的五种字体做简单的了解，并且可以初步感受到它们各自的美，除了这些之外，要喜欢在学习和生活中运用自己的书写技能。大纲对初中学生的要求要比小学学生更为深入，初中学生除了要欣赏书法作品，对书法的美进行初步感受之外，还要学习跟教师、同学等一起交流自己欣赏的感受和想法。

初中阶段的书法教育目标和内容不同于小学和高中，从以上的分析中我们可以看到，小学阶段我们更多地看到了了解、基本、初步、尝试、体会等词，初中阶段一个"力求准确"就足以说明对于初中生有了更高一级的要求，而高中阶段则是要巩固义务教育阶段的成果。因此在初中书法

---

[1] 中华人民共和国教育部：《中小学书法教育指导纲要》，北京师范大学出版社2013年版。

教学活动中，教育方法的选择和应用也必然要不同于小学和高中，初中阶段要用更细致、更理性的方法去引导学生观察范字，展开讨论，如此才能朝着"力求准确"的目标前进，才能更好地完成教育内容，达到教育目标。

二 初中学生的心理特点

从发展心理学来看，不同的年龄段有不同的特点，学生的年龄不同，心理特点也是不相同的，在生活中，可以很明显地感受到这些不同。也正因为如此，教师在进行教学活动时，面对不同学段的学生，对教学方法的运用也不相同，教学方法的选择和运用必须以学生的基本特征为前提。如果对学生不够重视，对学生没有正确的、全面的认识的话，教学中所选取的教学方法的运用往往会达不到预想的效果。

初中学生的年龄大概在 11、12—14、15 岁，正好处在少年期，这个阶段也是由承接儿童期和青年期的特殊时期。少年阶段的主要特点在于，这是一个半幼稚和半成熟、独立性和依赖性以及自觉性和幼稚性错综复杂的时期[1]。这些在日常的学习生活中表现为，初中学生开始追求独立自主，这个阶段是他们从依赖转向独立的发展阶段，他们开始有自己明确的想法，自我意识的觉醒也是这个年龄段的特点。

要对初中书法教学法进行探讨，就要对初中学生有足够的了解。如果不了解初中生的心理特点，就不能理解学生的某些行为，不能有效地进行因材施教，不能使用合适的教学方法。也只有掌握初中生的心理发展的基本特点和规律才能了解他们学习活动的特点，才有可能实现预期的教育目标。初中学生的这些特点，表现在思维的抽象逻辑性上，表现在自我意识的增强上，表现在认知能力的发展上。

抽象逻辑性是初中学生思维的主要特点。在小学阶段，特别是小学中低年级的学生的思维都是以形象思维为主的，小学高年级开始显露出抽象性的特点，而到了初中阶段，学生思维上的抽象逻辑性成为主要特点，对于抽象概念的理解能力以及推理能力是小学学生所不能比的。这一特点主要体现在三个方面：建立和检验假设、进行逻辑推理、掌握逻辑法则。他们在面对问题时，能够用逻辑分析进行验证，能够进行归纳推理。以书法

---

[1] 刘儒德：《发展与教育心理学》，人民教育出版社 2007 年版，第 153 页。

教学为例，在学习了一组"皿"字底的范字后，初中学生很容易得出"皿"字底的长横要足够长，起托起整个字的作用的结论，而小学生，往往要通过教师的启发才可能得出。

初中学生的自我意识增强。由于身体的发育、由小学生向初中生转变的身份的变化等多种因素的影响，他们开始把自己看作是"成年人"，对自己产生更高的要求，常常进行内省，这是其自我意识高涨的一个表现。自我意识增强的另一个表现是偏执性。他们常常认为自己是对的，很难接受他人提出的建议、意见，有反抗性的特点，自尊心较强，神经敏感而压抑，容易产生挫折感。人的内心深处都需要被肯定，特别是处在敏感时期的初中学生。教师要知晓这些特点。面对这些特点，要去发现每一个学生的优点和长处，对他们多鼓励、多赞许、少批评。书法课是一门人文色彩很浓的课，不像数学一样，1就是1，2就是2，某种程度上说，它没有所谓的标准答案，技法课中进行观察时，只有观察的全不全面，欣赏课中，更是"仁者见仁，智者见智"，所以要对学生多进行肯定和鼓励，多用赏识性的、激励性的话语，并且多给他们展示自己的机会。除了要有正面的引导外，要抛弃初中书法教学中常见的以大量练习为主的教学方法，这种一张又一张的没有进步的书写，在初中学生的反叛心理下，很容易成为厌烦情绪的催化剂。厌烦情绪一旦产生，对书法课的热情就受到了影响，教学就很难取得好的效果。

初中学生的认知能力开始处于发展的高峰。认知能力指接受、加工、储存和应用信息的能力[1]，是进行学习活动的最重要的心理条件。初中学生由于身体各个机能的逐渐发育，特别是神经系统的发育，使得学习活动中注意力的集中时间增长，与小学学生相比，初中学生进行独立观察、进行独立思考的时间更长，在书法教学活动中，学生能自觉地按照教师的要求去进行观察，为教学活动提供了重要的保障。在书法课堂中，教师不仅要善于利用学生的这一能力，还要有意识地训练他们眼睛的观察能力，要指引学生观察，指引独立学生思考，在这一过程中，使其认知能力得到进一步发展。对初中书法教学方法影响较大的因素除了初中书法教育的目标与内容，以及作为教育对象的初中学生之外，在教学活动中有担当重要角色的教师也是一个重要因素。特别是教师作为教学方法的具体运用者，其

---

[1] 赵国祥：《心理学概论》，光明日报出版社2007年版，第374页。

业务能力的高低直接影响到教学方法的使用效果。即便是相同水准的教师在教授相同内容的过程中，也可能会选择不同的教学方法，进而出现不同的教学效果。所以，以生本理念为指导，对初中书法教学方法进行探究就显得尤为重要。

第三节　生本教育理念与初中书法教学方法

在分别论述了生本教育理念与书法教学的契合以及影响初中书法教学的主要因素后，本节承接前文内容，从生本教学的角度探索初中书法的教学方法。

一　常见的初中书法教学方法

在准备撰写本篇文章的过程中，笔者走访了一些开设书法课的初中，通过谈话、听课以及问卷调查的方式，对现在初中书法课堂中的教学方法有了一定的认识。这些常用的初中书法教学方法相对单一，主要包括以下三种：

（1）练习法。练习法是书法教学中必然会用到的方法，要想提高书写能力，一定的练习是必不可少的。但是在调查中，笔者发现许多初中学生只是在进行无效练习，为了写完多少张纸而练习，也有部分老师，在没有对例字进行讲解的情况下，就布置任务让学生练习，这种只练不讲、只写不想的抄写式的练习法是不可能提高学生书写水平的。

（2）讲述法。无论在何种课堂中，教学活动都离不开讲述，初中书法教学也不例外，教师运用语言对例字进行讲解，例如，讲解笔画的特点，结构的特点，以及在练习时的注意事项。在调查中，笔者发现，教师在讲述时，有的是三言两语带过，有的是一直喋喋不休，出现满堂灌的情况，这两种情况其实都不利于学生对书法的理解，前者不能让学生获得一些基本的知识，后者不能让学生抓到重点，而且后者的填鸭式教学，也并不能让学生真正接收到知识。

（3）指导法。在学生进行练习时，教师对其进行个别指导，既包括规范学生坐姿、执笔姿势，也包括对用笔方法和例字结构的指正，在对学生的指导过程中又常常伴随着示范法，通过示范告诉学生书写的要领和方法。无论是指导法还是指导过程中的示范教学，都要建立在观察理解到位的基础上，如果练习前的观察工作没有做好，要点没有掌握，那么，学生也不能通过练习中的指导、示范获得更深的理解。

这三种教学方法的使用其实还是建立在以教师为本体的基础上的，教师所做的一切教学设计都是为了更方便地进行教学，可以花费最少的精力就可以完成教学，但是这种教学并不能使学生真正获得书法学习的方法，不能让学生真正投入到书法课堂中并且提高书法学习的兴趣，这也是与生本理念下的教学方法的不同之处。

二 基于生本教育理念的初中书法教学方法

1. 生本教育理念下的讲述教学法

讲述教学法是"以传授系统知识为主要目的，以语言为主要媒介，以'传送—接收'为主要模式的教学方式"①。它起源于希腊时代，是一种历史较长的教学方法，而且它的使用具有十分强的广泛性，是教学活动中必须要用的方法，也是在教学活动中最常被教师运用的教学方法。在教学活动中，讲述教学法是可以单独使用的，但是如果其他教学法离开讲述教学法的话，就很难得到有效的实施了，讲述教学法也因此常被认为是其他教学方法的"润滑剂"。

书法教学也离不开讲述教学法，这一教学法可以运用在书法教学的许多方面。在技法教学中，教师需要运用语言引导学生对例字进行分析，在示范中，需要配合简单明确的语言进行说明，在书法欣赏教学中，讲述教学法应用的地方就更多了，包括向学生介绍书家、书法作品的相关知识等。简单地说，书法教学中的讲述教学法，就是教师运用语言向学生传授各种书法知识的教学方法。

笔者在旁听初中书法课时发现，在初中书法教学中常用的讲述法中，常常感觉到学生与教师、学生与教学内容之间有很大的距离，课堂只是教师一个人的课堂，学生仿佛是旁观者。所以讲述法在课堂中的应用要有一定的原则，它在课堂中所占的比例要适当，教师一味地讲述，就会变成填压式、灌输式教学。对于什么必须讲，什么可以不讲，生本教育理念给出了答案。

---

① 班华：《中学教育学》，人民教育出版社1992年版，第211页。

郭思乐教授的生本教育理念提出要"小立课程"。所谓"小立课程"在前文中已经讲了，就是必须要讲的，不讲没法进行下面的学习的，那么教师讲。在初中书法技法课的教学中，学生在小学阶段没有接触过的字体、字帖的基本的笔法、基本的观察方法要讲，对于相对抽象、晦涩的知识体系和概念，通过阅读书本学生很难掌握，也需要教师从不同角度对此进行相应的阐释。其他的在初中学生能力范围内的，靠学生的讨论、感悟、观察、练习可以获得的知识，教师可以不讲，当学生遇到问题时，教师再进行讲解。

《中小学教学指导纲要》除了对书法的技法学习做出了要求之外，对书法的欣赏、书法的审美也做出了规定。那么在欣赏课，或者以欣赏为主的教学中，讲述的比重就要比技法教学中多一些，但也不是教师一个人喋喋不休从头讲到尾的课堂独角戏，生本教育的课堂是全面依靠学生的课堂，不能忽视与学生的交流。

教师讲述占的比重要降低，但是并不意味着教师不重要，也不代表对教师的要求可以降低，相反，它对教师提出了更高的要求。特别是要面对有一定知识储备的初中学生，更需要教师要掌握尽可能多的知识，并且在书法这一学科中具有较高的学科知识水平。俗话常说，教师要有一缸水，才能给出学生一杯水，教师要有足够的知识，而且功夫到家了，在教学中才能更加驾轻就熟，学生在积极思考中遇到的问题，教师才能游刃有余地做出回答。教师具有宽厚扎实的知识储备，有良好的知识结构，在教学活动中讲述的内容才会深刻，讲述时对学生的感染力才会越强，才会更好地带动学生，这是对教师本身的要求。除此之外，在教学进行上，教师也应该尽可能多地进行了解，如书本、毛笔的准备情况、课堂中注意力的集中程度，课堂是学生的课堂，要根据学生的情况和反应，适时进行课堂调整，提高学生参与的自觉性和踊跃性。

除了知识储备之外，它还需要初中书法教师有较强的语言能力。书法课虽然是一门艺术课程，但是它与音乐、美术等学科来比，相对枯燥。如果教师的语言也枯燥，就会造成学习气氛单调乏味，使学生的学习兴趣减弱。因此语言清晰、准确，口头表达流畅，并且具有逻辑性，能运用幽默、生动的语言感染学生是教师在书法教学中的努力目标。

2. 生本教育理念下的示范教学法

示范是教师或示范者实际地操作工具和材料，显示完成一项工作和制作一件东西的过程和方法。① 它与演示法有所不同，演示的行为不需要学生的模仿，而通过示范的行为或者动作是学生必须进行模仿的，在实验操作、体育教学、美术教学中常常被使用。通过教师的具体的动作，往往可以使学生对相应的知识与技能获得更直观、更具体的认识。

书法教学离不开示范教学。现代汉语规范词典对"书法"一词有这样的解释：文字的书写技法或书写艺术。王宏建先生的《艺术概论》一书中在谈到书法的抽象性的艺术特征时，也说"它通过用笔、结构、章法三方面技巧的运用，创造特有的形式美"②。总而言之，书法是一门十分重视技法的学科，技能的教授也是书法教学的必要的内容，而且书法教育最基本的目标就是希望通过加强基本技法的教学和基本技能的训练，提高学生的书写水平，这在前文中对"指导纲要"中基本理念的总述的解读中，已经进行了说明。作为一门需要对动作进行练习的课程，教师进行相对的示范是必不可少的。因此，示范法必然要成为是书法教学中基本的教学法。

在书法中，我们总是会提到用笔、运笔，提到轻提笔锋、捻转笔管等词。在书法教材中，也常常有具体到每个点画的起笔、运笔、收笔的方法。以毛笔基本点画中的横钩为例，教材上横钩的写法往往会给出具体的文字说明，会分为这样几个步骤：逆锋起笔—顿笔—稍微提笔并捻转笔杆使笔锋调至中锋—中锋行笔行至出钩处—向上提笔—向右下顿笔—逐渐提笔出锋。如果仅靠这样的文字说明，学生大概会一头雾水，而且也不是通过教师的语言加上学生的凭空想象能够弄清楚的，解决这一问题最简单、直白、有效的办法就是：示范。通过教师的示范，学生可以将生涩枯燥的汉字转变为具体的动作，这是示范教学法的优点和魅力之所在。如果教师在做示范的过程中，不费吹灰之力，就写出漂亮规范的书法，往往能够引起学生关注，提高学生学习兴趣。在学生自主练习之后，教师再进行示范的话，学生也能够通过观察教师的书写动作与自己的作比较，进行自我纠正。

教师对书法技法的相关教学内容进行示范，包括书写姿势、基本点画、用笔等方面的示范，示范点画是怎样起笔、行笔、收笔的，示范是怎

---

① 参见尹少淳《美术教育学新编》，高等教育出版 2010 年版，第 35 页。
② 王宏建：《艺术概论》，文化艺术出版社 2001 年版，第 124 页。

样观察分析例字的，在示范过程中，教师需要进行适当的讲解，通过示范促使学生理解并掌握相关动作、相关技法，使学生对例字有更直观的认识，从而达到事半功倍的效果。

除了教师示范，还可以考虑学生示范。生本理念强调学生的重要性，强调课堂要以学生为主，还强调在教学活动中要全面依靠学生，在初中书法教学中，教师可以选择书写能力强的、写得好的同学为大家做示范，也可以选择进步大的同学，还可以鼓励同学们自告奋勇的主动给大家做示范，这个做示范，最主要的目的是要提高学生对书法学习的兴趣。在教师进行示范时容易出现一些问题，比如，教师集中精力与示范时，部分学生会出现注意力会分散的情况或者出现浮躁情绪，教学效果也因此会受到影响，而学生示范时，因为好奇心，几乎全部的同学都可以集中注意力，教师要对示范的同学进行肯定和鼓励，并且要与学生一起提出改进意见，学生在为其他同学提意见的过程中也会对例字产生更深刻的认识。

3. 生本教育理念下的讨论教学法

讨论教学法，是在教师的组织和引导下，学生通过语言交流达到预期教学目标的一种教学方法。① 它是在合理分组的基础上，学生对所提的问题的看法进行相互的交流，在许多学科中都可以运用。而且讨论法也是生本教育的方法论中提到的教学方法。生本教育的课堂是要让所有学生都参与进来的课堂。讨论，就可以使得学生更多地参与到学习中来，并且在问题的探讨中，会提出自己的理解和看法，真正加入到课堂中来。

在书法教学活动中，讨论可以运用到许多方面，但主要是用在书法欣赏课中。初中学生的书法欣赏活动中，要学会与他人交流，而讨论就给这种交流提供了一个平台，也只有讨论法可以加强这种交流。例如，在初中学生初步学习了褚遂良之后，引导学生对褚遂良《雁塔圣教序》（见图9-1）与颜真卿《颜勤礼碑》（见图9-2）做对比赏析。

《颜勤礼碑》是学生在小学阶段就接触到的碑帖，对于它的特点学生是清楚的，这是学生本身具有的知识，在生本教育中，教师要善于"借力"，就是依托学生学习过的知识来协助学生更快地把握新知识。这样的讨论不会让学生无所适从，学生知道从哪里讨论。《颜勤礼碑》与《雁塔圣教序》在点画、结构、章法、艺术风格上都有明显不同。《颜勤礼碑》

---

① 郑金洲：《教学方法应用指导》，华东师范大学出版社2006年版，第77页。

横细竖粗、结字端庄，《雁塔圣教序》线条轻巧却劲力十足，整体风格要更加活泼、婉约。可以说，两者在多个方面都有明显不同。讨论中，学生将已有的《颜勤礼碑》点画、线条、结构、章法等方面的知识分别与《雁塔圣教序》进行对比，学生可能说不出体势宽博、雄健有力这样的词语，但是学生完全可以表达出类似的意思，教师对参与的同学进行鼓励、给予肯定，然后适当的、循序渐进地让学生接触一些关于书法欣赏的词语。这样不仅可以更快地让学生掌握《雁塔圣教序》的特点，而且可以让学生感受到发现的乐趣、喜欢上书法欣赏这个环节。

图 9-1 《雁塔圣教序》　　　　　图 9-2 《颜勤礼碑》

其次，表现在调动学习积极性方面，在上文中已经讲到了，讨论法是可以让全体学生参与到课堂中来的教学法。讨论教学的进行中，学生不再是课堂的旁听者，学生与学生之间或者学生与教师之间的这种讨论更容易引起学生对知识的思考和理解。

生本教学理念下的讨论教学中要注意的几点问题：

首先，也是最重要的，讨论教学中的师生双方必须是平等的，教师不能以高高在上的姿态对待学生。教师要将任务完成的主动权交到学生手中，要相信学生，相信学生具备完成任务的能力。教师也是讨论活动的参与者。教师要认真、仔细地倾听学生的发言。在讨论教学中，教师也要对其他学生的行为和语言进行引导和规范，例如，可以在讨论前进行约定，约定讨论过程中要学会聆听，以温和的姿态面对别的同学的不同看法，不要在言语上或者行为上对他人进行攻击。

其次，在地位平等的基础上，教师要尊重学生的讨论结果。我们前边已经分析了初中学生的心理特点，这是一个敏感、自尊心强且个性上主观偏执，总是认为自己是正确的年龄段，对于学生的讨论结果，教师要首先予以肯定和鼓励，然后再组织引导学生进行补充，如果一上来就对学生努力讨论的结果进行否定，是对学生不尊重的，也是会让学生产生逆反心理的。

再次，教师要对讨论的问题或主题的难度进行把控。生本教育理念下的讨论教学法是要让所有学生都可以加入进来的讨论，因此要选择面向大多数同学的题目，能引起更多的学生的兴趣，激活学生的思维。如果让初中学生讨论欧体楷书中长横与短横的区别的话，这样的讨论大概只是为了讨论而讨论，太过简单的讨论是没有意义的；而如果让还没有接触过隶书的初中学生来讨论隶书的特点，大概又有点强人所难，讨论就会无法顺利展开。

最后，在讨论教学中要注意时间的把控。讨论活动常常要分小组进行讨论，然后再对讨论的结果进行发表，所以常常会花费较多的时间，就可能会造成预期的教学任务不能如期完成。而如果学生的参与不足又有可能造成讨论时间较短。可以通过几个方面来改善这些问题。在上课前或者上一节课下课前给学生布置一个课后思考的小任务，即使同学们没有去思考，也事先知道了有这样一件事，方便课上同学们进行互相交流；讨论前一定要让学生明确讨论任务，不能出现，讨论半天了却还不知道在讨论什么的情况；另外课堂氛围要宽松，问题要难易适度，上文已对这个问题做了展开说明。

4. 生本教育理念下的问题教学法

问题教学法是一种常见的教学法。"可以这样理解问题教学，即问题教学是指以问题为中心的教学，它是把教学内容化作问题，引导学生通过解决问题从而掌握知识、形成能力、养成心理品质的过程。"[1] 但是，并不是说在教学中有提问了，有问题了，就属于问题教学法了。在生本教育理念下的问题教学法中，教师是课堂的主导者，教师在课堂中起着组织课

---

[1] 郑金洲：《教学方法应用指导》，华东师范大学出版社2006年版，第11页。

堂，指引学生的作用。

在初中书法课堂中，就是要通过提问题的方法来引导学生观察例字、欣赏作品。问题教学法在引导学生方面有很大的优势，通过对这一方法的运用，可以使学生通过自己的能力去寻找答案，并在寻找答案的过程中学习到方法，避免了教师直接给学生灌输答案。

在书法技法课中，在临帖开始前，要适合对学生提一些问题。有许多人练习书法很刻苦，却并没有取得多大的进步，归根到底就是方法不对，练习书法最好的途径就是向古人学习、向字帖学习，临帖不是抄贴，临帖临的像，眼睛一定要管用，也就是观察力一定要强。在回答教师提出的问题的过程中，学生可以逐步提高观察能力，这也是写好字的前提。然而临帖也不是仅仅靠观察仔细了就可以的。读帖之后在进行练习时，学生会遇到各种问题，集中表现为，临帖与字帖不像。这个时候教师要鼓励学生自己来提问，鼓励他们自己发现问题，这也是提问法的一种。

以赵孟頫《妙严寺记》中的"故"（见图9-3）为例。这个字左右两部分的关系是怎样的？别的左右结构的字也是左高右低吗？笔画的粗细关系是怎样的？向初中低年级的学生提出的问题可以细致一点，范围小一点，等学生开始学会从哪些方面观察后，就不用过于细致了，范围稍广的问题，更容易让学生积极回答、积极讨论。

图9-3 《妙严寺记》中的"故"

在书法教学的鉴赏课或者鉴赏环节中，问题教学法的应用要更多一些。例如，在引导学生欣赏颜真卿《祭侄文稿》时，在对作品进行简单的介绍后，可以问为什么这幅作品出现这么多涂改圈画是为什么呀，让学生设身处地地想一下、体会一下，学生会根据自己的理解来回答这个问题，不同的学生肯定有不同的观点，无形中也就引导学生了解到书法的抒发情感的作用。

在生本理念的影响下，问题教学法在施行中要注意以下几个方面的问题：

第一，问题要难易适度。在教学中运用问题教学法的目的是要让学生积极动脑，加入到课堂中来，如果仅仅是为了提问而提问，问一些简单的问题，例如：第一横是不是要短一点？偏旁是不是比较窄啊？这些问题学生都能齐声回答，但是这样的问题并不具有启迪性。看似同学们都积极参与，其实收益并不大。可是反过来说，问题如果很难，同学们都不会，那么教学活动就会进行得很困难，学生必然不会感兴趣。必须要在充分了解学生的基础上，以学生为主，考虑到所有学生的认知水平，提出相应难度的问题，才能引发学生的讨论，引发学生的兴趣以及注意力。

第二，问题的提出要具有一致性和连贯性。也就是说问题的展开有一定的次序，问题教学的目的不仅是要达到教学目标，完成教学任务，更是要引导学生如何临帖、如何欣赏书法作品，教师要在教学活动中培养学生的思维方式。如果教师在书法课堂向学生提问时，一会向学生提问笔画间的关系，一会问学生某个笔画的特点，之间却并没有联系，学生跟着教师的问题转，也不能形成连续性的思维，势必会造成教学效率低下。

5. 生本教育理念下的多媒体教学法

科技日益迅猛发展的今天，越来越多的电子设备、数码产品、数字技术及网络技术逐渐影响了我们的生活，中国书法虽然有千年的历史，与它们相比却显得日益边缘化，对于在这个时代成长的初中学生来讲，显然科技的力量对他们的影响更大，他们也更熟悉科技产品。

多媒体教学法，就是通过计算机的加工和控制技术，将文字、图像、音像等多种形式的信息结合起来，来为教学服务的教学方法。多媒体教学法也因为它的多样化的表现形式、巨大的信息承载量、吸引学生关注的视听效果等多方面的优势，在教学中得到了大范围的运用。

多媒体教学法在书法教学的运用中，既可以将与教学内容有关的文字、图片等资料，运用多媒体手段展示给学生，也可以进行教学拓展，加上相关的视频资料，会极大地丰富书法教学的表现力，吸引学生的注意力，并且提高他们对书法的兴趣，而图像、音频等的结合运用也会刺激到学生的感官，更容易给学生留下深刻印象。从"生本"的视角来看，多媒体教学法的运用要以学生为本，有针对性地进行使用。为了追求教学方便或者简单地追求课堂气氛而使用多媒体，都不是生本理念下的多媒体教学法。

多媒体教学法，可以跟其他的教学法结合运用。多媒体教学在示范法中的作用就很大。在前边已经提到了示范法。教师在做示范时，因为各方面的原因，使得示范法可能会存在一些问题。例如，在黑板上给所有学生做示范的时候，第一排的学生还可能看清教师示范时的动作，毛笔的变化，而在后边的学生由于位置关系，大概只能知道教师在黑板上写了一个什么字了，看不清那么看了也没有什么作用，也就失去了示范的作用。而在分组进行示范的时候，虽然所有同学都离得较近，所有同学都能环绕在教师身边，但是观察的角度是有限制的，从不同角度看同一个字是不一样的，可能会产生视觉误差，也会给学生正确的理解和练习带来难度，并且教师在给一组同学进行示范的时候，其他小组的个别同学可能会做一些扰乱课堂的行为，可能会引起课堂秩序混乱。给单个学生进行示范的方法固然好，但是教师不可能顾及所有学生。利用多媒体（见图9-4）进行辅助示范就可以解决这些问题，可以面向所有学生进行示范，让所有学生都可以从最佳角度进行观察，而且毛笔的笔锋在宣纸上书写时呈现出来的状态也可以得到很好的展示。

图9-4　多媒体演示仪

书法欣赏课中可以运用多媒体教学法。书法的美体现在多个方面，包括点画、线条、章法、墨法、结构等，字与字之间的巧妙关系，笔画之间的巧妙关系，行列之间的布局，整体章法的连贯、错落，都是值得欣赏的地方。书法课本中书法欣赏这一部分，通常会插入彩图，受页面限制，也为了学生能看得更清晰，图片往往是局部放大的，学生不能对其有一个整体的认识，只能欣赏一小部分，而有的虽然放了整体的图片，却也只能对其有个整体的印象。这种局限性，是受书本这一传播媒介的限制不可避免的。在多媒体教学中，这些问题是可以避免的，不仅图片可以随意放大或缩小，而且可以通过视频的方式去了解作品以及书法家背后的故事。在具体讲到书法作品中哪个特别出彩的地方的时候，学生也可以从多媒体设备上欣赏到。多媒体教学法在营造良好的学习环境，活跃课堂气氛，丰富课堂形式等方面，是其他教学方法望尘莫及的，它在创新教学手段，提高学生对书法文化等方面的兴趣发挥了很重要的作用。

在初中书法教学中使用多媒体教学法也有一些需要注意到的问题。首先，《指导纲要》对中小学生提出了加强技能训练的要求，加强技能训练不是看看图片看看视频就能学好的，多媒体只是一个手段，运用多媒体进行教学只是一种教学方法，归根到底，它还是要为学生的书法学习服务的，所以要合理控制多媒体教学的时间和信息量，避免喧宾夺主，给学生充足的时间来思考、练习。其次，要避免过度依赖多媒体设备，课堂的主体是学生，教师是要对课堂进行组织，如果过度依赖多媒体设备，学生思考、讨论的环节就减少了，教师与学生交流的时间减少了，没有讨论、没有交流的话，就不能称之为课堂了，更提不上是生本教育了。最后，在准备运用多媒体教学法的课堂中一定要做两手准备，多媒体设备再怎样灵活也是机器，一旦发生故障就需要教师马上用另外的方案将教学活动进行下去，否则，容易使教师失去对课堂的掌控，使课堂变得散漫。

6. 生本教育理念下的练习教学法

练习教学法"是指学生在教师的指导下，将知识运用于实际，以巩固知识，培养技能技巧的教学方法"[1]。许多知识的学习，不是仅仅知道、明白就可以的，只有通过一定强度的练习，才能掌握起来，这些练习，既包括应用方法的练习，也包括动作技巧的练习，并且几乎在所有的学科中都得到了广泛的运用。

在书法教学中，练习教学法就是学生要通过反复的练习来掌握笔法、掌握书写技巧。学生要将自己用眼睛观察到的例字的笔画特点、结构特

---

[1] 叶瑞祥、沈晓良：《中学教育学》，广东高等教育出版社1997年版，第226页。

点，通过练习，使临写达到"力求准确"的目标。只有通过练习，才能将技巧掌握熟练，才能将所观察到的反映出来，最主要的是，只有通过练习，才能帮助学生增强对技能的掌握，达到一定的熟练程度，从而提高书写能力。

生本教育理念提到了要"小立课程，大作功夫"。在教给学生必要的书法技能后，要留给学生较多的练习时间。但是练习不是一堂课全部都是重复的机械性的大量练习，在现在的初中书法教学中，让学生对书法课形成厌烦情绪的恰恰就是这样的简单粗暴的大量重复书写。练习教学法应该是带着思考的练习，练习结束后要进行讨论交流，而不是练完了、完成张数或字数就结束了。教师要相信学生，书法练习中有很多是经验性的知识，是通过学生的练习可以发现、总结出来的。例如，在进行书写练习时，碰到笔画多的字的时候，学生常常会有格子不够用、上半部分过大、下半部分没地方写的情况出现；在练习国字框的字的时候，也常常出现外框太小，里边装不下或者外框太大，里边部分显得又散又空的情况，这样的问题即使教师事先提醒了，也一定会发生的，而初中学生的逻辑思维能力足以总结出应对的经验教训。在练习教学法中，可以适当地对练习进行一下中止，大家共同交流一下，有什么解决不了的问题或者有什么新的发现。无论是提问还是有新发现，教师都要对其进行鼓励和肯定，提高学生的积极性和学习书法的信心。

生本理念下的初中书法练习教学法要注意的两个问题：第一，教师尽最大努力关注到每个学生。学生在练习中会出现各种不同的情况，学生整体的水平也不平均，如果难度超出了学生的水平，或者有问题一直解决不了，不仅发挥不了练习的作用，还可能影响到学生的信心。虽然当前初中班级的班额都比较大，但是教师也要尽量关注到每个学生，针对他们每个人的情况进行因材施教。在练习过程中，也要对学生的坐姿、动作等进行提醒和规范，并及时进行指导、纠正。第二，教师要及时对学生进行肯定。练习是要在一个相对长的时间里，反复进行一个字或几个字的练习，重复性是它的典型特征，特别是在初中生这样一个好动的、对新鲜事物更感兴趣的年纪，学生很容易对这样的练习失去兴趣，感到枯燥。教师要尽量避免对学生的过分批评，批评和惩罚不仅不利于课堂氛围、对学生造成伤害，还容易让处于叛逆期的初中学生产生逆反心理。赞扬和肯定是人人都爱听的，初中学生更是如此，初中学生的情绪敏感，十分在意他人对自己的评价，因此教师要经常对学生进行赞扬，对学生的好的表现进行肯定，一定会收到比呵斥和惩罚更好的效果。

7. 生本理念下的其他的几种教学方法

生本理念下的点评法。在练习过程中或者练习结束后对学生的书写情况进行评价就是点评法。点评法包括这样三种，学生自评、学生互评以及教师点评。在生本教育影响下的初中书法课堂中，应该多给学生进行评价的机会，教师点评则作为归纳和补充来进行，这不是说教师的点评就不重要了，是要让学生踊跃表达自己的观点，教师要在最后对学生的这些观点做最后的总结，对不正确的地方进行改正，对不足的方面，要加以扩充。既然是点评，那就不能一味地给学生挑毛病、指缺点，要采用表扬与鼓励相结合的方法，表扬写得好的同学，鼓励进步大的同学，要采用先放大优点再提出具体改进办法的策略，让学生树立写好字的自信，并且明白改进的方向。

生本理念下的比较教学法。在技法课中，比较教学法可以是学生写的字与范做比较，学生把自己的字与例字作比较，了解自己的不足，找到问题所在，才能逐步达到形似；也可以是学生与学生之间作比较，"山外有山、人外有人"，是学生在相互比较中看到自己的缺点和长处，不断提高书写能力；还可以是学生自己在不同阶段的习作做对比，只要坚持练习是一定有进步的，将学生学期初和学期末的习作做比较、上个月和这个月作比较，学生在比较中看到自己的进步，也能提高写好字的信心。在书法欣赏课中，对不同风格的作品做比较，例如《兰亭序》（见图9-5）和《祭侄文稿》（图9-6）作比较，同样都是著名的行书作品，却是两种风格截然不同的作品，《兰亭序》用笔细腻且秀逸多姿，《祭侄文稿》虽用笔率意，通篇却流露出悲愤激昂的气息，是书家心声的表露。把这两个作品放在一起相比较，更容易感受到不同作品在用笔、结构、章法、风格等许多方面的不同，形成深刻记忆。

在书法教学中，有多种多样的教学方法，没有哪种教学法是完美无缺的，就像巴班斯基说的那样，"每种教学方法就其本质来说，都是相对辩证的，它们都既有优点又有缺点"[1]。在教学活动中，教师要考虑各方面的问题，采用多种方法相结合的方式来进行教学，以使各种教学方法的优点在实际操作中得到最大化的发挥。

---

[1] 郑金洲：《教学方法应用指导》，华东师范大学出版社2006年版，第5页。

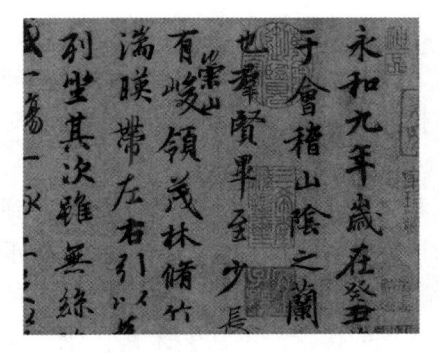

图 9-5　《兰亭序》局部 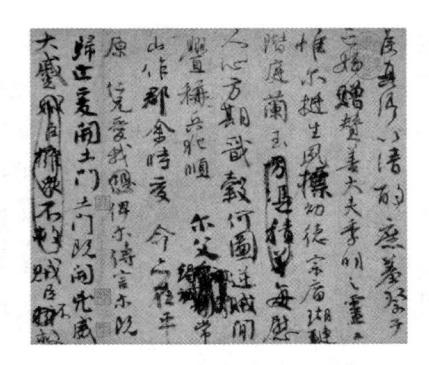　　　　图 9-6　《祭侄文稿》局部

在生本理念下的初中书法教学中，无论采用什么样的教学方法，都要将学生、教学目标、教学内容放在首位，归根到底，教育是以生为主的教育，对教学方法的研究也是为了更好地完成教学目标，使学生对相应的知识能够熟知并运用。因此这些教学方法在初中书法课堂中进行使用时，也必然不能单一运用，而是要综合运用多种教学方法，提高课堂效率，使学生可以真正学有所得，使学生对书法感兴趣。

第四节　在生本教育理念下进行初中书法教学方法探索的意义

郭思乐教授提出的生本教育理念，是以学生为主体的理念，以这种理念为指导，在许多学校进行的教育教学实验，都取得了良好的效果。生本教育之所以会取得这么大的成功，最本质的原因就是生本理念的出发点是学生，在这一理念的指导下，在充分考虑教学目标、教学内容以及教育对象的基础上，运用适当的教学方法，初中书法教学也会获得显著成效，这种成效是多方面的，不仅会更有利于书法教学目标的落实，而且对于学生的各方面的发展，以及教师的专业发展也会有很大帮助。

一　弘扬民族精神，传承传统文化

利于民族精神的弘扬。历朝历代对书法作品的评价都以人品为重，北宋蔡京虽然书艺超群，但是其作品却遭到大量毁弃；赵孟頫的书风秀逸，笔法圆熟，有人却认为其书法"媚俗"，这大概也与他由宋入元有很大关系。可见，书法艺术的品评和审美实际上是对"忠""义"等民族精神的体现。书法作品中点画的呼应、章法结构的参差错落，以及笔墨的虚实对比、黑白对比，也体现着民族精神中的中庸之道。在书法学习的过程中，学生在对这些书法作品、书法家的认识和了解中，也会在潜移默化中受到影响，对民族精神获得一些较为全面的认识，在对书法艺术的不断的传承过程中，民族精神也因此得到弘扬。

以生为本的书法教学，更利于传统文化的传承。书法艺术是传承了千年的传统艺术，它不仅仅是横竖撇捺，也不仅仅是篆隶楷行草，它与中国文化相表里。学生都知道书法是中国传统艺术，在生本教育的书法课堂中，要改变教师灌输学生被动接受的局面，关键是要通过教师的引领，加大学生对书法的了解的深度和广度，加强学生对书法艺术的认同感，让学生真正从心底认可它的魅力。历代传承下来的优秀书法作品，还承载着其他艺术，例如，《兰亭序》除了是天下第一行书之外，它本身也是名篇佳作，在书法作品中还有初中学生需要学习的《醉翁亭记》等古文。总之，学生通过这样的学习能够领悟到书法艺术的不凡之处，感受到民族文化的魅力，使中华民族的传统文化得到传承。

二 提高学生书写水平，培养学生审美能力

初中学生的书写水平在生本理念下的教学方法中更容易获得提高。让学生可以改变汉字书写的现状是开展书法教学活动的主要目的之一。虽然书法包括书写技能、书法审美、书法文化教育等很多方面的内容，但是在普遍的看法中，书法课上没上好、学没学好，就是要看字写得好还是不好。当然，字写得好不好的确是一个重要评价标准。受许多因素的影响，初中学生的书写水平普遍较低，对书法的兴趣也较低。生本理念下进行初中书法教学的一个重要意义就是，可以改善学习书法的态度，学生在书法课堂可以通过教师的引导、同学之间的讨论以及自己的感悟中来感受到书法的魅力之所在，发现汉字书写的规律，掌握相应的技巧，学生运用这些技巧后可以发现自己的进步，发现原来自己也可以写出漂亮的字，这又会激励着学生进步。

能够培养学生的书法审美能力。书法，作为一门具有中国特色的传统艺术，在几千年的传承中，无数文人墨客为之着迷。书法的线条美、结构

美、章法美，书法作品呈现的不同的神采、气韵、意境，不同时代不同书家所表现出来的不同风格，哪一样都值得细细感受、用心品味。马克思曾经说过："对于没有音乐感的耳朵来说，最美的音乐也毫无意义。"[①] 这种音乐感就是一种欣赏能力、审美能力。对于音乐欣赏来说，这种能力很重要，对于其他艺术来说也不可或缺。对于审美修养高、欣赏能力强的人来说，在欣赏书法作品的过程中获得审美的愉悦感是一件相对容易的事情，反之，则很难获得这种感受。在初中书法教学活动中，学生在之前已获得并掌握的知识的基础上，对书法会收获更多的知识，教师要指引学生从多方面去欣赏书法作品，学生对于欣赏书法作品会有更多的认识。在生本课堂中，教师让学生成为课堂的主体，给学生营造在课堂上讨论、交流的环境，使学生对欣赏产生一种更加主动的态度，能够在这个过程中最大限度地去发挥学生的能动作用，在不断欣赏更多的优秀书法作品中提高书法审美能力。欣赏活动可以提升学生的审美能力，在技法的练习中也可以使审美能力获得进步。在生本教育理念下的初中书法教学方法指导下的技法练习，不是闷头猛写的课堂，是有观察有讨论的课堂，在这些观察和讨论里，带领学生体会书法中蕴含的美，使学生通过书法获得审美教育。

三 更新教师教育理念，促进教师专业成长

生本教育是以学生为本的教育，生本教育下的初中书法课堂是以让学生自己积极获取知识的课堂，教师要引导学生自主进行观察、进行总结、进行讨论、进行练习，并在这个过程中形成对书法的感悟，要相信学生的能力，但是，这并不是说，教师在课堂中就没有作用了，恰恰相反，这对教师提出了更高的要求，不仅教师的教育理念得到了更新，而且这些要求也促进了教师的专业发展。这种发展包括两方面，既包括教师在书法这门学科上的专业发展，又包括教师在教书育人的教育专业上的发展。

在教育专业的发展方面。教育是在一定社会背景下发生的促使个体的社会化和社会的个体化的实践活动。人类在长久的教学活动的进行中，总结了许多经验，对这些经验不断进行集聚、归纳，形成了很多影响深远的教育理论。书法教育作为教育的一个门类，也必然要借助这些教育理论。初中书法教学中，教师要在充分研究教学目标、教学内容的基础上，在充

---

① 转引自韩盼山《书法艺术教育》，人民出版社 2001 年版，第 239 页。

分了解初中学生的前提下，才能选择相应的教学方法。特别是在生本教育理念下的书法课堂中，学生成为课堂的主体，但是教师要对整个教学活动做出相应的安排，在各种教学法的应用中，都要处于主导地位，来保障学生的主体地位。在教学活动中，教师如果对课堂的认识不到位、对课堂的掌控能力不足，都会造成课堂的杂乱、无纪律，不仅不能完成教学任务，更谈不上促进学生各方面的发展了。这就督促了教师要加强对教育相关理论的学习，不断更新教育理念，并在实践中进行应用，在实践中进行反思并且不断改进，促使教学能力的提高。

在学科专业的发展方面。每个学科都有每个学科的特点，对书法教师来说，书法的知识、技能以及书法经验是他们区别于其他学科教师的鲜明特点。所以，书法知识、书法技能以及书法经验是书法教师必须拥有的。虽然在生本教育中，我们要以学生为主，教师要鼓励并引导学生进行自主学习，但这并不意味着教师就可以做旁观者。生本教育为学生营造的课堂氛围，可以使学生进行更多的思考，学生处理不了的问题是需要教师来处理的，学生写不出来或者写出来不像的字是要由教师来做示范的。一个具备丰富书法知识、掌握让学生羡慕的熟练书法技能的老师，是可以提升自己在学生心目中的形象的。

第十章　中小学书法教师的素质

第一节　现职中小学书法教师现状

一　我国中小学书法教育的发展形势

"当前，随着信息技术的迅猛发展以及电脑、手机的普及，人们的交流方式以及学习方式都发生了极大的变化，中小学生的汉字书写能力有所削弱，为继承与弘扬中华优秀文化，提高国民素质，有必要在中小学加强书法教育。"[1] 如教育部文件中讲到的，现代信息技术的不断发展，电视、电脑、手机充斥着生活的各个角落，纸质的文字阅读下降而电子媒体的使用在上升，导致"文字脱离"现象。"文字脱离"引发的书写水平下降的问题随之显露出来，这个问题在我国中小学生中普遍存在，并成为一个亟待解决的大问题。当前开展书法教育的必要性以及紧迫性，从教育部1990年《关于加强义务教育阶段小学生写字的通知》、1998年《教育部关于在小学加强写字教学的若干意见》到2011年《教育部关于中小学开展书法教育的意见》中写字向书法的转变可以看出，书法教育将成为我国素质教育中一个不可或缺的一部分，并越来越受到重视。作为中国传统艺术门类之一的书法，是中华民族文化遗产的重要组成部分，是我们的国粹，也是体现中华民族灵魂的艺术。把作为文化载体的文字发展成一门艺术，在世界艺术史上只有中国的汉字，这也是艺术史上的一朵奇葩，应该得到有序的传承。如宗白华先生所说："中国的书法，不像其他民族的文

---

[1] 摘自《教育部关于中小学开展书法教育的意见》(教基二〔2011〕4号)。

字，停留在作为符号的阶段，而是走向艺术美的方向，而成为表达民族美感的工具。"从个人修养方面讲，《颜氏家训·杂艺篇》有言：真草书迹，微须留意。江南谚云："尺牍书疏，千里面目也。"这句话的意思是对于楷书、草书等书法技艺应该要稍加留意。江南俗语说："一尺书信，千里相见；一手好字，人的脸面。"在素质教育阶段开展书法教育是对文化的传承，同时对提高学生的个人素养以及学生素质的全面发展也有重要的作用。

二 我国中小学书法教师发展的现状以及对中小学书法教师的要求

我国推进发展文化产业增强国家软实力的发展以来，书法的发展蒸蒸日上。其中，出现大量的书法人才和书法专业理论著作，但普通的中小学书法教学的师资力量却十分匮乏，国内多数中小学校内未设专职的书法教师，市区中小学的专职书法教师严重不足，农村书法教育更是基本没有。在我国大部分地区中小学书法都是处于缺席的状态，中学到大学的书法教师师资力量国家教育部的要求相对薄弱。这样的状态下，怎样招聘和培养书法教师应当摆上中小学书法教学的相关日程。不少学校在开展书法课程，但书法教师大多由美术教师、语文教师、大学生兼职等组成，没有形成系统正规的书法教师群体，中小学书法教师队伍的发展步履维艰。

对山东省各地市99所中小学进行调研，其中82所学校有书法课程，14所学校没有开设，3所学校没有明确自己是否有书法课。书法教师师资情况如下：

（1）被调查学校书法教师学历分布，大专13.4%，本科86.6%。专业分布，书法6.1%，美术30.3%，中文37.4%，其他文科类（政治、教育等）17.8%，理科类（化学、数学等）5%。年龄分布，22—30岁的占22.9%，35—45岁的59.4%，40—55岁的占33.3%。[1]

（2）被调查学校专业书法教师（毕业于书法专业）数量问题，没有的占到75.3%，只有一名的为17.5%，二至三名的共7.3%。

（3）被调查教师练习书法的时间分布，两年以下23.2%，两年至六年28.4%，六年以上48.4%。（4）被调查教师教授课程分布，只教书法

---

[1] 向彬等：《山东省中小学书法教育现状调查与分析》，《聊城大学学报》（社会科学版）2012年第2期。

课 14.4%，主要教书法课兼教其他课 13.4%，主要教其他课程兼教书法 55.7%，其他 16.5%。

解决中小学书法教师的师资力量问题是推进中小学书法教育的关键和保证，中小学书法的师资力量应该向专职化和专业化的方向发展。中小学书法教育过程当中，确保教师有专业的水平和充分的经历投入到中小学书法课程当中去。山东省书法教师调查报告中显示，中小学书法教师中，大多没有专门训练的教师兼职书法教师。兼职教师对于书法课程的发展障碍很大，本不属于自己的分内工作，投入的精力自然不会太多，加之兼职教师随意性非常大，使得中小学书法课程在开展过程中出现"断片儿"的现象较为严重。其次，部分资历很深的书法教师教学观念跟不上时代的发展，缺乏创新的意识和创新的精神。在书法教学的过程沿用老旧的教学方法，即便是在新时代背景下的教育改革也无动于衷，脱离中小学书法教育的最初目的。长时间的教育工作使得这部分书法教师产生职业倦怠，长期对书法教学的不重视，压抑了部分书法教师的激情，相对较小的职业压力会让中小学书法教师在教学中并不认真。

中小学书法教师的师资力量决定中小学书法教学的质量，提升书法教学的规范程度着眼点应放在书法教师的专业程度和教学水平上。一名成熟的书法教师应该具备基本的临摹创作能力、专属的书法教学方法、书法理论分析讲授能力。在书法教学过程当中，中小学书法教师应掌握对古代著名碑帖、名作的临摹以及基本创作书法作品的能力，以此来达到国家教育部对于中小学书法教学的基本要求。然后，中小学书法教师在书法教学过程中加入书法技巧讲解、书法史、文字学等相关艺术理论，丰富书法课堂，理论结合实践提升书法教学的对学生的综合影响。书法教学不同于其他科目，中小学书法教师教授的是一门艺术，对于书法教学中小学书法教师应掌握独特的书法教学的课堂组织方法和专门的书法教学方法，来适应当代中小学生书法课程的开展。

第二节 中小学书法教师的基本素质

要做一名合格的中小学书法教师，首要条件应该是成为一名合格的中小学教师，也就是具备中小学教师应该具备的基础条件。作为中小学教师，你仅仅是有教师资格证书和了解相应的政策法规，更为关键的是要有过硬的基本功。教师有特定的职业要求，并不是社会上什么人都可以做教师。教师的教学基本功贯穿于整个教学过程，是实现课堂教学目标，提高课堂教学效果的重要保证，同时也是教师树立威信，赢得学生尊敬的必要手段。不管是基础基本功，还是专业基本功，都是一个教师教好书、上好课的起码要求。当然，教师的基本功包括很多方面，比如虽然随着信息技术的普及，粉笔、黑板面临着被多媒体课件取代的趋势，但必要的板书、漂亮的粉笔字，依然是中小学书法教学过程中需要提倡的基本功，这些是展示教师人格魅力的一种重要的辅助手段，也是帮助学生更好地掌握书法知识、技能的必要途径。只有中小学书法教师具备了教师应有的素质以后才能开展好自己的本位教学。

中小学的书法教学不同于其他学科的教学，书法教学分为两个部分：理论教学和技能实践。这就对中小学书法教师提出了更高的要求，基本的书法史和文字学的理论知识是中小学书法教师必备的，但是仅仅有理论远远不够，书写技能也要达到一定的高度。技能和理论是中小学书法教师的两驾马车，只有并驾齐驱才能成走出教好学生的第一步。

田英章先生在讲到书法教师应该具备的条件时提出了三个"了然"的说法。这里的"了然"出自宋代大文豪苏东坡在《答谢民师书》中："即疑若不文，是大不然。求物之妙，如系风捕影，能使是物了然于心者，盖千万人而不一遇也，而况能使了然于口与手者乎？是之谓辞达。辞至于能达，则文不可胜用矣。扬雄好为艰深之辞，以文浅易之说，若正言之，则人人知之矣。此正所谓雕虫篆刻者，其《太玄》、《法言》，皆是类也。"东坡先生讲的是写文章，不仅要心中有物，更要做到了"然于口与手"也就是"辞达"，将他的方法用到书法教师身上就是让教师了解的准确地传达给学生，还要让学生明白如何去写字。了然于心，指的是作为一名合格的书法教师应该掌握书法教学的核心技能，对书法的发展史、各个时代书家的风格有深层次的理解，做到心中有物。教师具有一定的理论基础，完整的书法教学体系，这是为"了然于口"做准备。了然于口说的是，书法教师应该将自己学到的书法知识准确地传达给学生，让学生听明白教师讲的内容。作为一名书法教师如果不能把书法名家的风格特征、书写的注意事项讲得清楚明白，学生更是一头雾水，就会影响教学的质量。了然于手意思就是，身教胜于言教，书法教师要有过硬的手上功夫。因为书法教学不同于其他学科，在书法课上教师做现场示范。如果教师写的与字帖上的字体相差太大，不能将准确的写法传达给学生，学生就会不信服，不利于教学的进一步展开。所以说这三个"了然"是书法教师应该具备的素质。

本部分的具体内容由三个"了然"展开并进行补充，分为五个小节。第一，宏观定位。书法教师对中小学书法的教学有一个宏观的定位，抓住中小学生学习书法的关键问题所在。站在合适的角度，这是开展书法教学活动时书法教师应该首先解决的问题；第二，教学方法。中小学书法教学有了宏观的定位以后，就要寻找合适的教学方法来满足中小学生对书法学习的要求，如何让学生了解书法、会写书法；第三，合理的教学安排。教师在教学的过程当中根据书法的学习规律来安排书法教学，同时要把中小学生的生理和心理的发展因素考虑进去；第四，专业技能。中小学书法教师的专业技能是书法教学的重中之重，书法注重技能的培养，教师掌握扎实的书写技能才能为学生示范，让学生有更直观的视觉感受；第五，宽泛的知识面。书法教师了解书法史的同时对文字学、艺术史等都应有所掌握。中小学的书法教育作为素质教育的一个重要组成部分，不仅要学生掌握一定的书写技能，更重要的是开阔学生的视野，促进学生综合能力的提高。

一　中小学书法教师的先决条件

（一）中小学书法教师基本要求

要成为一名中小学书法教师首先符合国家从事教学工作人员的基本要求即具有教师资格。《中华人民共和国教育法》和《教师法》明确规定：凡在各级各类学校和其他教育机构中从事教育教学工作的教师，必须具备相应教师资格，没有相应教师资格的人员不能聘为教师。

中小学书法教师应首先掌握中小学生教学必需的教育学、心理学、教学方法。"教育学是研究人类教育现象和解决教育问题、揭示一般教育规律的一门社会科学。教育是广泛存在于人类生活中的社会现象，教育学是有目的地培养社会人的活动。它是通过对各种教育现象和问题的研究揭示教育的一般规律。"（《教育学（小学）》）中小学书法教师的教育学知识是中小学书法教师知识架构中的重要部分，是中小学书法教师从事教学工作的基础知识，也是成功书法教学的指导基础。通过对教育学的学习，中小学书法教师会了解到，教学的规律、培养人的方法、它是讲解如何进行思想教育的一门科学。中小学书法教师将教育学的理论运用到书法教学过程当中，在书法教学中实行"德育渗透"，结合书法教学理论，得出教学经验，参透书法教学的精髓。

美国拉瑟斯《心理学》认为："心理学是一门研究人类及动物的心理现象、精神功能和行为的科学，既是一门理论学科，也是一门应用学科。心理学研究涉及知觉、认知、情绪、人格、行为以及人际关系等众多领域，也与日常生活的许多领域——教育、家庭、健康等产生关联。心理学一方面尝试用大脑运作来解释个体基本的行为与心理机能，同时，心理学也尝试解释个体心理机能在社会行为与社会动力中的角色；同时它也与神经科学、医学、生物学等科学有关，因为这些科学所探讨的生理作用会影响个体的心智。"心理学一词虽源于古希腊，但在古代中国书法史中早有涉及。中小学书法教师了解基本的心理学知识，将心理学运用到书法教学当中，就成为书法教学的心理学，更好地解读古代书法理论中名家在名作中表现出的心理变化，更好地指导学生在学古人过程中出现的问题。心理学在中小学书法中的运用还可以，抓住中小学生的兴趣点，了解中小学生学习的心理特点，采取行之有效的教学方法。

教学方法是教师和学生为了实现共同的教学目标，完成共同的教学任务，在教学过程中运用的方式与手段的总称。中小学书法教学，是小学书法教师在教学过程中借鉴和总结的一套适合中小学生的教学方法。在中小学书法教学过程中书法教师首先是借鉴其他学科的教学方法，总结书法教学中的有效方法，找出适合中小学书法教师自身教学及有效指导中小学生的教学方法。

(二) 中小学书法教师应具备扎实的教学基本功

中小学书法教师应该具备的基本素质与普通教师相似中又存在差异，主要分为以下八个：备课基本功、合理组织课堂基本功、语言基本功、板书基本功、名家名作讲解基本功、教具使用基本功、课外实践基本功、教学研究的基本功。

中小学书法教师的备课基本功，从宏观和微观两个角度进行分析。从宏观的角度讲中小学书法教师首先要明确中小学教育阶段国家对于中小学教育的基本要求和目的。对于中小学书法教师而言则需要明确中小学书法教育的相关政策，贯彻落实教育部颁发的《关于中小学开展书法教育的意见》，紧扣《中小学书法教育指导纲要》，以及中小学书法教育的意义，把握住教学的方向和开展书法教学的目标。从微观的角度，中小学书法教师本身具有书法专业的知识可以根据书法教学的独有特点结合中小学生的认知条件进行课程的安排，备课的内容应展现"为学生学习而设计"、"为学生发展而设计"的基本思想。中小学书法教学备课内容上划分参考：新授课的备课、习作课的备课、临摹课的备课、考察实践的备课和综合性学习（竞赛）课的备课。

合理的课堂组织对于书法教学是非常重要的，中小学书法教师根据中小学生年龄段的心理特点进行课堂教学组织。书法的课堂教学有它独有的一方面，中小学课堂开展书法教育的目的是推进素质教育，传承祖国优秀传统文化，丰富中小学生的文化底蕴，提高学生的汉字书写能力，大面积提高中小学写字教学质量。中小学书法教师在进行课堂组织过程中要注重智力、能力、创造力和审美力等多方面因素的培养，同时遵循学生认知结构与心理特点，结合美育理论、创造性思维训练进行教学。

山东中小学生书法教材中基本课程安排划分如下：学生练习书法时间约占每节课时的60%，教师指导书写技法及书法文化等内容约占每节课时的40%。技法指导一般按照例字观察、书写要领和练习方法三个方面编写，使学生掌握正确的书法学习方法，轻松练习书法。

同时，中小学书法教学课堂组织扎根于语文教学过程当中，中小学书法教师在进行课堂安排的过程当中跟随语文教学的进度，选取适当的临摹练习的素材，贴近生活让学生感到亲切。教学过程中因材施教，充分发挥学生的积极性。既要规范学生的写字技能，又要求同存异，发挥学生的想象力和创造力，注重小学生审美观的培养。

教师的教学语言，是教室在课堂上使用的专属语言，它的对象是学生，在规定的教学任务范围之内，为达到教学目的语言，普通话是教师的职业语言，也是教师必须具备的基本功。在课堂上学生会模仿教师的很多东西，包括教师的语言，教师的思维模式、习惯、品质都会通过教师的语言影响到学生。就语言的表达能力来说，一口流利标准的普通话会提升教师在学生心目中的形象，提升教师在课堂教学中的个人魅力，在潜移默化中影响学生的日常学习习惯。普通话是教师进行教育、教学活动不可缺少的手段。没有教学语言，教学活动就难以进行，即便在现代技术大量应用于教学领域的时候，也不能忽视和削弱教学语言的作用。作为一名合格的中小学书法教师要有扎实的语言基本功,一口流利清晰的普通话是必备的,然后中小学书法教师要具有普通话的思维模式改掉日常生活中的一些地域习惯。但是这个不足以吸引学生的注意力,教师语言基本功在课堂教学中起着至关重要的作用。中小学书法教师想让自己由讲师转换为导师,语言的技巧需要着重的培养。中小学生的注意力集中的时间有限,如何在讲课时抓住学生的注意力,将枯燥的书法课程讲得精彩,需要中小学书法教师具备深厚的文化底蕴,将书法的教学内容变成生动的审美课程。

板书是作为一名教师必须掌握的技能之一,清晰明了、字形优美、章法得体的板书会使教学工作事半功倍。书法教师在将知识传授给学生的同时,也在不知不觉地将板书字形的美丑渗透到学生的审美意识当中,把自己的审美观念传递出去。板书的作用明显,可以强化学生的记忆,直观地板书会减慢学生遗忘的速度。美国的心理学家做过影像记忆实验,通过实验得到的报告证明,人体的各个器官获得信息时起到的作用是不同的,其中视觉会的信息所占的比例是听觉获取信息的 7.5 倍之多,其他器官的获取信息比例更是少之又少。板书将抽象的语言信息转化为形象,特别是书法的笔画拆解等更直观地展现在学生的面前,能更好地刺激学生的思维,加强记忆效果。板书更是中小学书法教师教学过程中的"微型教案",中小学书法教学过程中,板书起到讲解和示范的双重作用。漂亮的板书能有效地抓住中小学生的注意力,合理的板书章法布局会对学生后期的书法练习起到很大的帮助。

教具分为直观教具和电化教具。对于中小学书法教师而言直观的教具主要是中小学书法的教材、名家碑帖、书法教具等。中小学书法教学时直观的、亲身体验的课程,选择合适的教具是在教学环节中非常重要的。它在教学过程中起到教学辅助的作用,运用恰当得体,可以调动学生学习的积极性起到事半功倍的效果。随着时代的进步,书法教具种类、样式、规模都逐渐丰富起来。精细古朴没关的程度,都有很大的提升。作为教学的工具,书法教具不仅停留在欣赏的角度,它还是教学的一种手段,来帮助中小学书法教师完成教学目标,达到教学目的的手段。书法教具的使用要得当,演示明确,出示的时机要得当,展示的形式要科学,充分发挥书法教具在中小学书法教育中的作用。最终的目的是把握书法学习中的重点,解决中小学生在书法学习中的难题,让学生在使用书法教具的过程中更有效的学习,起到书法教育促进学生思维转变、促进综合素质不断提升的教育目的。

电脑多媒体类的书法教具对中小学生来说是非常不错的演示教具。多媒体教学的引入有效地减轻了教师的负担，中小学书法教师用多媒体教具进行演示书法下笔、提按、运笔等更直观地展现在中小学生的面前，对提升教学的效率有很大的帮助。伴随着国家对教育的不断支持，很多学校都有专门的多媒体教室，成为课堂教学必备的教具。同时，书法教师可以根据孩子的兴趣爱好结合，制作出图形与声音并存的兴趣内容，提供给孩子丰富有趣的书法课堂。

中小学书法教师应该学会总结书法教学中的规律，丰富教师本身的教学经验，把更多的规律传授给学生。在中国大量的汉字中，最常用的就有3500多字，单说正书自成一家者多如牛毛，风格不尽相同。在中小学书法教学中，尤其是最常用的硬笔书法教学，首先应该从楷书入手，然后逐渐地向隶书、行书的学习。在中小学书法教学过程中，每周提供一节书法课时间非常有限，这种情形之下需要小学书法教师不断地总结规律，然后将自己总结的一些规律传授给学生，从而提高教学的效率。大家熟知的"永字八法"、楷书结体的"三十六法"都是古代书法先贤总结的临摹创作的规律，也是中国书法教育史上的结晶。可是这些规律对小学生而言深奥难懂，不适合小学书法的教学。例如"悬针竖"和"垂露竖"的书写和应用规律：一般来说，最后一笔是竖画的用悬针竖，不是最后一笔的竖画用垂露竖，而垂露竖的收笔部分也有顿笔（下面没有笔画与它相连）和不顿笔（下面有笔画与它相连）。如例字：丰、王、木、川、师等。中小学书法教师根据小学生的认知特点总结出的规律，深入浅出简单易懂，会对中小学生书法水平的提高产生很大的帮助。

二 中小学书法教师应具备相对专业的书法技能

（一）中小学书法教师临摹技巧的重要性以及在教学中的运用

教师的临摹能力主要体现在两个方面，书法教师的本身的临摹能力和书法教师在书法教学中培养学生的临摹能力。书法以中国的汉字为基础的特性决定了书法的学习应该以实用和美观两方面出发。书法练习中将汉字的写法正确、造型美观为衡量的标准。基于以上原因，书法的临摹在书法学习中的地位显现出来。书法的临摹对象，多以名家经典为对象。选择合适的名家名作为范本，进行科学、系统的练习实践，把握书法的基本语言和表现的方法技巧，理解汉字文化的同时提升自身的书法技艺。

在书法课堂上，书法教师需要为学生近距离的进行示范，娴熟的临摹技巧对于书法教师十分的重要。临摹时书法学习的基本方法，对于中小学书法教师而言临摹能力显得尤为重要，它在中小学书法课堂教学过程中起着先导的作用，教师在教学过程中首先要做的就是教会学生学会临摹碑帖，让学生学会临摹的前提是书法教师首先自己精通临摹的技巧，自己没有一桶水怎么能给学生一碗水。书法教师在日常学习的过程中，通过不断的临帖练习提高自己的书法水平为自己的教学打下坚实的基础。临帖不仅是书法教师本身书法技能的提升，更主要的是如何将自己的临摹经验运用到教学当中去。作为一名书法教师为学生示范的过程，是提升其在学生心目中地位的过程。

1. 教师自身具备的书法临摹能力

模仿是学习艺术的基本手段，书法上的表现为临摹。书法的临摹可以让初学者在相对短的时间内掌握书法的基本技巧，将初学者的技术定型。临与摹是两个方法：临是对照原作，进行模仿；摹是在原作上附上纸张，进行描写也就是大家常说的描红。虽说是"临摹"但是在次序上是先摹后临，首先掌握字体的基本结构形态，然后根据眼睛看到的和掌握的字形结构进行练习，首先从描红中掌握字体的"型"，与眼睛观察到的"神"相结合做到"形神"兼备。中国传统书法艺术的学习是从临摹开始的，临摹也是书法入门的唯一途径。在书法临摹的阶段，可以了解古人的书法技巧，只有站在巨人的肩膀上才能看得更远。在古代有成就的书法教育家，精通临摹也重视自己的临摹技巧。书法临摹对于中小学生来说，在培养学生的观察能力、增强学生的动手能力、提高学生的审美能力等方面有很大帮助。

书法的临摹大致分为对临、背临、意临。在小学书法教学过程当中运用最多是对临和意临。对临也称为实临，是指相对精确地复制范本的。书法临摹中的"映写"和"依摹快临"，是书法教师必须具备的。所谓"映写"是指用"蝉翼""云母"等透明度较高的纸张蒙在字帖上描红的一种方法。书法教师掌握的映写的方法不同于书法爱好者，书法教师将来会将自己的临摹技巧传授给学生，所以书法教师映写的水平应达到精准美观，并熟练地掌握"钩填"的技巧。对于近距离的临帖，书法教师在保证自身临摹技法娴熟的同时要总结自己的学习经验，因地制宜地将自身的优点传授给学生。

背临是指书法学习者在不参照字帖的情况下凭借记忆进行临写，背临同样要求遵循摹本的真实还原。背临对书法教师的要求更高，不仅仅做到摹本的还原还要在摹本的基础上加入练习者本身的一些技巧和想法，背临的练习为下一步的书法创作打下基础。

2. 书法教师临摹能力的运用

书法教师在教学过程当中首先要让学生去对照范本进行尽可能一样的临摹实践训练。所以书法教师应该首先具备熟练的对临、背临技能，掌握摹帖的技巧。在临摹教学的过程当中，书法教师还要从书法作品了解原作者表达的艺术审美思想，并通过课堂的演示讲授传递给学生。

中小学书法教学中书法教师不仅是教会学生怎样去写字，更关键的是通过书法课程培养学生的观察能力、逻辑思维能力、想象力等。书法教师在实际的书法教学中掌握一套有效的临摹教学体系，包括临摹理论学习和临摹实践训练两部分。

科学系统的临摹理论对书法教师的教学工作起着关键的作用，对中小学生观察能力和审美能力也有很大的帮助。外国人之所以对中国的书法艺术的理解望洋兴叹，主要原因是没有书法和什么相关理论的指导。书法理论方面有不少的著作从书法的空间形态和书法的审美结构上进行分析，如邱振中先生的《笔法与章法》《中国书法：技法的分析与训练》等。对书法的空间形态上有一定的理解，会改变学生的观察和审美的能力为学生进一步的时间训练起到理论指导的作用。在进行书法临摹理论教学的同时将心理学和教育学的理论运用当中，通过日常的教学工作研究出一套高效的培养中小学生书法临摹教学的理论体系。例如本书中提到的山东省枣庄师范附属小学的教师在小学书法临摹教学中将楷书的基本笔画、书法写作的姿势、偏旁部首、结字的内容等，根据小学生的兴趣特点，编成朗朗上口的歌谣、诗词便于学生记忆，对培养学生的临摹观察和审美能力有很大的帮助。

在具体的实践教学过程中书法教师要利用好身边的教学工具，通过身边的教具吸引中小学生对书法的兴趣，通过感官的刺激来培养学生的观察能力。例如将字体用不同的颜色进行标注，并对字体的形状进行象形解析把它们转化为生活中具体的形象，在这个过程中多媒体会起到意想不到的效果。

在中小学生书法临摹实践的过程中，对于学生的作品多以原范本为依据进行比照，避免学生以本班级的优秀作品或是教师的作品进行比较，这样会让学生更容易地去掌握字体原本的结构。同时，在学生进行完书法临摹后要对自己的作业进行自我比照评价，首先通过自己的观察找出其中的优点以及自身存在的差距再由教师进行指导评价，及时地发现先自身临摹时存在的弊病又不会伤及中小学生学习书法的积极性。

（二）中小学书法教师创作能力的作用以及在书法教学中的运用

书法创作是对书法的一种感悟同时是作者自身审美观念和书法技巧的展现。在《辞海》中是这样解释创作的："指文艺作品的创作活动。一般认为包括构思和表现两个相互联系的阶段"。也就是要求书法教师不仅要有娴熟的技巧还要有较高的悟性。中小学书法教师的创作水平是其书法能力的一种表现，也是中小学书法教师审美素养的一种展示。书法创作本身是一个复杂的艺术心理活动，从书法技艺的层面讲首先要把握好书法工具的运用以及线条表现的基本方法结合自己所要表达的思想通过笔与墨展现出来。

中小学书法教师的职业决定了其在书法创作时更应专注于细节的一些东西，作品的深入和书写的到位。中小学书法教师会将自己的书法创作的风格习惯不自觉地带入课堂中去，所以他们在创作中的用笔节奏、字形的变化等细节要格外讲究，做到"察之者尚精，拟之者贵似"。创作的作品要经得起琢磨，这样在书法教学中才能吸引小学生的注意力。

在中小学书法课程的练习中，会有实际的书法创作的课程，书法教师自身的书法创作能力会影响到书法课程的效果。

（三）书法创作在中小学书法教学中的运用

书法教师在书法创作训练过程中，首先鼓励学生积极地创新，让学生初步形成自己的风格，然后根据学生的特点进行因地制宜的指导。书法教师在指导学生进行创作的过程中，首先为学生选好创作的内容。古代诗词歌赋皆可作书，若是自作诗词，效果会更好，但这对中小学生来说还是有一定的难度。中小学书法教师自身掌握创作的基本功之后，除了为学生选好题材，还应该引导学生使用创作的思维模式，确定书法作品的形式和作品创作的章法。

三 中小学书法教师应掌握设置书法课程的能力

（一）小学生书法教育现状

长期以来，由于应试教育的影响，不少教师认为学生只要答对考题即可，不太重视学生是否书写规范和字迹优劣。以至于学生对自己的书写是否规范不重视，慢慢地他们对书法的忽略就形成了一种诟病。

根据目前的基础教育各学科的调查，基本上都有一个相对完整的评价体系，但唯独在基础教育书法科目教学缺乏一套完整体系。在一些地区和学校，写字和书法教育确实存在着被相对弱化，学生写字水平下降，写字习惯堪忧等问题。其中，在某些开设书法课的学校当中大部分都是以相关的学科来评价书法教学，例如语文、美术等。并且评价的方法还过于死板，在很大程度上缺乏一定的规范性，导致大部分学生对其失去兴趣，影响到学生学习书法的喜爱，阻碍了书法教学的有效执行。通过书法教学活动来促进学生的全面发展也大打折扣甚至成为一句大话空话。

（二）中小学书法课程的缺失和师资配备的现实问题

受全球大环境的影响，电子设备日益进入小学生的生活，并且影响非常大。大多数中小学生热衷于电脑网络交流，面对书法日趋生疏。因此，中小学生书法教学已渐渐引起老师和家长的足够重视。

中小学阶段，不少学生家长执着于给孩子报特长班，书法也成为重要内容。家长们觉得，学好钢笔字、铅笔字等硬笔书法，可以提升学生课堂、课外作业的书写水平。练习书法，则是让孩子了解传统的艺术，提高审美水平。书法教师，也十分注重学生的坐姿、握笔姿势以及书写水平，成为课程教学要求之一。一些条件好的中小学，每周还开设了专门的书法课或特长班，并取得不错的效果。

中小学书法教师行列中不少文化课教师成为书法教学的主力。由于许多客观原因，使得目前大多数中小学书法课程由在校的美术、语文或其他老师兼任。在这些教师当中，确实有一部分专业扎实、方法得当、责任心强，能教给学生东西的，但也有相当多的教师处于书法业余水平甚至初学阶段，其教学的结果不言而喻。

近年来，随着教育的不断更新发展，教材的编写给了中小学生不小的帮助，我们书法教学也要跟上时代的步伐不端的更新。中小学书法教师要通过多元化的教学方式来激发学生的学习兴趣，促进学生综合素质的不断提升。

（三）中小学书法课程设置的原则和方法

通过书法教学活动让中小学生接触并了解书法基本常识，掌握书法的基本技能，能写一手漂亮的硬笔字，能掌握毛笔的书写方法，并能进行初步的书法创作，提高学生日常作业的书写效率，提高学生的审美素养。

在中小学书法课程设置的基本方法和原则。

（1）书法教学要立足于学生的基础，对学生素质的形成，从本质、基本的方面提出实实在在的要求，努力培养学生练就一手好字而不是培养书法家，要本着务本求实的基础性原则。

（2）书法教学过程中要面向全体学生，全员参与、整体提高，为全体学生营造一个整体优化书法育人的环境。

（3）在教授书法过程中，要从易到难，从写字到书法，从日常使用到艺术修养，分阶段、有步骤的教授书法的循序渐进性的原则。

（4）对于学生素质、家教、环境的不同，书法水平出现较大的差异，要针对不同类型的学生而进行施教。

在书法教学活动中要明确以下教学形式和方法

（1）创设良好的艺术氛围，环境对学生来说有潜移默化的影响作用。良好的学习氛围，可以激发学生的写字兴趣，提高其感受美发现美的能力。因此，在教室室内环境的布置上，要尽可能地体现书法的艺术气息。

（2）采用直观的教学手段，在中小学教学中，写字课与其他学科相比较，是比较枯燥的，非常容易让学生丧失学习的积极性和主动性。所以，在教学中，书法教师要根据具体的教学内容，积极利用直观材料进行教学。要化抽象为具体，形声结合，使学生兴趣倍增，学习情绪高涨。

（3）善用生动形象的教学语言，写字教学中教师要善于用简单易懂的语言、形象的比喻，深入浅出地为学生进行讲解。

（4）开展丰富多彩的课外活动，中小学生的好胜心和荣誉感极强，他们经常希望能得到同学和老师的认可。针对他们的这一特点，书法教师可以组织学生广泛开展各种写字的活动，比如举办写字比赛，展览写字作品，设计板报，评选"小书法家"等，让学生亲自动手，运用课堂上学到的知识，大胆地进行创作。而对于学生的每一点进步，教师应要及时予以表扬和肯定，使他们体验到成功的快乐，从而进一步激发、强化他们的写字兴趣，让他们体会到学习写字无穷的欢乐和成就感。

四　中小学书法教师应掌握独特书法教学方法

（一）讲授法与直观演示法相结合

书法是中国的传统文化，但对于中小学生来说还是有陌生感和新鲜感的，中小学书法教育所涉及的书体主要是楷书和隶书两种，这两种字体的审美方法不像直观的图形和声音那么好理解，所以中小学生对书法的理解更多依赖书法教师的讲授与演示上。在上课时，书法教师，对每一个笔画、部首、字体的机构以及布局章法进行详细解释的同时更要配合适当地演示，让学生知道，字要写得有理有据，不能随便、潦草，也让学生了解好看的书体是如何写出来的。例如，讲解简单的"两点水"与"三点水"，需要教师把用笔的快慢轻重写出笔画的粗细变化的线条以及由线条组合起来形成疏密、均衡、兼让、收放等字的部分或字的整体讲出"具体的美"，同时通过演示让学生看到书法教师完成书写的过程，让学生产生亲手体验的冲动，激发学生自主写作学习的欲望。直观合理的演示（包括肢体演示、图解演示）都能很好地激发学生的学习兴趣，使学生更好地接受知识，加深记忆。当然，这也就要求书法教师，具备较强的书法临摹与创作的能力。正确漂亮的示范书写，不但能给学生美的熏陶，还能让学生萌发"我也要这样写"的愿望，使学生变被动学习为主动学习。

（二）练习法贯穿中小学书法教学的始末

对于中小学书法教学而言，强调学生的工具熟悉与摹写练习是书法教学的两大基石。

对于书法的练习应从书法应用的工具开始，从简单的执笔严格要求，做到指实掌虚，执笔要低一些。熟悉纸笔方法之后，书法教师要教习学生简单的笔画技巧，如藏锋、露锋、中锋、回锋等，逐渐地学会运用。通过一段时间的练习掌握毛笔的基本性能，并对手法进行丰富。对线条美的体验训练，具体可出示不同长短、粗细、浓淡、枯湿的线条，或是对不同范帖线条的比较、分析，让学生充分观察，再进行严格的惟妙惟肖的模仿训练。对用笔速度的控制训练，速度的差异，可给人带来轻盈、快捷和沉重、缓滞的不同感观，可通过对各种书体的每个具体笔画的比较，模仿，或教师的讲解，让学生体验到速度的差异与线条的力度、枯涩、苍润等质感的关系。对空间关系的体验训练，空间关系就是线与线之间进行不同的分割与组合所形成的块面大小，即"计白当黑"。它要求少儿逐渐脱离因习惯而对汉字字形研制成的僵化的认识。在头脑中逐步形成对书法的抽象空间意识。在了解一部分结构简单的汉字之后，可用分解几何图形来概括汉字字形，帮助少儿从感官上体验、把握。比如长方形、三角形、圆形、梯形等。也可以进一步对不同汉字的不同部分的比较、划分，以清晰地感受到线与线之间的距离高低、长短、挪让的不同关系。

熟悉基本的运笔技巧练习之后，书法教师传授摹写练习。在学生下笔写字之前，书法教师更要加强科学指导，首先要为学生选择优秀合适的字帖。根据学生的情况进行选择，避免让学生出现见帖即临，好高骛远的情况；对于学生练习书法的时间应该有一定的把握，固定一个时间让小学生在这个时间点、时间段进行书法练习培养书法写作的习惯，防止不能三天打鱼，两天晒网；在书法教学过程中，书法教师要注重练习的量，忌太多或太少，随着学生学习阶段的变化而变化。学生在临摹过程中着重单字练习，逐步加入整篇作品书写的教学。让学生临写一些名篇（如《兰亭序》、《圣教序》等）同时让较好的学生尝试由临摹过程到创作过程。这样便可以让学生体现自己学书成绩，感受到一种成功的喜悦。

（三）读书指导法和参观教学法合理运用

书法教师在书法教学过程中，传授学生基本的书法技巧，也要增强学生的文化涵养。背诵简单的诗词歌赋，对于有相当基础的学生而言，在临帖之余欣赏古代文豪的经典诗篇，从古文中集字练习，对于丰富学生的知识，提高自身的写作水平，掌握书法创作的基本要领大有裨益。适当地让学生了解中国书法史，是学生书法教师在课堂上应该做的，其中有许多有趣味的小故事。书法教师在课堂中穿插经典的幽默故事，帮助活跃课堂教学，让学生从故事中得到启发。例如下面的小故事：柳公权精通经典，懂音律，善诗赋文章，才思过人。因此唐文宗十分器重他，称赞他可与三国时能七步成诗的曹植相媲美。有一年夏季，天气非常炎热，文宗与各位学士们在一起作诗联句。文宗首先赋诗前两句："人皆苦炎热，我爱夏日长。"柳公权立刻吟接下两句："薰风自南来，殿阁生余凉。"其他学士们虽各有赋诗联句，但文宗听来都不太称意，唯独赞赏柳公权的联句："辞清意足，不可多得。"于是命他挥毫题写于殿壁之上，字大五寸，气势非常壮观。文宗边看边赞叹道："如是钟（繇）、王（羲之）又复生了呀！"从这个故事中我们可以领悟到：书家不但要书艺精湛，而且还要才思敏捷知识渊博。

在中小学生书法教学的过程中，书法的欣赏始终伴随着书法学习的整个过程。学生通过对诗文和故事了解古代书法作品有来的故事，欣赏的过程中会对书法的线条之美、结构的造型之美、风格之美、意境之美，有一定的认识。在书法教学中教师应该多鼓励学生参观适合他们书写阶段的展览，组织校内展览让学生从优秀作品中汲取经验。多看优秀名家名帖，在随后的书法临摹练习过程，把握作品的风格、意境、结构特点。例如，了解颜真卿的生平履历，见过《颜氏家庙碑》的阳刚之美，在临摹的过程中容易表现出颜体笔画的圆韧厚重、结构的宽博丰满。

五 中小学书法教师应有较全面综合修养

（一）中小学书法教师应熟悉中国文字学

"文字学是语言学的分支之一，以文字为研究对象，研究文字的性质、造字法、起源、发展、形体与音义的关系、正字法、文字的创制与改革、个别文字的演变等。文字学知识有助于改进和改革文字，为无文字的语言创制文字；对古文字的了解有助于历史科学的研究。我国的汉字历史悠久，结构复杂，因此作为研究一切历史文化的先行学科的文字学在中国特别发达。在我国，广义的文字学，全面研究字的音、形、义，在古代被称为：小学。即除文字外，还包括音韵、训诂的研究。古文字学研究古代的文字，是语言学与历史学、考古学的边缘学科。"① 文字学研究的对象是文字。文字是书法的载体，书法依附于文字而存在。文字学推动书法的发展，小学书法教师要想在书法教学中有所建树，不断地提升自身创作能力和教学能力，必须掌握文字学的相关知识。

中小学教师在教学过程中会为学生讲解汉字的结构，汉字起源发展的历程，加之汉字的演变过程这是中国书法的演变过程。汉字的书写形式与线条的走向，为书法的创作提供了基本的依据。

（二）中小学书法教师应对与书法相关的艺术形式有一定的认识

书法教师，除了掌握书法专业知识以外，还要了解并行的知识为教学工作服务。"不能绘画，不是画家，只会绘画，也不是画家"，"不会写诗，不是诗人，只会写诗，也不是诗人"② 讲的就是这个道理。中国的书法有它独特的欣赏美学，中小学书法教师掌握书法美学知识，更方便地为书法的语言做出专业的解释。中国书法的用笔、章法、结构中表现出的美感，线条运动的规律对中小学生学习书法，体验书法的美有很大的帮助。中小学书法教学是素质教育的一个部分，书法教学的目的在提高学生写字

---

① 黄德宽、陈秉新：《汉语文字学史》（增订本），安徽教育出版社2006年版，第28页。
② 郭因出：《艺术思絮》，安徽人民出版社1980年版，第48页。

能力的同时更注重学生审美能力的培养，中小学书法教师在教学过程穿插美学知识，将书法的运笔的节奏、线条的韵律讲授给学生增强学生对书法美的体验。

书画不分家，书法教师还应该对中国的绘画有了解。就拿画竹子来说，主页的画法与书法中的撇、捺运笔有很多相似的地方，书法风格不同，画出的竹叶的韵味也不一样。书法教师在书法教学中加入简单的中国画，会提起学生的兴趣，在书法教学过程有意想不到的效果。

第三节 中小学书法教师如何实现其任职条件

书法是基础教育中相对重要的内容。书法教育对中小学生书写基本技能会起到至关重要的作用，是培养中华民族情结的有效途径之一；是提高学生汉字书写能力，提高审美水平，提高文化修养，促进学生全方位发展的有效措施。

在上文中提到过，网络为代表的信息技术不断进步，现代人的沟通方式以及获取知识的方式都发生了极大的变化，中小学生汉字书写的能力不断减弱，为了中国优秀传统文化的继承和弘扬，不断提升全民文化素养，应该在中小学教育中加入书法教育。为此，加强中小学书法教师的能力成为了至关重要的工作。

一 官方教育机构对中小学书法教师培训

国家教育部要求各地将书法教育纳入中小学教学体系，学生分年龄、分阶段修习硬笔和毛笔书法，书法课也已被列入教育的一项重要内容。不过，在目前电子化快速发展的时代，全民写字水平下降仍是不争的事实。现在的很多中小学，由于没有配备专职的书法教师，对授课教师资质也没有相对合理的考核体系，不少担任写字课教学任务的书法教师承认，自己上课的时候都一直心虚。为此，教育职能部门应该加强对中小学书法教师基本能力的培训。

（1）各地教育部门要结合当地中小学校书法教育的实际情况，对书法教育的课程安排、教学管理、教师任职条件及资源配置等进行合理的规划，根据不同情况推进书法教育，不仅要加强中小学生的书法能力，还要对书法教师的基本能力进行有效的培训。

（2）各地各级行政部门应有计划、有步骤地安排书法教师的培养和继续教育，逐步提高教师书法教育教学的能力和自身的书法水平。

（3）对于教育部门对中小学书法教师的重视，对中小学书法教师提出下面几点要求：书法教师要了解书法技能在工作、生活中的重要性，自己要做到书写笔画清楚、字形端正、正确规范、熟练有力、匀称美观；教师要纠正学生不正确的学习方法，掌握汉字笔画的书写和布局结构的安排；更重要的是教师要严格自我要求，培养对书法作品具有基本的欣赏能力，并逐步培养书法创作能力。

（4）教育部门及时出台相关的政策规定，根据本地实际情况，在有条件的中小学尽可能配备一名专职书法教师，各级教育和人事部门应该切实贯彻落实。

（5）各级政府应提供条件，切实解决中小学中存在的这个问题，支持并调教育部门举办师资培训班，争取尽快在各个中小学调配、培训好书法教师。同时，教育部根据实际情况组织力量抓紧编写与语文教材相配套的、适应教学第一线需要的中小学书法教材。

二　专业的书法机构对中小学书法教师技能培训

专业书法机构要邀请各作家对名家作品和书法真迹等进行赏析，并进行现场示范和讲授，开阔教师们的眼界，激发他们的创作激情和对书法艺术的热爱。要让教师尽可能多地参加专业机构进行的书法作品的培训。教师通过这种专业的培训才能持续练好基本功，把所学技能技巧最短时间内用于课堂教学实践，指导好学生进行书法创作。

（1）书法教育要进入中小学生的课堂，教师的能力是关键。现在中小学书法的教学基本上是语文老师或者有些学校会从社会上遴选一批德行好、写字功底好、愿意从事教育工作的年轻人。中小学书法教师可以利用寒暑假集中办培训班、进师范学校专门进修或者短期培训的形式，以逐步解决大多数语文教师如何写、如何教的基本能力问题。

（2）本着从师范学校要书法教师的原则，加快书法专业班学生的教育培养。可以从师范学校招收美术师范生等，可以培养他们成为学校配备的书法老师。要建立、健全书法师范生到小学就业相关联的体系。

三　中小学书法教师参与教学科研研究

各级教研部门应把中小学书法教学纳入教学研究工作的范围，研究中小学书法教育的教学规律和评价方法，安排专业教研人员去指导学校和教师开展书法教学工作。

（1）加强中小学书法教学的工作研究，旨在不断提高教学质量。对教学工作的研究包括下列方面：听课和评课活动，开设公开课，进行考试方法改革的不同方法等。

（2）把教科研工作纳入教育调研活动之中去。各教师要明确了解课题，尤其对中小学生书法教育要格外重视。

（3）根据素质教育的基本要求，进行中小学书法课程建设的探讨。实施素质教育要以培养中小学生对书法创新精神和实践能力为教学工作的重点。关键的问题是要培养中小学生对书法的热爱、兴趣。

（4）教育理论研究人员紧密地联系中小学的书法教学情况，使理论研究与中小学书法教育实践有机结合在一起。在这一过程中，既能为中小学书法教师的教育科研提供切实的指导，又能使理论研究得到丰富与发展。如果缺少书法教学理论研究人员的支持，就会影响学生对书法的认知程度。

（5）现在教育管理体制不能完全适应开展教科研的要求。学校多数只设有校长室、教务处、政教处、总务处等机构，但不设教学研究处。即使部分学校设立了教科室，这些部门地位待遇也相对较低。各个学科教研组也基本上只"上课"不"研究"。由于缺乏有力的领导，管理体系不完善，教育科研活动所需的费用、相关文献得不到保证，并且大多不能与教学活动协调一致。还有就是，教育科研与教师的工资绩效没有必然的联系，部分中小学书法教师主动去做这些活动纯粹是个人的爱好。不少学者或教育管理部门从理论需求、个人爱好、全局发展的大问题等出发确定研究课题，最后分成一个个子课题派送研究模式。这种自上而下的纵向组织方式容易脱离各个学校的实际情况，教师的热情不高，研究出来的成果也常常不够科学。所有这些都制约了有效地开展教育科研活动。

四　中小学书法教师应不断提升自我修养与专业技能

（1）中小学书法教师要在学习中不断提升自身修养与专业技能，在交流中提升自己的修养与专业技能。

（2）中小学书法教师在实际的教学过程当中提升自身修养与专业技能。

（3）教师要具有扎实的基本功。其一，做到有较好的写作功底、能说会道；其二，还要不断提高自己的文化素养；其三，要不断提高自身的业务水平；其四，要在教学实践中与学生共同进步；其五，要严于律己，以身作则。

（4）现在的孩子越来越难教，书法教师只有不断地充实自己，提高自己，艺高人胆大，具备了良好的素养，以身为范，才能教出好学生。

小　　结

从 1984 年教育部指出："写字是小学阶段的基本训练之一，从小学一年级开始就要不断教育学生认识把字写好的意义。"到 2011 年教育部《关于中小学开展书法教育的意见》（教基二〔2011〕4 号文件）和 2012 年 4 月山东省教育厅《关于加强中小学写字教学开展书法教育的通知》中可以看出，中小学书法教育在规范中小学生写字过程中的重要作用。而顺利地在中小学开展书法课中重点要解决的问题，是中小学书法教师任职条件的问题。通过对中小学书法教师素质的培养研究，中小学书法教师不仅知道传授给学生什么书法知识和书写的技巧，更知道怎么样传授这些书法知识和书写技巧，同时还能了解如何去开阔自己的学术视野，增强追逐学术前沿的意识，了解青少年身心发展的规律，将自己打造成一名合格的书法教师。

第十一章　中小学书法教育评价的原则和方式

在基础学科中，各科都有一套较为完善评价系统，唯独书法作为中小学新添设的教学课程，还没有比较完整的教学评价体系，所以在开设中小学书法课的过程中许多学校都是以相关学科的评价方式来评论书法教学，评价的方式缺乏科学性与规范性，也缺乏完整性。不利于中小学书法课程的开展，不利于书法教育的传承。

每个教育学科在开展教学评价的同时，都有一定的标准和原则，中小学书法教育作为中小学开展的新兴学科，现阶段并没有一套科学合理的评价方法和原则，在此笔者认为应结合其他学科的评价机制和结合书法艺术自身特点来开展得出书法教学评价的原则。

第一节　中小学书法教育评价的原则

一　科学性与方向性原则

中小学生在开展书法课程的过程中，对于其效果的评价也要遵循教育评价原则。尤为重要的是科学性和方向性的评价原则。

1. 方向性原则

中小学书法教育的教学评价必须以国家的教育方针和教育部颁布的课程标准、教学大纲、指导意见和国家正式审定的教材这一方向为依据，目前国家还没有审定出统一的书法教材。本研究认为整理出一套较为适合基础书法教材的评价标准也是非常有必要的。书法教学应有一个正确的方向，让书法教育流传下去，继承和发展中国的书法艺术。中小学书法教育的评价应体现出评价的要求，要全面考虑在书法教学中出现的各种问题，体现出书法教学的要求和方向，要对学生掌握书法知识、书法技法的情况和学生思想道德水平提高情况进行全面性评价；对书法教师在书法课堂教学中的表现、学生的参与情况进行评价。

2. 科学性原则

中小学是学生学习书法的基础阶段，也是一个较为特殊的群体，尤其是小学生，领悟能力较差，更要求书法教师要有耐心和科学的针对方法。书法教学评价是在教学过程中总结的经验和参照教育学心理学的理论探索出来的。教学评价应该是科学的合理的。书法教学评价应以遵循课堂教学规律和教学原则，改革书法教育教学的内容和书法教学教材的学科特点。在建立书法课程教学评价体系时，要有相应的教学理论依据和心理学教育学理论依据，每个评价标准都要有独立的、相对准确科学的含义。在确定评价标准时要考虑到书法学科本身特点和评价系统在教学过程中的方便实用性。书法教育教学评价的方法要有科学性、完整性。书法教学评价应具备全面、客观、公正、合理等特点。书法教学评价要坚持科学性原则，不要形式主义，要真正起到评价的作用。

中小学的书法教育的评价原则要本着科学的原则，结合其他学科的评价方法原则上，书法课堂并没有太多的理论依据，但是也应该在教学目标和教学方法上力求科学。检验中小学生学生书法技法上来看评价的方法标准是否科学。书法的教学评价只注重科学的评价原则，反对形式上的原则，注重检验学生的学习效果，这样才能起到评价的作用。可以调动书法教师教学的积极性和责任心，也带动学生学习书法的积极主动性，培养出中小学生对学习书法的浓厚兴趣。

二 客观性与激励性原则

1. 客观性原则

中小学书法教学评价要实事求是，客观地反映学生的学习情况和教师的教学情况，不能根据自己的臆断。要广泛征求其他老师的意见，使评价指标体系合理化、公平化、公开化。在评价过程中，要按照要求和标准，尊重客观事实，有一定的标准，完全按照标准，一旦确定，不能随意改动，这样能激发学生的积极性和学习的兴趣，能让学生客观地真正地了解自己，这才能让教学评价起到真正的作用。

2. 激励性原则

评价的主要目的就是要激励起学生的学习热情和关注学生学习的具体情况，发挥评价的激励性作用，书法教育评价要以赞扬鼓励为主，这样可以保护学生的自尊心和自信心不受伤害。激励性评价原则是既要关注弱势学生又要提高优秀学生的全面发展。评价从实际出发区别对待，评价应做到因人而异，少夸聪明，多夸进步。多夸学生后天的努力，是更为公正、公平的评价。

激励性的评价要实事求是，根据不同学生的不同情况，做出相应的评价。

（1）在书法教育开展中，应结合和尊重学生的内心情感尊重客观事实。

书法教学的评价应当尊重学生的内心情感和尊重评价对象的客观事实。教师评价学生必须从实际出发，始终坚持客观公正原则。面对问题不回避，坚持事实。保持知识的严谨性，对自己和学生严格要求。

（2）发挥教师评价的主导作用，对学生互评应做引导提高有效的互评。

在书法的教学过程中，激励性评价必须遵循以激励为主的原则，书法教师应当运用赞扬和鼓励的评价方式对学生进行激励评价。应当在书法课程教学中对学生肯定评价，多鼓励赞扬。增加评价的正能量。在书法课堂上，书法教师要把每一个学生都看作平等的伙伴和朋友，教师和学生组建一个较为融洽的学习共同体。对学生的评价时，不应当用指令性的语言，而是尽可能地和学生交流，这样也可以挖掘学生们的优点，进行肯定式的评价。充分发挥评价的引导作用和激励作用，书法教师和学生做到相互尊重，可以培养学生学习书法的自信心，激发学生学习书法的兴趣，能让学生积极主动地学习书法，并培养出浓厚的兴趣。

三　可行性与实效性原则

1. 可行性原则

书法教学评价要尊重教学评价的内容、方案、指标、力法等具体的实际条件，能够具体实行方可。根据实际情况结合当地教学实际水平和教学设施来进行。评价的方法要简便易行，根据可行性原则做出调整，真正地实现能为教师理解、掌握的评价原则。

2. 实效性原则

书法教育的评价实效性原则是指评价要有实际作用。可以指导学生学习书法的实际，起到改进书法教学工作的作用。书法教育评价如果不能帮助被评价的对象找出在教学和学习中的问题，那么评价就毫无意义，评价也就显得苍白无力。

四 评价与指导相结合原则

教育评价是对已完成的教学效果作出肯定或否定的判定，是评价的继续和升华，对于评价的结果加以指导和改进，根据评价对象和被评价对象的主客观条件，从实际出发，指导被评价对象在今后学习中掌握自己好的方向。从中小学书法教学管理层面来讲，有对书法教学效果评价，就应当有对书法教学问题的解决方法指导，否则书法教育评价这门课程评价就失去了意义和价值。

中小学书法教学评价要坚持指导教学实践原则。应明确书法教学评价的指导思想，指导教师改正在教学中的不足，指导学生怎样能更好地学习书法和对自身的定位。这样可以提高中小学书法教育的教学质量；教学评价的信息应当及时反馈给被评价者，应当做到时时评价和总结性评价相结合；也应重视在教学的过程中学生的形成性评价，不可以只进行总结性的评价，要把两者有机地结合起来，达到及时指正的作用；教师应和学生共同分析评价的结果，存在不足要查找原因找到改正的方法和方向，使指导切合实际并且确有实效。

五 自评和他评相结合原则

书法作为特殊的学科外部评价也应当有选择地接纳。比如社会书法界人士对教学效果的评价、书法教师师资和教师水平评价、对学生的评价等。他评的客观主动性较强，站在他人的角度审视同一事物可以避免评价的主观片面性，进而使得他评更为全面；他评还具有真实性强的特点，可以避免被评价者对自身的评价过低或者过高；他评要求评价者严格负责的对被评价者进行客观真实评价。他评在评价过程中也存在着自身的缺陷，在组织实施的过程中耗费的人力与时间都较多，因而不提倡他评频繁组织进行。

广义的自我评价包括教师对自己工作的总结，学生对自己的一种认识和定位。书法教学中自我评价是指按照与他人评价相同的标准所进行的自身评价。在教学活动中自我评价受到普遍欢迎，并且得到广泛推广和运用，应该是由于它本身具备不受时间和场合的限制简便易行、省时、省力的一些特征。也可以在较长时间内连续操作灵活机动的特点。自我评价的有效开展有利于带动学生学习书法的积极性，但由于客观性不足，因而自我评价却很少独立使用。自评一般在他评之前，或者他评中进行，或者在他评之后做个人总结来完善他人评价的结果。在书法教学中应综合发挥两种评价各自的优势，最大限度弥补二者之间的差异和不足，以求达到理想的教学评价效果。

第二节　中小学书法教育评价的方式

一　中小学学生学习书法的定性与定量评价

所谓定性评价，就是确定主要优缺点，进而分析确定教师的教学能力与教学水平，所谓定量评价，简单地说就是采取评分的方法，因而定性评价就难免带有主观随意性。书法的定性和定量评价可以老师对学生的作品进行打分，和作品优良中差的分类，应加上书法教师的评语同时进行。

定量评价的方法比定性评价更加具有科学性，因为这种评价方法要求按照一定的客观标准强调全面性和科学性，并以量化的形式体现出来。在教学评价中的定性分析是不可少的，定性分析与定量测量相结合，克服主观随意性，使教学评价更具有科学性。

二　中小学学生学习书法的多主体评价

（1）中小学书法教学评价内容反映出具体的教育观念、书法教育效果的质量观念和人才观念。在书法教学评价中应涉及书法知识掌握评价和书法技能掌握、评价书法的学习方法和学习过程、学生的临摹和创作能力、学生对书法的情感态度与美育效果等内容的多维评价。书法教师在课堂及平常应多观察学生的认知态度、写字习惯、情感的变化、接受能力和创造能力等，并把这些纳进评价的内容之中。坚持教学理论联系书法教育的实际情况，应用全面的评价方式评价学生，促使学生在评价中书法学习得到进步。

（2）新的教学评价标准应当是教育评价主体多元化，在评价中把学生自评、互评作为评价方法的重点实施，这样有利于学生们学会学习书法技巧、增强学生之间在学习的过程中合作交流、增强自我书法认识能力，也有利于学生认同评价方法的使用和推广，激发练习书法的积极性和主动性。家长参与评价有利于家长了解书法，也可以增进对子女书法兴趣的了解，也形成教师和家长双向教育的书法教育的新观念。

（3）书法教育效果的评价标准多元化。书法教学评价标准，不能忽视学生的创作动态过程，学生在学习书法的过程中通过临摹模仿字帖产生自己的创作想法，这样可以培养出学生的想象力。教学评价标准应采用多元化标准，做到因人而异，因材施教。让学生在评价中认识自己得到进步。对于有些学生来说这具有很重要的意义，所以我们应该明确多层次多元化评价方式。

（4）书法教育评价方式应是多元化的。书法教学评价应改变以往其他学科单一的只把考试作为唯一评价手段，只强调终结性评价的结果，改进评价量化和评价等级的方法标准，重实质性效果评价。对书法教育的发展有比较针对性的意见。在书法教学实践中发现学生的优缺点，及时给予评价。这里所讲的书法实践可以是参观博物馆、纪念馆、观看书法视频、撰写小论文等，还可以是学生在书法课堂上参与书法教学的实效活动，书法实践活动包括学生对书法的深化认识、提高书法知识技法、转变学生对书法的情感认识等。对书法教学的社会实践活动评价应更直接、更真实、更全面。

三　中小学书法教育的形成性、综合性与总结性评价

书法课堂教学评价和教师自身的书法综合素质、书法教师的教学功底、书法教师的口语表现和教师的教学理念是分不开的。在书法课堂上根据学生的表现，和同学用心交流，在教学中不断实践探索。而书法教学课程的综合性评价是指包括老师"教"和学生"学"的评价，还有学生自身素质、天赋、兴趣、教学结果等一系列的评价。

1. 中小学生学习书法的形成性评价

所谓形成性评价是评价主体者基于对被评价者的学习情况观察、记录、反思而做出的发展性评价。从而能提高学生对书法的学习兴趣，帮助

学生调控自己的学习书法的情绪，让学生在学习过程中获得成就感，增强自信心。

心理学的研究成果表明，教学进程的信息的透明化可以使学生和教师了解学生在学习中易犯的错误和遇到的困难。要有效地利用这些信息，按照需要实施相应的措施，就可以提高教学效果。只要定期进行测试和检查，形成性评价注重测试，发现问题及时反馈，基于完善，这类评价就是"形成性评价"。

形成性评价的主要目的不是评定学生等级，而是改变学生把学习当做任务、目的的认识，评价是为了学生的学习而不是为了单纯的评价而评价。每一个篇章每一个单元都要进行评价才能得到及时的反馈，才能更及时的改进。正是这一点，才是进步的基础，才能更好地学习下一章节，帮助学生掌握未掌握的，回顾学得不扎实的，才能更稳定地进步。学习书法的形成性评价就在于反馈和改进并行，为以后的学习做好充分准备。

形成性评价的作用主要有。

（1）为学生的学习书法定位。评论其书法作品让其对自己有一个清晰准确的认识，每个部分都要相互联系着学习，让学生把握好自己的学习进度，打牢基础。比如书法教学基础课程就是先介绍书法的来历，开始学习基础课程也就是楷书的笔画，每个笔画的联系，横竖撇捺折。因此，形成性评价可以用来确定学生对前面学习内容掌握的情况，不光老师要清楚地知道，学生自己更应该了解自己对知识把握的程度，用以调节学习的重点和力度。

（2）改进学生平时的学习。形成性测试的结果可以让同学们清楚地认识到自己在学习中存在的缺陷和难点。并根据教师的示范进行改正。有时，当教师发现某个笔画或者字体被全班大多数或一部分学生写得不正确，或者字体结构欠佳时，可以立即组织班级一起着重练习，重新讲解构成这些问题的原因，让学生再进行练习；当有些错误只存在于个别学生身上时，教师可以为其提供适合其特点的纠正途径——或者单独进行讲解，进行个别辅导，或者由二三名学生组成小组进行讨论示范。

（3）强化学生对书法的练习。书法教学评价的结果可促进让学生学习的积极作用。正面的肯定，通过学生的情感反应和学生的认知反应对书法的学习产生更加清晰的认识，对书法的一些含混不清的理解和书法知识点不清晰的记忆也能得到改变，加强学生进一步学习书法的积极主动性。

(4)给教师提供反馈。形成性评价要根据反馈及时反省自己,对教学目标的陈述和学生学习书法效果还有教材的组织和呈现这些都要有一定的了解,示范的内容学生或否可以接受、关键的笔画、结构等讲得是否通透、使用的教学手段是否恰当等。

2. 中小学生学习书法的综合性评价

书法教育评价应着力构建中小学书法教育质量综合评价,中小学是一个特殊的学生群体,是学生身心发展的重要时期,也是学生养成良好学习习惯的重要时期。所以对于学生学习书法综合性的评价也尤为重要。

书法教育的教学评价的对象应当是书法教师的"教"和学生的"学",无论是对学生的学习效果进行评价,还是对教师的教学工作进行评价,都涉及评论对象的问题。对良好的教学评价而言,确定"评论什么"是首要的,它涉及有关于方法、目标等方面的价值定位;至于"怎么评",只是一个方法问题,以学生发展评价为例,回答"评论什么"的问题,总之,好的书法教育评价要求教师首先要对教育的根本目的有深入的了解,才能起到评论的目的。

实现评价主体的多元化在教学中,可以创设情境让学生先学会评价其他同学的作品,进而评价自己的作品。既培养了学生客观评价自己的书法作品,又能客观地评价他人的作品,又可以使学生在评价中以积极、主动的状态改正自己的错误和缺点;很好地消除由不正确的评价引发的消极影响。例如:我们可以利用书法展览;围绕一首古诗或者一句名言让学生创作等,让学生进行自己评价和相互评价。老师只要先教给学生评价的标准和方法,再做个听众,具体由学生操作即可。

对中小学书法教育评价分为"点""线""面"来评价。"点"是指通过学校老师通过听课和教学检查的方式来检验教师的授课和学生学习练习书法的效果和教师教学质量的效果。"线"是指学生首先在他评中学会自我评价,也会在教师讲授书法技法和书法技法示范中体会老师的教学能力和教学态度来检验教学效果。学生可以在互评和他评中客观认识到自己的不足,从而取得学习的更大进步。"面"是指通过班级书法展览和年级书法比赛的形式,由学校的领导和各个老师学生家长书法协会人士,进行评价评选优秀班级和个人,这样既对教师的教学水平有了全面综合的评价,又可对学生学习书法的效果做进一步的总结。进而对中小学书法教育的综合性评价一定要全面立体。

3. 中小学学生学习书法的总结性评价

中小学生学习书法的总结性评价是指在教学后提出相对性意见后了解书法教学的最终效果而进行的评价。学期末或学年末进行的作业评比和书法展览都属于这种评价，目的就是检验学生学习书法是否达到了教材教学的目标要求。总结性评价所重视的是最后的教学结果和学生的学习成果，帮助学生更加清晰准确地认识自己的学习做出全面的鉴定。书法教学的终结性评价是对学习目标的检验，对教学课堂效果的检验，对学生的学习效果的检验。总结性评价注重考查学生掌握书法技法的程度，对于检查学生学习书法和书法教师课堂教学的评价概括水平较高，是对书法课程的开展在教学中学生学习效果和教师的教学成果所做的检验。

第三节 中小学书法教育评价的内容

为使中小学书法课能够有效地开展，国家应该对书法教材的编写制定明确的评价体系，切实筛选优秀的书法教材。各地方各学校也可配合建立健全书法评价体系。

一 对中小学书法教材的评价

在中小学书法教学中，书法教材的权威性与可行性为地区书法教学指明了方向，是学校进行书法教育的主要依据。各地区教育机构或部门可根据当地的特色资源，以学生书法的知识和书法技能和书法教师的师资水准为参照，组织书法专业人才和有教学经验的专家用专门的书法教育研究所来编写各学段的书法教材、书法的课程标准、书法教学课件等一系列书法教学资源，在中小学校中纳入使用，也可以作为书法教育的评价内容标准。

1. 书法教材目标的评价标准

书法的教学评价体系的建立和完善需要科学的评价，不足的地方应及时改正。中小学开展书法教育课程，是教育主管部门、学校、家长所倡导所提倡的，因为教育的改革问题把书法课提上日程，但是中小学书法教育的中断是国家主管部门的长期遗留的问题，在今天国家文化改革教育改革的大背景下，全面推进中小学素质教育的开展。在整个中小学校的教学模式和教学评价的系统发生了改观，逐渐把应试教育转向素质教育。在国家的新课标的实施以来，书法作为素质教育中的重要学科也被慢慢列入中小学必修课的行列之中。课程的开展、设置、教材的编写和发行也会促进书法教育的发展。书法教育是一门操作性和灵活性很强的课程，比其他学科更容易矫正学生单一的学习模式和方法，更容易反馈单一的评价模式，更容易检验教材中的教学目标是否合理。这样完善了书法教育的教学评价体系，促进了书法教学的有序开展。

2. 书法教材内容选择的评价标准

第一，小学生和中学生正处于学习的初级阶段应当发挥书法教学的实用性特点，在选择教材内容时，应选择楷书字帖作为书法字的范本。小学生正处于识字的基础阶段，而古代经典的楷书碑帖里有许多繁体字、异体字，甚至是有错别字。在教材的编写过程中应当有选择性地使用，避免使用这些错误字体，在使用繁体字时应注意标明。

第二，中小学书法教材在选择书体时应选择端正规范的楷书作为范本。从小学生的书写习惯和不专业的教学思想影响下，小学生认为写字应是中间分割，这不是黄金分割。在选择教材的范本时，应选择用笔较为简单、字体结构匀称的字体来作为教材，也可以选择楷书、隶书两种正书书体进行穿插教学，不会让学生感到单一乏味。比重应以楷书为主、隶书为辅的教学模式。

3. 组织书法教材内容的评价标准

（1）笔画练习与字体练习穿插结合

书法教育专家冯玉焕先生曾指出在书法作品中，点、线、面是无声的语言，尤其是书法结构中，线条的表现力影响着书法作品的布局结构与造型呈现。在中小学书法教育阶段，书法教育不能仅追求书法线条的质量、作品的布局，而更应以中小学学生的实际水平，以图文结合、教师示范、师生共同学习书法视频等一系列生动、活泼、有趣的方式，激发学生对书法课程的浓厚兴趣，调动学生学习书法的积极主动性。让学生对书法产生浓厚兴趣的前提下，对书法产生感情，起到陶冶情操的作用。

中小学书法教学中，汉字的笔画结构是书法作品的主要构成要素，但针对中小学学生的生理、心理特点、认知水平、知识储备水平，对其书法教学更应关注学习过程的情感体验，因此可以说，在中小学书法教学中，笔画练习不应该作为单一模块独立存在，教师应该创设生动、活泼、有趣的教学情景，使得书法笔画练习与汉字练习巧妙结合。

由此可见，中小学书法教学中，教师应摒弃不切实际的宏远目标，以学生快乐学习为出发点，把书法教学目标化整为零，根据本班级学生的认知水平、心理特点，逐级、分层次的设计诸多教学小目标，设定小目标，从而引学生活泼、有趣的学习书法知识与技能。例如，在书法基本笔画学习过程中，教师可以组织设计某一笔画为学习模块，涉猎包含这一共同笔画的汉字，根据难易程度组织学生分组练习。这种循序渐进的书法教学方法，能够使学生系统的学习汉字的基本笔画并掌握汉字的结构。

因此，可以说，相同的汉字笔画在不同的汉字中有着各自独特的造型形态，学生可以在不同的汉字案例中感知与体会同一笔画不同的造型魅力。学生在书法临摹的过程中，也潜移默化地完成了不同汉字的认读并理解书法结构的布局，较之于反复临摹笔画的传统教学模式，笔画与字体穿插学习的教学模块能使学生巩固上节所学知识，又能学到新知识，让学生更扎实的学习技法。

（2）短篇作品体现文化价值

楷书隶书作品的临摹或创作一般为四尺三开左右的纸张，每张纸可以写二三十字。短篇作品的练习有利于学生的把握，这样既练习了字的结构、用笔又包含了学生对章法的处理练习。在练习和创作作品的同时，能体会书法作品的整体韵味。着重练习的内容可以分为以下几个方面：练习书写名言、警句、对联、古诗词等；在开展书法课的创作过程中，可以为学生选择积极向上又具有文学气息的词语或古诗词等。如"长风破浪""有容乃大""淡泊明志""宁静至远""一帆风顺、二龙戏珠""万事如意""十全十美"等。另外，我们有着五千多年的文化传统，特别是古诗句或者现代诗歌有着独特的文化意蕴，其中的诸多诗句也比较适合学生识读并作为书法临习的案例，如："天生我才必有用，千金散尽还复来""古人之风清与惠，贤者所乐和不流"等经典诗句，中小学生在书法临习过程中，既练习了书法线条与字形结构，也潜移默化地感受着中华民族的韵味，这对学生的影响可谓深远。

（3）引导临习对联、春联

对联也称为楹联，是中华民族文化的重要组成部分之一，其对仗工整，平仄协调，尤其是其与书法的完美结合，亦为中华民族绚烂多彩的艺术而大放光彩。同时，春联亦是中华民族文化与书法完美独特的美学形式，其以简洁、华丽的文字来书写书法对人们美好生活的向往。为此每当新春佳节来临之际每家每户都会用精美的文字抒发人们对生活的美好向往与祝愿。每逢春节各家各户都会贴上精美的春联，这是节日习俗，也是春节代表性的标志。因此，在中小学教学中，教师创设生动、有趣的教学情境，如播放民间艺人书写春联的视频、引领学生到年会现场欣赏艺人书写对联等体验性极强的方式，在对照练习春联，如："爆竹声声辞旧岁，红梅朵朵迎新春""山清水秀风光好，人寿年丰喜事多""冬去山明水秀，春来鸟语花香"的过程中，不仅激发学生学习书法兴趣，愉悦学习书法书写技巧，而且也更加深刻地体验与理解中国特有的民族文化。

（4）书法教材的编写应体现出自身规律性

书法教育是一门基础较为重要的学科，在教材的编写过程中应当遵循循序渐进的学习规律。应当由易到难、从笔画到字体、从简到繁、从临摹到创作的规律。学习书法的理论也应当是从简单的笔画到字体、用笔、结构、章法，这些具体理论是中小学书法教学的核心，由于古人书法理论都为古代汉语，这样就要求在编写教材过程中把里面的书法理论的讲解翻译成白话文。在小学书法教材编写时应注意简单明了，让学生较容易的领会，可以培养出学生的思考能力，学会举一反三。把书法教学实践中基本的技法和简单的书法理论知识作为重点内容，让学生在学习书法的过程中打好坚实的基础。在字帖的编写过程中应当注重整体性和个体性的把握，让学生在系统的学习书法中，可以注重书法细节的观察和着重练习。让学生养成仔细读帖的习惯，让学生在学习书法的过程中少走弯路，事半功倍。

二 对中小学学生学习书法的评价

1. 书法教学的过程性评价应关注在书法学习中的情感体验

中小学的书法教学选择应符合中小学生的审美特点和认知能力。中小学生的审美观不同于成年人，所以，教材编者和美术编辑应结合儿童的审美特点，使教材更符合中小学生的审美习惯，教学中教师的教学方法也要符合学生接受知识的心理特点。这样能使学生对教学方法内容较容易地接受，也能激发他们学习书法的兴趣、热情。

小学生的行为一般没有很明确的目的，他们做某个动作和行为的出发点往往出于兴趣。所以，兴趣能够极大地推动小学生进行书法学习。小学生注意力容易分散、做事情主要由兴趣决定等突出特点不同于中学生的审美和认知特点，要求在教学过程中必须充分体现书法的趣味性，才能提高小学生学习书法的兴趣。在教学过程中要多一些趣味性强的书法故事、游戏、活动，来激发小学生学习书法的兴趣，让他们在寓教于乐的氛围中感受书法学习的乐趣。

2. 书法教学中的表现性评价应注重学生在书法学习活动中的自评、他评、互评

评价的目的是让教学在评价的过程中更快、更加全面地发展。在书法教育评价中，应以促进学习者发展和进步为出发点，创设多元的教学环境，引导评价主体积极参与、拓展开评价的内容、丰富多元化的方式来进行评价。新课改指出，在教学之中，应更多地以学生的学为中心，突出学生的主体地位。可见，为了促进学生书法学习的提高和发展，不管是书法学习教还是评，都应紧密围绕学生这一学习主体进行。

作为关注学习主体的表现性评价，则恰恰充分体现着尊重学习主体，促进学习主体更快、更全面地发展。科学的表现性评价调动学生书法学习的积极性，为书法学习的学生呈现出知识与技能、过程与方法、情感，态度与价值观这一层次鲜明的三维目标、动态的学习反馈、明确的任务导向与价值追求，表现性评价对于学习书法的学生而言可谓是有着积极的促进作用。

（1）清晰可行的学习目标和有意义的表现性任务

书法表现性评价的两个关键是：真实或接近真实的表现性任务和清晰明确的表现性准则。表现性任务代表了两个主要部分，即教学内容和评价内容。表现性准则明确了教学的目标，代表了学生要掌握的知识和能力，指向评价所代表的知识内容、能力和态度。书法教学的完成，表现性任务则是一个生成的过程，是做联想填空而不是单项选择。学生的书法创作就可理解为学生的表现性任务。

（2）学生的积极参与有效的学习反馈

在建构主义中表示，学生与知识的关系应是积极主动地获得而不是被动地接受。书法教学中表现性评价的优势之一就是强调了学生作为教育接受者的主动参与。只有真正参与到书法教学活动，才能使学生在学习书法过程中表现出极高的主动性，才能满腔热情、充满自信地去学习书法。表现性评价也称作形成性评价，伴随教学过程的开始和结束，而且可以反复进

行评价。学生也许会花几天的时间用在一项书法作业上，利用较多时间来反复练习反复纠正错误，根据书法教师的反馈进行逐步调整或重新接收练习临写，直到写出比较满意的书法作品。

3. 书法作品书法课余作业评价方式多元化，精细化

（1）结课阶段（课内）进行的作业评价

较多学科的教师采用这种评价方式，但这种单一的评价在书法教学中存在方法欠妥当的问题。及时地关注在书法课程内环节的生成性教学资源，在课程内环节评价需要把握两点：一是设计开放灵活又具有针对性的评价；二是在教师的引导下着重激发是激发学生自主评价的积极性。

（2）课后进行的作业评价

在书法课后，教师主要采用当面评价与作业评语评价相结合的评价方式。①单独评价：单独评价可使学生感受教师对他们的爱护与关怀，可针对具体问题具体分析。②座谈式评价：这种形式较为和善，能够营造一个近距离的温馨氛围。③作业评语有以下优点：一方面可使评价更为全面、快捷，能够体现客观、公正的原则；另一方面可节省评价时间，提高评价效益。书法教师可以设计一份带有自评、他评、师评的表格，这种作业评价方式，有利于教师对学生的书法学习较全面了解，还可让学生有了整体的自我反思。

4. 以学生为主体，合理制订书法教学评价标准

（1）应根据中小学生的心理发展特点，安排难度适宜的教学内容

小学生处于心理和生理高速发展的时期，这个时期决定了学生的可塑性高的特点，但也存在自身能力较弱的问题，比如肌肉运动、空间知觉等能力还处于发展期。有研究表明，对于二到四年级的学生来说，他们很难用毛笔准确表达出较为细微的用笔动作，也很难把握相对复杂的结构特征。所以，在选择编写书法教材的内容时，应根据不同的年级来安排适宜的内容，体现难易变化的阶梯性。

（2）应结合小学生的认知特点和学习习惯来设计教学活动

从心理学角度了解到，低年级学生在认识事物时主要是以形象思维为主。心理学家皮亚杰的理论指出，一二年级的学生尚未形成对空间位置和数量关系的准确认知；到三至五年级时，学生开始发展抽象的思维，抽象思维能够使学生认知到物体的距离、大小、方向、角度、几何问题，但仍处在认知的发展阶段。所以，中小学书法教材的编写应根据中小学生的思

维认知特点，结合中小学生的实际情况，设计出一些直观体验性强的教学活动。诸如比量笔画长短、画字形外框的形状、九宫格找点、添补笔画等，从而加深他们对书法的理解。从小学生的学习习惯来看，儿童能够集中注意力的时间非常短，所以，教材应充分考虑教学长度和难易的问题，尽量避免儿童整堂课都在练字，在课程结构设置和安排上，应充分调动儿童的听觉、视觉等各种感官，使小学书法教学做到听、看、练、思的结合。

三 对中小学书法教师的评价

众所周知，专业型师资队伍是中小学开展书法教育的关键因素之一，若没有专业技术过关的师资队伍作为书法教育的支撑，那么，在中小学开展书法美育则是一句空话。师范类院校是培养专业型教师的沃土，是向中小学校园输送书法师资的重要渠道，因此高校在书法教育专业人才的培养更应该走在其他类型院校的前面。实践经验告诉我们，教师的专业知识与能力直接影响到学生学习书法的质量，因此，师范院校不仅要培养"老师"如何教学生学习书法，而且也要提升自身综合素质，从课程设置、学时安排、课程模块设计等诸多方面予以保证。

因此，各地教育部门可根据当地专、兼职书法教师的实际书法素养与当地书法培训基地、高校书法院系、书法家协会建立长期合作，举办书法交流座谈会或开设书法专业理论与技能培训班。与此同时，进修院校在组织语文、美术等诸多学科教师进修学习时，也可将书法理论知识、书法技能展示、书法教与学作为提升教师素质的途径之一。这样，在进修过程中，讲师创设生动、活泼、有趣的教学情境，将书法知识与技能穿插于多学科之中，不仅增加学习具有趣味性，而且教师可以站在不同视角，品味韵味各异的书法。此外。中小学校也通过推荐教师免试读研、参加继续教育等多种途径，鼓励语文、美术、书法等多学科教师丰富书法知识储备，逐步提升书法教育教学专业能力。

1. 书法教师综合素养的评价

作为专业的书法教师要加强书法基础知识方面和书法综合素质的修养。首先要懂得笔墨纸砚以及其他书写工具的知识，还要懂得各种执笔方法及书写时的各种身法，要掌握这八个基本笔画在不同的汉字楷书中的形态变化。要懂得楷书的结体法及结体规律，要懂得章法的知识，要擅长书写一种书体或几种书体，等等。

除此之外，书法教师还要加强语文知识的修养。不加强语文知识的修养就无法指导学生进行书法创作。因为学生创作时，对新书写的内容要有充分的理解。这种理解往往依赖于教师的讲授，讲授得不深不透，有碍于学生创作时对思想感情的表达；书法教师还要加强历史知识的修养，以更好地向学生传授书法源流知识；书法教师要加强美学知识的修养，可以全面地指导学生提高他们所创作的作品的美学价值。

书法教师在可能的情况下，要多欣赏音乐、绘画、篆刻、诗词作品。要多看些舞蹈、体育表演等，使之与书法教学融会贯通，提高教学水平。

2. 书法教师专业知识和技法的评价

书法教师在掌握书法技法知识的同时，还要加强书法理论修养。要钻研书体特点等理论，要钻研笔法，笔势笔意的理论，要知道从上古时期起一直到近代的书法大家及其代表作与作品风格。要了解甲骨文，金文，瓦当，碑刻墓志、单帖、丛帖、墨迹的一般知识，还要了解历代书学论著的精髓。我们常说，实践应该是理论指导下的实践。掌握了上述理论知识进行书法教学才不是盲目的。

3. 中小学书法教师教育教学能力的评价

中小学书法教师要加强教育学、心理学知识的修养：书法教学的实质是教学活动，即通过教师的教，学生的学，完成教学大纲所限定的教学任务，这是大纲为书法教师与学生提出的双向要求。既然是教学活动，就要求书法教师熟练地掌握并且运用教育学、心理学知识，使自己的教学活动具有科学性、系统性、理论性与艺术性。

4. 中小学书法教师的教师角色把握与因材施教的评价

若想成为一名优秀的书法教师，首先要反思自己是否符合成为人民教师的基础条件。师者，为人师表也。作为一名光荣的人民教师，首要要求之一是了解相应的教育政策法规，考取教师资格证，除此，更为关键的是要具备丰富的书法知识，掌握过硬的书法技能。教师特殊的职业要求，决定了教师角色的多维性，不仅是学生眼中的老师，班级的管理者，也是学生行为的示范者，家长的代理人，因此，可以说，并不是所有人都可以成为合格的教师。在中小学，由于教师生活经验、自身素质、生活环境的不同，他们对自身角色的定位、把握与转换是因人而异，因情景而变化的，甚至是延伸到课堂之外的。

同时，教师若想上好一节引发学生兴趣、趣味性强的书法课，其自身的教学基本功也是至关重要的。教师扎实的教学基本功在开展课堂教学中有至关重要的作用。可以说，教师想要上好一节书法课，其书法知识与技能也是至关重要的。此外，值得一提的是，虽然科学技术日新月异，信息技术日益普及，但教师的基本功，例如课堂上漂亮的板书，工整的粉笔示范字体仍然是值得鼓励与提倡的，它们不仅是展示教师人格魅力手段之一，也是进行书法美育的较直接的视觉传达方式，学生通过丰富的视觉、听觉体验可更深刻地体验汉字书写的节奏与韵律，笔画与笔顺的穿插、组合与避让。以上多维素质均是教师进行本位教学的主要条件。

然而，中华悠久历史五千余年，汉字资源之丰富，单说正书自成一家者多如牛毛，风格则千变万化。但根据语言学家统计，在日常生活之中，人们最常用的也就3500余字。这就要求书法教师在日常工作中，应勤于反思，恒于研究，善于归纳总结书法教学中的经验。例如，在书法教学中，常常将硬笔书法知识与技能循序渐进地渗入不同年龄阶段、不同知识储备、心理素质各异的学生，首先应以楷书知识为基础，分难易等级、分层次引入隶书、行书的学习。目前书法教育现状多为每周提供一节书法课学习时间，对于学生而言时间是非常有限的，这种情形之下，书法教师更应丰富自身教学经验，科学总结书法知识与技能规律，然后将自己总结的小技巧或规律言传身教给学生，以便进一步提高教学的效率。

四 对营造中小学书法学习环境的评价

环境营造氛围。在以中小学为书法教育起点的学段，更较多地注重浓厚书法教育与学习氛围的整合设计与意蕴营造，突出强调民族文化软环境以及硬性环境的熏陶作用。在某些欠发达地区或偏远乡村，由于经济、教育的落后，加之于人们对学科认识的偏见，书法教育处于相对尴尬的境地。因此，我们更应创设中小学书法学习园地，营造文化气息浓厚的书法教育氛围，调动学生对书法的兴趣并积极参与其体验之中。

在中小学中，教师不仅可以引领学生参加书法展览、组织兴趣小组，还可以邀请民间书法艺人、书法协会成员、书画院系教授进校园，组织开设家长课堂、中小学生书法技能展示等活动。在校园硬环境方而，则可以邀请教师和学生共同设计书法园地、绘制书法知识黑板报、筑建书法长廊，同时还可辅以国内古今书法家画像、书法作品、勤学故事等知识展板或者书法橱窗，甚至是设计书法名家雕塑等。当然，学校也可把书法知识与美学、心理学、国学等多维学科知识整合在一起，重组、设计，从而营造与拓宽书法环境育人的氛围。

第四节　中小学书法教育评价机制研究的价值

为了提高中小学生书写水平，传承中华民族文化，中华人民共和国教育部在2001年颁发了一部《关于中小学开展书法教育的意见》，对中小学书法教育的实施提出明确要求："在义务教育阶段语文课程中，要按照课程标准要求开展书法教育，其中三至六年级的语文课程中，每周安排一课时的书法课。普通高中在语文等相应课程中设置与书法有关的选修课程。中小学校还可在综合实践活动、地方课程、校本课程中开展书法教育"。该意见一经推出，便引起社会教育专家和书法教育工作者的广泛关注，甚至是市区中小学根据学校的特色推出了系统性、可行性的实施方案。可以说，在中小学教育阶段，书法教育能够极大地提高全体学生的全面综合素质，也可极大地促进民族文化的传承。

一　诊断中小学书法教育实施

中小学书法教育的实施情况可以通过中小学书法教育的评价来进行监测。根据国家相关政策和教育部的有关文件，对于中小学书法教育的评价可以检验学校开展书法教育的情况和学生学习书法的效果。针对目前中小学书法教育中存在的不足，个人做以下建议。

（1）教育管辖单位和学校领导老师要在思想上重视书法教育

书法作为中华民族的传承国粹之一，源远流长，不仅是一种艺术，更是一种文化，我们要一脉相传。要想从根本上解决书法教育的问题，就必须从儿童开始重视书法教育，制定相应的政策指导，为学生学习书法提供良好的书法教育环境。比如：学校可以设立专门的书法教室，选购一些历代著名碑帖让学生观摩鉴赏，开阔视野，提升学生的书法技能和鉴赏能力。把美育带到学习文化科学知识中去。还可以为学生组织开展大的书法知识讲座，邀请社会书法爱好者学生家长等，也鼓励学生参加一些社会书法教育活动，例如参观社会书画展、参观博物馆、带领学生探访各大名胜古迹、观摩碑文、参加书法比赛等，让学生持续获得新的书法知识。

（2）加强书法教育的师资力量

现阶段开展书法教育课程，师资力量也是重要问题，教师水平也是层出不穷，许多学校缺乏书法教师就安排美术老师语文老师所代替，这是功力的书法教育，这是学校领导为了迎接检查，这样做是对学生的不负责任也是对中国文脉传承的不负责。所以说相关文化部门必须要有所重视。现在大部分高校都有书法课程，培养出一批书法专业人才。可以让学校招聘这些大学生，这样既解决了中小学书法教师短缺的问题，又解决了高校书法专业学生的就业问题。教师在书法教育中担负着非常重要的责任，是学生们学习的方向标准，要想让学生得到较好的书法教育必须培养出学生浓厚的书法兴趣，书法教师需具备专业的书法专业技能，也应当熟悉教育学、心理学，还要富有爱心，学识渊博，才能更好地指导学生。要建立一整套的教学评价体系，定期对书法老师进行书法审核，以激励他们提高教学技能。

二　区分优良和分等鉴定功能及激励学生

中小学书法课堂教学评价可以检验教学质量和教学工作，也能衡量教师教学工作成就。书法教学评价可以依照定性或者定量的评价标准，或两者兼而有之。教学评价标准是否得当，将在很大程度上决定教学评价工作的成功还是失败。所以说中小学的书法教育评价有助于中小学书法教育的推广和改进。

新课程中着重指出评价的作用与价值，强调在评价的过程中，要发挥评价的激励作用，充分考虑到学生的个体差异，因人而异，因材施教，从而促进学生的发展。书法教师在评价学生及其作业时，应以肯定式评价增强评价的有效性，如表扬、激励、鼓励等。在课堂之上，甚至课堂之外。书法教师在对学生评价时，尽量避免使用否定性、批判式内容，而是尽可能寻找他们的闪光点，进行综合性的评价。充分发挥评价的激励引导作用，通过树立学生的自信心，提升学生的学习热情，强化学生的学习动机，使学生积极主动地学习。

书法教师在书法教学过程中对学生的评价运用语言激励，或者是在学生出错时投以宽容的微笑，或是在学生写不好，写得不对的时候耐心地等待等，以上这些看似平凡的举动却都能给孩子莫大的感动与鼓励，激励学生从内心深处对书法艺术产生好奇心和对知识的渴望,这样,学生心怀浓厚的学习兴趣,这样将成为其快乐学习书法的动力。宽容、善意的评价无形之中会激发学生学习书法的内驱力,满足其徜徉于书法艺术中的期望,促使学生自主、合作、互动学习,而并非传统课堂上中"填鸭式"教学。在激励学生的同时也要对学生进行批评指正。激励和批评是一对既对立又统一的关系,两者既有联系又有矛盾。教师的评价,需要批评和指正,但更需要表扬和鼓励。对于学生在书法的学习过程中表现优秀的应给予表扬和鼓励,对于表现较差的学生就需要及时给予批评和指导。指导和批评,可以使学生的学习和奋斗的方向更加明晰,使学生提高应对对挫折的能力。

通过中小学书法教育的评价可以掌握学生学习书法的效果,分出优良中差,也能检验教师课堂的教学成果,教师的教学要优点坚持,缺点加以改正。对于学生而言教育的评价可以对学生学习书法的效果态度定位,可以通过定性和定量的方式对学生有个综合的评价和定位。

主要参考文献

一 著作文献类

1. 班华：《中学教育学》，人民教育出版社1992年版。
2. 卜希旸：《楷书津梁》，高等教育出版社2001年版。
3. 崔尔平：《明清书法论文选》，上海书店出版社1994年版。
4. 崔尔平：《历代书法论文选续编》，上海书画出版社1993年版。
5. 陈才俊编译：《中华蒙学精粹》，海潮出版社2006年版。
6. 陈方既：《书法技法意识》，浙江美术学院出版社1992年版。
7. 陈方既：《中国书法精神》，湖南美术出版社1992年版。
8. 常华锋：《生本教学研究》，首都师范大学出版社2011年版。
9. 陈琦：《教育心理学》，高等教育出版社2005年版。
10. 丛文俊等：《中国书法史》，江苏教育出版社2002年版。
11. 陈振濂：《书法教育学》，西泠印社出版社1992年版。
12. 陈振濂：《书法美学》，山东人民出版社2011年版。
13. 傅道春：《教育学》，教育科学出版社1999年版。
14. 顾树森：《中国古代教育家语录类编》，上海教育出版社1962年版。
15. 郭思乐：《教育走向生本》，人民教育出版社2001年版。
16. 郭因出：《艺术思絮》，安徽人民出版社1980年版。
17. 华东师范大学估计整理研究室：《历代书法论文选》，上海书画出版社1979年版。
18. 黄德宽、陈秉新：《汉语文字学史》（增订本），安徽教育出版社2006年版。
19. 韩盼山：《书法艺术教育》，人民出版社2001年版。

20. 蒋冰海：《美育学导论》，上海人民出版社 2001 年版。

21. 蒋国忠：《审美艺术教程》，复旦大学出版社 2005 年版。

22. 金开诚、王岳川：《书法艺术美学》，中国文联出版公司 1995 年版。

23. 金开诚、王岳川：《中国书法文化大观》，北京大学出版社 1995 年版。

24. 金学智：《中国书法美学》，江苏文艺出版社 1994 年版。

25. 教育部《中小学书法教育指导纲要》研制组：《中小学书法教育指导纲要解读》，北京师范大学出版社 2013 年版。

26. 刘电芝：《儿童发展与教育心理学》，人民教育出版社 2006 年版。

27. 刘纲纪：《书法美学简论》，湖北教育出版社 1985 年版。

28. 刘恒：《中国书法史·清代卷》，江苏教育出版社 2002 年版。

29. 凌继尧：《美学十五讲》，北京大学出版社 2010 年版。

30. 李浪：《青少年心理学》，吉林文史出版社 2006 年版。

31. 雷雳、张雷：《青少年心理发展》，北京大学出版社 2003 年版。

32. 李岚清：《李岚清教育访谈录》，人民教育出版社 2003 年版。

33. 劳凯声：《教育学》，南开大学出版社 2001 年版。

34. 李勇：《美术教育学》，河南大学出版社 2005 年版。

35. 李幼穗：《儿童发展心理学》，天津科技翻译出版公司 1998 年版。

36. 毛万宝：《书法美学论稿》，中国文联出版社 1999 年版。

37. 南怀瑾：《南怀瑾选集》（第一卷），复旦大学出版社 2005 年版。

38. 欧阳中石、徐无闻：《书法教程》，高等教育出版社 2003 年版。

39. 彭吉象：《艺术学概论》，北京大学出版社 2006 年版。

40. 启功：《启功书法丛论》，文物出版社 2003 年版。

41. 全国十二所重点师范大学联合编写：《教育学基础》，教育科学出版社 2006 年版。

42. 全国十二所重点师范大学联合编写：《教育学》，教育科学出版社 2002 年版。

43. 宋洪、乔桑：《蒙学全书》，吉林文史出版社 1991 年版。

44. 宋民：《中国古代书法美学》，北京体育大学出版社 1989 年版。

45. 孙晓云：《书法有法》，华艺出版社 2001 年版。

46. 天白：《书法线条美的发现》，北京体育大学出版社 1992 年版。

47. 陶行知：《陶行知全集》，湖南教育出版社 1984 年版。

48. 魏传义：《艺术教育学》，重庆出版社 1990 年版。

49. 王道俊、王汉澜：《教育学》（新编本），人民教育出版社 1989 年版。

50. 王宏建：《艺术概论》，文化艺术出版社 2000 年版。

51. 王镇远：《中国书法理论史》，上海古籍出版社 2009 年版。

52. 向彬：《中国古代书法教育研究》，中国社会科学出版社 2009 年版。

53. 向彬：《当代书法人才的类型与教育——中国古代书法教育的启示》，中国社会科学出版社 2013 年版。

54. 叶澜：《教师角色与教师发展新探》，教育科学出版社 2001 年版。

55. 叶澜：《新编教育学教程》，华东师范大学出版社 1991 年版。

56. 叶瑞祥、沈晓良：《中学教育学》，广东高等教育出版社 1997 年版。

57. 叶上雄：《中学教育学》，高等教育出版社 1993 年版。

58. 袁振国：《当代教育学》，教育科学出版社 2004 年版。

59. 宗白华：《美学散步》，上海人民出版社 1981 年版。

60. 赵国祥：《心理学概论》，光明日报出版社 2007 年版。

61. 中华人民共和国教育部：《中小学习书法教育指导纲要》，北京师范大学出版社 2013 年版。

62. 张稼人：《书法美的表现》，上海书画出版社 1994 年版。

63. 赵家熹：《书法艺术与书法教学》，北京教育出版社 1996 年版。

64. 郑金洲：《教学方法应用指导》，华东师范大学出版社 2006 年版。

65. 张隆华、曾仲珊：《中国古代语文教育史》，四川教育出版社 2000 年版。

66. 张伟生：《行草书基础技法通讲》，上海书画出版社 1995 年版。

67. 张志公：《传统语文教育初探》，江苏教育出版社 1962 年版。

68. 钟志贤：《深呼吸：素质教育进行时》，教育科学出版社 2003 年版。

二 报刊论文类

69. 敖国儒：《全面提高教学质量是职业教育发展的原动力》，《继续教育》2005 年第 6 期。

70. 陈大会：《以趣入手，寓教于乐——浅谈书法教学》，《中国文房四宝》2013 年第 3 期。

71. 曹广雪：《美轮美奂的叶脉画制作》，《化学教学》2013 年第 8 期。

72. 曹隽平：《当前师范院校书法教学困境研究及其对策》，《书画艺术》2004 年第 2 期。

73. 陈黎明、邵怀领：《古代蒙学教材的分类》，《河北师范大学学报》2011 年第 5 期。

74. 陈琴、庞丽娟、许晓晖：《论教师专业化》，《教育理论与实践》2002 年第 1 期。

75. 曹小云：《美育——从写字到书法艺术的桥梁》，《现代语文教学研究》2007 年第 4 期。

76. 陈彦垒、叶宝娟、胡竹菁、李义安、姜晓芳：《中学生的烟酒使用与压力性生活事件和感恩心态》，《中国心理卫生杂志》2012 年第 10 期。

77. 程洲：《隶书在书法教学中的意义》，《湖南教育》2014 年第 8 期。

78. 陈振濂：《书法教学法——大学书法本科实践课程设置与训练程序》，《新美术》1990 年第 1 期。

79. 董菱：《论书法艺术教育的必要性》，《沈阳师范大学学报》（社会科学版）2005 年第 1 期。

80. 何国香：《楷书对行草书的影响》，《科技创新导报》2015 年第 10 期。

81. 胡敬轩：《探究活动——中小学书法教育的有效方式》，《大众文艺》2013 年第 12 期。

82. 贺文荣：《论中国古代书法的笔法传授谱系与观念》，《美术观察》2008 年第 8 期。

83. 贺文荣：《"书学"考源与释义》，《书法赏评》2008 年第 3 期。

84. 黄焱：《论促进学生学习的表现性评价》，《东方教育》2013 年第 8 期。

85. 贾宝珊：《初中书法教学中的五个结合》，《甘肃教育》2006 年第

7 期。

86. 姜晓芳：《初中生学习问题心理咨询一例》，《校园心理》2013 年第 4 期。

87. 姜晓芳、陈彦垒：《小学审美教育途径新探——基于镜像神经元的启示》，《教育导刊》2013 年第 9 期。

88. 姜晓芳、陈彦垒：《字写好、写好字、写字好、好写字——小学书法练习的需要层次分析》，《青少年书法》（少年版）2012 年第 5 期。

89. 金艳：《书法教学四部曲》，《南北桥》2014 年第 4 期。

90. 康敬涛：《浅论当前中小学书法教育及对策》，《科园月刊》2010 年第 4 期。

91. 雷实：《书法教育·语文课程·中华传统文化——〈中小学书法教育指导纲要〉试析》，《课程·教材·教法》2013 年第 12 期。

92. 李松朋：《中小学书法教学及相关问题研究》，《长江师范大学学报》2012 年第 4 期。

93. 连莲：《西方教师专业化的传统模式及其转型》，《福建师范大学学报》（哲学社会科学版）2003 年第 6 期。

94. 林存辉：《青少年书法教育的重要性及对策——关于中小学开展书法教育的深度思考》，《艺苑》2012 年第 3 期。

95. 李占文：《对小学数学课堂教学激励性评价的反思》，《学周刊》（B）2011 年第 11 期。

96. 刘世斌、赵红芳：《中小学书法教育中存在的问题与对策》，《保定学院学报》2012 年第 4 期。

97. 马国俊：《中小学书法教育若干问题思考》，《甘肃教育学院学报》1994 年第 1 期。

98. 马俊：《生本理念下的小学书法教学》，《新课程》（小学）2013 年第 7 期。

99. 马一博：《中小学书法教育政策的实践反思与展望》，《美术教育研究》2014 年第 4 期。

100. 欧阳启名：《中小学书法教育谈》，《中国书法》2012 年第 5 期。

101. 裴跃进：《中小学教师教育科研论文存在问题的研究》，《中国教育学刊》2003 年第 8 期。

102. 邱安昌：《专业化：21 世纪教师教育的使命》，《吉林师范大学学报》（人文社会科学）2004 年第 3 期。

103. 孙和平：《"淡出"还是"突出"——谈"写字教学"在目前中小学教学中的地位》，《黄石教育学院学报》2005 年第 3 期。

104. 施苏丽：《小学写字教学评价初探》，《中国科教创新导刊》2008 年第 4 期。

105. 孙熙春：《对中小学书法教育现状的思考》，《教学与管理》2006 年第 6 期。

106. 宋中荣：《论书法教师的知识修养》，《佳木斯教育学院学报》1995 年第 4 期。

107. 屠锦红：《语文教育的愿景：勾勒与阐释——基于〈义务教育语文课程标准〉（2011 年版）的解读》，《河北师范大学学报》（教育科学版）2013 年第 4 期。

108. 王慧娟：《对小学书法"生本"课堂教学的研究》，《新课堂》（上）2013 年第 3 期。

109. 王建磬：《中国教师教育：现状、问题与趋势》，《教师教育研究》2004 年第 5 期。

110. 尉天池：《书法教学方法初探》，《南京师范大学学报》（社会科学版）1978 年第 4 期。

111. 王兴国：《浅谈大学书法教学中的美育教育》，《艺术教育》2008 年第 9 期。

112. 万应均：《浅谈幼儿书法教育中的情感培养》，《学前教育研究》2005 年第 7 期。

113. 向彬：《中国古代小学书法教育的教材研究》，《美术学报》2011 年第 5 期。

114. 向彬：《楷体印刷自对中小学书法教育的负面影响——以"重捺出锋"为例》，《沈阳师范大学学报》（社会科学版）2013 年第 4 期。

115. 向彬、姜晓芳：《小学书法教材内容选择探析》，《书法》2013 年第 4 期。

116. 向彬、姜晓芳、陈彦垒：《山东省中小学书法教育现状调查与分析》，《聊城大学学报》（社会科学版）2012 年第 2 期。

117. 向彬、李雯：《欧体成为小学书法技能教育内容的可行性分析》，《书法》2012 年第 11 期。

118. 谢建华：《书法教育目标的新思路》，《南京艺术学院学报》（美术与设计版）1993 年第 4 期。

119. 徐利明：《书法教学法研究报告》，《南京艺术学院学报》（美术及设计版）1995 年第 2 期。

120. 夏小刚、刘翠翠、张文兰：《小学四年级〈书法〉网络课程的设计与开发》，《中国教育信息化·基础教育》2013 年第 10 期。

121. 杨保全：《当前中小学书法教育的现状及思考》，《教育革新》2009 年第 8 期。

122. 俞芳：《教师效能与书法教学的有效性》，《艺术百家》2005 年第 2 期。

123. 约翰·高洛多诺维兹：《美术及其他学科》，《美术教育》1998 年第 2 期。

124. 于兴汉：《中国古代蒙学教材的编选特色》，《教育史研究》2000 年第 1 期。

125. 赵长青等：《书法教育谈：中小学篇》，《中华书画家》2013 年第 4 期。

126. 张春霞：《中小学校书法教育问题及对策》，《北方文学》（下旬刊）2014 年第 2 期。

127. 张静：《从古代蒙学教材的演变看当代启蒙教育》，《现代语文》2007 年第 10 期。

128. 郑利权：《书法环境的缺失与重建——论中国书法艺术的可持续发展》，《浙江树人大学学报》2004 年第 4 期。

129. 赵蒙成：《中小学教师教育科研论文中的问题与对策》，《教育发展研究》2001 年第 6 期。

130. 郑新安：《河南省中小学书法教育现状调查及对策研究》，《河南教育学院学报》2010 年第 6 期。

131. 朱志业：《利用心理因素，促进书法教学》，《科教文汇》2014 年第 3 期。

后　　记

　　我自 2007 年获得教育部人文社科规划基金一般项目《中国古代书法教育研究》之后，就把学术研究的主要精力投入到古代书法教育这个研究领域，2009 年，30 万字的研究成果由中国社会科学出版社出版发行；2010 年，我以《当代书法人才的类型与教育——中国古代书法教育的启示》为题申报的项目获批为山东省社科基金重点项目，经过三年的研究，所撰写的 24 万字研究成果也于 2013 年由中国社会科学出版社出版发行。我在这两个项目的研究中，或多或少都要涉及中小学书法教育的一些内容，但真正对我国当前的中小学书法教育进行学术关注，是缘于 2011 年我被邀请作为专家参加山东语委办组织的一次全省汉字书写教育示范化特色学校的评估检查工作，我当时的主要工作是随堂听课，并负责校园文化和师资配备等方面的检查事项。那次我们工作组评估检查了山东省青岛市、烟台市和威海市 16 所中小学汉字书写教育的工作，我借机听取了十六堂中小学书法教学课，而且担任课堂教学的老师都是该校最好的书法教师。从这些中小学书法的课堂教学中，我发现了许多中小学书法课堂教学的优点，也发现了很多存在的问题，当时就有一个念头闪出，我国当前的中小学书法教育是一项值得认真研究的课题。

　　为贯彻《国家中长期教育改革和发展规划纲要（2010—2020 年）》精神，全面实施素质教育，继承与弘扬中华民族优秀文化，教育部于 2011 年 8 月 2 日专门下发了《关于中小学开展书法教育提出意见》。我当时就真切地预感到，中国中小学书法教育即将拉开帷幕，于是就以《中国中小学书法教育研究》为题申报了 2012 年度教育部人文社科规划基金项目，2012 年 2 月，所申报的项目获得教育部立项，我就对我国当前中小学书法教育开始了长达五年之久的研究。当然，在研究过程中，我因为 2015 年 7 月从聊城大学调入中南大学工作，对课题的研究有所延误，因此，当今天写下"后记"这两个字时，感觉这个研究过程过于漫长，原本以为最晚三年就能完成的研究，最终延期了两年才形成一项相对完整的研究成果。

其实，直至目前，我国的中小学书法教育才刚刚逐步展开，小学高年级、初中和高中还没有严格意义上书法普及教育，这些客观存在的事实为研究这项课题带了很多困难，研究成果中所涉及的教学内容和教学方法，我们只能从学术层面作一些分析，这些分析或许能给正在开展的中小学书法教育提供学术指导意义，但有些观点也不一定完全适合当前的中小学书法教育。为了让这个项目的研究更有学术价值，我利用指导书法研究生撰写硕士论文的机会，将三届硕士生纳入我的课题组，并明确了他们的硕士论文研究方向，要求他们的硕士论文都围绕我国中小学书法教育展开研究，并给他们划定了明确的研究范围，可以这么说，这项目最终的研究成果是我和我指导的三届硕士生共同完成的。我本人拟定了整个项目的具体框架和撰写大纲，并独立撰写了绪论、第一章和第二章的内容，又和三届研究生一起撰写后面八章的内容。

后面八章的具体撰写情况如下：2011级硕士生商思阳主要研究我国古代蒙学中的书法教育对当代小学书法教育的启示，我后来将他的研究成果修改后作为著作中第三章；同届硕士生姜晓芳因为本科是心理学专业，于是就要她对小学书法学习心理作专门研究，她的研究成果修改后作为著作中的第四章；同届硕士生徐卫博比较关心中小学教师的任职条件，就安排他专门研究我国中小学书法教师的任职条件，我将他的研究成果作了修改后作为著作的第十章。2012级硕士生胡毓迪本科到硕士都是书法专业，就安排她对小学课堂教学作一些研究，后来，我在她的研究基础上增加了小学书写技能教学内容，将这些内容合并作为著作的第五章；同届硕士生李雯从本科到硕士也都是书法专业，我安排她专门对小学书法审美教育作专门研究，其研究成果经过修改后作为著作的第六章；另一名同届硕士王宗荣同样从本科到硕士都是书法专业，就安排对中小学书法教育的评价作专门研究，我将其成果修改后作为著作的第十一章。2013届的三名硕士，她们的本科和硕士都是书法专业，就安排她们对初中的书法教育作专题研究，毕萱林主要研究初中书写技能教育，我将其成果修改后作为著作的第七章；赵蓓蓓主要研究初中书写技能之外的教学内容，我将其成果修改后作为著作的第八章；刘璇主要研究初中书法教学方法，我将其成果修改后作为著作的第九章。

  因为这三届硕士论文都是我亲自指导，我对这九位硕士的论文框架和主要观点以及文章的具体论述都提出了修改意见，最终，他们的硕士论文在我的指导下都顺利通过答辩，但这些研究成果必须经过修改后才能真正成为著作的章节。在这个项目的研究过程中，上述这三届硕士生都做出了辛勤的劳动，此外，已经毕业的研究生姜晓芳，以及我目前在中南大学指导的硕士生梁芝英、南彬、莫红林、文维丹对著作的统稿和校对方面付出了辛勤劳动，中南大学硕士生邢冬妮也协助整理了参考文献，对这些同学的付出表示衷心的感谢！当然，每个硕士生的研究能力不尽相同，他们对我当时提出的论文框架和主要观点的理解也不一定都很到位。最主要的是，我国目前的中小学书法教育还没有真正全面展开，能够给此课题研究提供教学参考的资料也非常有限，加之本人以及课题组成员的能力有限，研究成果虽然即将出版，但远远没有解决我国中小学书法教育的诸多问题，成果中所存在的问题和不足，还望方家多多指正！

  本成果只是中国中小学书法教育研究的一个青涩之果，我期待更多专家学者关注我国当前的中小学书法教育，撰写出更多真正能够指导我国当前中小学书法教育的学术成果，为书法教育这项百年大计做出更多的贡献！

梦苏堂主人向彬于麓山翰林苑
2017年3月21日